PD 인턴십 특강

PD 인터십 특강

저자 | 홍경수 · 김태년 · 이미영 · 정아란
초판 1쇄 발행 | 2007년 12월 1일
초판 3쇄 발행 | 2015년 10월 12일

발행인 | 박효상
총괄이사 | 이종선
편집장 | 김현
기획 · 편집 | 박혜민
디자인 | 손정수
마케팅 | 이태호, 이전희
디지털콘텐츠 | 이지호
관리 | 김태옥

본문 편집 | 조승주   **본문 · 표지 디자인** | 장선숙

종이 | 월드페이퍼   **인쇄 · 제본** | 현문자현

출판등록 | 제10-1835호
발행처 | 사람in
주소 | 121-839 서울시 마포구 양화로11길 14-10(서교동) 4F
전화 | 02) 338-3555(代)   **팩스** | 02) 338-3545
E-mail | saramin@netsgo.com
Homepage | www.saramin.com

ISBN 978-89-6049-059-8 03300

사람이 중심이 되는 세상, 세상과 소통하는 책 **사람in**

PD 인턴십 특강

{20일간의 커리큘럼}

홍경수 · 김태년 · 이미영 · 정아란

사람 *in*
saramin.com

방송사 PD가 되기를 희망하는 학생들에게 가장 결핍된 것은 방송사에서 일하는 것이 어떤 것인지에 대한 구체적인 감각이다. 대중매체나 관련 서적을 통해서 얻은 지식을 나침반 삼아 고군분투하는 이야기를 들으면 안타까운 마음이 앞선다. PD가 실제로 어떤 일을 하고 어떤 재능을 필요로 하는지를 직접 익히면서 배울 수 있는 인턴의 필요성이 절실한 대목이다. 한국의 저널리즘 교육의 가장 큰 맹점 역시 정작 현장에서 어떤 일을 하는지, 어떤 준비를 해야 하는지와는 큰 관련 없이 이론 중심에만 그친다는 것이다. 이 책은 PD 인턴십의 구체적인 내용을 커리큘럼화하여 실제로 방송사에서 인턴십을 받는 것과 같은 완전히 실무적인 체험을 제공하는 것을 지향한다.

2006년 봄 출장을 다녀오는 길에 강준만 교수의 〈대학생을 위한 글쓰기 특강〉이라는 책을 읽었다. 재밌게 읽고 난 뒤 〈PD, WHO & HOW〉 속편으로 이런 특강식 글을 엮으면 좋겠다는 생각이 들었다. 2006년 5월 인턴 모집 공고를 내서 김태년, 이미영, 정아란 세 명을 뽑았다. 이들은 각각 〈낭독의 발견〉, 〈KBS 스페셜〉, 〈역사 스페셜〉에서 한 달간 인턴십을 받았다. 인턴 기간 틈틈이 호프집이나 찻집에서 미니 특강이 열렸고, 이들은 열심히 경청하고 질문 공세를 퍼붓곤 했다. 대답이 옹색해지는 것을 느끼며 부족함을 절감했고, PD도 더 공부해야 한다는 사실을 깨달았다. 이 책은 이들과의 소중한 시간의 기록이기도 하다. PD의 게으름으로 책이 이제야 빛을 보게 되었다.

많은 분들이 도움을 주셨다. 우종택, 고정훈, 이재정, 최필곤 PD님이 인턴십의 멘토 역할을 해 주셨다. 바쁘신 가운데 금쪽같은 시간과 정성을 쏟아 주신 PD님들께 감사드린다. 방송에 대한 지식뿐만 아니라 맛있는 점심도 많이 주셨다. 인턴들의 글을 읽고 꼼꼼히 평을 달아 준 정혜경, 조정훈 PD의 노고도 잊을 수 없다. 선배가 하는 일이라면 만사를 제치고 돕는 후배를 보면서 나도 이런 후배가 되어야겠다고 생각했다. 조대현, 현정주, 길환영, 박해선, 허진 팀장님과 이영돈, 주철환 선배께는 아직도 부족한 후배일 뿐이다. PD로서 경험할 수 있는 많은 기회를 열어 주신 것이 이 책의 밑바탕이 되었음을 밝힌다. 병상에서 투병중인 최공섭 선배의 가르침에도 깊은 감사를 표하고 싶다. 부디 건강 회복하셔서 스튜디오에서 힘차게 커팅 하는 모습을 보여 주시길……. 항상 든든한 힘이 되어 주시는 〈낭독의 발견〉과 〈단박 인터뷰〉 식구들, 특히 사진을 찍어 준 김수 작가에게 감사의 인사를 드린다. 바쁘신 중에도 원고를 읽고 따뜻하게 격려해 주신 강남준, 마동훈, 전규찬 교수님께도 깊이 감사드린다. 부족한 원고를 흔쾌히 출판해 주신 사람in의 박효상 사장님과 장선숙 편집 디자이너님, 조승주 편집자님께 진심으로 감사드린다. 까다로운 필자를 100% 만족시켜 주는 섬세하고 전문적인 편집이 무엇인지 보여 주셨다.

인턴십 기간 동안 나도 인턴이 된 듯, 많은 것을 배웠다. 인턴들도 많은 것을 보고 배웠을 것이다. 이러한 배움의 과정이 더 많은 독자들에게 전달되기를 희망한다.

2007년 11월 홍경수

{ 목차

일러두기

{ 홍경수 PD 특강 홍경수 PD의 현장 경험과 지식을 바탕으로 어디에서도 들을 수 없는 명
강의가 펼쳐집니다.

{ 인턴 과제 홍경수 PD가 그날 주제에 맞추어 독자들에게 과제를 제시하는 코너입니다. 어
떨 때는 PD의 입장에서, 어떨 때는 인생 선배로서 한 번쯤은 생각해 볼 문제를 던집니다.

{ 일기 각자 배정된 프로그램에서 인턴을 한 친구들이 자신의 경험과 느낀 점을 일기 형식으
로 적었습니다. 현장의 생생한 경험담을 느껴 보세요.

{ 문답 인턴을 하면서 궁금했던 것을 홍경수 PD에게 물어보는 코너입니다. 궁금했지만 평소
에는 물어볼 기회가 없었던 질문들을 홍경수 PD가 자세하게 대답해 줍니다.

{ 함께 보기 좋은 추천 자료 인턴십을 경험하고 부족하다고 느꼈던 부분에 대해서 보충해 보
고자 책을 추천하는 코너입니다.

{ 과제 매일 한 가지 이상의 과제를 제시하고 인턴 친구들이 글로 써서 제출했습니다. 프로
그램 기획안에서부터 논술, 방송평 등 다양한 형식의 과제들이 수록되어 있습니다.

* 인턴들의 글에 대한 폭넓은 비평을 위해 정혜경 PD와 조정훈 PD가 틈틈이 날카로운 지적을 추가합니다.

인턴십이
꼭 필요한 이유

왜 인턴십인가

방송사 입사 시험의 패러다임이 바뀌었다고 한다. 즉 서류 전형이나 상식 시험과 같은 모범생 수험생에게 유리해 보였던 전형 과정이 글쓰기(작문, 논술, 모니터링), 말하기(합숙 훈련, 적성 면접, 면접) 등의 비중이 커지는 방향으로 바뀌는 듯하다. 좋은 학벌이나 학교 성적이 PD로서의 자질을 증명해 주지 않기 때문에, 실제로 입사해서 프로그램을 잘 만들 자원을 뽑는 것이 합리적이라는 인식이 지배적이다. 더군다나 지상파의 입지는 필연적으로 줄어들 수밖에 없기 때문에 방송사에서는 좋은 킬러 콘텐츠^{killer contents}를 만들어 낼 창의적인 인재를 발굴하지 않고는 방송사의 명운이 달라질 수밖에 없는 긴박한 상황이다. 따라서 방송사에서 희망하는 인재상은 방송 제작에 미친 듯한 열정을 가지고 있고, 창의적이고 비판적인 사고를 하며, 세상과 잘 소통하는 콘텐츠 메이커^{contents maker}이다.

여기에 인턴의 중요성이 있다. 인턴 과정만큼 제대로 인력을 점검할 수 있는 방법도 없다. 외국의 대학생들은 방학을 이용하여 방송사 등 제작 현장에서 인턴십에 참여하기도 한다. 이는 학점으로 인정을 받을 수 있다.

하지만 한국에서 인턴십은 기회 자체가 적다. 방송사로서는 필요성을 느끼지 못하는 데다(전형 과정을 통해서 뽑아 교육시키면 된다는 생각으로), 대학에서도 인턴십을 학점과 연동시키지 않는 등 적극적인 태도가 부족하다.

1990년대 중반 언론사 전형 과정에서 인턴십 제도를 도입하는 것이 유행처럼 번진 적이 있었다. 하지만 한 달 가량의 인턴십이 끝나고 탈락하면 다른 곳에 지원할 기회도 없어질 뿐만 아니라, 인턴십

킬러 콘텐츠 killer contents
시청자의 관심과 시청률, 파급력 등을 고려하여 방송에서 대단한 영향력을 발휘하는 '죽이는 콘텐츠'를 지칭한다.

이 비인간적이라는 비난 때문인지 곧장 중단되었다. KBS의 경우, 1994년 입사 전형에서 인턴십을 실시했었으나, 다음 해인 1995년에는 인턴십 없이 필기시험과 면접으로 뽑았다. MBC는 2006년 드물게 공식적인 인턴십을 시행했다. 입사 전형과는 관계없는 인턴십이 비교적 대규모로 이뤄졌고, 입사 희망자들의 뜨거운 환영을 받았다.

KBS와 SBS는 아직 공식적인 인턴십은 시행하지 않았다. 대개 개인적인 친분에 따라 한 달 가량 방송사 PD에게 1:1로 인턴십을 받는 것이 현실이다. 신문방송학을 전공한 나의 경우도 대학교 수업 중에 방송 제작이나 신문 제작 실습으로 신문을 직접 만들어 보기는 했으나, 언론사에서 인턴십을 받아 보지는 못했다. 따라서 앞으로 일하게 될 현장에 대한 감각을 벼리는 데도 어려움이 있을 뿐만 아니라, 나의 적성이 직종과 정말로 부합하는 지 정확히 파악하는 데도 어려움이 있었다. 신문사와 방송사를 전전한 나로서는 이런 인턴십이 있었다면, 좀 더 빨리 적성에 맞는 분야를 선택해서 준비할 수 있었을 것이란 때늦은(?) 후회를 한다.

방송사에서 일하고 싶은 PD 지망생이라면, 우선 무엇보다도 '왜 내가 PD가 되고 싶은지, 그리고 내가 PD로서 부합하는지, PD라는 직업은 어떠한 것인지' 심각하게 확인해 보라고 권하고 싶다. 이런 질문에 대한 답을 얻는 방편으로 인턴십은 큰 역할을 할 것이라 생각한다. 이런 근본적인 질문이 충족된 사람이라면, 인턴십을 통해 PD라는 직업이 요구하는 특성들을 더 잘 준비할 수 있는 자극을 얻을 수 있을 것이다. PD는 프로그램의 장르에 따라서 요구되는 특성이 다르다. 시사 정보 PD들에게는 들개 혹은 저격수와 같은 정보 취재력이 필요하겠고, 드라마 PD에게는 이야기꾼으로서의 재능과 강인한 체력과 영상 감각이 필수적이겠다. 오락 프로 PD에게는 오락을 정말로 좋아하는 끼가 있어야 하고, 예술 프로그램을 만드는 PD에게는 섬세한 감수성과 탁월한 미적 감각이 요구된다. 하지만 이런 개괄적인 이야기도 정확하지 않을 수 있다. 인턴십을 통해서 여러분이 직접 확인하는 것이 확실하다 하겠다.

방송사 사무실은 공간적으로 여유가 있지 않다. 하지만 창의적인 발상을 위해서는 좀 더 여유 있는 공간이 바람직하다.

인턴십이 주는 또 하나의 장점은 인턴십을 통해서 인적 네트워크를 구축할 수 있다는 것이다.

인생의 모델이라 할 수 있는 PD 선배들을 알 수 있게 되고, 멘토와 멘티 관계로 발전될 수도 있다. 이 관계는 입사 후 방송사 생활에서도 든든한 버팀목이 되어줄 것이다. 방송사는 우수한 인재를 입도선 매하기 위해서라도 대학생 대상 인턴십을 시작해야 한다. 전형 과정에서의 인턴십도 굳이 피할 일만 은 아니다. 인턴십이야말로 입사 희망자를 정확히 알 수 있는 가장 확실한 방법이기 때문이다. 몇 차 례의 면접으로도 알 수 없는 재능과 성품, 잠재력 등을 파악하는 것이 사실 전형의 근본 이유이기 때 문이다. 또한 일상적인 인턴십 과정은 방송 관련 학계와 방송계가 서로 긴밀히 협력할 수 있는 산학 협동의 계기로 작용하고, 좋은 콘텐츠 생산과 인력 수급에 활력을 줄 것으로 보인다.

제1일 　인턴 과제

01　나의 인턴십 계획은 무엇인가? 어느 프로그램에서 어떤 방법을 통해서 인턴십을 하고 싶은가?

02　인턴십을 하고 싶은 프로그램의 PD에게 인턴십을 하고 싶다는 이메일을 작성해 보라.

03　PD에게서 인턴십 요청을 거절하는 메일을 받았다. 답 메일을 보내라.

04　PD 혹은 프로그램에 나는 어떤 도움을 줄 수 있는가? 구체적으로 설명하라.

問答

대학교 때의 일반 회사의 인턴십 경력은 나중에 취직하는 데 도움이 많이 됩니다. 신문사 인턴십만 하더라도 나중에 취직에 많은 도움이 된다고 합니다. 하지만 방송사의 인턴십은 일반 회사나 신문사의 인턴십에 비해서 생소한 게 사실입니다. 방송사의 인턴십이 방송사 입사에 도움이 되나요?

質問 ① 김태년

홍경수 PD 答辯 ‖ 물론이다. 그것이 이번 책을 내게 된 이유다. 지금 일하고 있는 많은 PD들이 인턴을 경험하지 않았다. 도중에 PD를 그만두고 다른 직종으로 바꾸는 경우도 있고, PD로 일하면서도 자신에 맞는 장르를 찾느라 에둘러 가는 경우도 있다. 인턴십이 방송사 입사에 직접적인 도움이 될지 안 될지는 확실히 말할 수 없다. 하지만 한 가지 확실한 것은 방송일이 어떤 것인지 미리 경험하고 그 직종에 필요한 특성들을 준비할 수 있다는 것이다. 즉, 선행 학습의 효과가 있다는 것이다. 동일한 조건이라면, 인턴십 경력이 있는 사람이 없는 사람보다 더 좋은 점수를 받을 것이라는 것은 당연하지 않을까?

그간 방송사는 다른 회사들에 비해 인턴십 제도에 소극적이었던 것이 사실입니다. 그 이유는 무엇인가요? 또한 신문사 인턴의 경우 인턴이 직접 기사를 맡아 써 볼 수 있지만, 단체 작업인 방송의 경우 인턴이 실질적으로 어떤 일을 책임지고 맡기란 힘든 측면이 있는데, 방송사 인턴십에서 인턴은 실질적으로 어떤 것을 배울 수 있을까요?

質問 ② 이미영

홍경수 PD 答辯 ‖ 방송사가 좋은 인재를 구하는 데 크게 어려움이 없기 때문에 굳이 인턴십이라는 과정의 필요성을 절감하지 않은 듯하다. 게다가 바쁜 제작 과정에서 제작에 직접 투입되지 않는 누군가를 돌보아야 한다는 것은 제작하는 PD들에게 큰 부담으로 작용하는 것 같다. 사무실에 공간을 제공해야 하고 식사를 챙기고 하는 일이 PD들에게 탐탁지 않은 일일 수 있다. 연수원에서 인턴십을 추진하고 싶어 하지만, 잘되지 않는 것은 현업 PD들의 협조가 순탄치 않기 때문이다. 인턴십을 하는 동안은 이 책의 차례가 보여 주듯이, 입사해서 조연출이 배우는 것을 짧게 경험할 수 있다. 제작 과정 전반에 대한 이해, 기초 편집, 예고 제작, 아이디어 내는 법, 홍보 등을 배울 수 있다.

> 기사별로 나누어지는 신문사 인턴 생활과는 달리 방송은 프로그램 한 편을 제작하는 패턴이 꽤 깁니다. 특히 제가 참여했던 역사 다큐멘터리 프로그램 같은 경우는 더욱 긴 호흡을 필요로 합니다. 그래서 한 달이란 시간은 프로그램 전반과 복잡한 방송 제작 기간을 파악하기에는 부족한 점이 없지 않다고 봅니다. 인턴 기간으로는 어느 정도의 시간이 적절할까요? **質問 ③ 정아란**

홍경수 PD 答辯 ‖ 물론 길면 좋지만, 현실적으로는 오랫동안 인턴을 할 수 없는 것을 감안해야 하지 않을까. 밀도 높은 과정이라면 1~2달이라도 충분하다고 생각한다.

01　**노만 V. 필, 「적극적 사고방식」, 지성문화사, 2007년** 젊은이들에게 마음의 평화와 건전한 신체, 끊임없이 솟아오르는 힘의 소유자가 될 수 있는 '법칙'을 가르치는 한편 그것을 실증하기 위해 쓰여진 책. 당신의 마음먹기에 따라 세상이 어떻게 달라지는가를 보여준다.　by 홍경수 PD

02　**안드레이 타르코프스키, 김창우 역, 「봉인된 시간」, 분도출판사, 2005년** 예술은 무엇을 위해 존재하는가? 한 예술가의 연출론에 머물지 않고, 예술 전반에 대해 생각하는 기회를 얻을 수 있다.　by 김태년

03　**한비야, 「지도 밖으로 행군하라」, 푸른숲, 2005년** '바람의 딸' 한비야의 긴급 구호 팀장으로서의 현장 보고서. 그리고 삶의 보고서. 책을 읽으면서 영상을 만드는 '사람'의 자세에 대해서 다시 한 번 생각해 볼 수 있었다.　by 김태년

04　**PD들의 개인 홈페이지** 그들의 홈페이지를 통해 PD의 치열한 삶을 느껴 보자.　by 이미영

　　MBC　김환균 PD　http://koreada.com
　　TBC　김승규 PD　http://www.onairq.com
　　KBS　김웅래 PD　http://www.comedybank.com
　　SBS　박상혁 PD　http://www.parkpd.pe.kr
　　SBS　김경만 PD　http://www.kimpd.com
　　MBC　한학수 PD　http://www.haksoo.co.kr
　　MBC　정길화 PD　http://www.jungpd.co.kr
　　MBC　박건식 PD　http://www.docupd.com
　　SBS　홍수정 PD　http://www.freechal.com/byunsin
　　KFM　심택월 PD　http://www.lakemoon.net
　　KBS　이정환 PD　http://www.abbagom.com

05　**시마다 아쓰시, 김난주 역, 「디자인을 공부하는 사람들을 위하여」, 디자인하우스, 2003년** 디자인 하우스의 '에세이즈 온 디자인' 3번째 책. 다양한 분야에서 활동하고 있는 일본의 디자이너들이 디자인을 공부하는 (혹은 디자인에 문외한인) 사람들을 위해 자신의 예술관이나 디자인 경험을 들려준다. PD도 영상 디자이너 아닌가. 디자이너들이 권하는 디자인 감각을 키우는 방법들은 PD를 꿈꾸는 사람들에게도 적지 않은 마사지가 될 듯. 일본의 디자인 환경 위주로 기술되어 있는 점이 약간 아쉬움.　by 정아란

나는 왜 PD가 되려고 하는가?에 대한 글쓰기

나도 정말 이런 프로그램을 만들고 싶다!

課題 ① 김태년

기억이 흐릿하긴 하지만 한창 장난을 치고 놀던 어린 시절 나를 TV 앞에 멈춰 서게 했던 프로그램이 하나 있었다. 그 프로그램은 사회자의 멘트도 없었고, 자막도 거의 나오지 않았던 것으로 기억한다. 유일한 볼거리라고는 무엇인가를 애타게 기다리는 군중의 모습과 눈물과 콧물로 뒤범벅이 된 아저씨, 아줌마들의 얼굴 클로즈업이 전부였다. 그런데 묘하게도 그 프로그램은 아직까지 내 가슴 속에 남아 잊을 만하면 떠오르곤 한다.

솔직히 어떤 특정한 장면이 떠오르는 것도 아니다. 겨우 4~5살짜리 꼬마였던 시절의 기억이 남아 있으면 얼마나 남아 있겠는가. 단지 그 프로그램의 이미지만이 어렴풋이 떠오를 뿐이다. 그리고 그 프로그램을 함께 보며 눈물을 훔쳤던 부모님의 모습이 가끔 떠오르는 것이 기억의 전부다.

〈이산가족찾기〉. 그때는 그것이 무슨 프로그램인지도 몰랐다. 어린 마음에 어떤 일인지도 모르고 브라운관 안의 사람들이 울면 같이 울고 웃으면 같이 웃었다. 지금처럼 화려한 CG를 사용하는 것도 아니고 유명 연예인들의 화려한 입담이 있는 것도 아닌데 나의 마음을 묘하게 뒤흔들어 놓았던 것이다.

PD가 왜 되고 싶냐는 질문을 받으면 항상 이 프로그램을 떠올린다. 소시민의 얼굴만으로도 울림을 줄 수 있는 프로그램. 공공의 전파를 사용해 최고의 가치를 만들어 내는 프로그램. 나도 정말 이런 프로그램을 만들어 보고 싶다고.

나는 왜 PD가 되려고 하는가?에 대한 글쓰기

"그냥요."

課題 ② 이미영

면접을 보던 날, "왜 PD가 되고 싶어요?"라는 PD님의 질문에 나는 결국 "그냥요." 한마디로 요약될 수 있을만한 답변을 용감하게도 하고야 말았다. PD라는 직업이 나를 가장 설레게 하고, 나로 하여금 나의 열정과 능력 모두를 쏟아 붓고 싶게 만드는 일이라고 대답했었다. 면접을 보러 가는 지하철 안에서 이런 싱거운 답변 말고 좀 더 멋진 대답을 생각해 내려고 고민하지 않은 것은 아니었다. 그러나 PD 관련 책도 읽어보고, PD가 얼마나 힘든 직업인지 수없이 들어왔는데도 계속 PD가 되고 싶고, PD가 되어 있는 나의 미래의 모습에 가슴이 설렌다면 "왜 PD가 되고 싶어요?"라는 질문에 이만큼 타당한 답은 없으리라고 생각했다.

상자가 가득 든 리어카를 끌고 가시던 할머니의 거친 숨소리. 언젠가 우연히 지나치며 본 TV 속 한 장면이다. 카메라가 담아낸 현실의 한 단면은 특별한 내레이션이나 설명 없이도 할머니의 감정과 삶의 무게를 충분히 느끼게 했다. 어느새 내 마음은 동요하고 있었고, 나 자신과 내 주변을 돌아보고 있었다. 세상에 대한 예민함과 용기로 사람들이 미처 알지 못하고 있는 현실, 혹은 알고 있지만 외면하고 있는 현실을 보여 주고 싶다. 프로그램을 통해 사람들과 대화하고 싶고, 그들의 생각에 작은 변화와 울림을 가져다주고 싶다. 사람에 대한 관심과 애정, 다른 시각, 소통과 공감, 그로 인한 보람. 이것이 PD라는 직업이 가져다줄 설렘이 아닐까?

나는 왜 PD가 되려고 하는가?에 대한 글쓰기

TV 속 역사, 역사 속 TV가 제 꿈입니다

課題 ③ 정아란

맛깔 난 프로그램에 대한 나의 사랑은 너무나도 뜨겁다. MBC 〈주몽〉이 요즘 애청하는 프로그램인데, 나는 영화 〈링〉에 나오는 '긴 머리 귀신'처럼 브라운관으로 빨려 들어가고픈 충동을 이따금 느낀다. 요즘은 엄청난(?) 경쟁률을 뚫고 들어간 imbc 주몽클럽의 운영위원으로 활동하면서 그 충동을 다스리고 있다.

이렇게 내 생활에 방송이 가져다주는 즐거움은 차치하고라도, 나는 무엇보다도 방송물을 평생 들이키고 그 안에서 헤엄치고 싶다는 생각에 PD를 꿈꾸어 왔다. 나는 그 끝도 모를 바다에서 '제대로' 된 영상물, 특히 역사물을 낚고자 하는 꿈에 늘 부풀어 있다.

역사를 영상으로 일궈야겠다고 생각한 것은, 중3때였던 것으로 기억한다. 교육열에 불타올랐던 국사 선생님은 수업시간에 〈역사스페셜〉을 보여 주셨고, 우리는 시간마다 간단한 감상문을 발표해야만 했다. 그런데 나뿐만 아니라 교실 전체가 〈역사스페셜〉속으로 빠져 드는 것을 보면서, 나는 영상을 통해 역사를 전달하는 작업의 매력을 인식하기 시작했다.

지난 2005년 홍콩에서 교환 학생으로 지내면서, 한국이 얼마나 홍콩 사람들에게 친근한 이웃 국가로 다가

왔는지 온몸으로 실감할 수 있었다. '여자를 구타하는 한국 남자, 특이한 냄새에 매운 맛의 김치'로 인식되었던 한국의 이미지가 이렇게 변한 데에는 영화 〈엽기적인 그녀〉(홍콩 중문대의 미국인 교수까지 〈엽기적인 그녀〉의 명성을 알았더랬다.)에서부터 드라마 〈대장금〉까지 영상의 힘이 컸다고 생각한다. 어제까지만 해도 서로의 존재에 무관심하기까지 했던 사람들이 미디어를 통해 관심을 가지고 소통까지 시도하는 모습은 놀라웠다. 온 세계가 월드컵 축제의 기쁨에 흠뻑 젖어 있는 동안 수단 다르푸르에서는 수천 명의 아이들이 굶어 죽어가는 오늘, 이 불신의 현실에서 나는 인류의 다양한 가치와 모습을 담은 영상물이 발휘할 힘을 믿는다.

저명한 역사학자나 열렬한 시민운동가는 아니지만, 역사 영상물을 만드는 것이 평생 역사에 대한 사랑을 맹세한 내 업이 아닐까. 나는 그동안 제자리를 찾지 못했던 우리 역사를 이 땅에 온전히 돌려주고 싶다. 내가 지금 그리는 영상물은 한반도를 넘어선 아시아 변방의 역사를 조목조목 짚어 보는 것이다. 일전에 시베리아에서 고려인들을 만난 적이 있는데, 이들이 들려주는 이야기는 정말 무궁무진했다. 그러나 우리는 특별한 시기에만 이들을 깜짝 조명할 뿐이다. 시베리아에서, 베트남에서, 오키나와에서 꾸준히 이들의 이야기를 찾아내는 것은 방송의 몫이다. 오늘도 나는 정성과 노력을 모아, 불퇴색의 항성처럼 빛나는, 우리 후손에게도 자랑스레 물려줄 수 있는 영상물을 남기게 될 그 날을 꿈꾼다.

제1일 課題 總評 by 정혜경 PD

회사에 입사해서 가장 많은 받은 질문이 "왜 PD가 되었는가?"와 "어떤 프로그램을 만들고 싶냐?"는 것이었다. 동료들만 해도 100명에게 100명의 이유가 있을 정도로 경험과 이유는 다양했다.

그럼 PD가 되면 이 질문은 사라질까? 나의 경우는 아니었다. PD가 된 후에 이 질문은 "나는 왜 계속 PD를 하고 있는가?"로 바뀌었다. 어떤 계기로 시작했느냐도 중요하지만 그 이유를 어떻게 유지하느냐도 중요하다. 하고 싶은 프로그램만 만들 수 있는 것도 아니고, TV로 볼 때와 실제로 만들 때는 또 다른 느낌이 들지도 모른다. 그냥 '재미있잖아요'라는 대답으로 시작하기엔 PD는 너무 고단한 직업이다. 그런 고단함을 극복할 나름의 동력과 이유가 유지되지 않으면 도망쳐 버리고 싶을 때가 종종 있다. 다시 한 번 PD가 되어야 할 이유를 진지하고 침착하게 생각해 보시길. 이는 좋은 PD가 되는 출발이다.

방송은 어떻게 만들어지는가?

{ 제작 메커니즘 }

제작 메커니즘

방송 프로그램은 다음과 같이 만들어진다. 내가 만들었던 〈낭독의 발견〉을 예로 설명해 보자.

기획안 접수 ‖ 〈낭독의 발견〉 기획안은 개편을 앞두고 공모했다. 예전에는 제작팀과 편성팀의 논의에 따라 정해졌고, 이러한 공모전이 제도화된 것은 얼마 되지 않았다. 2003년 KBS 2채널을 살리려는 'K2 프로젝트'가 시작되면서 공모전이 생겼는데, 〈낭독의 발견〉이라는 기획안을 내자, 교양국에서 〈낭독의 발견〉을 포함한 주 4일간 문화 프로를 만들자고 해서 채택되었다.

편성 ‖ 50분짜리로 기획했지만, 25분짜리 주 4일 띠 프로그램으로 편성되면서 수요일 밤 11시 35분으로 방송 시간이 결정되었다. 운 좋게 파일럿 제작이라는 과정 없이 본편성되었다.

첫 방송 기획(1회) ‖ 기획은 콘셉트, 색깔을 잡는 것이다. 1회, 첫 방송을 잘 만들어야 한다. 첫 방송이 앞으로 계속될 100회까지 지배한다. 올가닉^{organic}, 즉 몸에 좋은 유기농이라는 개념을 콘셉트로 잡았다. 이것저것 섞어서 첨가하지 않은 자연 그대로의 방송을 만들자는 것이다. 그렇기 때문에 방송을 있는 그대로 믿어도 좋을 만큼 건강한 것으로 만들고 싶었다. 기계가 아닌 아날로그, 손으로 만든 수제^{hand-made}를 지향했다.

팀 구성(스태프) ‖ 팀 구성에 들어갔다. 스태프를 새로 뽑고 유지하는 것은 쉽지 않다. 음악 감독은 예

제작 기획안 ‖ 매회 녹화 제작마다 기획안을 만들어서 결재를 받았던 적도 있었다.

전에 〈이소라의 프로포즈〉에서 일했던 강승원 감독에게 부탁했다. 강승원 감독이 피아니스트 신이경 씨를 소개했고, 메종 편집장으로부터 아트디렉터 윤이서 씨를 소개 받았다. 스튜디오는 처음에 작은 스튜디오에 배정되었으나, 무리해서 크고 좋은 스튜디오로 옮겼다. 작가를 구하는 것이 어려웠다. 6개월 정도 시행착오를 거쳐 인터넷 공모와 수소문을 통해 경력 20년 이상의 중견작가들을 구했다. 프로그램에 넘치는 작가였다. 편집 감독인 심분녀 감독은 뛰어난 CG$^{Character Generator}$를 섭외하고는 함께 일하자고 먼저 제안해 왔다. 좋은 스태프를 모아 놓으면, 프로그램의 절반은 성공이다. 전문가들은 자기 이름이 있기 때문에, 스스로 자기 분야에 대한 전문성을 보여 주는 것이다.

출연자 섭외 ‖ 1회 출연자가 매우 중요하다. 처음에 괜찮은 출연자가 출연하면 이것을 기준으로 다른 출연자 섭외하기가 쉽기 때문이다. 처음 섭외가 잘 안 되면 그만큼 힘이 든다. 출연자 섭외는 최선을 다해야 한다. 그리고 방송용으로 섭외한다는 생각을 버리고 나와 직접 인간적으로 만난다는 생각으로 임해야 한다. 작가를 대신 보내지 말고 모든 출연자는 PD가 직접 만난다는 자세로 섭외해야 좋은 프로그램을 만들 가능성이 높아진다.

구성 ‖ 출연자에 어울리는 구성은 무엇인지 고민하자. 틀이 있다하더라도 틀을 넘어서는 새로움이 없다면, 임팩트는 약해진다. 매회 특집이라는 생각으로 출연자에 맞는 참신함과 기발함을 건져 올리도록 하자.

녹화 ‖ 모든 소스를 집약해서 한자리에 펼치는 마당이다. 출연자뿐만 아니라, 스태프 심지어는 PD 자신도 최고의 컨디션이 될 수 있도록 생활 리듬을 조정해야 한다. 스태프들끼리 생기기 쉬운 갈등은 신속하게 봉합하고 해결하도록 한다. 여러 가지 돌발 상황이 생길 수도 있지만, PD가 중심을 잡고 문제를 해결해야 한다. 모든 책임도 권한도 PD에게 있다.

파일럿 제작 방송에서는 시청자나 광고주의 반응을 알아보기 위해 시험적으로 프로그램을 제작한다. 정규 편성에 앞서 1~2편을 미리 내보내 향후 고정적으로 방송할지를 결정한다.

CG 방송 제작에서 컴퓨터 그래픽 혹은 자막을 담당하는 사람을 CG라 칭한다. 전자는 Computer Graphic, 후자는 Character Generator의 약자다.

사전 편집 ǁ 녹화한 내용을 압축해서 하나의 내용으로 만들어 내는 작업이다. 프리뷰를 통해 녹화 내용을 숙지하고 이를 바탕으로 삭제하고 연결하고 보충해서 사전 편집을 완성한다.

종합 편집 ǁ 사전 편집한 내용에 자막, 음향, 음악 등을 추가하는 등 편집의 최종 단계를 종합 편집이라고 한다.

더빙 ǁ 다큐의 경우는 종합 편집 후에 성우 내레이션을 추가하는 더빙 작업을 거친다.

홍보 ǁ 프로듀서는 제작뿐만 아니라, 마케팅도 할 줄 알아야한다. 디렉터의 시대에서 프로듀서의 시대로 바뀔 것이라는 것이 PD들의 생각이다. 프로듀서는 방송의 전반에 대해 심지어 홍보에 대해서도 꿰고 있어야 한다. 〈낭독의 발견〉 시작하면서 첫 보도 자료를 냈는데, 이를 읽은 한겨레의 김도형 기자에게서 연락이 왔다. 녹화 직전이라 신경 쓸 일도 많았지만, 20분 이상 성실하게 전화 인터뷰를 해서 기사가 나갔다.

한겨레 2004년
6월 4일자에 소개된
〈낭독의 발견〉
인터뷰 기사

제2일 인턴 과제

01 방송 제작 과정에서 가장 중요한 부분은 무엇이라고 생각하나? 그 이유는?

02 한국의 방송을 보면서 생각하는 문제점을 지적하고 이것이 생겨나는 이유는 무엇이라고 생각하나?

03 TV와 라디오의 제작 과정의 가장 큰 차이는 무엇이라고 생각하나?

〈단박 인터뷰〉 야외 녹화 현장 ǁ 방송 제작은 시청자들이 생각하기 어려운 메커니즘을 갖고 있다.

{ 열정과 노력이 만드는
방송의 세계 } 日記 ① 김태년

제작의 시작은 기획 회의에서부터 시작된다. 기획 회의는 PD와 작가, FD 등 제작팀 대부분이 참여한다. 기획 회의에서 〈낭독의 발견〉 다음 출연자를 결정하고 섭외 여부를 타진한다.

그 다음은 섭외다. 섭외는 프로그램 성격에 맞아야 하고, 섭외 가능해야 하며, 환경이 따라 주어야 한다. 출연자에게 연락을 취하고 OK를 하면 사전 인터뷰(미팅) 시간을 전화로 계속 조정하고, 인터뷰를 통해 프로그램을 소개하고 확답을 받는다.

섭외가 끝나면 정식 인터뷰를 갖는다. PD와 작가 등 제작에 관여하는 사람 모두가 참여한다. 출연자와 긴 시간 인터뷰를 통해 PD는 프로그램 콘셉트를 잡고, 작가는 대본을 쓴다. 그 외에도 무대 장식, 음악, 콘텐츠 등의 기본적인 구상이 인터뷰를 통해 얻어진다. 인터뷰는 소소한 일상(개인)사부터 출연자의 꿈과 희망까지 다방면으로 진행된다. 구체적인 원고 없이 진행돼서 그런지 나에겐 '브레인스토밍brain storming'을 연상시켰다.

인터뷰가 끝나고 기초적인 콘셉트가 잡혔으면, 제작 회의를 한다. 이때는 제작팀 외에도 진행자, 음악 감독, 무대 감독 등 실무진 모두가 참여한다. 인터뷰 때 얻은 정보를 바탕으로 음악과 무대, 분위기 등 세부적인 것을 정한다. 이때 나온 결과를 바탕으로 작가는 대본을 완성한다.

브레인스토밍 brain storming

아이디어 창출 방법의 하나로 한 가지 문제를 집단적으로 토의해 제각기 자유롭게 의견을 말하는 가운데 정상적인 사고방식으로는 도저히 생각 할 수 없는 독창적인 아이디어가 튀어나온다는 것이다. 브레인스토밍을 성공시키기 위해서는 ①타인의 아이디어를 비판하지 않으며 ②자유분방한 아이디어를 환영하고 ③되도록 많은 아이디어를 서로 내놓아야 한다.

〈낭독의 발견〉 녹화는 주로 스튜디오에서 진행된다. 녹화가 있는 날 PD는 일찍부터 스튜디오에 나와서 세세한 부분까지 체크를 한다. 스튜디오에 가면 무대를 만들고 조명을 설치하고 있는 모습을 볼 수 있다. 무대가 완성되면 악기가 들어오고, 악기 전문가가 악기 조율을 한다. 그 후, 무대 감독이 무대 소품을 가지고 도착해 설치를 시작한다. 조명팀은 무대 감독과 함께 조명을 조율한다. 무대 세팅이 막바지에 이를 때쯤 음악 감독과 연주자가 도착한다. 음악 감독과 연주자는 악기를 세팅하고 리허설을 한다. 이후 출연자와 MC가 도착하면 PD와 작가는 대강의 연출 방향을 알려 주고 중요 부분을 체크해 준다.

모든 세팅이 완료되면 녹화가 시작된다. PD는 부조종실에 올라가고 무대에는 FD가 남는다. PD와 FD는 '인터컴'이라는 장비로 대화를 하는데, 한쪽 귀를 덮는 헤드폰과 마이크가 결합된 모양이다. FD는 무대에서 PD의 지시에 따라 현장을 정리하고, PD는 부조종실에서 편집 및 음향 기사들과 함께 녹화를 한다. 녹화가 끝나고 남는 것은 테이프뿐이다. 그만큼 소중하기 때문에 잘 보관해야 한다. 다음날 그 테이프를 보고 작가들은 '프리뷰'라는 것을 한다. 프리뷰란 테이프에 있는 장면을 글로 옮기는 것이다. 출연자의 대사에서부터 움직임, 버릇, 웃음소리까지 될 수 있는 대로 자세히 글로 옮긴다. 이것은 편집을 위해서 하는 것이기 때문에 정확한 시간 표시도 중요하다.

프리뷰와 사전 편집이 끝나면 PD는 프리뷰를 보고 방영 시간에 맞게 사전 편집을 한다. 보통 녹화된 양이 방영될 양보다 많기 때문에 NG난 것을 자르고 테이프를 시간 순서대로 편집한다. 프리뷰를 보고 불필요한 대사를 자르고, 여러 편집 기법을 이용해 점프 컷들을 봉합한다.

사전 편집이 끝나면 NLE$^{Non-Linear Editing}$라는 컴퓨터 작업을 거친다. 컷만 붙여진 사전 편집을 컴퓨터에 넣고 여러 가지 효과를 넣는 과정이다. 이 과정을 통해 화면 전환 효과가 들어가고 노이즈가 제거되기도 한다.

NLE를 거친 테이프는 종합 편집을 통해 최종 방영본으로 완성된다. 종합 편집은 방송국에 따로 마

방송사 내에서만 유통되는 비밀 제작 노하우가 있다.

련된 종합 편집실에서 진행된다. 이때 자막이 입혀지고 음악이 들어간다. 자막은 작가가 작성해서 CG에게 넘기면 화면에 맞게 CG가 작성해 온다. 음악은 FD가 사전 편집본을 음악 감독에게 넘기면 그에 맞는 음악을 PD와 상의해서 음악 감독이 선곡해 온다. 자막과 음악, 영상을 종합 편집 감독이 PD의 큐 사인에 맞춰 한 테이프에 섞는 작업을 한다.

종합 편집을 거친 테이프는 방송용 바코드가 찍힌 테이프에 옮겨져서 송출하는 곳으로 넘겨진다. 테이프를 넘겼다고 끝은 아니다. PD는 집에서 혹은 방송국에서 자신의 프로그램을 화면을 통해 다시 한 번 확인한다. 방송 다음날은 시청률을 알아보고 시청자들의 반응도 체크한다. 시청자들의 반응을 궁금해 하는 출연자에게 알려주는 것도 PD의 몫이다. 프로그램에 대한 피드백을 종합해서 제작진과 반성의 시간을 갖는 것으로 제작의 한 사이클은 끝이 난다.

이것이 내가 경험한 제작 메커니즘의 기본 과정이다. 물론 자세히 들여다보면 세세한 부분과 생략된 부분이 있을 것이다. 길다면 길고 짧다면 짧은 제작 과정 속에서 내가 배운 가장 중요한 점은 참여자들이 모든 과정에서 최선을 다한다는 것이다. 그런 열정과 노력이 모여 방송을 완성한다는 데서 진한 감동을 느꼈다.

〈HD 역사스페셜〉의 '스페셜' 한 탄생

日記 ② 정아란

〈HD 역사스페셜〉은 유인촌 씨가 진행하던 〈역사스페셜〉이 2003년 종영한 뒤, 새로이 통사 (通史) 다루기를 시도하며 2005년 5월에 첫 방영되었다. 프로그램 방영 전, PD와 자문 위원 등이 참여한 자문 회의에서 60편의 주제를 미리 정한 상태에서 출발했다고 한다. 보통 PD 한 명이 한 편의

〈낭독의 발견〉 녹화에 사용된 실제 와인 잔 ‖ 방송 프로그램은 하나의 소품도 소홀히 할 수 없다. 모두 프로그램을 구성하는 요소이기 때문이다.

프로그램을 맡아 제작하고, 스튜디오 녹화는 팀의 선장 격이라 할 수 있는 CP^{Chief Producer}가 함께 진행한다. 한 편당 제작 사이클은 두어 달 정도로 생각할 수 있다. 내가 있었던 여름은 종영을 두어 달 앞두고 있을 때라, 한편에서는 다음 역사 프로그램에 대한 논의도 활발했다. 그리고 제작의 호흡이 길다 보니, 다음 편을 준비하고 있는 PD님들이 차례차례 촬영하시느라 꼭 한 두 개의 빈자리가 생기기 마련이었다. 덕분에 나는 매주 이 자리 저 자리를 돌며 메뚜기 뛰는 재미가 쏠쏠했다. 각자 맡은 주제들이 다르기 때문에 책상 위만 보아도 어느 PD님의 자리인지 알 수 있을 정도로 다양한 분야의 책들과 자료들이 쌓여 있었다.

우선 제작을 맡은 PD는 엄청난(!) 자료 독파에 매진하며 어떤 메시지를 중심으로 잡을 것인가에 대해 고민한다. 역사 프로그램들은 자료가 중요하기 때문에, 자료 조사 요원들과의 호흡도 중요하다. 자료 조사 요원 언니들은 인터넷이나 KBS 도서관을 뒤지면서 끊임없이 자료를 퍼 나르곤 했다. 다행이라면 거대한 소장고인 국회도서관이 KBS 가까이에 있다는 점이었다. 나도 PD님이 부탁하신 것을 인터넷에서 몇 개 찾아 간 적이 있었는데, 뜻도 모를 한자로 넘쳐나는 조선왕조실록을 들여다보는 작업이 만만치 않았다. 자료를 독파하면서 PD는 대본을 준비한다. PD는 대본을 담당하는 작가와 이메일을 끊임없이 주고받는데, 작가는 일주일에 한두 번 사무실로 와서 함께 회의를 진행하곤 했다. 대본을 고쳐 가는 과정 속에서 어떤 메시지를 던질 것인가, 이야기의 흐름을 어떻게 할 것인가를 두고 CP님과의 커뮤니케이션도 활발히 진행됐다.

내가 가장 열성적으로 참여했던 부분은 대본 작성이었다. 밤늦게까지 이어진 회의에 참여한 적이 두어 번 있었는데, 지하철이 끊기는 시간이 다가온다는 사실이 너무 애석할 정도였다. 대본 작업을 보면서 방송 작가가 거의 전적으로 대본을 쓴다고 생각했던 나의 생각은 완전히 깨졌다. 왜 논문 시험이 PD 공채 전형에 포함돼야 하는지를 온몸으로 느꼈다. 언젠가 영화감독 피에로 파솔리니도 자신은 작가의 정신으로 영화감독을 하고 있다고 하지 않았던가. 메시지를 잡고 대본 작업을 하는 데 있

PD의 달력은 방송 일정을 중심으로 채워진다.

어 해당 분야의 역사학자나 전문가들과의 교신도 매우 중요하다. 주로 PD들이 읽은 자료를 작성한 전문가들에게 연락을 넣는데 프로그램 계획을 설명하고, 사실을 확인하거나 좀 더 설명을 부탁한다. 필요한 경우에는 약속을 정해 인터뷰를 따기도 한다. 최필곤 PD님은 정조 독살사건을 다루면서 『조선왕 독살사건』을 저술한 이덕일 선생님을 비롯한 다양한 전문가들과 연락을 종종 하셨다.

대본이 대강 완성될 즈음이 되면, PD들의 책상에 놓인 달력은 글씨들로 하나둘 채워지기 시작한다. 본격적인 제작이 시작되는 것이다. 〈역사스페셜〉 제작은 촬영과 드라마 재연, 스튜디오 녹화 등 전방위적으로 이뤄졌다. 특히 촬영은 해당 유적이 있는 전국 곳곳을 돌아야 한다. 필요한 경우에는 중국이나 일본 등지로도 촬영을 간다. 〈역사스페셜〉 PD님 대부분이 매번 해외 촬영에서 얻은 에피소드를 한 아름 갖고 계셨는데, 가끔 밥 먹을 때 하나둘 풀어놓으시는 얘길 듣는 일은 꽤 재미있었다. PD들은 수십 개의 해외 촬영 테이프를 프리뷰 팀에게 넘긴다. 외국어와 한국어로 나누어진 테이프들은 프리뷰어들이 테이프에 기록된 시간과 내용을 꼼꼼히 기록해 파일로 만든다. 프리뷰를 정리한 파일들은 너무 두꺼워 깜짝 놀랄 정도였다. PD들은 편집할 때 이 기록 파일들을 보고 필요한 장면을 찾아 쓴다. 드라마 재연은 주로 지방에 있는 세트장에서 진행된다. 재연을 위해서 새벽에 다수의 엑스트라와 함께 버스를 타고 지방으로 내려가야 하는 일도 잦다고 들었다. 촬영 여행에서 돌아와 좀 숨을 돌리시나 싶었는데, PD님 들은 남은 인터뷰나 촬영, 그리고 가상 스튜디오 준비로 더 바빠져서 얼굴을 뵙기도 힘들었다.

브리지로 들어가는 스튜디오 녹화도 빠뜨릴 수 없이 중요한 작업이다. 월요일 오후에 이뤄지는 녹화 한 두 시간 전에 가서 스튜디오를 정리한다. 크로마키를 위해 온통 녹색으로 둘러쳐진 스튜디오 세트를 특별히 화려하게 꾸민다거나 하는 일은 거의 없지만, 그래도 조금의 실수가 있어서는 안 된다. 각자 모두 조명과 음향, 카메라 위치, 프롬프터prompter 등을 확인한다. 스튜디오에 딸린 대기실에서 나온 MC는 대본을 들고 나와 서서 위치나 목소리 등을 확인해 본다. MC를 맡았던 고두심씨는 연기

프롬프터 prompter
방송 출연자가 카메라를 보면서 원고 내용을 읽을 수 있게 해 주는 장치를 말한다. 원래는 연극 용어로서 객석에서는 보이지 않는 곳에서 무대에 등장한 배우가 대사나 동작을 잊었을 때, 대사를 가르쳐 주거나 동작을 지시해 주는 사람을 지칭했다.

자답게 카리스마가 대단했다. 한편 2층 부조정실에는 CP와 PD, 가상 스튜디오 운용 감독 등 7, 8명의 스태프들이 움직인다. 〈HD 역사스페셜〉 녹화에서는 담당 PD들은 VCR과 스튜디오를 체크하고, CP인 우종택 PD님이 총괄 감독을 맡아 녹화를 진행했다.

월요일 저녁 부산했던 스튜디오 녹화까지 끝나고 나면, PD는 바삐 편집실로 올라가 뭉텅이로 잘라내는 사전 편집을 한다. 편집이 끝나고 나면 화요일에는 편집 감독님의 방에서 종합 편집이 시작된다. 여러 가지 효과를 넣기도 하고, 자막을 입히는데 편집 감독님과 PD님은 끊임없이 의견을 나누셨다. 이때 자막에 오타가 없는지 잘 봐 두어야 한다. 한편 사무실 옆 편집실에서는 예고편을 만드느라 바쁘고, 사무실에서는 홍보문을 쓰고 보내느라 또 바쁘다. 수요일은 작가가 대본을 마지막으로 정리하는 날이다. 그래서 사무실이 평소보다는 여유 있어 보이지만, PD와 작가는 마지막 정리에 여념이 없다. 목요일은 완성된 대본을 가지고 마지막으로 성우 더빙 작업을 하는 날. 역사적 사실과 다른 것이 없는지 하나하나 꼼꼼히 체크해야 하는 PD들은 마지막까지도 대본에서 시선을 거두지 않는다. 더빙 작업까지 끝나면 이로써 한 편의 작품이 탄생하는 것이다. 그리고 줄줄이 비엔나소시지처럼 다음 작품을 준비하는 PD들의 손길은 다시 바빠지기 시작한다.

그렇게 64개의 시리즈로 엮어 낸 〈HD 역사스페셜〉은 지난 가을을 끝으로 작별을 고했고, 지금은 〈역사기행〉이 방영되고 있다(2007년 현재 다시 〈한국사 전〉에 그 바통을 넘겨주었다.). 더듬어 보면 KBS의 역사 다큐멘터리 시리즈는 〈역사추리〉, 〈TV 조선왕조실록〉, 〈역사저널〉, 〈역사스페셜〉, 〈HD 역사스페셜〉 등으로 계속 그 모습을 바꿔가며 이어지고 있다. (이사를 하지 않았다면) 지금 이 시간에도 6층 어귀에서 PD님들은 역사를 반죽하시느라 여념이 없을 것이다. 〈역사스페셜〉 팀에 있을 때 나는 가끔 같은 층을 쓰는, 칸막이 너머의 예능국을 훔쳐보곤 했다. 많은 사람들이 오가고 목소리도 큰 예능국에 비하면 〈역사스페셜〉 팀 사무실은 한결 적막했었다. 하지만 조용해 보이는 일상 속에서 끊임없이 크고 작은 변화가 소용돌이치던 곳, 그 곳에 다시 가고 싶다.

방송사는 방송이 만들어지는 현장이다. 다양한 설비와 장치들과 인력들이 조합되어 하나의 프로그램을 만들어 내는 장이다. 인턴을 하게 된다면 우선 그 현장을 정확히 관찰하여라. 물론 첫 인상이 강력히 마음에 남을 수도 있다. 그리고 그 인상이 앞으로의 진로를 결정하기도 한다. 어떤 선배는 스튜디오에서의 첫인상을 마음에 담고 방송 녹화 전에도 스튜디오 구조를 떠올리며 녹화 리허설을 한다고 한다. PD에게 현장은 꿈의 구장이다. 꿈을 진하게 꾼다면, 그 꿈은 대부분 이뤄져 왔다. 우리에게도 여러분에게도. 현장에 대한 인상을 강력히 포착하라.

> 방송국은 하나의 거대한 회사입니다. 사장을 중심으로 이사회가 있고 각 팀의 팀장이
> 있고 그 밑에 팀원이 있습니다. 이렇게 큰 조직이 프로그램 콘텐츠라는 아웃풋을 내기
> 위해서 각자가 맡은 일에 최선을 다한다고 알고 있습니다. 방송국은 조직이 어떤 형태
> 로 구성되어 있으며 각각 하는 일은 뭔가요?

質問 ① 김태년

홍경수 PD 答辯 ‖ 방송사는 주로 몇 개의 본부로 구성되어 있다. 방송 제작과 직접 연관 있는
것이 제작 본부와 편성 본부, 보도 본부다. 그 외에도 기술 본부, 경영 본부, 특임 본부 등의 조직에서
방송 제작을 지원하는 구조로 되어 있다. 제작 본부는 TV 제작 본부와 라디오 제작 본부 두 가지가
있는데 KBS의 경우 TV 제작 본부는 프로그램 기획팀, 스페셜팀, 시사 정보팀, 환경 정보팀, 교양 정
보팀, 문화 예술팀, 어린이 청소년팀, 예능1,2팀, 드라마 1,2팀 등 다양한 팀으로 구성되어 있다. 자
세한 내용은 방송사 홈페이지를 참고하라.

> 지상파 프로그램은 정말 복잡한 제작 과정과 수많은 사람들의 참여에 의해 이루어집니
> 다. 반면 최근에는 기술 발전으로 인해 1인이 제작 과정의 모든 과정을 손수 해내는 1
> 인 미디어 제작 방식도 점차 확산되어 가고 있습니다. 지상파 제작 방식과 1인 미디어
> 제작 방식. 각기 어떤 장단점이 있을까요? 그리고 혹시 1인 미디어 제작 방식을 지상파
> 에서 효율적으로 응용해 볼 수 있는 방법은 없을까요?

質問 ② 이미영

홍경수 PD 答辯 ‖ 카메라맨이 직접 연출하는 소위 '카메듀서cameducer'가 만든 프로그램이 있
었다. 〈디지털 미술관〉에서 시도한 개념이다. 〈TV 문화기행〉이라는 프로그램에서는 몇 년 전에 PD

가 직접 6mm 카메라를 들고 해외 다큐멘터리를 찍었던 것도 기억하고 있다. 프로그램이 없어지고 그런 방식은 사라졌다. 문화 다큐 같은 경우는 혼자 만드는 것도 가능할 듯하다. 다만, 혼자 만드는 것의 장점이 협업의 장점보다 커야 할 텐데…… 그 기준을 찾는 것이 중요할 듯하다. 그 기준은 예산 절감의 필요성, PD의 작가주의적인 성향, 프로그램을 통틀어서의 PD의 관여성 등이 될 수 있겠다.

{ 예능이나 드라마, 시사, 교양 등 장르별로 뚜렷하게 구분되는 제작 메커니즘의 차이가 궁금합니다. 그리고 드라마의 열악한 제작 조건을 생각해 보면 사전 제작을 통한 완제품 생산이 갈수록 힘을 얻어 갑니다. 하지만 수요자인 시청자와의 능동적인 소통이 중요하다는 점에서는 방송하면서 그 반응을 살피는 것도 좋을 것이라 생각하는데, 이를 고려하면서 여유 있게 제작할 수 있는 방법은 없을까요? } 質問 ③ 정아란

홍경수 PD 答辯 ‖ 드라마를 제작해 보지 못해서 정확히 말은 못하겠으나, 예능 쪽은 특집을 제외하고는 거의 모든 프로그램이 매주 방송된다. 오락 프로그램의 경우는 한 주의 방송을 위해 5명의 PD가 달라붙어 꼭지로 나누어 방송한다면 교양이나 시사 쪽은 5명의 PD가 한 주씩 준비해서 5주에 1편씩 제작하는 시스템이다. 따라서 교양, 시사 쪽의 연출 시작이 빠르고 예능 쪽은 더 오랫동안 조연출을 하게 된다. 사전 제작제는 아주 적은 비율로 진행되고 있고, 대부분의 프로그램이 시청자의 반응에 따라(?) 제작되는 지극히 한국적인(?) 시스템으로 제작되고 있다. 돈과 시간 그리고 인력이 프로그램 제작의 필수 요소라고 할 때 이것들은 항상 부족해서 그런지 여유 있게 제작하는 것이 쉽지 않다.

제2일   함께 보기 좋은 추천 자료

01 **홍경수, 「낭독의 발견」, 샘터, 2004년** 〈낭독의 발견〉 프로그램에서 소개되었던 시와 수필 등 아름다운 글과 출연자들의 진솔한 사연을 담은 책이다. 프로그램을 만들면서 겪은 크고 작은 일들을 자세히 기록했다. TV 프로그램 제작의 과정을 이해하는 데 도움이 될 듯하다. by 홍경수 PD

02 **변영주, 「낮은 목소리2 제작노트」, 커뮤니케이션북스, 2005년** 책에는 치열하게 다큐멘터리를 완성해 가는 변영주 감독의 모습이 담겨 있다. '독립영화인인 그들이 무엇에 의존하고, 무엇으로부터 독립해야 하는가'에 대한 근본적인 질문을 바탕으로 풀어 나가는 책. by 김태년

03 **장해랑, 이장종, 오진산, 황용호, 「TV 다큐멘터리 세상을 말하다」, 샘터, 2004년** 20여년 이상 다큐멘터리를 통해서 세상과 사람들의 모습을 담아온 TV 다큐멘터리 제작 PD 4인의 경험과 고민이 담겨 있다. 다큐멘터리에 국한되어 있긴 하지만, 제작 전반에 대해 상세한 설명이 들어 있다. by 이미영

課題

제시된 과제에 대해 글을 쓰고 이를 비평함

방송이란 무엇인가?에 대한 글쓰기

의식주로 풀어 보는 방송

課題 ① 김태년

의 : 방송이란 우리가 입는 옷과 같은 것. 입고 있으면 모르지만 안 입으면 어색한 무엇. 이것저것 고르고 예쁜 옷을 사고 치장하고 뽐내도 역시나 제일 고마운 것은 추울 때 추위를 막아 주는 것이라고 깨닫는 것. 그리고 어머니가 떠 주신 따뜻한 털목도리 같은 것.

식 : 방송이란 삼시 세끼 밥과 같은 것. 그냥저냥 끼니 때운다고 먹기도 하지만 안 먹으면 허전한 무엇. 배고플 땐 찬밥 더운밥 가리지 않지만 배가 부르면 이것저것 투정부리는 것. 너무 많이 먹으면 배가 부르지만 안 먹으면 배고픈 것. 알게 모르게 몸속에 들어가서 군데군데 영향을 발휘하지만 정작 본인은 모르는 무엇. 그리고 진수성찬보다는 어머니가 차려 주신 따뜻한 가정식 백반 같은 것.

주 : 방송이란 튼튼한 집과 같은 것. 외부로 비바람을 막아 주는 무엇. 친절하게 손님을 맞이할 수 있는 보금자리 같은 것. 인생사 희로애락이 모두 이루어지는 장소. 자기의 몸에 인간의 역사를 아로새기는 연대기 같은 것. 가끔은 화려함을 뽐내기도 하지만 기본은 지켜 주는 것. 그리고 성냥갑 아파트가 아니라 우리의 조상들이 살았음직한 한옥 같은 것.

더해서 人 : 그리고 방송의 토대는 사람이라는 것. 의식주가 모두 사람을 위하듯이.

방송이란 무엇인가?에 대한 글쓰기

20일간의 관찰 보고서

課題 ② 이미영

관찰의 목적 : 현대인의 삶 속에서 방송이란 무엇인지를 살펴본다.

관찰 대상 : 이미영(24세 여성). 뉴욕에 다큐멘터리 제작 인턴을 위해 잠시 체류 중. 낮잠을 자다가도 자신이 좋아하는 TV 프로그램의 제목을 들으면 발딱 일어났을 정도로 TV를 좋아하다 못해 사랑하는 그녀. 하지만 살인적인 물가를 자랑한다는 뉴욕에서 한국에 계시는 부모님께 용돈을 타 쓰는 무급 인턴으로서 한

푼이라도 아껴 보겠다는 굳은 결심으로 TV를 구입하지 않겠다고 맹세함.

관찰 결과

1일째 : 짐을 정리하느라 TV가 방에 있는지 없는지 생각할 겨를도 없다. 그저 사람 한 명 눕기도 좁은 방에 TV가 자리를 차지하지 않고 있다는 것에 만족하고 있다.

2일째 : TV가 없는 것도 나쁘지 않다. 하루를 정리하며 차분히 일기를 쓰고, 책을 읽는다.

3일째 : 회사가 끝나고 퇴근하는 길에 비를 쫄딱 맞았다. 매일 아침, 아침 뉴스로 일기예보를 확인하던 그녀였는데 지금 그녀의 방에는 그녀에게 친절히 날씨를 알려 줄 TV가 없다.

4일째 : 회사 사람들이 마호메트 그림, 유럽 신문 어쩌고저쩌고 하는데 무슨 얘기를 하는지 도통 알아들을 수가 없다. 나중에 회사 동료가 인터넷에서 관련 기사를 찾아 주어서 알게 되었다. 신문의 만평이 이슬람교도들을 화나게 했다는 것을.

5일째 : 취침 시간이 눈에 띄게 빨라졌다.

6일째 : 아무도 없는 텅 빈 방에서 혼자 너무 외로워서 울었다. 아무런 소리도 나지 않는, 아무것도 반짝거리지 않는, 아무것도 공감할 것이 없는 방. 한국에 계신 부모님과의 전화 통화가 끝난 뒤, 그 방의 적막을 견디지 못해 울었다.

7일째 : 슬슬 중고 사이트 크레이그리스트Craigslist에 기웃대며 중고 TV를 판매한다는 글이 없는지 확인하는 횟수가 많아졌다.

8일째 : 급기야 일을 저지르고야 말았다. 중고 TV를 판다는 사람에게 전화를 걸었다. 하루라도 빨리 가지러 가겠다고 했다. 그날 저녁, 회사에서 퇴근하는 길에 무거운 TV를 안고 단숨에 집으로 돌아와 TV를 설치했다.

9일째 : TV 채널을 익히고 있다. 중간 광고가 너무 많아서 채널 익히는 데 시간이 좀 걸렸다.

10일째 : 〈댄싱 위드 더 스타즈Dancing with the stars〉라는 프로그램을 본다. 말 그대로 스타와 전문 댄서가 짝을 지어 춤을 추고 성적에 따라 한 주의 탈락자가 결정되는 프로그램. 화려한 춤사위에 넋을 놓고 있다. 한국에 있을 때 재즈댄스를 배웠던 그녀는 다시 춤을 배우고 싶다는 욕구로 활활 불타오르고 있다.

11일째 : 미국 뉴스에서 이상한 점을 발견했다. 부시 대통령이 인도를 방문했다는데도 그 소식이 메인 뉴스의 첫 기사가 아니다. 메인 뉴스의 첫 기사는 언제나 '그날 뉴욕에서 벌어진 범죄'. 한국과 미국이 참 다르다는 것을 깨닫게 되었다.

12일째 : 촬영을 갔다가 돌아와서 씻고 침대에 누워 TV를 켰다. 마침 그래미 시상식을 하고 있었다. 최고의 여자 가수 상Best Female Vocal을 탄 켈리 클락슨은 수상 소감을 얘기하며 정말 펑펑 울었다. 〈어메리칸 아이돌American Idol〉을 통해 데뷔해 그래미 상까지 거머쥔 그녀가 내 친구인 것 마냥 너무 자랑스러워서 따라 훌

찍인다.

13일째 : 할렘에 구경을 다녀왔다. 얼마 전에 〈9.99〉라는 프로그램에서 할렘의 좋은 곳, 맛있는 곳을 보고 그에 대한 정보를 열심히 기록했었다. 〈9.99〉는 하루 동안 9.99달러 미만의 돈을 사용하고도 뉴욕을 맘껏 즐길 수 있는 방법을 알려 주는 프로그램. 할렘하면 총기가 난무하는 무서운 곳이라고 생각했던 그녀는 방송을 통해 할렘에 대한 선입견을 깨고 용감하게 할렘으로 여행을 떠났다. 할렘의 피카소Picasso of Harlem 라 불리는 할아버지가 그린 길거리 벽화, 아프리카 전통 의상 등을 판매하는 거리 시장 등 그 어떤 여행 책자에서도 찾아볼 수 없었던 보물 같은 곳에 찾아가 좋은 하루를 보냈다.

14일째 : 뉴스에서 동계 올림픽 소식을 보았다. 쇼트트랙 준결승전 결과를 보고하는데 분명히 귀로 듣는 바로는 한국 선수가 일등을 했다는데, 카메라는 계속 미국 선수만 비춘다. 화면으로는 틀림없이 미국 선수가 우승한 것 같아 그녀는 자신이 잘못 들은 건가 한참 고민했다. 다른 나라에서 이방인으로서 가장 국가주의적인 스포츠 중계를 보는 것은 엄청난 충격이었다.

15일째 : 〈섹스 앤 더 시티Sex and the city〉에서 러시아 미술가 애인을 따라 파리로 간 캐리는 길거리를 걷다가 어느 커피숍에서 정신없이 수다를 떨며 커피를 마시고 있는 여자 4명을 보고는, 뉴욕에 두고 온 자신의 친구들을 떠올린다. 그 순간 그녀는 자신이 캐리 같다고 생각한다. 한국에 있는 친구들을 맘껏 그리워했다.

16일째 : 시청률이 평균 2퍼센트 나온다는 미국의 공영방송 PBS. 거기서 국제 성매매에 대한 다큐멘터리를 보게 되었다. 구소련에서 독립한 어느 작은 국가의 여성은 가족을 위해 돈을 벌겠다고 집을 나간 뒤 인신매매 되어 성매매 업소에서 일하게 되었다. 남편의 도움으로 가까스로 탈출했지만, 병을 앓고 있는 자신의 동생을 위해 다시 성매매 업소에 가서 일해야겠다고 울며 말하는 여성을 보며 세상에 너무 화가 났다.

17일째 : 〈댄싱 위드 더 스타즈〉에서 모든 사람의 예상을 깨고 Jerry가 결승에 진출했다. Jerry는 은퇴한 풋볼 선수로서 다른 스타들에 비해 춤 솜씨는 훨씬 떨어졌지만, 열심히 노력하여 한 단계 한 단계 성장하는 모습을 보여 주어 많은 시청자들이 그에게 표를 던졌다. 열심히 하는 자는 역시 당할 수 없다.

18일째 : 오늘은 회사에서 트랜스크라이브transcribe를 하느라 너무 힘들었다. 집에 돌아오자마자 TV를 켜고 〈에브리바디 러브즈 레이몬드Everybody loves Raymond〉를 보며 그냥 아무 생각 없이 맘껏 웃었다. 그녀는 그 프로그램이 하루 동안 고생한 스스로에게 주는 상이라 생각했다.

19일째 : 〈프로젝트 런웨이Project runway〉. 최고의 디자이너를 가려내는 그 프로그램에서 출연자들은 서로를 의식하고 모함한다. 마지막 단 한 명의 우승자가 되기 위해 치열한 경쟁을 감내해야 하는 그들은 앞에서는 칭찬하다가도 막상 뒤에서 다른 말을 한다. 다양한 인물들의 캐릭터만큼이나 치열한 경쟁 앞에서 보여 주는 모습도 제각각이다. 그녀는 그 프로그램을 통해 세상 인간사를 다 배운 느낌이다.

20일째 : 다양한 인종이 모여 사는 뉴욕에는 한국 방송도, 일본 방송도, 멕시코 방송도 있다. 리모컨을 이리저리 돌리며 세상 여행을 한다.

위안하는 TV

#1. "너도 이제는 가족들뿐만 아니라, 네 자신에게도 미안하지?" 돌연 메리 엄마의 꾸짖음이 브라운 관을 뚫고 나와 내 이마를 세차게 때린다. 메리와 대구의 감질 나는 '연애질'에 지나치게 이입한 나머지 3자 연애(나-황메리-강대구)를 즐기던 터였다. 그러나 이렇게 드라마에서도 불쑥불쑥 튀어 나오는 현실의 외침에는 메리의 표현대로 가끔은 '온몸이 따갑다'. 드라마 PD가 되기 위해서는 무릇 TV를 열심히 챙겨 봐야 하는 법이라고 나 자신을 위로하고 가족들에게도 홍보하지만, 불편한 마음은 어느새 항상 삐져나와 있다. 순혈 백수를 둘씩이나 주인공으로 내세운 PD는 어떤 사람일까? 아마 그도 백수 생활의 저릿저릿함을 몸으로 겪은 기억을 가진 사람이 아닐까. 그래, 지금 내가 TV 앞에 앉아 비비고 있는 시간들도 언젠가는 내 작품의 거름으로 쓰일지도 몰라. 내 이름 석 자가 올라가는 제 2의 〈메리대구 공방전〉을 기약하며 다시 3자 연애 모드에 돌입한다.

#2. 내가 눈을 떠서 제일 먼저 하는 일은 TV를 켜는 것이다. 남들은 발가락을 가지고서도 TV를 켜지만, 몸을 간신히 움직여 리모컨을 눌러야 하는 내게는 쉽지 않은 일이다. 7시 42분. 〈순옥이〉가 시작하려면 아직 십 여분 남았다. 천장을 올려다본다. 몸을 움직일 수 없게 된지 4년여. 그 녹록치 않은 시간이 지나는 동안, TV는 이제 내가 바깥을 구경하는 유일한 통로가 됐다. 다시 밤이 찾아오고 잠이 들 때까지 TV를 끄지 않는 내가 가장 좋아하는 프로그램은 〈TV소설〉이다. 옛날이야기를 듣는 것 같은 잔잔한 내레이션도 좋고, 유명하지 않은 배우들이 나오는 것도 좋다. 지금 고주몽으로 이름을 날리고 있는 송일국도 〈인생화보〉의 형식으로 출발했는데, 다들 알려나. 〈TV소설〉은 무엇보다도 6개월은 족히 가는 프로그램이라 천천히 오래 두고 보는 맛에 길들여진다. 이제는 배경으로 으레 쓰이는 세트장 풍경도 얼추 묘사가 가능할 정도다. 앗, 〈순옥이〉가 시작했다. 몸을 돌려 눕는다. 이마가 어여쁜 순옥이의 팍팍한 인생도 이제 거의 끝자락을 보이는구나. 다음 얘기는 무얼까.

#3. 얼마나 기다리던 금쪽 같은 추석 휴가인가. 아이들과 남편을 밖에 내보내고 간만에 휴식을 얻었다. 8시 뉴스나 볼까 해서 TV를 켠다. 갑자기 애를 업고 우는 여자가 나온다. 무슨 사연이기에 저렇게 젊은 여자가 뜨거운 눈물을 쏟을까. 알고 보니 지난여름 수해로 망가진 강원도의 어느 마을 얘기였다. 서울서 택시기사 일도 다 접고 내려와 어머니를 찾아 헤매는 아들, 결혼사진 찍은 지 며칠 지나지 않아 물길에 사라진 남편을 기다리는 젊은 아내, 한평생 같이 했던 아내의 실종에 속이 시커멓게 썩어 가는 할아버지. 콧등이 시큰시큰하다. TV 뉴스로 보고는 또 이놈의 물난리, 하고 잊었던 곳이었다. 그 뉴스 뒤에 이렇게 속 깊은 이야기들이 그물 쳐 있을지 몰랐다. 어머니, 당신은 한계령을 넘었나요. 어머니를 포기할 수 없다는 늙은 아들을 보며 나도 괜히 돌아가신 어머니 생각에 울음이 나왔다. 우리 둘째와 비슷한 또래 아기를 안고 있던 그 젊은

여자는 지금 어떻게 살고 있을까, 이곳을 떠나지 못한다던 여자의 메마른 입술이 아직도 생각난다.

방송 통신 융합의 시대가 도래했다고도 하고, 지상파 독점이 무너졌다고도 한다. 기술적으로나 제작 환경 면에서 방송이 많은 변화를 거듭하고 있는 것은 분명하다. 그러나 아무리 환경이 변화하고, 세태가 바뀌어도 방송은 기본적으로 사람을 위무하는 일에 다름 아니다. 드라마 삼매경에 빠진 누군가에게도, 거동이 어려워 자리에 누워 TV를 동무 삼는 누군가에게도, 혹은 다큐를 보다 문득 어머니 생각에 눈물을 쏟는 평범한 누군가에게도 모두 말이다. 그래서 위안하는 방송은 무엇보다 어렵지 않아야 하고, 맥락을 이야기해야 한다. 그것이 방송이 이제껏 살아온 힘이었고, 이 변화무쌍한 시대에 방송이 잃어버리지 말아야 할 길 아닐까.

제2일 課題 總評 by 홍경수 PD

입사해서 4년차인가에 〈이소라의 프로포즈〉 조연출을 맡았다. 시인인 연출 선배는 매일 출근하면 하루에 한가지씩의 화두를 던졌다. 즉 '왜 PD가 되었냐?' 라든가 '방송은 무엇이라 생각하느냐?' 등의 질문들…… 어설픈 대답을 하면 선배는 자신의 견해를 이야기하며 더 생각해 보라고 격려해 주었다. 길지 않은 이 기간 동안 나는 내가 하는 일에 대해 진지하게 생각해 보게 되었다. 나는 왜 PD가 되었나? 나는 왜 쇼 PD가 되었나? 내가 진정하고 싶은 프로그램은 무엇인가? 방송을 만드는 사람들은 어떤 생각을 가지고 있나? 시청자는 누구인가? 계몽해야 하나, 영합해야 하나? 이때부터 방송에 대한 경험을 글로 남기게 되었고, 이것으로 석사 논문을 쓰게 되었으며, 지금 이 책을 통해 많은 사람을 만나게 되었다. 급작스럽게 돌아가는 제작 시스템 때문에 방송 PD들이 자신이 하고 있는 일을 객관화해서 보는 시각이 부족한 것이 뼈아픈 현실이다. 따라서 자신을 비춰 보는 거울로서 방송에 대한 생각을 자문하고 자답해 보는 것은 의미가 있다. 앞서 말한 선배는 박해선 PD이다.

무엇이
방송을 만들까?

{ 회의의 발견 }

회의의 발견

회:의 會議
[회의/훼이] [명사]

1. [하다형 자동사] (여럿이) 모여 의논함, 또는 그 모임. 2. 어떤 사항을 평의하는 기관. ¶법관 회의

사전적 정의가 아니더라도 회의란 '모여서 이야기를 하는 것'이나 '이야기를 모으는 것'이다. 방송에서는 협업이 중요하다. 방송 제작 과정에서 가장 빈번하게 하는 업무가 회의다. 방송 조직은 행정, 제작, 기술 세 가지로 나누어지는데, 세 그룹의 생각이 너무 다르기 때문에 계속 조정해야 한다. 회의라는 과정이 이것을 도와준다. 첫 〈낭독의 발견〉 회의에 모인 사람들이 생각하는 프로의 이미지는 모두 달랐다. 서로의 생각을 털어놓고 PD가 연출하고자 하는 주된 콘셉트로 줄기를 만들어 내야 한다. 회의의 종류는 다양하다.

콘셉트 회의 ‖ 프로그램의 큰 줄기를 결정하는 회의다. 대부분 PD가 흐름을 잡고, 스태프들과 의견교환을 해서 수정하는 과정을 거친다. 스태프 각자의 의견이 다를 수 있으므로, 항상 PD가 키를 잡아야 한다. 그렇지 않으면 표류한다.

기획 회의 ‖ 새로운 것을 만드는 것이다. 새로운 생각들을 모아서 고양되는 느낌을 가져야 한다. 회의는 간결하고 핵심만을 이야기 하되 늘어져서는 안 된다. 물론 준비도 잘해야 한다. 회의를 통해 시너지를 얻는 것이 중요하다. 회의 중에 기획 회의를 가장 많이 하며 기획 회의에는 PD, 작가, FD 등

회의는 종종 빈 큐시트에서 시작된다. 백지의 공포가 아니라, 채울 수 있는 운동장이라 생각하는 적극성이 도움이 된다.

이 참여한다. 관련된 사람들을 회의에 참여시켜서 주인 의식을 갖게 하는 것이 중요하다.

스태프 회의 ‖ 스태프(세트 디자이너, 무대 디자이너, 음향 감독, 조명 감독, 촬영 감독, 기술 감독 등)와의 의견 교환이 목적이다. PD가 구현하고자 하는 바가 기술적으로 구현이 될 수 있는지를 알아보고, 필요한 인원, 장비, 인프라를 조정한다. 미세한 부분(조명의 수와 색깔, 숏과 앵글, 무빙, 음악 등)까지 조정한다.

구성 회의 ‖ 프로그램의 구조를 어떻게 짤 것인지에 대한 회의. 주로 PD와 작가, 자료 조사가 참여한다. 한 가지의 구성은 다른 새로운 구성을 위한 기초가 된다.

대본 회의 ‖ 프로그램의 텍스트를 이루는 방송 대본의 작성 및 수정을 위한 회의다. 프로그램 콘셉트에 맞게 작성된 대본을 주로 PD와 스태프들이 함께 강독하며, 전체적인 흐름에서 부합되지 않는 부분이나 느낌이 다른 부분을 수정한다. 소리 내어 읽는 것은 눈으로 볼 때 발견할 수 없는 흐름을 감지할 수 있게 해 주어 유용하다.

아이디어 회의 ‖ 방송 프로그램은 아이디어에서 시작해서 아이디어로 끝이 난다. 따라서 아이디어가 좋은 사람이 좋은 방송인이 될 확률이 높다. 방송의 중요한 가치 중의 하나가 새롭고 참신하며 창의적인 것을 대중에게 제공해 주어야 하는 것이므로, 아이디어의 개발과 확장은 중요하다.

아이템 회의 ‖ 프로그램의 소재, 즉 아이템을 찾기 위한 회의다. 아이템에는 출연자 등의 방송 소재뿐만 아니라 방송의 주제 심지어 기획 아이디어 등 무궁무진하다.

섭외 회의 ‖ 섭외에 대한 담론 중 하나는 '프로그램이 스스로 섭외한다는 것'이다. 연출자나 작가가 아닌 프로그램이 섭외를 하다니…… 프로그램은 자기에 딱 맞는 출연자의 리스트를 갖고 있고, 그 출연자를 갈망한다. 스태프들이 프로그램에 걸맞은 출연자를 연결시키면, 프로그램은 기뻐 날뛰고, 반대의 경우에는 시무룩해 한다. 정말 프로그램이 섭외를 한다고 생각하는가? 직접 해 보라.

편집 회의 ‖ 방송이 아무리 협업이라 하지만, 이렇게 많이 회의를 해야 하는지 몰랐을 것이다. 심지어 편집에 대해서도 회의를 한다. 거친 1:1 편집뿐만 아니라 종합 편집에서도 회의의 중요성은 사라지지 않는다.

이외에도 모니터링 회의, 평가 회의 등 회의의 종류는 끝이 없다. 방송은 회의로 시작해서 회의로 끝난다. 회의에서는 관용적인 마인드도 중요하고, 서로 자극하는 것도 필요하다. 회의의 기능에 따라 참여자의 범위를 정한다. 지나치게 많은 사람이 참여하는 것은 커뮤니케이션에 방해가 되므로 적절한 수준을 유지할 필요가 있다. 사람과의 커뮤니케이션은 머리가 아니라 마음으로 한다. 감정적이고 정서적인 면이 인간관계에서 중요하다. 녹화가 끝나고 열리는 뒤풀이는 소프트한 회의라는 측면에서 매우 중요하다. 방송사에서 보면 알 수 있듯이, 가장 부족한 것 중의 하나가 회의실이다. 번듯한 회의실도 부족하고, 사무실도 비좁다. 공간에 대한 획기적인 사고의 전향이 필요하다.

제3일 　인턴 과제

01 가족들과 다음 달 여행을 떠나기로 하고 회의를 준비해 보라. 나는 무엇을 준비하고 가족들에게는 무엇을 준비하게 할 것인가?

02 드라마에서 묘사되는 회의의 스테레오 타입을 설명하고, 이것을 막기 위해서는 어떤 조치를 취해야 하는지 설명하라.

03 본인이 참석한 회의 중에서 가장 좋았던 회의는 무엇인가? 그리고 이유는?

〈단박 인터뷰〉 팀원 MT사진 ‖ 방송은 회의로 만들어지고, 그 회의의 밑바탕에는 스태프들 간의 친밀감이 자리하고 있다.

{ 무에서 유를
창조하라 }   日記 ① 이미영

방송 제작은 매 순간 선택을 내리는 것이기에 제작 과정은 수많은 회의로 이루어진다. 특히 방송은 '공동 작업'이기 때문에 회의의 중요성이 더 크다. 내가 인턴 생활을 하면서 보았거나 직접 참여한 회의만도 여러 개. 매주 월요일에는 토요일, 일요일 방송분을 평가하고, 다음 아이템을 구상하는 전체 회의를 한다. 아이템 선정을 위해 회의를 하고, 아이템 선정 후 구성안을 놓고 또 회의를 한다. 회의도 작가와 하는 회의가 있는가 하면, 책임 PD님과 함께 하는 회의도 있다. 물론 한 달이라는 제한된 기간 동안만 일했던 내가 경험하지 못했던 또 다른 무수한 회의들이 존재할 것이다.

함께 일했던 PD님의 정의에 따르면 회의는 '무에서 유를 창조'하는 과정이다. 그리고 그 과정을 총괄, 주관하는 사람이 PD이며, 모인 구성원들의 의견을 존중해야 멋진 결과물이 나온다고 한다. 실제로 회의 자리에서 무서울 정도로(?) 서로 간의 목소리가 높아지는 경우도 있다. 따라서 스태프들의 서로 다른 의견을 조율하고, 그로써 좀 더 나은 결론을 도출해 낼 수 있는 PD의 능력이 무엇보다 중요할 것이다.

회의를 시작할 때는 PD가 미리 구상한 기획안이나 구성안을 프레젠테이션한다. 따라서 생각한 내용을 정확하고 설득력 있게 발표하는 능력도 중요하다. 또한 회의 전에 준비가 철저하지 않으면 준비한 기획안이나 구성안이 회의 과정에서 거절될 수도 있다. 철저한 배경 조사, 프로그램의 확실한 방향 등이 정리되어 있어야만 회의를 거쳐 본격적인 프로그램 제작에 착수할 수 있다. 다행스럽게도 내가 참여했던 프로젝트에서는 주말 연휴에도 회사에 나와 열심히 회의하며 구성안을 수정했던 덕분인지 책임 프로듀서님과의 회의도 무난하게 통과했지만, PD님께서 말씀하시길 그렇게 순조롭게 끝나는 회의는 흔치 않다고 하셨다.

물고 물리는 회의

日記 ② 정아란

PD들은 회의로 점철된 삶을 산다. 〈HD 역사스페셜〉 팀에서 이뤄지는 회의에 대한 윤곽을 대강 그린다면 '큰 그림을 그리는 자문 회의+PD들이 모이는 전체 회의+PD가 각자 꾸려가는 팀 회의'로 나누어 볼 수 있다.

큰 그림을 그리는 자문 회의 ‖ 전체 그림을 그리고, 세부 주제를 정하는 자리다. 여기에는 서울대 규장각 연구원과 같은 역사학자 전문가들이 함께 한다. 지난 2005년 봄, 〈HD 역사스페셜〉 한국 현대 통사 60편 시리즈도 이러한 자문 회의를 거쳐 라인업이 된 것으로 알고 있다. 물론 이러한 아웃 라인을 짜고, 각자 맡을 소재를 정한다 해도 사정이나 준비 과정에 따라 적절히 바뀔 수 있다. 예를 들면 열하일기 시리즈를 2편 나가게 되면서 북학파인 박지원이 상세히 다뤄지기 때문에 원래 기획되어 있던 백과사전파는 취소되고, 정조 독살사건으로 바뀌었다.

가능한 사람만 헤쳐 모여! 전체 회의 ‖ 일주일에 한 번 모이는 전체 회의는 모든 PD들이 함께 모여 지난주 방송분에 대한 이야기를 나누고 다른 여러 사항들을 논의하는 자리다. 물론 해외 촬영, 야외 촬영 등 워낙 품을 많이 팔아야 하는 프로그램이라 모든 PD가 다 같이 회의에 참석하기는 어렵다. 이 분이 중국에 나가서 촬영하고 계시면, 저 분은 대구에 인터뷰를 하러 가셨다든지 하는 식이었다. 내가 전체 회의에 참여한 것은 딱 한 번이었다. 물론 숨 막히는 회의실에서 문을 걸어 잠그고 하는 것이 아니라, 사무실 책상 옆의 널따란 책상에서 각자 수첩을 들고 와서 모이는 회의라 귀동냥도 여러 번 했다. 나는 지난주 방영분에 대해 이야기해 보라는 CP님의 말에 횡설수설 떠들며 첫 운을 뗐는데, 정작 PD님들은 별 말씀을 않으셔서 약간 민망했다.

아이디어와 졸음이 샘솟는 팀 회의 ‖ 팀 회의는 PD들 각자가 자신이 맡은 프로그램에 대해서 작가나 자료 조사 요원 등과 함께 수시로 약속을 잡아 이야기를 나누는 자리다. 꼭 작가가 아니더라도 프로그램에 따라 동양화가 같이 제작에 필요한 외부 사람들과 약속을 잡아서 회의를 갖기도 한다. 그리고 PD들은 각자 프로그램 제작에 집중하지만, 도움이 될 만한 사항이 있으면 동료 PD의 회의에 의견을 보태기도 하는 모습이었다. 나는 최필곤 PD님을 따라서 대본 회의에 자주 참여했다. 대본 회의는 황당무계한 아이디어도 맘껏 굴려 볼 수 있는 즐거운 자리였다. 나는 새로 뽑은 따뜻한 원고를 가슴에 품고 늘 설레는 마음으로 회의에 참여했지만, 밤늦게까지 지속되는 회의에서는 가끔 졸다가 PD님으로부터 종종 타박을 듣는 일도 있었다.

회의에는 많은 사람들이 참여하므로 당연히 의견들이 충돌하기 마련이다. 사공이 많으면 산으로 간다지만, 아이디어가 많으면 많을수록 좋은 결론을 얻을 가능성도 커진다. 여기서 많은 의견을 조정해서 어떻게든 마지막 결론을 내야 하는 것이 PD의 책임인지라, 어떻게 하면 남을 잘 설득할 것인지가 관건이다. 물론 설득에 앞서 가장 중요한 것이 남의 이야기를 듣는 것이다. 최필곤 PD님은 회의 때마다 내 의견을 끊임없이 물어보셨는데, 내 황당한 아이디어 하나도 놓치지 않고 경청하시는 모습에 은근히 감동 받았다. 회의에서 또 중요한 것은 꼼꼼한 기록이다. 나중에 어떻게 활용될지 모르는 생각들이 샘솟는 자리인지라, 하나도 하찮게 보지 않고 적어 두는 것이 꼭 필요하다.

회의는 참석자 전원의 적극적인 참여가 있어야만 좋은 결과를 낼 수 있습니다만 사람의 기질에 따라 자기 의견에 소극적인 사람도 있기 마련입니다. 이때 회의는 종종 발언의 강도가 높은 사람의 의견 쪽으로 기울기도 할 것 같은데요, 회의 참여에 소극적인 사람의 의견을 적극적으로 이끌어 낼 수 있는 비결이 있을까요?

> 質問 ① 김태년

홍경수 PD 答辯 ‖ 소극적인 사람에게는 보통 이상의 주의를 기울이고 의견을 청취하고 격려해 준다. 또한 회의 전 미리 질문을 통해 준비할 수 있게 하는 것도 좋은 방법이다. PD가 한쪽으로 기울었다는 인상을 주지 않고 스태프 골고루에게 관심을 쏟는 것이 팀워크를 위해서도 중요하다. 여러 스태프들이 자신의 최대치를 발휘하도록 해 주는 것이 프로그램의 성공의 바탕이 된다.

PD는 전 스태프의 의견을 조율하고, 프로그램에 대한 최종적인 책임을 져야 하는 사람입니다. 프로그램을 책임지는 사람으로서 '절대 포기할 수 없는 부분'이 스태프의 의견과 충돌할 때 PD는 어떤 식으로 의견을 효율적으로 조정할 수 있을까요?

> 質問 ② 이미영

홍경수 PD 答辯 ‖ 프로그램 제작에 다양한 요소들이 종합되고 그 총합이 방송의 가치라고 할 때, PD는 결국 종합 점수를 매길 수밖에 없다. 세트와 조명과 카메라 음향이 서로 자신의 분야를 부각시키기 위해 고집을 부릴 때, 이것이 방송으로 나올 때 어떠할 것인가를 그려보고는 그것을 바탕으로 선택할 수밖에 없다. 스태프들에게 충분히 설명하고 이해를 구한다. 공동의 목표가 좋은 프로그램을 만들어 내는 것이라는 데 동의한다면 설득 과정은 쉬워질 것이다. 설득 과정이 어려울 경우에는 피치 못하게 스태프의 배제라는 과정이 사용되기도 한다. 하지만 이는 최후의 수단일 뿐이다.

質問 ③ 정아란

사무실의 회의는 자료 등이 준비된 상태에서 이뤄지지만, 촬영 감독이나 조명 감독 등 촬영 현장에서 만나는 스태프들과의 의견 조율은 사전에 구체적으로 언제 어떻게 이뤄지는지 궁금합니다. 단순히 큐시트나 시나리오를 전해 주는 일방적인 전달은 아닐 것이라 생각합니다만.

홍경수 PD 答辯 ‖ 야외 촬영의 경우는 촬영 감독이 배정된 후에 사전 모임을 통해 기획 의도와 촬영 콘셉트 등을 협의한다. 회의를 통해 필요한 장비나 인력을 보완하고 촬영이 시작된 후에도 이동 중이나 촬영이 끝나고 서로 의견을 조율해 영상을 만들어 간다. 이런 과정에서 갈등이 생기기도 하고 잘 조화되기도 한다. 서로 다른 사람이 함께 만들어 간다는 것이 이래서 어렵다. 서로 존중하면서도 함께 이루어야 할 목표에 대해 합의하는 것 결코 쉽지 않다. PD는 사람들의 '비위를 맞추는 일'을 잘 해야 한다. 어느 스님에게 물었다. "스님, 사랑이 무엇인가요?" 스님 대답하길, "사랑은 다른 사람의 비위를 맞추는 일이다." PD가 사랑하는 사람이라는 것은 여기서도 드러난다. PD의 능력은 결국 얼마나 많은 사람의 비위를 맞추는지 그 용량에 달린 듯하다.

제3일 함께 보기 좋은 추천 자료

01 **구본형, 『사람에게서 구하라』, 을유문화사, 2007년** 서구적 경영 사례와 결합하여 오늘날의 한국인들이 쉽게 공감할 수 있는 인간 경영의 모델을 제시하고 있는 책. 충돌을 피하고 섬김을 통해 인재를 얻는 등 리더십 전반에 대해 배울 수 있다. by 홍경수 PD

02 **존 버거, 김우룡 역, 『존 버거의 글로 쓰는 사진』, 열화당, 2005년** 회의에서 가장 중요한 것은 자신이 생각하는 프로그램의 콘셉트나 영상, 소리 등을 얼마나 효율적으로 말을 통해 전달하는가이다. 이 책의 저자 존 버거는 사진을 글로 전달하는 데 탁월한 능력을 보여 준다. by 김태년

03 **톰 켈리, 이종인 역, 『유쾌한 이노베이션(상상하는 모든 것이 이뤄진다)』, 세종서적, 2002년** 방송 제작 회의에서 가장 중요한 것은 즐거운 브레인스토밍 아닌가. 팀이라는 조직을 진지하고 유쾌한 놀이터로 바꾸는 혁신에 대해 설명하고 있는 책이다. 이노베이션 문화를 뿌리내리는 일의 가치에 대해 진정으로 느낄 수 있게 하는 책. by 정아란

{ 2006년도 한국의 방송 프로그램의 경향성 정리에 대한 글쓰기

2006년도 한국 방송 프로그램의 경향성 정리

드라마 – 캐릭터와 에피소드, 그리고 영화 따라 하기

소재 : 전체적으로 트렌디 드라마가 퇴조했다. 트렌디 드라마의 공식이라 할 만한 혈연에 얽힌 기구한 사연, 삼(사)각 관계, 재벌과의 사랑 등의 소재에 시청자들이 식상해 했다. 하지만, 참신한 소재와 영화 같은 표현 기법으로 시청자들에게 사랑을 받은 〈연애시대〉나 한 자릿수 시청률과 인터넷 다시보기 1위를 동시에 한 웃지 못할 상황을 만들어 낸 〈소울메이트〉의 예에서 보듯이 젊은 층이 뉴미디어로 이탈했기 때문에 트렌디 드라마가 퇴조했다고 보는 편이 더 합리적일 것이다. 그래서 방송사들은 40대 이상 세대들이 공감할만한 맞춤형 드라마를 쏟아 내고 있다. 그 중심에는 팩션 형식을 도입한 사극과 아줌마 드라마, 욕하면서 보는 드라마가 있다.

사극에서는 고구려가 다시 주목 받고 있다. 40퍼센트에 육박하는 시청률을 기록 중인 〈주몽〉, 이환경 작가의 걸쭉한 영웅담 〈연개소문〉, 방송 예정인 〈대조영〉과 〈태왕사신기〉까지 사실과 픽션의 결합 비율은 다르지만 각각 개성을 뽐내고 있다. 〈주몽〉같은 경우 판타지적 배경과 RPG적 이야기투르기가 가미돼 젊은 층까지 끌어들이고 있다. 반면, 〈연개소문〉은 선 굵은 이야기와 영웅적인 서사 구조로 남자 시청자들을 브라운관 앞으로 끌어들였다는 평이다.

아줌마 드라마라는 장르는 특별히 없지만, 억세고 생활력 강한 아줌마들이 주인공을 맡은 드라마들이 속속 등장하면서 통칭해서 불리고 있다. 남편과 바람 핀 여자와 영혼이 바뀐다는 설정의 〈돌아와요 순애씨〉와 알츠하이머병에 걸린 남편과의 이야기를 다룬 〈투명 인간 최장수〉가 대표적이다. 〈돌아와요 순애씨〉는 설정에서 보듯 시종일관 코믹한 터치로 이야기를 이어가는 반면, 〈투명 인간 최장수〉는 최진실 주연의 〈장밋빛 인생〉과 비슷한 신파조의 이야기를 보여 준다. 아줌마 드라마의 공통적인 특징인 생활력 강하고 억척스런 주인공, 바람 피는 남편, 주인공을 옆에서 지켜주는 멋진 남자, 경제적으로 멋지게 성공해서 복수하는 설정 등은 또 다른 공식을 만들고 있다. 최근에 종영한 〈그 여자〉는 그 점을 명확하게 말해 주고 있다.

욕하면서 보는 드라마의 또 다른 이름은 '임성한' 표 드라마다. 〈인어아가씨〉, 〈왕꽃선녀님〉에 이어 〈하늘

이시여〉까지 3연타석 홈런을 터뜨렸지만, 파격적인 전개 방식과 극적인 갈등 구조 때문에 시청자들의 비판도 많이 받았다. 그러나 문제는 시청자들이 욕하면서도 본다는 것이다. 〈하늘이시여〉의 경우 친딸을 며느리로 맞아들인다는 설정, 치위생사 비하 논란, 도시계획 홍보 논란, TV를 보다가 갑자기 죽는 개연성 없는 줄거리 등 드라마가 얻을 수 있는 대부분의 가십을 생산했다. 시청자들도 이 점을 분명히 알고 욕을 하지만 본다는 것이다. (평균 시청률 30퍼센트)

표현 : 정통 연속극의 화법이 사라지고 시추에이션 드라마(시트콤)의 화법이 적극적으로 도입되고 있다. 그러나 〈남자셋 여자셋〉, 〈순풍산부인과〉 등과 같은 전통적인 의미에서의 시트콤은 퇴조하고 있다.

정통 연속극의 경우 큰 줄거리의 틀 안에서 인물들의 단면적인 성격만으로 갈등을 생산해 낸다. 86년 동명의 인기 드라마를 똑같은 작가와 PD가 만든 〈사랑과 야망〉같은 경우 이런 형식을 취하고 있다. 눈에 띄는 사건이 그렇게 많이 일어나지는 않지만 각각의 등장인물들의 성격을 가지고 갈등을 엮어 나가고 있다. 갈등과 갈등을 엮어 하나의 큰 산으로 올라가는 모양이다.

최근 드라마의 경향은 등장인물에게 독특한 캐릭터를 부여하고 줄거리보다는 개별적인 에피소드에 힘을 싣는 모습이다. 캐릭터 구성에 공을 들이고 에피소드 위주의 진행 방식은 시트콤과 많은 부분 닮아 있다. 작은 봉우리들이 모여서 산맥을 이루는 모양이다.

영화적인 영상과 대사도 최근 드라마의 또 다른 특징이다. 최근 종영한 〈연애시대〉와 현재 방송중인 〈천국보다 낯선〉은 모두 영화 같은 드라마로 인기를 얻고 있다. 두 드라마의 공통점은 영화 전문 제작사가 외주 제작을 하고 있다는 사실이다. 하지만 더 크게 본다면 우수한 영화 제작 인력들이 대거 드라마로 옮겨 와 영화 같은 드라마가 생산되고 있지 않나 생각해 본다.

오락 - '정보'와 '수다'의 기묘한 동거

소재 : 〈비타민〉, 〈스펀지〉, 〈불량아빠클럽〉 등 재미와 정보를 동시에 전달하는 인포테인먼트infortainment 프로그램이 여전히 강세다. 여기에 더해 〈도전 골든벨〉, 〈강추학교〉 등 에듀테인먼트edutainmnet의 외피를 입은 프로그램에다가 〈야심만만〉, 〈솔로몬의 선택〉, 〈진실게임〉 등 장수하는 프로그램의 인기도 여전하다.

덧붙여 최근 오락 프로그램은 인터넷의 콘텐츠를 적극 활용하기 위해 아이디어를 내고 있다. 가장 성공적인 프로그램인 〈올드 앤 뉴〉는 댓글을 통해 콘텐츠를 채웠고, 〈신동엽의 있다 없다〉는 인터넷에 떠도는 사진의 진실 여부를 밝히는 프로그램이다. 그러나 〈검색대왕〉의 실패에서 보듯, 인터넷에서 찾을 수 있는 콘텐츠는 분명 매력적이지만 그것을 전달하기만 하는 프로그램은 성공할 수 없다. 인터넷 콘텐츠를 창의적으로 재가공해 시청자들에게 재가공할 때에야 비로소 경쟁력을 얻을 수 있는 것이다.

표현 : 90년대 말 토크쇼, 2000년대 초의 〈천생연분〉을 필두로 한 체육복 버라이어티, 〈타임머신〉 등의 재연 프로그램, 〈GOD의 육아일기〉 등의 리얼드라마의 유행을 거쳐 현재는 '수다' 프로그램이 전성기를 구

가하고 있다. 대표적인 프로그램인 〈야심만만〉, 〈놀러와〉를 비롯해서 인포테인먼트의 탈을 쓴 〈불량아빠 클럽〉, 〈올드 앤 뉴〉까지 오락 프로그램에서 수다는 빠질 수 없는 요소가 되고 있다. 〈X맨〉, 〈연애편지〉 등이 체육복 버라이어티의 맥을, 〈황금어장〉 등이 재연 프로그램의 맥을, 〈슈퍼주니어의 풀하우스〉, 〈몰래 카메라〉 등이 리얼드라마의 맥을 잇고 있지만, 수다 프로그램의 인기를 넘보지는 못하고 있다. 퀴즈와 오락을 접목해서 인기를 얻었던 〈브레인 서바이버〉같은 참신한 형식의 프로그램이 개발되지 못하고 있는 점이 아쉽다.

교양 – 좀 더 개인적으로 친밀하게

소재 : 먼저 다큐 부분. 〈인간극장〉같은 휴먼 다큐가 꾸준히 인기를 끌고 있는 가운데, 각 방송사의 '스페셜' 프로그램에서 시사, 교양, 환경 등의 다큐를 볼 수 있다. 그러나 올해 들어 뚜렷한 두 경향이 나타났다. 바로 사회 거시적 현상보다는 미시적 관점에 집중하는 다큐가 그 한 흐름이고, '마음', '행복', '사랑' 등과 같은 가벼운 감성 다큐들이 인기를 끌고 있다는 것이 또 다른 흐름이다.

시사 고발 프로그램도 각 방송사의 간판 프로그램인 〈추적60분〉, 〈이것이 궁금해요〉, 〈PD수첩〉 등이 꾸준히 문제 제기를 하고 있는 가운데, 〈긴급출동 SOS〉가 사회의 사각지대를 비추면서 인기를 끌고 있는 것이 눈에 띤다. '노예 할아버지', '노예 청년' 등 법의 적용이 어려운 곳에 집중적으로 카메라를 비추면서 문제 제기를 하고 있다. 이 프로그램의 특징도 충격적인 개인의 이야기에서 시작해 사회 전체로 문제의식을 확대시킨다는 점이다.

문화 예술 프로그램의 급격한 퇴조 현상도 집중해야 할 부분이다. 지금까지 문화 예술 프로그램은 '고상한' 예술에 많은 부분 집중함으로써 시청자들에게 외면 받아 왔다. 이런 프로그램도 MC의 "훌륭하군요."라는 감탄사 외에 보여 줄 게 없었던 것도 사실이다. 시청자들 스스로 "이래서 훌륭하구나."라고 깨달을 수 있게 프로그램을 만들어야 한다. 다른 부분의 교양 프로그램이 '미시사'에 집중한 것처럼 시청자들이 실제로 느낄 수 있는 부분에서부터 공감을 얻어 내는 것도 좋은 방법일 수 있다. 특히, 영화, 대중가요, 트렌디한 팝 음악, 인터넷 예술 등 시청자들이 공감할 수 있는 '대중문화'에 초점을 맞춰 보는 것도 좋은 방법이 될 수 있다.

표현 : 다큐 부분은 KBS를 중심으로 다양한 표현 방법들이 실험되고 있다. 〈김윤아의 제주도〉 같은 뮤직 다큐, 〈포토다큐〉 같은 포토 다큐, 〈오월의 두 초상〉 같은 팩션 드라마, 〈목수, 삶의 예술을 찾아서〉와 같은 예술 다큐, 〈한국야구백년, 사상최대의 프로젝트〉 같은 페이크 다큐 등 올해 들어 여러 가지 기법들을 선보이고 있다. 타 방송사의 경우, MBC의 〈행복〉, 〈일부일처〉와 KBS의 〈마음〉 등 과학 실험 다큐가 시청자들의 큰 호응을 얻고 있다. 하지만 표현 기법의 참신함에 비해 내용의 진정성이 떨어진다는 비판도 일고 있다. 더욱 치열하게 고민한 흔적이 있어야 하지 않을까 하는 생각이 든다.

시사 고발 프로그램은 〈긴급출동 SOS〉를 중심으로 '솔루션'까지 제시하는 것이 유행이다. 〈추적60분〉, 〈이것이 궁금해요〉, 〈PD수첩〉 등은 단지 현상을 고발하는 데 그쳤지만 〈긴급출동 SOS〉는 그것의 솔루션까지 제공하기 시작했다. 방송사가 국가를 대신해 피해자를 구제해 준다는 발상은 좋지만, 그것이 진정 피해자를 구제하는 방법인지에 대한 판단과 지속 가능성 여부에 대해서는 아직도 풀어야 할 숙제가 많다.

문화 예술 프로그램의 경우 시청자의 시선을 고정시키는 방법으로 '퓨전'의 방법을 쓰고 있다. 특히, 책 관련 프로그램에서 이런 경향이 두드러진다. KBS의 〈낭독의 발견〉과 EBS의 〈책 읽어주는 여자, 밑줄 긋는 남자〉와 같은 경우, '책'이라는 소재에 낭독, 콘서트, 실험, 드라마 등 다양한 형식을 결합하고 있다. 〈문화지대〉같은 경우 딱딱한 '문화·예술'이라는 소재에 일상생활과 독특한 감성을 결합해 신선한 접근 방법을 보여 주고 있다. 단, 아직까지 영화와 바둑, 대중음악 부분에서의 참신한 시도가 보이지 않는다. 뉴미디어를 통해 다양한 예술을 접하는 시청자들에게 그냥 보여 준다는 것만큼 안일한 태도는 없다. 좀 더 창의적인 표현 방법을 고민할 때다.

2006년도 한국의 방송 프로그램의 경향성 정리에 대한 글쓰기

2006년도 한국 방송 프로그램의 경향성 정리

課題 ② 이미영

드라마

2006년 드라마 경향을 한 마디로 정리하자면 '드라마가 늙었다'일 것이다. 다매체, 다채널 흐름 속에서 지상파의 주 시청층이 중장년층으로 옮겨 가면서, 드라마도 기존의 젊은 층을 겨냥한 트렌드 드라마가 아닌, 중장년층을 겨냥한 드라마가 집중 편성되었다. 〈연개소문〉, 〈주몽〉, 〈대조영〉 등의 사극과 〈발칙한 여자들〉, 〈돌아와요 순애씨〉 등의 아줌마 드라마가 그 대표적인 예라 할 수 있다. 아저씨 이야기라고 할 만한 〈투명 인간 최장수〉 역시 중장년층의 남성을 겨냥한 드라마라 할 수 있다.

중장년층을 겨냥한 드라마가 늘어나면서 드라마가 그려내는 '사회상' 역시 과거로 회귀하는 모습을 보여 주고 있다. 〈소문난 칠공주〉, 〈열아홉 순정〉 등은 도저히 21세기를 사는 가족이라고는 믿기 힘든 '복고적이고 가부장적인' 가족의 모습을 그리고 있다. 또한 일명 욕하면서 보는 드라마, 임성한 작가의 드라마 역시 대부분의 중년층이 갖고 있지만, 드러내 놓고 얘기하지는 못하는 욕구들을 '노골적으로' 그려냄으로써 인기를 얻었다. 드라마의 맥락과 전혀 상관없는 '음식'이야기가 번번이 튀어나온다거나, 돈이면 모든 것이 허용된다는 세계관은, 먹고 사는 것이 가장 중요한 '현실'을 살지만 차마 그러한 욕구를 꺼내 놓지는 못하던 중장년층을 묘하게 긁어 주는 측면이 있었기에 욕을 먹으면서도 인기를 얻을 수 있었다.

이렇게 드라마의 주 시청층이 중장년층으로 옮겨감에 따라, 트렌디 드라마로 압축되었던 젊은 드라마에 새로운 실험이 시도되고 있다. 특히 많은 젊은 층들이 미국이나 일본 드라마, 영화, 뮤직비디오 등 다양한 영상물과 복잡한 이야기에 익숙해진 상황에서 젊은 시청자를 잡기 위해서 방송사는 기존의 상투적인 드라마와는 다른 시도를 할 수밖에 없었다. 또한 이제 드라마가 한 번 보고 끝나는 것이 아니라 DVD, VOD 등 다양한 방식으로 '여러 번' 소비되면서 '다시 볼 만한' 가치가 있는 드라마를 만들어 내는 것이 중요해졌다. 〈연애시대〉는 기존의 드라마보다 '개인의 심리'를 훨씬 세밀하게 그려 좋은 반응을 얻었고, 역시 젊은 층의 감성에 잘 소구한 〈소울메이트〉는 시즌제를 적극 검토하고 있다. 이 외에 〈특수수사일지:1호관〉 사건에서도 볼 수 있듯이 멜로가 사라진 장르물이나 16부작과는 다른 다양한 작품들이 시도되고 있기도 하다.

또한 HD 기술의 발전에 따라 이제 TV 드라마에서도 미장센이나 화면 구성 등이 중요해졌다는 것도 역시 눈여겨볼만 하다. 〈연애시대〉의 경우 아예 영화감독이 드라마 연출을 맡았으며, 16:9의 화면 비율을 고려한 효과적인 롱 컷의 사용을 보여 주었다. 드라마 〈궁〉 역시 HD에 걸맞은 고급스러운 화면 톤과 세심하고 꼼꼼한 소품과 배경 연출로 드라마의 질을 높였다.

예능 프로그램

2006년에는 색다른 포맷의 예능 프로그램은 그다지 눈에 띄지 않는다. 오히려 기존 프로그램의 인기가 지속되고 있는 것으로 보인다. 인포테인먼트 프로그램 〈느낌표〉, 〈비타민〉, 〈스펀지〉, '단체 토크쇼' 〈야심만만〉, 공개 코미디 쇼 〈개그콘서트〉, 〈웃찾사〉 등 인기 프로그램이 계속해서 인기를 끌고 있다. 〈순간포착〉, 〈세상에 이런 일이〉, 〈진실게임〉 등의 장수 프로그램이 고정 시청자를 확보하고 꾸준한 인기를 끌고 있는 것도 인상 깊다. 올해 새롭게 시작한 프로그램 역시 기존의 포맷과 큰 차이를 보이지 않는다. 〈황금어장〉의 경우 재연 프로그램의 뒤를, 〈TV 종합병원〉의 경우 건강 인포테인먼트의 흐름을 잇고 있다.

다만 새롭게 등장한 예능 프로그램을 보면 역시 예능 프로그램에서도 '프로그램 시청층이 높아지고 있는 현상'을 볼 수 있다. 〈그랑프리 쇼 여러분〉의 '불량아빠클럽'의 경우 아예 중장년층 남성의 이야기를 예능 프로그램으로 끌어들였고, 〈일밤〉의 코너 '경제야 놀자' 역시 중장년층의 최대 관심사 '재테크'를 다루고 있다. 주말 저녁 시간대의 절대 강자였던 〈X맨〉의 시청률이 떨어지고, 〈일요일 일요일 밤에〉가 예전 인기를 회복한 것 역시 이러한 시청층 변화와 관련이 있을 것이다.

또 한 가지 2006 한국 오락 프로그램에서 주목할 만한 트렌드는 이전보다 보다 적극적으로 리얼리티 프로그램, 특히 출연자들이 '경쟁'하는 리얼리티 프로그램을 시도했다는 것이다. 〈슈퍼스타 서바이벌〉이나 〈서바이벌 스타 오디션〉 등의 오디션 프로그램을 비롯하여, 아줌마 모델을 뽑는 〈도전 성공시대〉까지 다양한 리얼리티 프로그램이 시도되고 있다. 아직까지 방송에 대한 '공익성'의 기대가 높고, 미국보다는 집단주의 전통이 강한 한국 사회에서, 경쟁 속에서 드러나는 인간의 '리얼한 본성'이 솔직하게 공개되지 않으면서 다소 어정쩡한 모습을 보여 주고 있지만, 리얼리티 프로그램의 시도는 당분간 계속될 것으로 생각된다.

그 외에도 (이전부터 계속돼 왔던 흐름이지만) 음악 순위 프로그램이 상당히 퇴조했다는 것과 청춘 시트콤이 퇴조했다는 것 역시 트렌드로 지적될 수 있을 것이다. MBC는 이번에 가을 개편을 하면서 오랫동안 지속해 왔던 저녁 7시대의 시트콤을 없애기도 했다. 대신 상대적으로 규제로부터 자유로운 케이블에서 〈다세포소녀〉 등 다양한 '성인' 시트콤이 시도되고 있다.

시사 교양

시사 교양 분야의 가장 큰 트렌드는 각 방송사의 다큐멘터리에서 새로운 소재와 새로운 기법들이 본격적으로 실험되고 있다는 것이다. 자전거, 자녀와의 대화 같은 일상적인 소재들이 다큐멘터리에서 보다 본격적으로 다뤄지고 있고, 〈마음〉, 〈행복〉 다큐에서처럼 심리와 감성을 '실험과 과학'으로 다루는 다큐멘터리도 새롭게 시도되고 있다. 또한 뮤직 다큐 〈하루〉, 뮤지컬 다큐 〈캐비닛 속의 서울 이야기〉 등 형식 측면에서도 다양한 시도가 이루어지고 있다. 다큐멘터리가 연성화되면서 전문 성우가 아닌 연예인 내레이션이 늘어난 것 역시 새로운 트렌드라 할 것이다.

또한 〈VJ특공대〉, 〈잘 먹고 잘 사는 법〉을 비롯한 '생활정보' 프로그램이 좋은 반응을 이어가고 있다. 주5일 근무제와 여가 시간의 증대는 이러한 '가벼운 정보' 프로그램의 인기를 당분간 지속시킬 것이라고 생각된다. 주목할 만한 시사 교양의 새로운 포맷으로는 '솔루션 프로그램'을 들 수 있다. 특히 〈긴급출동 SOS〉는 폭력에 시달리는 '개인'에게 해결책을 제공하는 포맷을 통해 프로그램의 선정성 시비를 비켜 가고 있다. 이번에 새로 시작된 MBC의 〈불만제로〉 역시 솔루션과 인포테인먼트적인 요소를 적절히 결합한 주목할 만한 포맷의 프로그램이라고 생각된다.

방송은 대중문화의 핵심이다. 많은 대중문화가 방송을 통해서 생성되고 유통되며 확장된다. 대중문화와 방송과의 관계는 떼려야 뗄 수 없는 관계다. 대중문화의 현상을 면밀히 검토하는 데서 새로운 프로그램의 가능성이 생긴다. 따라서 소재의 유행, 장르의 두드러짐, 장르의 혼용, 구성의 특징 등 흐름을 발견하는 것은 중요하다. 이미 많은 신문이나 잡지 등에서 대중문화 흐름과 방송과의 상관관계를 정리해 놓은 것이 있을 것이다. 'PD연합회', '미디어 오늘' 등 미디어 관련 사이트를 통해서 방송 문화를 파악한 다음, 기존의 논의와는 다른 자신만의 새로운 관점으로 분류해 보는 것이 필요하다. 남들이 다 보는 부분이 아니라, 자신만이 볼 수 있는 관점에서 새로운 프로그램이 생겨나기 때문이다.

제4일

방송은 어떻게 우리에게 주어지는가?

{ 편성표 }

편성표

시청자가 방송 편성표를 접하게 되는 것은 신문이나 잡지 혹은 방송사 홈페이지에 실린 TV 방송표를 통해서다. 편성표는 방송사의 모든 것이 압축된 지도나 마찬가지다.

편성의 이념과 정책에서부터 편성의 전략과 전술, 방송사의 이데올로기, 미학적인 감각 등을 드러낸다. 이러한 것을 편성표를 통해서 읽어 낼 수 있으려면 꼼꼼한 읽기가 필요하다. 모 PD는 입사를 앞두고 방송사의 편성표를 달달 외워서 화제가 되었다. 아침부터 밤늦게까지 방송 프로그램의 순서뿐만 아니라, 월화드라마, 수목드라마, 주말드라마, 아침드라마의 제목과 내용을 외우자 면접관이 감복했다는 것이다. 편성표에서 무엇을 볼 것인가?

1. 내가 안 본 프로그램은 무엇인가?

방송사의 프로그램 중 생전 처음 들어 보는 프로그램들이 없지 않다.

〈엄마의 무릎학교〉, 〈중소기업 대한민국의 힘〉, 〈동글동글 짝짝〉, 〈브라보 웰빙라이프〉, 〈웰빙! 맛사냥〉, 〈희망채널 더불어 좋은 세상〉, 〈찾아라 파워스톤〉, 〈웰빙 건강테크〉, 〈아이 삼국유사〉, 〈TV 영어마을〉, 〈쏙쏙 어린이 경제나라〉 등의 프로그램은 나도 정확히 알지 못하는 프로그램이다. 프로그램을 하나하나 짚어가면서 확인하고 실제 방송으로 모니터해 보자.

방송사의 개편 편성표 ‖ 줄 하나가 프로그램의 운명을 좌우한다.

2. 방송사 편성의 유사성과 차이점은 무엇인가?

6시에 뉴스로 시작해서 8시~9시에 아침드라마를 하고 오후 5시에 어린이 프로그램을 거쳐서, 7시 생활정보 프로, 8시~9시 드라마 혹은 뉴스, 10시대 드라마, 11시대 오락 프로그램, 12시 이후 문화 프로그램, 다큐멘터리…… 각 방송사의 편성의 유사점과 차이점을 정리해 보자.

3. 요일별 편성의 흐름을 살펴보자.

월화수목금토일 편성이 어떤 식의 변화를 갖고 있는지 일주일 편성표를 보고 비교한다.

그렇다면 요일별로 어떤 특징이 있는지 한 단어로 정리할 수 있을 것이다.

예를 들면, 월: 시작, 화: 연결, 수: 전환, 목: 하강, 금: 일탈, 토: 휴식, 일: 정리

4. 시청률을 분석해 보자.

TNS 등 시청률 분석 기관의 홈페이지에 들러서 얻을 수 있는 자료를 검색해 보자.

시청률 베스트 10 프로그램은 무엇이며, 이 프로그램이 어떤 이유로 인기를 얻고 있는지 분석해 보자.

5. 제목을 뜯어 보자.

프로그램에서 제목이 갖는 중요성은 매우 크다. 이미 만들어진 프로그램 제목을 통해 내용을 유추해 보고, 잘된 프로그램 제목을 뽑아 보자. 그리고 프로그램 제목의 구성 유형을 분류해 보자. 예를 들면 〈생방송 TV 연예〉의 경우, 방송 형식+방송 소재의 결합이고, 〈날씨와 생활건강〉의 경우, 소재의 결합이다.

〈쏙쏙 어린이 경제나라〉의 경우, 의태어+방송 타깃+방송 소재의 결합이다. 〈수요기획〉이나 〈톡톡톡 오후 2시〉의 경우는 시간성을 강조한 제목들이다. 또한 드라마의 경우 노래 제목에서 많이 따온다

는 사실을 발견할 수 있겠고, 영어에서 온 외래어 제목이 많다는 것도 찾을 수 있겠다.

6. 트렌드는 무엇인가?

방송프로그램은 시대를 반영한다. 프로그램을 통해서 반영되는 현시대의 트렌드는 무엇인지 역추적 해 보자.

웰빙이라는 것도 하나의 코드이고, 웃음도 코드가 될 수 있겠다. 지금 유행하는 트렌드 중에 방송 프로그램에서 반영되지 않은 것은 무엇이고, 지나치게 과잉되어 반영되는 것은 무엇인가? (예: 음식) 방송 편성은 트렌드를 반영하려고 하고, 트렌드가 방송을 반영하기도 한다.

제4일 　인턴 과제

01　〈부부클리닉 사랑과 전쟁〉의 성공을 편성의 측면에서 설명해 보라.

02　〈KBS 스페셜〉의 부진의 이유가 편성과 연관이 있을까? MBC와 SBS의 그것과 비교하며 설명하라.

03　KBS와 MBC의 〈9시 뉴스〉는 계속 9시를 지켜야 하는가? 아니면 시간대를 옮겨야 하는가? 의견을 피력하라.

04　얼마 전 11시에 방송되는 KBS 1 〈뉴스라인〉을 다른 시간대로 옮기려는 시도가 있었다. 왜 이런 시도 가 생겨났는지 유추해 보고, 옮긴다면 어떤 시간대로 이동해야 하는지 제안해 보라.

05　젊은 시청자들이 TV을 떠나고 있다. 이들을 잡기 위해 어떤 전략이 필요할까?

06　EBS의 〈지식채널 e〉라는 프로그램이 편성상 갖는 의미를 이야기해 보라.

편성표에 프로그램 제목 아래 출연자가 병기되도록 하기 위해서 신문사 편집부에 따로 연락을 넣기도 한다.

質問 ① 김태년

신문이 편집권을 가지고 있다면 방송에는 편성권이 있습니다. 어떻게 보면 둘 다 콘텐츠를 배열하는 것에 관한 의사 결정인데요, 배열의 원칙에 있어서 신문의 편집권과 방송의 편성권은 어떻게 다르나요?

홍경수 PD 答辯 ‖ 신문의 최종 편집권은 편집국장이 갖는다. 1면 머리기사로 무엇을 올릴지를 결정하는 사람이 편집국장이다. 방송의 편성권은 개편을 단위로 편성 책임자인 편성 본부장이 행사한다. 일단 편성된 프로그램의 내용은 각각 프로그램의 담당 PD, 책임 PD, 팀장 선에서 결정된다.

質問 ② 이미영

이제 공중파 TV는 케이블 TV, 인터넷 등 다양한 매체와 경쟁해야 하는데, 이러한 시점에서 방송사의 편성은 어떻게 변해야 할까요? 방송은 브로드 캐스팅broadcasting이 아니라 내로 캐스팅narrowcasting이라는 말까지 나오고 있는데, 이런 상황에서 공중파 편성은 어떤 전략을 취해야 할까요?

홍경수 PD 答辯 ‖ 어디까지가 브로드 캐스팅이고 내로 캐스팅인지 기준 자체도 애매해지고 있다. 구글Google에서는 2012년에는 지상파 방송사가 없어지다고 예측하기도 한다. 지상파 방송도 준비하지 않으면 안 된다. 신문의 경우 독자가 줄어들자, 사실 전달보다는 관점의 제시라는 것을 캐치프레이즈로 내걸었다. 방송의 경우도 인터넷이나 케이블에서 제공하지 못하는 고품격의 깊이 있는 프로그램으로 특화할 필요가 있겠다. 편성 전문가가 아니어서 모르지만, 다른 뉴미디어와 경쟁 관계 혹은 차별화 관계 등 선택적인 전략을 취하게 될 것이다.

PD는 편성에도 신경을 써야 한다. 계기성 특집을 미리 준비하여 시간을 확보한 〈낭독의 발견 – 100회 특집 고은 선생 편〉.

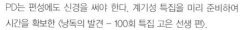

> VOD로 프로그램을 다시 보는 시청자가 굉장히 많이 늘었는데, 과연 시청률이라는 일률적인 잣대로 프로그램을 평가하고 편성하는 것이 옳은 일일까요? 시청률이 판단 잣대로 부족하다면, 어떤 새로운 잣대를 만들 수 있을까요?
>
> 質問 ③ 이미영

홍경수 PD 答辯 ‖ 시청률에 VOD 시청률, 실시간 스트리밍 시청률, DMB 시청률 등을 합산하는 방법도 있겠다.

> 편성에서 제작 PD의 영향력은 어느 정도인지 궁금합니다. 그리고 드라마, 축구 등 인기 있는 프로그램의 연장 편성으로 시사 교양 프로그램이 뒤로 밀리거나 결방되었을 때, 해당 프로그램의 고정 시청자들이 인터넷 게시판에 항의하는 경우가 종종 있습니다. 이럴 때 담당 PD는 어떻게 대처해야 할까요?
>
> 質問 ④ 정아란

홍경수 PD 答辯 ‖ 기본적으로 편성과 제작의 관계는 상호 작용적이다. 개편을 할 때도 제작에서 아이디어와 실행력에 대한 로드맵이 나와야 개편을 할 수 있는가 하면, 반대로 편성에서 주도권을 쥐고 스케줄을 발표하고 제작이 따라오는 경우도 있다. 연장 편성으로 결방될 경우는 편성에 항의하는 것도 방법이다. 실제 편성 쪽에서는 제작 쪽의 반응에 민감하며, 의중을 타진하기 위해 문의해 오는 경우도 있다. "이번 주 방송 결방해도 되요?" 물론 답은 "절대 안 된다!"이다. 시청자들이 게시판에 항의한다면, 진솔하게 예의를 다해 답변하면 되겠다.

제4일 | 함께 보기 좋은 추천 자료

01 **한진만 외, 『디지털시대의 방송편성』, 나남, 2006년** 편성에 관한 기본적인 이론서. 방송 편성의 다양한 전략들을 살펴볼 수 있다. by 홍경수 PD

02 **잭 트라우스 · 알 리스, 안진환 역, 『포지셔닝』, 을유문화사, 2006년** 마케팅 담당자와 광고 담당자들 사이에서 바이블로 통하는 책. 다양한 마케팅 사례를 통해, 성공 비법을 배워 보자. by 이미영

03 **모든 채널의 편성표** 편성의 비밀을 푸는 데 편성표만큼 도움이 되는 것도 없다. 지금 당장 신문을 펴고, 인터넷 창을 열고 편성표를 뚫어져라 쳐다보자. 내가 바꾼다면 어떻게 바꿀 것인가? 어떤 비밀이 숨어 있을까? by 김태년, 정아란

{ 2006년 12월 31일 밤 11시부터 12시까지 방송될 연말 특집 프로그램 기획안 쓰기
과거와 미래 그리고 지금 우리는……

} 課題 ① 김태년

기획 의도

미래의 콘텐츠를 예상하라고 하면 너나할 것 없이 UCC^{User Created Contents}를 든다. 성역으로 여겨졌던 영상 창작은 기술에 발달에 힘입어 누구나 할 수 있는 손쉬운 것이 되어 버렸다. 인터넷 포털에서는 아마추어가 제작한 영상물을 손쉽게 접할 수 있고, 유튜브닷컴^{youtube.com}은 그런 영상을 즐기는 사람들의 놀이터가 되었다. 자신이 영상 창작 부분에서는 최고라고 자부심이 대단했던 광고 회사들은 광고를 공개하기 전에 유튜브닷컴에 영상을 올려 네티즌들의 반응을 살핀다고 한다.

하지만 UCC가 장밋빛 미래만을 약속하는 것은 아니다. 현재 우리나라에서 생산되고 있는 UCC의 약 80퍼센트가 기존의 영상을 짜깁기 한 것에 불과하다고 한다. 거기다가 저작권의 문제까지 불거진다면 UCC의 전망이 밝기만 하다고는 볼 수 없을 것이다.

UCC의 폭발력과 방송국의 게이트키핑^{gate keeping} 기능이 조합된다면 시청자 친화적이면서 감동적인 영상을 만들 수 있지 않을까 하는 발상에 이 프로그램을 기획하게 되었다. 방송국에서 적절한 주제를 던져 주고 개인들은 거기에 맞는 창의적인 영상을 제작하고 그것들은 다시 현직 PD들의 필터링을 거쳐서 방송된다. 이런 방식은 한 해를 마감하고 새해를 맞는 프로그램을 구성하는 데 안성맞춤이다. 지난날의 반성과 새해 소망을 바로 옆 사람이 들려주는 듯한 느낌을 내는 데에 UCC만큼 적합한 매체는 없다. 이번 연말에는 UCC를 통해 대한민국 국민 모두가 좀 더 가까워질 수 있는 기회를 가졌으면 한다.

구성

1. 방송사 홈페이지를 통해 2006년을 반성하고 2007년을 희망차게 맞을 수 있는 다리 역할을 할 만한 단어를 공모한다. 예를 들어 꿈, 사랑, 행복, 자신감, 열정, 용기, 희망 등이 있을 것이다. 공모를 통해 100개의 단어를 선정한다.

게이트키핑 gate keeping
뉴스 미디어 조직 내에서 기자나 편집자와 같은 뉴스 결정권자에 의해 뉴스가 취사선택되는 과정을 의미한다. 수문장 효과라고도 이야기 되는 것으로 이 과정에 의해서 현실이 반영된다.

2. 선정된 단어에 맞는 30초 내외의 동영상을 공모한다. 캠코더, 핸드폰 동영상, 연속적인 사진 이미지 등 미디어에 제한을 두지는 않는다.

3. 100개의 단어에 어울리는 동영상들이 등록됐으면 담당 PD는 그 동영상들을 선별하고 화질 및 소리 수정 작업을 거쳐 방송에 적합한 형태로 만든다.

4. 100개의 단어가 차례로 화면에 나타났다 사라지면 거기에 맞는 영상들이 송출된다. 30초×100개=약 50분. 각 단어에 맞는 영상들이 다 방영되면 12시 정각이 되고 은은한 종소리가 울리며 희망차게 새해를 맞는 시민들의 모습을 잔잔한 영상으로 구성하여 내보낸다.

Comment by 홍경수 PD ‖ 시대 흐름을 잘 포착한 소재가 돋보이고 아이디어도 훌륭하다.

굳이 지적을 하자면, 100개의 UCC를 어떻게 선택하고 배열하는가가 문제인 듯하다. 단순히 분류하는 쪽보다는 장치를 추가하여 의미와 재미를 극대화하는 것은 어떨까? 예를 들면 1년 12개월 단위로 분류해서 1월: 용기, 2월: 약속, 3월: 출발…… 이런 식으로 시의적인 분류를 추가한다든지, 비발디의 4계라는 음악을 근거로 4개로 나눈다든지 등의 세부적인 장치가 추가되면 훌륭한 프로그램으로 발전할 수 있겠다.

{ **2006년 12월 31일 밤 11시부터 12시까지 방송될 연말 특집 프로그램** 기획안 쓰기

가족, 희로애락을 살다

課題 ② 이미영

프로그램 장르 : 옴니버스 휴먼 다큐

기획 의도

가족 해체에 대한 우려의 목소리가 높다. 특히 연말연시가 되면 '연말연시는 가족과 함께'라는 표어가 자주 내걸리지만, 실제로 연말연시를 가족과 함께 보내는 사람은 드문 것이 사실이다. 따라서 이 프로그램은 연말연시의 다양한 풍경 중에 '가족 이야기'에 초점을 맞추고자 한다. 시끌벅적하고 화려한 연말의 분위기 대신, 다양하고 따스한 가족의 이야기를 통해 차분하게 한 해와 주변 사람들을 돌아볼 수 있는 기회를 제공하고자 한다.

구성 및 내용

희! 로! 애! 락! 네 가지 감정과 어울리는 네 가지 가족 이야기를 옴니버스 형식으로 구성한다.

희 : 청년 실업이 중요한 사회적 문제가 되고 있는 이때, 오랜 백수 기간을 거쳐 취업을 한 사회 초년생 A씨와 그의 가족 이야기. A씨는 연말 회사 연수를 받느라 정신이 없고, A씨의 가족은 A씨가 드디어 일을 찾았

다는 사실이 기쁘지만, 다른 한편으로는 A씨가 연수를 잘 받고 있는지, 회사에는 잘 적응하고 있는지 걱정이 이만저만이 아니다. A씨와 그의 가족 이야기를 통해 실업에 고통 받고 있는 사람들에게 희망을 주고자 한다.

로 : 2007년 고3이 되는 수험생 B씨와 그의 가족 이야기. 내년이면 고3이 되는 수험생 B는 요즘 스트레스가 이만저만이 아니다. 하루 종일 공부만 해야 하는 수험생의 생활도 보통 고통스러운 것이 아닌데, 부모님과 진로 문제로 하루에도 몇 번씩 싸우고 있다. 수험생 B씨와 그의 가족의 갈등과 화해의 과정을 보여 준다.

애 : 2007년이 마지막이 될 지도 모르는 시한부 인생을 살고 있는 암 투병 환자 C씨와 그의 가족 이야기. 모두가 저마다의 새해 소망을 비는 이 때, C씨와 그의 가족의 소망은 C씨가 제발 2007년, 한 해라도 무사히 버텨낼 수 있는 것. C씨와 그의 가족에게는 희망을, 시청자들에게는 한 해의 소중함을 선사하는 이야기로 구성하고 싶다.

락 : 2007년 첫 출산을 앞두고 있는 부부의 이야기. 오랫동안 불임으로 고생했거나, 일 때문에 주말 부부로 살고 있거나, 혹은 오랜 결혼 반대를 겪다가 가까스로 결혼한 부부 등 무언가 특별한 사연이 있는, 그래서 출산이 더 즐거운 부부의 이야기로 구성하고자 한다.

Comment by 조정훈 PD ‖ 이런 접근의 경우는 아이템, 즉 어떤 이야기를 PD가 발굴해 낼 수 있는가가 관건이다. 주변부터 열심히 그리고 뚫어지게 바라보자. 그믐날이니 한 해를 돌아보는 주제, 또는 새로운 출발을 위한 의미 있는 주제라는 점을 부각시킬 수 있으면 좋지 않을까?

Comment by 홍경수 PD ‖ 가족이라는 소재를 희로애락이라는 구성으로 잡은 것이 적절하고 좋아 보인다. 이 소재를 어떤 식으로 접근할 지, 콘셉트를 잡아 보자. 그리고 영상과 음향으로 표현할 때, 어떤 접근법을 쓸 수 있을지 까지 좀 더 나아가 보자.

{ **2006년 12월 31일 밤 11시부터 12시까지 방송될 연말 특집 프로그램** 기획안 쓰기
연말특집스페셜20060 2006년을 노래하는 60개의 이야기, 60분의 감동
課題 ③ 정아란

장르 : 휴먼 다큐

편성 : 12월 31일 일요일 밤 11시~12시

기획 의도

12월 31일 밤 12시는 어쩌면 인간이 마음대로 그어 놓은 의미 없는 시간 구분이다. 그래도 12시는 한해의

마감선이자, 새해의 시작선이라는 점에서 12시를 기다리는 것은 긴장과 설렘을 가져다준다. 마치 신데렐라 이야기처럼 말이다. 우선 11시부터 12시까지 60분의 시간이 주어졌다. 나는 평소 방송사에서 펼치는 시끌 벅적한 종치고, 노래하는 프로그램 대신에 다큐를 선택했다. 12시에 다가가는 긴장감을 살리면서 따뜻함을 안겨 주는 휴먼 다큐 프로그램을 내놓으려 한다. 이 프로그램의 포인트는 60이라는 '숫자'와 각양각색의 '추억'에 있다.

제작

먼저 60부터 0까지의 숫자와 연관지어 2006년을 떠오르게 하는 스토리를 담은 사연을 공모한다. 그리고 숫자에 맞춰 한 가지씩 이야기를 선정한다. 가령 숫자 60에는 올해 60세의 생일을 맞았다든지, 숫자 47에 는 47명의 천사들을 만났다든지 하는 감동적인 스토리 말이다. 그리고 사연에 맞추어 각 1분짜리 영상을 담는다. 그리고 60(분)부터 0(분)까지 숫자의 카운트다운과 함께 60개의 스토리를 교차 편집한다. 각 1분 영 상은 5분짜리 EBS 〈지식채널 e〉와 같은 포맷의 축약판이라고 할 수 있다.

우선 내가 상상해 본 스토리는

60 : 2006년 저는 60번째 생일을 맞았습니다. 여전히 하얀 병상 위에서 말입니다. 남들은 지난해를 넘기지 못할 것이라 못할 것이라고 했습니다. 하지만 저는 아내와 아들의 기도 속에서 오늘도 힘겹지만 기쁜 하루 를 맞습니다. 내년에 환갑상을 받을 수 있을지는 잘 모르겠습니다. 그래도 사랑하는 가족들이 있기에 저는 내년을 기약하려 합니다. – 충북 음성군 000씨

23 : 오늘까지 올해 23통의 팬레터를 받았습니다. 저는 연극배우입니다. 연극이란 것은 외롭고 고달픕니 다. 저 같은 무명배우들은 유난히도 무대를 찾는 이들이 적었던 올해 더욱 마음이 쓸쓸했습니다. 20여명의 관객을 앞에 두고 연기를 해야 할 때는 무대 뒤에서 울기도 했습니다. 하지만, 이 매력적인 직업을 놓지 못 하는 것은 올해에도 따뜻한 격려 편지를 보내 준 23명의 팬들이 있기 때문입니다. 더 많이 땀을 흘리고, 더 크게 뛰어보려 합니다. 내년에는 더 많은 팬레터를 기대해도 되겠지요? – 연극배우 000

10 : 저는 2006년의 첫날, 차가운 시멘트 바닥에서 다짐했습니다. 올해 10권의 책을 읽겠다고 말입니다. 한 때의 실수로 이곳에 들어온 첫날부터 저는 후회와 괴로움에 끝없이 제 자신을 학대하기만 했습니다. 그러 다 문득, 아직도 밖에서 저를 애타게 기다리는 어머니를 떠올렸습니다. 그리고 이 시간을 헛되이 보내지 않 기로 결심한 것이 바로 책 읽기입니다. 10권의 책을 다 읽었냐고요? 오늘로 저는 17번째 책, 『관심』을 읽고 있습니다. 다가오는 새해에는 더 큰 목표를 세우려 합니다. 어머니, 격려해 주세요. – 부산 교도소에서 움트 는 희망

Comment by 조정훈 PD ‖ 세상에! 그런데 이야기가 좀 많은 것 같다. 여러 가지 장면들이 하나의 거 대한 모자이크가 되어 인생의 진실을 비추어 줄 듯하지만, 60분이라는 그릇은 제작자에게는 두렵고 버겁기

만 한 벽이고, 인생의 진실을 전하기에는 작은 그릇일 때가 많다. 모두를 생략해도 되는 대표성 있고 존재감 있는 아이템을 발굴하는 것이 관건이다. 이는 대부분의 PD들의 숙제이기도 하다.

Comment by 홍경수 PD ‖ 의미와 재미를 갖춘 기획이다. 소재의 선정이 중요할 듯하다. 2006년 연말에 방송된 〈KBS 스페셜 – 선물〉(연출:조정훈)과 이 기획을 비교해 보라. 언젠가 일본의 한 방송사에서 특집 프로그램을 하는 것을 보았다. 어린 시골 소녀가 송아지를 키우며 크는 모습에서부터 학교에 들어가는 영상, 그리고 원하는 농대에 입학하는 모습까지 성장 과정이 담긴 영상을 통해 희망을 보여 주는 따뜻한 기획이었다. 얼마나 오랫동안 찍었는지, 아니면 자료를 빌려서 편집했는지는 모른다. 시청자의 예상을 뛰어 넘는 놀라움이 있으면 좋겠다. 또 나의 개인적인 희망이지만, 지나치게 한 가지 정조(눈물)만으로 몰아가지 않으면 좋겠다. 인생에 희로애락이 있듯이, 방송용으로 적합한 사연(적당히 다듬어진)보다는 들추기 부담스러운 생활의 진실을, 웃음과 해학 등 다양한 가치들이 섞이면 더욱 좋겠다.

제4일 課題 總評 by 홍경수 PD

방송은 기본적으로 쇼다. 신문과 같은 활자 매체와 달리 방송은 보여 주는 것이고, 놀라게 하는 것이 없으면 곤란하다. 그것은 새로운 것이어야 하고(뉴스), 상식을 뛰어넘는 진실이어야 하고(다큐), 훌륭한 재연과 볼거리여야하며(드라마), 즐거운 담화이고(토크쇼), 스펙터클한 장관(쇼)을 주어야 한다. 방송이 갖는 중요한 공익적 가치 한 가지는 시청자의 인식의 지평을 넓히는 것이라고 생각한다. 이런 확장은 정규 프로그램보다는 계기성 특집 프로그램에서 더 잘 볼 수 있다. 이 세상의 '특집 프로그램'만 잘 정리해도 방송의 많은 것을 정리한 셈이 될 듯하다. 내가 처음 만드는 방송, 내가 마지막으로 만드는 방송이라면 꼭 해 보고 싶은 것은 무엇인가? 이것은 결국 내가 방송을 통해서 무엇을 하고 싶은가? 왜 방송을 하고 싶은가? 라는 질문과 연결된다. 이런 질문을 염두에 두고 특집 방송을 눈여겨보라. 그렇다면 평범한 시청자로서 보는 방송과는 다른 무엇인가를 볼 수 있지 않을까?

제5일

방송 제작의 나침반

{ 큐시트 }

큐시트

편성표가 방송사의 전체 지도라면 큐시트는 개별 방송 프로그램의 지도라 할 수 있다. 이 약도를 보고 스태프들이 한시에 한곳에 모여 자신에게 부여된 일을 한다. PD는 이 업무들을 모아서 의도하는 바를 연출한다. 특히 쇼 프로그램에서 큐시트의 존재는 절대적인데, 시간의 흐름에 따라 진행되는 이벤트 성격의 경우 큐시트의 유용성이 커진다. 다큐멘터리의 경우, 큐시트가 없고, 촬영 콘티 혹은 촬영 대본을 보고 촬영에 임한다.

예능 프로그램을 오래 하다가, 다큐멘터리를 찍을 때 당혹스러웠던 것이 바로 큐시트가 없다는 사실이었다. 큐시트처럼 시간의 흐름에 따라 정리해 놓는다면 유용할 듯해서, 실제로 큐시트처럼 표를 만들지 않았을 뿐, 길게 풀어 놓아서 큐시트 대용으로 사용한 적도 있다. 새로운 것을 만드는 사람에게 그렇듯이, 백지에 대한 공포는 누구나 있다. 아무것도 채워지지 않은 텅 빈 큐시트. 하지만 무언가를 채워 넣을 수 있다는 가능성에 대한 설렘이 있다면, 백지는 공포라기보다는 신나는 즐거움이다. 방송 제작의 기본 원칙이 선택과 배열인 만큼, 큐시트 제작에 있어서 중요한 것은 무엇을 골라서 어떤 순서대로 배열하는가 하는 것이다. 순서에 따라 같은 소재도 다른 의미를 낸다. 앞뒤의 소재와의 콘텍스트(맥락)가 생기기 때문이다.

인쇄된 큐시트는 권위를 갖는다. 녹화 도중에 더 좋은 생각이 나서 큐시트를 바꾸려면 관련 스태프들과의 약속을 수정해야 하므로 힘이 든다. 따라서 수정하지 않도록 생각에 생각을 거듭해서 완벽을 기해야 한다. 하지만 더 중요한 것은 좋은 내용이므로, 상황이 변화하거나 더 좋은 아이디어가 있다면,

〈낭독의 발견 – 이승환 편〉 큐시트

순서	시간	항목	출연자	무대	음향	VTR	기타
1	15″	타이틀					
2		VCR					
3		낭독 1 〈심장병〉	방청객				
4		노래 1 〈심장병〉	이승환				
5		오프닝 멘트＋토크	황수경＋이승환				
6		노래 2 〈어떻게 사랑이 그래요〉	이승환				
7		토크	황수경＋이승환				
8		노래 3, 4 〈푸른 아침 상념〉, 〈세상에 뿌려진 사랑만큼〉	이승환				
9		토크	황수경＋이승환				
10		시인 등장＋이승환 씨 노랫말 낭독	시인				
11		토크	황수경＋ 이승환＋시인				
12		낭독 3 〈류시화 시 중 한 편〉	이승환				
13		토크＋클로징 멘트	황수경＋이승환				
14		노래 5, 6 〈당부〉, 〈애원〉	이승환				
15		후타이틀					

녹화 직전이라도 수정해야 하는 번거로움을 아끼지 않아야 한다. 녹화가 끝난 후에, "그때 이럴 걸……" 후회해 봐야 아무 소용이 없게 된다. 방송 일을 하면서 깨달은 사실 한 가지는 느낌이 조금 이라도 좋지 않은 일을 그대로 두어서는 꼭 후회하게 된다는 것이다. 따라서 조금이라도 석연치 않다 면, 다 뜯어 고치는 용기가 필요하다. 그러기 위해서는 위에서 말한 것처럼 큐시트를 보고 의미, 영

상, 뉘앙스 등을 미리 떠올려 보는 것이 필요하다.

그리고 이 큐시트를 보면서 영상을 떠올려 보자. 이 큐시트가 구현해 낼 의미를 미리 그려 본다면, 큐시트를 수정할 수도 있을 것이다.

당신이 오늘 하게 될 하루 스케줄을 큐시트로 만들어 보아라.

6시	기상
7시	운동
8시	식사
9시	출근
10시	회의
11시	휴식
12시	점심
14시	미팅
16시	거래처 방문
17시	정리
18시	퇴근
19시	저녁 약속
22시	귀가
23시	TV 시청
24시	수면

당신의 일주일을 큐시트로 만들어 보라. 당신의 한 달을 큐시트로 만들어 보라. OSB의 주철환 사장은 인생의 큐시트를 만들어 보라고까지 권하고 있다. 이제, 잘 만들어진 큐시트는 프로그램을 규정하는 힘을 갖는다. 이제 큐시트가 프로그램을 만드는 것이다. 장래 희망이 사람을 열심히 살게 만들고 삶에 대한 태도를 규정하는 것과 마찬가지다.

큐시트는 개별 방송 프로그램의 지도이다.

제5일

01 〈낭독의 발견 – 이승환 편〉 큐시트의 순서를 바꾸어 보아라.

02 〈낭독의 발견 – 이승환 편〉 편 큐시트를 보고, 각각의 출연자가 그 차례로 등장하는 이유를 유추해 보라.

03 당신 인생의 큐시트를 나이별로 짜고, 프레젠테이션해 보라.

04 한국의 정치인이 등장하는 송년 노래 자랑 프로그램을 만들어라. 큐시트를 만들고 왜 그렇게 순서를 정했는지 설명하라.

05 당신이 좋아하는 친구와 데이트를 하게 되었다. 큐시트를 만들어 보아라.

{ 방송 프로그램의 지도,
큐시트 } 日記 ① 김태년

　프로그램 녹화 현장에는 두 가지의 문서가 돌아다닌다. 대본과 큐시트다. 대본은 스튜디오에서 오가는 모든 대사와 출연자의 행동들이 들어가 있다. PD와 작가들이 들이는 정성만큼이나 20분 분량의 프로그램인데도 불구하고 제법 두툼하다. 대본은 두껍기 때문에 전체적인 구성을 보는 데는 무리가 따른다. 모두가 바쁘게 움직이는 현장에서 지금 어느 부분을 진행하는지 대본을 뒤적거리는 것만큼 어려운 일도 없다. 이런 대본의 단점을 큐시트는 완벽하게 보완해 준다.

큐시트의 상단에는 프로그램의 제목과 출연자, 연출자, 리허설과 녹화, 방송 시간 등이 상세하게 적혀있다. 큐시트의 상단만 봐도 이 프로그램이 어떤 프로그램인지 대충은 예측이 가능하다. 그 다음에는 시간 순서에 따라 해야 할 일과 출연자 등이 적혀 있는 타임 테이블이 있다. 스튜디오에서는 이것을 보고 시간 순서에 따라 연출을 한다.

프로그램 배열에 대한 머리싸움이 느껴졌던 편성표와 비교한다면, 큐시트는 프로그램 안의 개별 이벤트에 대한 치열한 고민의 흔적이 느껴진다. 토크를 하고 노래를 할지, 노래를 하고 토크를 할지, 아니면 노래를 하고 클로징 멘트를 할지, 그 반대로 할지, 그 결정에 따라 프로그램의 이미지가 180도 바뀌는 모습을 목격할 수 있었다.

{ 모든 프로그램에 큐시트가 존재하나요? 다큐멘터리나 드라마, 뉴스 등에서도 큐시트를 가지고 녹화 혹은 촬영을 진행하나요? 그렇다면 어떻게 다르나요?

質問 ① 김태년

홍경수 PD 答辯 ‖ 뉴스에서는 진행 큐시트가 있는 것으로 안다. 다큐와 드라마에는 큐시트 대신 대본과 촬영 콘티가 있다. 큐시트가 실시간적 흐름이 중요한 방송 장르에서 꼭 필요한 만큼, 시간적 여유를 두고 작품을 만들어 가야 하는 장르인 드라마나 다큐에는 큐시트가 필요 없다. 대신에 더 자세한 대본과 촬영 콘티를 통해 한 컷 한 컷 바느질하듯이 만들어 갈 수 있다. 큐시트는 쇼 프로그램과 토크쇼 등 교양 프로그램에서 가장 많이 사용된다.

{ 아무리 꼼꼼하게 큐시트를 만들어도 실제 촬영을 진행하다 보면 여러 가지 돌발 변수들이 생기고 큐시트를 변경할 수밖에 없는 상황이 있을 것 같습니다. 때로는 너무 큐시트에 의존하기보다는 현장 분위기에 맞추어 진행하는 것이 더 효율적인 상황이 있을 것 같기도 하고요. 하지만 다른 한편으로는 방송은 여러 사람들이 함께 만드는 것이고, 큐시트는 일종의 스태프들과 만들어 놓은 '약속'이라고 볼 수도 있기 때문에 함부로 변경할 경우 제작 과정에서 혼란이 올 수도 있을 것 같기도 합니다. 실제 방송 제작 과정에서 어느 정도 큐시트에 의존하는지 궁금합니다.

質問 ② 이미영

홍경수 PD 答辯 ‖ 큐시트가 교통 법규라면, 현장에서의 큐시트의 변경은 교통경찰의 수신호에 비유할 수 있다. 기본적인 약속도 중요하지만 더 중요한 것은 PD의 현장에서의 디렉팅directing이다. 하지만 약속한 것을 자주 변경하다 보면 무엇이 진짜인지 혼동을 줄 수 있기 때문에 현장에서의 큐시트의 변경은 최소한으로 줄이는 것이 좋다. 다만, 현장에서의 느낌이 좋을 경우에는 과감하게 변경하는 용기도 필요하다. 큐시트의 내용은 대략 90퍼센트 이상 지켜지는 것 같다.

홍경수 PD 答辯 ‖ 가장 좋은 큐시트는 실은 이런 돌발 변수를 최대한 고려한 안전한 큐시트이다. 간혹 긴급 상황을 대비해서 2중 편성의 개념으로 2중 큐시트를 만들어서 진행하는 경우가 있다. 누가 출연하지 못하는 경우를 대비한 구성인데, 많은 경우에 돌발 변수는 큐시트로 정리하지 않은 곳에서 발생한다. 그때는 스튜디오 진행AD와 부조정실PD의 협의를 통해 대처한다.

제5일 　함께 보기 좋은 추천 자료

01 **고혜림, 김미라,「방송구성작가 되기」, 커뮤니케이션 북스, 2006년** 구성 작가의 역할과 교육기관 소개부터 TV 매체의 특성과 제작에 관한 기초적 지식 및 각 장르별 기획과 구성 등의 제작 노하우를 상세하게 담았다. 하지만 작가뿐만 아니라 PD에게도 큰 도움이 되는 책. 구성의 다양한 예들을 엿볼 수 있다. by 홍경수 PD

02 **방송 프로그램의 홈페이지** 방송 프로그램의 홈페이지에 들어가 보면 그 프로그램의 코너 구성을 볼 수 있다. 홈페이지를 보면서 구성을 왜 이렇게 배열했는지에 대해 고민해 보자. by 김태년

03 **박재동, 손문상,「십시일반 – 10인의 만화가가 꿈꾸는 차별 없는 세상」, 창비, 2003년** 인권에 대한 내용을 만화로 구성한 책. 다소 딱딱할 수 있는 내용을 어떻게 컷컷이 이어 붙여진 만화로 구성시켰는지, 구성에 주목하여 읽어 보자. by 이미영

04 **손수 만든 가이드북** 큐시트는 방송의 로드맵 아닌가. 여행할 때마다 일정을 꼼꼼히 적어 로드맵을 만들자. 여러 여행에서 차곡차곡 모은 나만의 가이드북을 곱씹어 보는 것도 좋은 읽을거리 아닐까. by 정아란

당신에게 영향을 미친 최고의 콘텐츠는 무엇인가?에 대한 글쓰기

그룹 다이어리의 추억

課題 ① 김태년

학창시절 '그룹 다이어리'라는 것이 있었다. 그룹 다이어리에는 친구들의 일기와 시, 소설 등이 적혀 있었다. 자유로운 형식으로 쓰던 터라 심지어는 만화를 그리는 친구도 있었다. 그룹 다이어리는 반 친구들이 돌아가면서 쓰는 일기였다. 빡빡했던 학창시절, '사춘기'라는 어두운 터널을 통과하고 있었던 예민한 친구들에게 그룹 다이어리는 그들이 소통할 수 있는 '창' 역할을 했다. 특히나 기숙사 생활을 하며 숨 쉴 틈 없는 일과를 보내고 나면 친구들과의 우정은 소원해질 수밖에 없었다. 그렇게 돌고 돌았던 그룹 다이어리는 그들만의 감성(사춘기의 그 예민한 감수성을 생각해 보라.)을 표현하는 최고의 '미디어'였고, 그것만으로 최고의 예술품이었다. 그들의 글과 그림을 통해 서로 이해하고 공감하며 기뻐하고 슬퍼했다.

대학교 시절 화두는 '인터랙티브 무비interactive movie'였다. 98년 대학을 입학했던 나는 영화 동아리에 가입했다. 그 시절 선배들의 최대 이슈는 쌍방향으로 소통할 수 있는 영화가 있지 않겠느냐는 것이었다. 선배들은 인터랙티브 무비를 실천해 보기 위해 신입생들에게 캠코더를 주었다. 자신이 표현하고 싶은 것을 카메라에 담아 오라는 것이었다. 한 사람이 담아 오면 그것을 바탕으로 다음 사람이 영상을 담아 온다. 앞 사람이 담아 온 영상에 감정의 선을 이어나가며 영상으로 대화를 나누는 것이었다. 대학교 1학년, 아무 걱정도 없었던 우리들은 장난치듯, 때론 심각하게 영상을 찍어 나갔다. 때론 인터뷰를 하기도 하고, 때론 연기도 하면서 영상으로 대화하는 법을 배웠다. 관객들에게 보여 주려고 만든 영상은 아니지만 그것을 돌아가며 찍은 우리 6명의 6개월은 우리의 추억으로, 기억으로 아직까지도 소중하게 남아 있다.

글과 사진, 영화, 방송, 라디오 등 우리 주변에는 자신들이 최고의 콘텐츠라고 뽐내며 눈과 귀를 자극하는 미디어들이 너무나도 많다. 하지만 그들의 외침은 공허한 메아리로 들릴 뿐, 나의 가슴에 진정으로 울림을 주지는 못했다. 그들과 나는 진실한 경험을 공유하지 않았기 때문이리라. 친구들과 함께 고민을 나누고, 걱정하며, 사랑의 아픔을 나누며 이해한 것이 아니기 때문에 감동을 주지 못하는 것이다. 돌이켜 보면 친구들이 겪었을 고민과 슬픔, 외로움, 기쁨, 즐거움 등의 감정을 글로, 그림으로, 영상으로 대리 경험을 통해 공감했던 것이다. 알고 보면 그들과 나눈 추억이 최고의 콘텐츠를 만든 것이 아닐까?

대중문화의 겉과 속

　　모든 질문은 대답하기 어렵지만, '꼭 하나만 꼽으라'는 질문은 유독 더 어렵다. 나의 삶에 영향을 미친 콘텐츠는 꼭 하나만 꼽기에는 너무나 많다. 〈8월의 크리스마스〉, 〈일 포스티노〉 같은 영화를 비롯하여, 윤동주 시인의 시와 만화책 〈나나〉, 그리고 김윤아가 만든 노래 가사. 학창 시절 들었던 수많은 라디오 프로그램과 〈내 이름은 김삼순〉처럼 다시 봐도 설레는 TV 프로그램들. 게다가 가장 사랑해 마지않는 논객 정희진 씨의 글까지…… 그 중에서 딱 하나만 꼽는 것은 정말 어려운 일이지만, 그래도 굳이 꼽아 본다면 나는 강준만 교수가 쓴 『대중문화의 겉과 속』이라는 책을 꼽겠다. 이 책에는 특별하고도 개인적인 사연이 있기 때문이다.

　　2001년, 남들은 평소 모의고사 성적보다 몇 십 점이 올랐다는 수능에서, 나는 시험을 보는 동안 무엇에 홀렸는지 평소보다 훨씬 떨어진 점수를 받았었다. 중고등학교 시절, 신문방송학 외에는 전혀 고려치 않았었지만, 점수에 맞춰 일단은 다른 전공으로 대학에 진학했었다. 그렇게 학교생활을 하던 어느 날, 우연히 도서관에서 이 책을 발견했다. 술술 잘 읽히는 글이라 단숨에 읽어 내려갔다. 책의 핵심 주장은 이것이었다. "뒤에선 다들 즐기면서 앞에서는 교양 있는 체하며 대중문화를 천박하다고 무시하지 말자. 차라리 솔직하게 즐기고, 진지한 관심을 기울이고, 열심히 연구하자!" 평소에 항상 머릿속으로 생각하고 꿈꾸고 있었지만 잠시 잊고 있었던 것을 빨리 다시 떠올리라고 누군가가 나에게 책을 일부러 보여 주고 있는 듯한 느낌이었다. 그리하여 나는 그해 수능을 다시 보았고, 학교를 옮겨 언론정보학을 공부하게 되었다.

　　PD가 된다면 꼭 해 보고 싶은 프로그램 중 하나가 'TV는 대중문화의 진원지'라는 시각에서 TV 자체를 진지하게 다루는 프로그램이다. 지금의 옴부즈맨 프로그램이나, NG 모음만 잔뜩 모아놓은 TV 관련 프로그램이 아니라 진지하면서도 재미나게 TV를 다루는 프로그램 말이다. 혹은 대중문화에 관한 다큐 혹은 교양 프로그램도 해 보고 싶다. 기존의 쇼 프로그램보다는 다소 점잖지만, 고급 예술 프로그램만큼 폼 잡지는 않는 프로그램. 이것도 『대중문화의 겉과 속』을 읽으면서 처음으로 품었던 꿈이었다. 2권, 3권으로 갈수록 잔뜩 질문만 던져 놓고, 명쾌한 답은 내려 주지 않아 괜히 읽으면서 한 번씩 툭툭 짜증내 보긴 하지만, 그럼에도 불구하고 꿈을 찾아 준 책이기에 여전히 나에게는 소중한 책이다.

2006년 어느 여름날에 쓰는 新 찬기파랑가 :
내겐 너무 특별한 당신, 기파랑을 찬미하며

課題 ③ 정아란

내 삶에 층과 켜를 더해 준 것들은 수없이 많다. 영원히 경극 속의 삶을 놓지 않았던 데이를 잊을 수 없게 한 첸 카이거의 영화 〈패왕별희〉. "겨울에는 견뎠고 봄에는 기쁘다." 는 구절을 가슴 깊이 남긴 한강의 소설 『아기 부처』. 아버지가 물려주신 반세기도 훨씬 넘은 낡은 한국현대시집 등등. 하지만 콘텐츠라는 이름은 낯선 것이었다. 통조림 옥수수 낱알을 떠올리게 하는 '콘텐츠'의 맛을 알려 준 이는 아주 오래 전, 서라벌 옛터에 살았던 한 사람이었다. 내가 그를 만난 것은 3년 전으로 거슬러 올라간다.

기파랑을 문학 교과서에서 구출하다

"아으, 잣(栢)가지 드높아 서리를 모르 올 화랑장이여!" 내 또래라면 문학 시간에 '아으~'로 시작되는 찬기파랑가의 낙구(落句)를 읽던 기억을 가지고 있을 것이다. 기파랑은 문학 시험의 케케묵은 주인공 아닌가. 그러나 내가 그 날 경주에서 만난 기파랑은 바람에 머리가 한 올 한 올 흩날리는, 살아 숨 쉬는 화랑 기파랑이었다. 1300년의 시공을 극복하고, 그를 지루한 문학 교과서에서 구출해 우리 앞으로 불러낸 것은 1년간의 제작 과정을 거쳐 만든 3D 애니메이션 〈천마의 꿈〉이었다.

경주 엑스포의 안내원은 가장 볼만한 것이 〈천마의 꿈〉이라고 알려 주었다. 기다리는 줄 속에서 나는 영화라면 모를까, 애니메이션이라니 천마총에 관련된 역사나 지루하게 풀어내는 것이겠군, 하는 생각을 했다. 더욱이 우리나라 기술로 만든 CG라니 큰 기대를 갖지 않았다. 어두컴컴한 상영관 안으로 들어가니 이상한 플라스틱 안경을 나누어 주었다. 4D 감상을 위한 것이라고 했다. 플라스틱 안경만으로도 신이 난 아이들 틈을 비집고 앉으니, 〈천마의 꿈〉이 시작되었다.

뿌리가 있는 판타지, 〈천마의 꿈〉

신라 시대 천마를 타고 이 땅을 수호하던 기파랑은 선화낭자와 사랑에 빠진다. 선화낭자에게는 혼란을 잠재우고 평화를 부르는 피리, 만파식적이 있다. 그런데 신라를 침범한 악의 무리들이 피리를 빼앗아 가자, 기파랑은 이를 되찾으려다 위기에 빠진다. 이를 알게 된 선화낭자는 스스로 절벽 아래로 몸을 던져 천마로 환생해 연인을 구한다는 것이 그 줄거리다. 〈천마의 꿈〉이 나를 사로잡은 가장 큰 이유는 기대를 뛰어넘는, 탄탄한 이야기 구조에 있었다. 기파랑과 선화낭자, 천마와 만파식적, 우리에게 친숙한 대상들을 판타지로 잘 버무려 낸 그 이야기 솜씨에 놀랐다. 상영 시간 이십분도 안 되는 애니메이션의 결말에 이렇게 마음이 아플 줄이야. 영화 〈쉬리〉의 이동준 음악 감독이 맡았다는 음악은 감정을 더욱 자극했다. 지루할 것이라는 망언은 다시는 꺼낼 수도 없었다. 알고 보니, 〈천마의 꿈〉 시나리오는 차원이 다른 역사소설을 선보였다는 『영원한 제국』의 소설가 이인화 선생님의 작품이었다.

고 요상한 노오란 안경을 끼고 감상한 영상도 훌륭했다. 손을 내밀면 뻗을 듯한 거리에서 시커먼 적의 떼거리가 몰려오고, 선화낭자의 뺨에서는 아롱질 듯 두 방울 눈물이 떨어지는데 몰입하지 않을 사람이 어디 있겠는가. 선화낭자가 머리를 흩날리며 허공에서 피리를 불던 장면은 두고두고 기억이 남는다. 이러한 영상의 아름다움은 치밀한 고증 작업이 있었기에 가능한 것이었다. 유송옥 한국 궁중복식연구원장은 '복식 고증 작업'을 통해 신라 시대 장군, 병사들에게 그 당시 그 옷을 입히고 그 무기를 들게 했다. 바로 '뿌리가 있는 판타지'인 것이다. 나는 기파랑의 영롱한 눈빛과 풍채를 잊지 못해 결국 그날 〈천마의 꿈〉을 2번이나 더 보고서야 경주 엑스포 관람을 마감했다.

이야기꾼을 꿈꾸며

기파랑을 뒤로 하고, 경주역에 도착했을 때는 가는 비가 흩뿌리고 있었다. 부산행 기차에 몸을 실은 나는 기파랑에 대해, 우리 역사·문화에 대해, 그리고 내 꿈에 대해 많은 생각을 했다. 우리 것을 살려 내고 싶은 내 꿈은 더욱 간절해졌고 희망은 더욱 커졌다. 이후에도 〈천마의 꿈〉 소식을 여러 번 챙겨 보았다. 2004년 11월 첫 해외 수출 이후, 세계적인 영화 배급사 '시멕스&아이웍스'와 수출 계약을 맺었다는 기사가 나를 즐겁게 했다.

〈천마의 꿈〉은 내게는 단순한 볼거리가 아니다. 우리 사회의 우수한 역량이 모여 우리 문화와 역사를 훌륭하게 살려낸 의미 있는 '콘텐츠'다. 누가 문학 교과서의 죽은 기파랑을 영상으로 살릴 생각을 했겠는가. 생각지도 않았던 애니메이션이라는 차별화된 시도도 좋았다. 〈천마의 꿈〉은 캐릭터로도, 게임으로도, 소설로도 우리를 만날 수 있다. 탄탄한 이야기를 기반으로 엔지니어링과 아트의 결합이 최고조에 이른 콘텐츠는 무한대로 뻗어나간다. 〈천마의 꿈〉은 한국 콘텐츠의 시대를 열고픈 우리 사회의 조그만 시작이다. 그리고 콘텐츠를 만드는 이야기꾼storyteller 이 되고픈 나의 길도 이제 시작이다. 내겐 너무 특별한 당신, 기파랑을 살려 낸 이들에게 감사의 인사를 전하고 싶다. 천마야, 내 꿈을 안고 훨훨 날아라!

많은 PD들에게는 깊은 영향을 받은 콘텐츠가 있다. PD연합회 홈페이지에는 PD들로부터 받은 '내 인생의 빛'이라는 꼭지가 있다. 나는 다음과 같이 말했다. "1993년 쯤, 친구를 통해 〈101번째 프러포즈〉라는 일본 드라마를 테이프로 복사해서 봤다. 소름이 끼칠 정도로 너무 감동적이었다. 테이프를 몇 번이나 돌려 보았는지 모르겠다. 당시 우리 방송 드라마의 전형적인 스타일을 벗어난 접근 방식과 영상, 스토리 등 모든 것이 돋보였다. 무엇보다 연기가 굉장히 훌륭했던 것으로 기억한다. 이 드라마를 보면서 PD가 되고 싶다는 생각을 했다. 10년이 넘게 지났지만, 그때의 느낌이 여전히 남아 있다." 이 드라마의 영향이라면 나는 드라마 PD가 되었어야 옳다. 하지만 좋은 드라마 PD가 될 자신이 없어서 쇼를 택했고, 지금은 시사 인터뷰를 만들고 있다. 내가 연출한 〈단박 인터뷰〉라는 프로그램의 캐치프레이즈는 '인터뷰는 드라마다'이다. 영향을 미친 콘텐츠는 결국 PD를 지배한다. 따라서 좋고 훌륭한 것을 많이 맛보고 느껴야 하는 것은 PD의 의무다. 시청자를 대신해서 맛보고, 가장 좋은 것을 바탕으로 한 콘텐츠를 만들어야 하기 때문에…….

제6일

바깥에서 시작하는
제작의 기초

{ 야외 촬영 }

야외 촬영

촬영은 프로덕션의 가장 중요한 부분이다. 일종의 사냥과도 같은 행위가 촬영이다. 사냥꾼이 사냥할 때 혼신의 힘을 다하듯 PD도 촬영할 때 사냥꾼을 닮아 간다. 스튜디오 내에서는 모든 것이 준비되어 있다. 안정된 조명, 음향 등 모든 인프라가 갖춰져 있는 스튜디오 녹화에 비해, 야외 촬영은 난항이 많기 마련이다. 계획대로 진행될 수는 없다. 집에서 쿨쿨 자는 것과 길바닥에서 자는 것을 비교해 보라. 길바닥에서 자려면 방수가 되는 비닐이나 라면 박스라도 깔고 자야 한다. 야외 촬영은 상황 예측이 어렵다는 점에서 전쟁터와 비슷한 느낌을 준다. 때문에 꼼꼼한 준비가 필요하다. 불확실성을 낮추는 것이다.

촬영은 글을 쓰는 행위와 마찬가지다. 카메라는 글을 쓰는 만년필과도 같다. 무엇을 담기 위해서는 무엇을 담을지에 대한 고민이 선행되어야 한다. 예습이 복습보다 중요한 이유다. 복습(프리뷰)도 중요하다. 하지만 출연자 섭외, 촬영 장소 사전 답사, 에피소드 구상 등을 미리 해야 한다.

먼저 기획 의도에 맞는 촬영 계획을 세우고, 답사를 간다. 답사를 통해서 촬영 동선을 결정하고, 필요한 요소를 결정한다. 답사를 하지 않고 촬영을 가면 계획대로 찍을 수 없는 확률이 더 커진다.

답사에서는 예상하지 못한 정보와 느낌을 얻는 수확을 얻을 수 있다. 스튜디오가 없으니, 지원 받는 인프라가 절대적으로 부족하다. 인력, 전력, 숙식 시설 등도 미리 꼼꼼하게 확인해야 한다. 촬영 감독은 해가 몇 시에 뜨고 몇 시에 지는가, 어떤 앵글, 숏, 조명을 선택할 것인가, 어느 포인트에서 촬영할 것인가를 미리 세심하게 따져본다. 사전 답사에서는 사람의 눈이 카메라가 되어 살펴보는 것이다. 디

〈섬마을 음악회〉 야외 촬영 모습 ‖ 야외 촬영에는 생각하지 못한 변수가 발생하기 마련이다. 유연성이 필요하다.

지털 카메라나 6mm를 들고 가서 찍어 보는 것도 중요하다. 〈낭독의 발견〉 서도영 편의 경우에도 이를 잘 활용했다. 배에 달린 전등 같은 경우는 답사 때 찍은 숏인데, 인서트^{insert} 한 것이다.

좋은 스태프의 선택, 필요한 장비의 확보, 적정 시간 및 예산의 확보 등이 좋은 촬영을 위한 선결 조건이다. 시간과 예산 확보를 위해서 PD는 뛰어야 한다. 많이 찍으면 찍을수록 결과가 좋기 마련이다. 좋은 조건에서 출발한 경우와 그렇지 않은 경우는 품질의 차이가 당연히 생긴다.

촬영은 출연자의 피부 속 깊숙이 침윤하는 과정이다. 아무하고 함부로 식사를 하지 않듯이, 아무하고 촬영을 허락하지 않는 것이 출연자의 마음이다. 이 관계를 좀 과장해서 말하자면, 사귀는 것에 비유할 수 있다. 우리는 아무하고 사귀고 싶지는 않지 않은가. 사적인^{private} 것을 공적^{public}으로 노출하는 데는 거부감이 들고, 촬영 자체가 번거롭다. 어느 촬영 감독은 피사체를 생각하며 피사체를 닮아간다고 한다. 물고기, 고라니, 노루 등 피사체 생각만 한다. 촬영 시 치약, 비누를 쓰지 않으며 자연을 닮아가고 결국 동물들도 카메라를 경계하지 않는 물아일체의 경지에 이르러 촬영할 수 있게 된다고 한다. 순전히 개인적 생각이지만, 다음과 같은 점을 염두에 두자.

압도하지 않기 ‖ 출연자가 많은 스태프와 카메라들에 에워싸여진 가운데서 그 분위기에 눌리면 보기 아름답지 않다.

과잉 연출하지 않기 ‖ 과유불급. 시청자들은 이것을 연출한 것인지 자연스러운 것인지 금세 알아챈다. 자연스러운 것을 지향하는 연출이 좋은 연출이다.

방해하지 않기 ‖ 시간을 너무 뺏거나 피곤하지 않게 한다.

기분 좋게 관계 맺기 ‖ 촬영이 좋은 추억이 되도록, 단순한 립서비스만이 아니라 진실한 마음으로 대한다.

인서트 insert
촬영한 영상에 다른 영상을 덧대어 붙이는 것으로 비디오 인서트를 주로 지칭한다.

취재하기 ‖ 느낌, 정보, 현장에서의 질문들. 신문기자들은 기록을 많이 한다. PD들은 카메라만 믿고 기록을 하지 않는 경향이 있다. 보고 듣고 느끼는 것을 최대한 기록하자. 좋은 자산이다.

연락처 확보하기 ‖ 대본 쓸 때와 자막 뽑을 때 꼭 필요하다. 현지 분들을 잘 사귀어 놓으면 그 분들이 큰 도움을 줄 수도 있다.

자료(책, 사진, 자료) 확보하기 ‖ 현장에서 촬영으로 담지 못하는 것은 2차 자료로 보완할 수 있다. 모든 것을 카메라로 담으려고만 하면 완성도가 떨어지는 위험도 있다.

필요한 것보다 한발 더 많이, 지나치게 많지 않게 ‖ 효율적인 일 진행을 하라. 정확하게 연출에 대한 그림이 그려져 있다면 필요한 것을 찍고 약간의 보충 자료를 확보할 것이다. 하지만 그림이 명확하지 않다면, 이것저것 담느라 시간과 비용 지출이 늘어난다. 결국에는 사용하지도 않을 그림을 위해서.

대본 생각하기 ‖ '어떤 이야기를 어떤 식으로 표현하겠다.'라는 생각을 계속하다 보면 영상이 만들어진다.

편집 생각하기(인서트, 브리지, 이미지 컷, 컷어웨이, 더블액션) ‖ 그림은 늘 부족하다. 편집을 위해 사용할 인서트 그림이나, 컷어웨이, 이미지 컷 등을 따로 찍는다.

음악 생각하기 ‖ 음악을 생각할 때는 '현장에서의 느낌'을 꼭 간직하고 고르라. 기획할 때 전체적인 감정선을 유지하고, 이를 해치지 않는 범위 내에서 연출력을 강화하기 위해서 사용할 수 있다. 해외 출장이면 현지에서 음반을 구입한다.

자막 생각하기 ‖ 자막 역시 중요한 비주얼 요소가 되었다. 자막이 많이 들어가는 프로그램이라면 자막을 염두에 두고 헤드 스페이스를 조정한다.

브리지 bridge 방송에서 두 부분 사이를 연결하는 다리 역할을 하는 꼭지를 말한다.

이미지 컷 image cut 사물이나 의미를 형상화하는 영상.

컷어웨이 cut away 한 장면 내의 시공간을 압축시키거나 영상의 연속성이 깨어져 부자연스러울 때 관객의 관심을 딴 곳으로 돌리게 함으로써 장면 전환을 용이하게 하는 것이다. 또 편집상의 과실이나 지나친 비약 전환이 발생했을 때 유효하게 쓸 수 있다.

더블액션 double action 드라마 촬영 시, 한 대의 카메라로 여러 각도에서 촬영하기 위해 출연자들이 연기를 다시 연기하는 행위.

조명의 활용 ‖ 조명에 따라 느낌이 180도 달라진다. 〈낭독의 발견 −서도영 편〉은 자연광을 많이 살리는 쪽으로 했다. 탤런트니까 조명을 쓰면 드라마 느낌이 난다. 야외 촬영 시 반사 장치라도 대면 느낌이 달라진다.

음향의 활용 ‖ 현장음이 없으면 화면에 생동감이 없다. 사운드가 프로그램의 주인공인 경우도 많다

현명하게 연출하기 ‖ 물고기가 이동하는 곳을 예측하고 기다리듯이, 출연자의 동선, 습관, 행동 등을 파악하여 연출하기. 느낌을 만들라. 현명하게 어느 정도까지 그 느낌을 만들지 결정해야 한다. PD가 미련하면 스태프들이 괜히 고생한다. 현명하게 연출해야 한다.

제6일 　인턴 과제

01　TV에 대한 생각을 인터뷰해 보라. 카메라로 직접 촬영을 해 보라.

02　촬영할 때 가장 어려운 점은 무엇인가?

03　현재 방송되는 TV 프로그램 중에서 가장 영상미가 뛰어난 작품은 무엇인가?

04　TV를 볼 때, 소리를 줄이고 보라. 영상에 대해서만 깊이 천착해서 볼 수 있다.

05　'나의 24시'라는 제목의 짧은 다큐를 제작하고자 한다. 촬영 콘티를 짜 보라.

{ PD의 전쟁터, 현장 }

日記 ① 이미영

촬영! PD의 모습을 상상할 때면, 현장에서 멋지게 컷을 외치는 모습을 가장 먼저 떠올릴 만큼 이전까지 나에게 촬영이란 낭만적으로 상상되는 어떤 것이었다. 그러나 인턴 생활 동안 그러한 나의 환상은 여지없이 깨져 나갔다. 촬영은 온갖 사건들과 변수들이 마구 출몰하여 PD의 인내심과 결단력을 쉴 없이 시험하는 서바이벌 게임과도 같은 현장이었다.

공장 답사를 갔을 때였다. 촬영을 하기 전에 현장을 미리 꼼꼼히 조사하는 현장 답사. 인터넷에서 조사한 인천 지역 공장 리스트를 뽑아 들고, 내비게이션으로 무장한 채 신나게 방송국을 나섰다. 6군데의 공장을 찾아갔는데, 두 군데는 주소대로 찾아갔는데도 공장을 찾아볼 수 없었다. 심지어 다른 한 공장은 인천에서 왕복 두 시간이 넘게 걸려 강화도까지 찾아 갔으나, 그 공장은 강화도가 아니라, 강화도에서 배를 타고 들어가야 하는 다른 섬에 있다고 해서 결국 그냥 발을 돌릴 수밖에 없었다. 제대로 찾아간 공장에서도 불법의 현장을 '들키지 않게' 몰래 지켜보는 일은, 처음에는 마치 잠복근무하는 형사가 된 것 같은 들뜸을 선사하였으나, 점차 지루해져만 갔다. 그러나 나와는 달리 PD님은 끝까지 여유로운 모습을 유지하셨다. 왜 주소대로 찾아왔는데 공장이 없냐며 화내고 있는 나에게 PD님은 PD를 하려면 느긋할 줄 알아야 한다면서 답사 와서 그 주소에 그 공장이 없다는 것을 확인한

게 얼마나 중요한 성과냐는 말씀으로 나를 감동시키셨다.

사전 답사가 아닌 촬영도 힘들기는 마찬가지. 시청자 칼럼 팀에서 촬영을 따라 갔을 때는, 사건을 제보하신 분이 연세가 좀 있으신 할아버지셨다. 카메라 앞에서 긴장을 하신 탓인지, 할아버지는 계속 질문과 상관없는 말들을 대답하셨다. 방송에 나가야 할 중요한 말은 짧게, 그렇지 않은 말은 오히려 길게 답하셨다. 연예인도 대사를 외우고도 카메라 앞에서 NG를 내는 마당에 카메라에 익숙하지 않은 일반인이 인터뷰를 능숙하게 하지 못하는 것이 당연하기긴 하지만, 아무리 그래도 방송을 위해 꾹 참고 끝까지 인터뷰를 해내는 PD님의 모습이 정말 위대해 보였다. 또 잘못한 것을 따지는(?) 프로그램인 만큼 담당 기관 인터뷰를 하는 일도 쉬운 일이 아니었다. 인터뷰를 해 주겠다고 할 때까지 홍보실, 총무실 등등 이곳저곳에 연락을 하고, 인터뷰를 안 하겠다는 공무원과 힘차게 싸우기도 해야 하며, 연락을 다시 줄 때까지 건물 밖에서 하염없이 기다려야 하기도 한다. 심지어 제보 내용과 현장 상황이 너무 달라, 현장까지 갔다가 철수하는 경우도 있다고 한다.

그 중에 '아, PD는 촬영하면서 외국도 가고 얼마나 좋아!'라고 생각하던 나의 환상을 여지없이 깨 버린 사건이 하나 있었으니…… 하루는 PD님께 해외 촬영 다녀오신 곳 중에서 어디가 제일 좋았었냐고 물었다. 태국, 일본 등 다양한 나라 이름이 나오긴 하는데, 그 나라들이 인상 깊었던 이유가 죄다 하나같이 '술'이었다. 아니, 술은 한국에도 있는 건데, 외국에 다녀와서 기억에 남는 게 고작 술이라니. 내가 믿을 수 없다며 항변하자, PD님은 나중에 PD가 되어 직접 촬영 나가보면 알게 될 거라며, 다 그럴 만한 이유가 있다고 하셨다. 시사 프로그램은 해외 촬영을 나가면 인터뷰를 하는 경우가 대부분인데, 하루 종일 바쁜 일정에 쫓겨 가며 한바탕 인터뷰를 하고 나면 아무리 좋은 경치라도 경치로 보이지 않는다는 것이었다. 그래서 촬영하면서 쌓인 스트레스와 스태프들과의 앙금(?)을 푸는 술자리가 가장 즐거울 수밖에 없다는 것. 정말 그럴까, 여전히 의심이 들지 않는 것은 아니지만, 어쨌든 해외 촬영이 생각하는 것만큼 그렇게 신나는 일만은 아닌 모양이다. 심지어 신변의 위험을 감수하고

〈단박 인터뷰 - 정명훈 편〉 ‖ 야외 촬영은 준비를 철저히 하지 않으면 사고로 이어지기 쉽다.

'해내야 하는' 해외 촬영도 있다. 스페셜 팀의 한 PD님은 중국 자동차에 관한 프로그램을 위해 수교도 맺어지지 않은 나라, 시리아에 비자 없이 촬영을 가야 하셨다.

아무리 사전 조사와 준비를 철저하게 한다 해도 현장에서는 항상 예상치 못한 돌발 변수가 발생한다. PD의 인내심과 상황 판단력, 결단력을 끊임없이 시험하는 순간이기도 하지만, 그렇기 때문에 오히려 가장 보람을 느끼는 순간이기도 한 것 같다. 철부지 PD지망생으로서 별로 하는 일 없이 그저 구경만 했는데도, 촬영을 다녀오는 날이면 괜히 큰일을 해낸 듯 마냥 뿌듯했던 걸 보면 말이다.

영상 구성에 대한 끊임없는 고민

日記 ② 정아란

촬영을 떠난 것은 딱 2번이었다. 둘 다 서울 시내였고, 내가 한 것이라고는 PD님들을 따라다니기만 했을 뿐인데, 혼자 긴장한 탓이었는지 돌아오는 봉고차 안에서 나는 밀려오는 잠을 참을 수가 없었다. 두 번째 촬영에서 회사로 돌아오는 길에는 조수석에서 쿨쿨 잤다. 사무실로 돌아오며 잠이 덜 깬 내 얼굴을 본 PD님은 PD들은 촬영을 나가면 육체적으로 피로한 가운데서도 끊임없이 다음 장면을 생각하고 고치고 해야 하기 때문에 그 피로가 두 배가 된다는 말씀을 해 주셨다. 그 이야기를 들은 순간 잠이 확 달아났던 것은 물론이었다.

역사 다큐이니 인터뷰와 자료 화면이 많을 것이고, 예술 다큐멘터리나 드라마보다 영상의 비중이 약할 것이라는 생각은 크나큰 오해다. 다음 장면을 상상하고 구성해 보는 작업은 이미 촬영 전부터 지독하게 이뤄진다. 프리뷰를 해 보고 싶다는 내게 PD님이 대본과 함께 안겨 주신 숙제가 바로 영상 구성이었다. 내용과 대강의 대본은 나왔지만, 어떻게 하면 참신하고 의미 있는 영상을 만들지에 대해 아이디어를 내 보라는 것이다. 가령, 정조의 죽음을 어떻게 표현하면 좋을까. 단순히 왕이 승하하고 주위 사람들이 곡하는 장면보다는 창호지에 검붉은 물이 번져가는 것으로 그 죽음을 암시하는 것이 낫지 않을까, 하는 것이 PD님의 의견이었다. 영상 구성은 (역사적) 내용도 충분히 이해해야 하고, 영화적 지식들도 잘 갖춰야 가능한 것이었기에 나는 꽤나 애를 먹었다. 처음에는 궁궐에 잠입한 자객들을 드라마 〈다모〉의 현란한 영상처럼 잡아 냈으면 좋겠어요, 정약용의 시 '솔피(범고래)'가 스크롤되는 장면에서는 울산 앞바다에서 노니는 고래를 찍어서 배경으로 까는 게 어떨까요? 등등의 아이디어를 쏟아 내 PD님을 맥 빠지게 만들기도 했다. 이것저것 생각해 보았지만 빈약한 영상 구성안을 끌어안고 회의에 참여하던 날들이 계속되었다. 그러던 어느 날, 책도 이것저것 뒤져보고, VOD도 들여다보면서 준비해 간 구성안에 PD님과 작가 언니가 조그만 칭찬을 해 주셨을 때 가슴이 마구 벅차오르던 느낌을 아직도 잊을 수가 없다.

나는 한 달 동안의 인턴십 동안 영상 구성에 가장 많은 관심을 가지고 보았다. 그만큼 재미있었지만, 이렇게 영상을 보는 눈이 부족한가 싶은 마음에 괴롭기도 했다. 꾸준한 노력이 있어야 영상에 대한 감각이 길러질 수 있다. 프리뷰나 모니터링을 하는 것도 다 그 감각을 기르기 위해서다. 여유로울 때 자신이 좋아하는 프로그램 하나를 골라서 한번 영상 구성을 체크해 보자. 영화를 보면서 인상에 남는 영상 짜임을 다이어리에 적어 두는 것도 좋을 것 같다.

PD의 달팽이집, 봉고차 ‖ 촬영을 매일의 업으로 삼고 있는 PD들에게 봉고는 달팽이가 평생 지고 다니는 달팽이집과 같다. 간단한 촬영을 하러 갈 때에는 하얀 달팽이집에 운전기사, 조명 감독, 촬영 감독, 촬영 보조, PD 정도가 탄다. 그런데 대개 덩치 있는 남자 스태프들이라 좁은 봉고 안에서 소중한 카메라까지 안고 타고 가다 보면, 장거리 이동에는 다리가 저리지 않을까 하는 생각이 들 정도로 불편해 보였다. 게다가 촬영에 나까지 동행한 날은 (모두들 내색 않고 정말 잘해 주시긴 했지만), 얼마나 불편했으랴. 방송사 주차장에서 연예인들의 희고 검은 밴들을 종종 보았는데, 저 넓은 공간을 두

세 명 정도가 쓰니 얼마나 좋을까, 하는 생각에 시새움마저 생겼다. 프로그램의 질을 높이기 위해서라도 달팽이집이 좀 더 커지고, 안락해졌으면 좋겠다.

맛집 지도를 그려 보자 ‖ 맛집 지도라니, 촬영 얘기를 하다 생뚱맞다고 느낄지도 모르겠다. 촬영을 하다 보면 어느덧 배꼽시계가 울린다. 스튜디오에 배달되는 간식이 녹화 분위기를 더욱 돋우듯이, 바깥 촬영에서도 '잘 먹는 것'이 중요하다. 때문에 PD가 맛집을 잘 알아 두는 것이 중요하다는 생각을 했다. 두 번의 촬영에서 나는 PD님들이 잘 아는 식당에서 두 번의 점심을 먹었는데, 가격 대비 만족도가 높았다. 당연히 다음 촬영에도 힘이 난다. 무조건 맛집 찾아다니는 것에만 열중하지 말고, 대강의 맛집 지도를 그려 나가는 것도 나중에 꽤 유용한 경험이 될 것 같다.

質問 ① 김태년

요즘 기술이 발전하여 HD 화질로 촬영한 영상을 TV에서 심심찮게 볼 수 있습니다. 최근에는 HD 카메라의 크기도 작아져서 휴대성에서는 예전 6mm 카메라와 견줄 만합니다. 현직 PD들은 이런 기술의 발전에 대해서 어떤 고민을 하고 있으며 미래를 어떻게 대비하고 있나요?

홍경수 PD 答辯 ‖ 일반인들도 촬영 가능한 디지털 시대가 도래하며 방송인들도 위기감을 느끼고 있다. 일반인과 차별화되는 전문성의 정도를 높이지 않고는 존재가 위협받고 있다. PD들 역시 자신만의 전문 분야를 공부한다든지, 분야를 특화해서 존재 가치를 높이는 노력을 하고 있다.

質問 ② 이미영

요즘 솔루션 프로그램을 보면, 문제 현장에 먼저 개입하기보다는 폭력의 현장을 충분히 (몰래?) 촬영한 후, 현장에 개입합니다. 시청자들에게 문제의 심각성을 그대로 알려 준다는 긍정적인 측면이 있기는 하지만, 프로그램의 선정성과 연출자의 윤리성이 문제로 지적되기도 합니다. 이에 대해 어떻게 생각해야 할까요?

홍경수 PD 答辯 ‖ 무엇을 위해 방송을 하는지를 생각해 볼 필요가 있다. 사람을 위한 방송이라는 데 동의한다면 많은 문제들이 풀릴 것이라 본다.

일부이지만, 요즘 드라마 제작 현장에서는 영화나 CF등에서 활동했던 외부 현장의 스태프들이 드라마 제작에 참여하는 것으로 알고 있습니다. 다른 메커니즘 속에서 익은 피(?)를 도입한다는 점에서 긍정적으로 생각하는데 시사 교양 프로그램에서는 이러한 시도가 없는지 궁금합니다.

홍경수 PD 答辯 ‖ 특수 효과, 애니메이션과 같은 경우, 회사 내 인력 동원이 어려울 때 외부 스태프를 쓰기도 한다. 프로그램의 질을 높이기 위해서라면 이런 시도는 계속 늘어날 듯하다. 외주 정책의 기본 취지도 이런 것이라 본다.

제6일 함께 보기 좋은 추천 자료

01 **스튜어트 유웬, 백지숙 역, 「이미지는 모든 것을 삼킨다」, 시각과 언어, 1996년** 우리의 삶을 지배하고 있는 이미지의 힘에 대해 서술한 책. 영상과 이미지의 힘에 대한 탁월한 고찰을 살펴볼 수 있다. by 홍경수 PD

02 **루이스 쟈네티, 김진해 역, 「영화의 이해」, 현암사, 2000년** 가장 유명한 영화 이론 개론서. 영화 감상 시 느끼는 반응에 대한 영화적 이유를 설명한다. 특히 화면 구성이 잘 설명되어 있다. by 김태년

03 **폴 메사리스, 강태완 역, 「설득 이미지」, 커뮤니케이션북스, 2004년** TV 광고, 잡지 광고 혹은 다른 형태의 광고에 등장하는 이미지들이 언어나 음악으로는 전혀 전달할 수 없는 부류의 의미를 전달하는 경우가 있다. 이 책은 광고에 나타나는 독특한 시각적 측면을 분석한 책이다. by 이고영

04 **허버트 제틀, 박덕춘 역, 「영상 제작의 미학적 원리와 방법」, 커뮤니케이션북스, 2002년** 현장에서 뛰고 있는 선배가 추천해 준 책이다. 너무 기술적이지도 않고, 딱딱하지도 않다. 영상 제작 분야에 있어 '맨큐의 경제학'과 같다고 할까. 빛, 색, 구도 등 다양한 부분을 풍부한 그림을 가지고 짚어 준다. 합숙을 앞두고 급하게 샀다가 대강 목차만 훑어보고 덮어 두었는데, 저와 함께 탐독하실 분, 여기 손! by 정아란

05 **양요나, 「답답한 디자이너를 위한 다시 보는 디자인」, 정글프레스, 2005년** 이미지를 읽는 다양한 해석들을 보여 준다. 종이의 질감이 잔뜩 묻어나는 위에 그려진 그림들을 보면서 나만의 멋대로 상상을 해 보자. 영상 디자인에도 충분히 도움이 되리라 생각한다. 언제나 옆에 두고 말랑말랑 반죽하면 더욱 좋은 책. by 정아란

{ 숏과 앵글 분석에 대한 글쓰기

숏과 앵글 분석

課題 ① 김태년

숏shot

기본적으로 카메라와 피사체의 거리에 따라, 멀면 객관적이 되고 가까워지면 주관적이 되는 것 같습니다. 또 멀면 연출자의 의도보다는 시청자의 상상의 여지가 개입되는 것 같고, 가까워지면 연출자의 의도에 따라(보여 주고 싶은 것만 보여 주기 때문에) 상대적으로 시청자들이 생각할 여지가 없어지는 것 같습니다.

익스트림 클로즈업extreme close-up – 사람의 얼굴보다 더 확대한 클로즈업. 눈이나 입술, 혹은 손 같은 것을 보여 주기도 합니다. 연출자가 의도적으로 무엇을 강조하고 싶을 때 사용하는 것 같습니다. 때로는 무엇을 숨기기 위해 혹은 장면 전환을 위해 사용하는 것 같기도 합니다.

클로즈업close-up – 대상의 크기를 확대하기 때문에 중요성을 강조하며 종종 과잉된 감정 몰입을 부추기는 것 같기도 합니다. 혹은 인물의 중요성을 강조하는 상징적인 의미로 쓰이는 것 같기도 합니다.

바스트 숏bust shot – 대화 장면을 찍을 때 가장 기본이 되는 숏이라고 생각합니다. 시청자가 출연자를 지극히 객관적으로 보거나 혹은 몰입되거나 하지 않는 딱 대사에만 몰입할 수 있게 만드는 숏이라고 생각합니다. 그렇기 때문에 뉴스 앵커를 바스트 숏으로 잡지 않나 생각이 듭니다.

투 숏two shot – 허리 위부터 두 인물을 잡는 숏입니다. 바스트 숏에 인물이 두 명 들어가 있는 경우인 것 같고, 바스트 숏과 비슷한 기능을 하는 것 같습니다.

미디엄 숏medium shot – 무릎이나 허리 위에서부터 인물을 잡는 숏으로 일종의 기능적 숏이라고 생각합니다. 해설 장면, 움직이는 장면, 그리고 대화 장면에서 자주 쓰이는 것 같습니다. 장면 설명의 기능이 강하기 때문에 시청자는 인물의 움직임에 가장 신경을 쓰게 되는 것 같습니다. 또 카메라와 인물의 거리상, 시청자에게 객관적으로 정보를 전달하는 데 유리한 것 같습니다. 그리고 인물뿐만 아니라 배경도 보이기 때문에 배경을 통해 장소 설명 혹은 장소 이동에 대한 설명을 하는 기능도 갖고 있는 것 같습니다.

풀 숏full shot – 몸 전체를 화면에 담는 것으로 보통 머리가 화면 꼭대기에 발이 화면 바닥에 닿아 있습니다. 개그 프로그램에서 많이 사용하는 것 같습니다. 코미디언의 동작과 상황 설명, 상대방의 반응, 그리고 미세한 표정 변화까지 담을 수 있기 때문이 아닐까 생각합니다. 몸의 전체적인 균형과 손동작, 발동작을 고려해야 하기 때문에 어느 한군데가 조금만 이상해도 코믹한 느낌이 듭니다. 앉은 동작의 풀 숏은 보통 '두(세) 사람의 이야기가 시작한다'는 '예고'의 의미로 토크쇼나 드라마에서 쓰이는 것 같습니다. 대화 도입부에 풀 숏을 보여 주고 컷을 나누어 바스트 숏 정도로 인물에 들어가는 편집을 하는 것으로 알고 있습니다. 더해서 배경을 보여 줌으로써 장소 설명의 기능도 하는 것 같습니다.

롱 숏long shot – 카메라와 인물간의 거리가 풀숏보다 더 먼 숏을 말합니다. 보통 장소 설명을 해야 할 때 사용하는 것 같습니다. 부감 숏도 여기에 포함되는 것 같습니다. 또는 군중 속에 섞여 있는 주인공을 보여 주기 위해(고립 혹은 소외의 느낌?) 혹은 뉴스에서 리포터의 말이 끝나고 줌 아웃zoom out, 달리 아웃dolly out 등으로 군중을 보여 줄 때 사용하는 것 같습니다.

오버 숏over-the-shoulder shot – 보통 두 인물을 잡는데, 한 사람은 카메라에 등의 일부를 보이며 다른 한 사람은 카메라를 마주 대합니다. 등을 보이고 있는 인물에 대한 궁금증을 유발하는 것 같습니다.

정면 숏 – 객관적인 사실 전달을 하기 위해 주인공(혹은 진행자, 앵커 등)이 시청자에게 말을 걸 때 사용하는 것 같습니다. 드라마 같은 경우 대화 장면에서 시점 숏 정도에서만 사용하는 것 같습니다. 쇼 오락 프로에서는 MC를 제외한 출연자(게스트, 패널 등)들은 시청자를 정면으로 보지 않는 것 같습니다. 감정 이입을 하게 될 때 눈을 마주치면 부담스러워 하는 한국인의 특성 때문에 그러는 게 아닐까 조심스레 예측해 봅니다. 정면 숏은 깊이가 없기 때문에 배경이 평면적으로 보이고, 영상이 아니라 회화를 보는 느낌이 나기도 합니다.

측면 숏 – 정면 숏과 정측면 숏에 비해 가장 자연스러운 각도가 아닐까 생각합니다. 그냥 시청자들이 편안하게 느끼는 각도.

정측면 숏 – 측면 숏은 아무리 생각해 봐도 어떤 효과를 떠올리기 힘든 것 같습니다. 단지 편집상의 이유 때문에 정측면 숏을 쓰지 않나 하는 생각이 듭니다. 즉, 사이즈 변화 없이 두 컷 이상 가게 되면 연결이 튀기 때문에 두 사이즈 이상(바스트 숏이면 풀 숏 이상)으로 변화를 주어야 하는데, 그게 쉽지가 않을 경우 정측면 숏으로 변화를 주지 않나 생각합니다. 그리고 미디엄 숏 이상의 정측면 숏은 인물의 행동을 더 크게 보이는 효과를 내는 것 같기도 합니다. 즉, '연기자의 행위가 없는 대화'를 연출할 때는 바스트 숏이나 클로즈업의 정면 숏이나 측면 숏을 쓰고, '연기자의 행위가 있는 대화'를 연출할 때는 미디엄 숏 이상의 정측면 숏으로 행위를 보여 주는 게 아닌가 생각이 됩니다.

후면 숏 – 후면 숏은 쇼, 오락 프로그램에서는 못 본 것 같습니다(기억이 안 나는 것 일수도 있고요.). 보통 드라마에서 슬픈 감정을 표현할 때 후면 숏을 사용하는 것 같습니다. '아버지의 뒷모습', '떠나는 자의 아름다움', '흐느끼며 들썩거리는 어깨', '적에게 등을 보이는 비굴함' 등을 효과적으로 표현하며 애틋한 정서를 전달하는 것 같습니다.

부감 숏 – 하이 앵글에서 그 느낌을 다시 설명해 보겠습니다.

무빙 부감 숏 – 보통 음향 혹은 음악(노래, 박소 소리 등)이 있는 경우 그 리듬에 맞춰 부감 숏이 움직인다고 생각합니다. 즉, 현장의 분위기와 리듬을 시청자들에게 전달하는 게 아닐까 생각합니다. 인물에 가까이 가고 싶을 때 줌인이나 달리 같은 인위적인 느낌이 들지 않게 하려고 무빙 부감 숏으로 몰래 다가가는 게 아닐까 싶기도 합니다. 가끔은 드라마에서 무빙 부감 숏을 통해서 강조하는 부분(강조하고 싶은 인물이나 증거물, 맥거핀macguffin 등)으로 이동할 때 쓰기도 하는 것 같습니다.

앵글angle

기본적으로 앵글도 연출자의 의도에 따라 변하는 것 같습니다. 사실 전달에 초점을 둔 연출자는 보통 인물의 눈높이에서 촬영을 하고, 의도된 무엇을 보여 주고자 하는 연출자는 극단적인 앵글을 자주 사용하는 것 같습니다.

로 앵글low angle – 하이 앵글과는 반대로 인물이 커지고 동작은 속도가 붙습니다. 배경이나 무대는 왜소화되고 조명이나 하늘은 배경에 불과하다는 느낌을 받게 됩니다. 배경보다는 인물을 강조하기 위해 사용하는 것 같습니다. 시청자의 입장에서 주인공의 위협적인 모습에 불안감과 위압감을 느끼기도 하는 것 같습니다.

아이 레벨 숏eye level shot – 눈높이의 앵글을 말합니다. 이는 연출자가 카메라를 중립적이고 냉정하게 유지하기 위해 사용하는 것 같습니다. 그리고 가장 기본이 되는 앵글로서 시청자들이 가장 편안하게 느낄 수 있을 것 같습니다.

하이 앵글high angle – 무력함이나 약점 혹은 덫에 걸린 듯한 느낌이 있는 것 같습니다. 각도가 높아질수록 그만큼 더 숙명적으로 변하는 것 같습니다. 보통 TV에서 아이들을 하이 앵글로 잡는데 아이들에 대해서 좀 더 보호해 주어야 하고 귀여워해 주어야 한다는 고정관념이 작용한 것이 아닌가 생각됩니다. 또 앵글의 특성상 미세한 움직임은 잘 전달되지 않는 것 같습니다. 예를 들어 눈높이에서 잡은 클로즈업은 미세한 변화도 잘 잡아내는 반면 하이 앵글로 잡은 클로즈업은 똑같은 변화에도 속도감이 느껴지지 않습니다. 그리고 가끔은 주위 배경이 인물을 잡아 삼킬 듯한 느낌을 주기도 합니다. 그래서 배경 혹은 무대의 중요성을 강조하기 위해 사용하지 않을까 생각이 됩니다.

버즈 아이 숏bird's eye shot – 하이 앵글이 더 높이 올라간 것입니다. '운명'이라는 주제를 효과적으로 전달하는 숏인 것 같습니다.

사각 앵글 – 카메라를 비스듬히 기울이는 것을 말합니다. 사각 앵글로 찍힌 인물은 한쪽으로 넘어갈 듯이 보입니다. 보통 술 취한 사람의 시점 숏에 쓰이는 것 같습니다. 또 폭력 장면에서 시각적인 불안감을 연출하기 위해 쓰이는 것 같기도 합니다.

숏과 앵글 분석

課題 ② 이미영

롱 숏

설정을 보여 준다. 다큐멘터리에서 보면 항상 그 장소가 어디인지 롱 숏으로 보여 주는 것 같아요. 가령 건강보험에 대해 취재하면서 보건복지부 공무원을 인터뷰한다면 보건복지부 장관을 보여 주기 전에 보건복지부 건물을 롱숏으로 잡고 밑에 장소 설명 자막이 들어가죠. 최근에 롱 숏을 가장 인상 깊게 봤던 건 드라마 〈연애시대〉였어요. 주인공이 자주 만나던 커피숍이 있는데 주인공들이 거기서 만나고 헤어질 때 화면 가운데에 커피숍 전경을, 왼쪽 끝에 여자 주인공을, 오른쪽 끝에 남자 주인공을 잡는다거나, 아니면 커피숍 앞에서 한 명이 다른 한 명이 떠나가는 걸 바라보는 것을 잡는다거나 했었는데 사건이 벌어지는 장소가 어디인지도 설명하고, 서로 좋아하지만 계속 어긋나는 주인공들의 상태를 롱 숏이 참 잘 보여 주는 것 같았어요.

풀 숏, 미디엄 숏, 바스트 숏, 클로즈업

오른쪽으로 갈수록 연출자의 의도가 더 많이 드러나고, 감정에 더 몰입할 수 있게 하는 것 같습니다. 왼쪽으로 갈수록 제공할 수 있는 정보는 많아지고 객관적인 것 같고요. 예를 들어 풀 숏이나 미디엄 숏에서는 표정 외에도 배경, 동작, 옷차림 등 다양한 정보를 얻을 수 있는 것 같습니다. 미디엄 숏이나 바스트 숏은 두 사람이 대화할 때 자주 쓰이는 것 같은데, 미디엄 숏이 바스트 숏에 비해 대화할 때의 사람들의 몸짓 같은 것을 더 잘 담아낼 수 있는 것 같아요. 바스트 숏은 그에 비해 대화 내용에 좀 더 비중을 두게 하는 것 같고. 그래서 뉴스가 바스트 숏을 쓰는 것이 아닐까 생각해 봤습니다.

클로즈업은 특정 부분에 집중하게 하는 효과가 있고, 사람 얼굴을 클로즈업할 때 그 사람에 대한 감정이입이 가장 쉬운 것 같습니다. 그리고 클로즈업을 하면 다른 정보를 제공받지 못하기 때문에 화면에서 보이지 않는 대상에 대한 호기심이나 공포심도 자극하는 것 같아요. 공포 영화에서 주인공이나 어떤 사물을 자주 클로즈업하는 게 그런 이유인 것 같습니다.

정면 숏

정면 숏은 측면 숏에 비해 시청자에게 '직접적으로 말을 거는' 것과 잘 어울리는 것 같습니다. 그리고 정면으로 잡으면 공간의 깊이가 얕아 보입니다.

아, 그리고 갑자기 떠오른 건데 시위 장면을 취재할 때 시위대 쪽에서 진입하는 쪽을 정면으로 잡는 것과 진압하는 쪽에서 시위대를 잡는 것은 확연히 다른데, 시위대를 정면으로 잡으면 '시위대가 나를 향해 항의하거나 공격'하는 것 같고, 진압하는 사람을 정면으로 잡으면 '진입하는 사람이 나를 공격'하는 것 같습니다.

정면 숏은 측면 숏에 비해 TV 속 등장인물 간의 관계보다는 TV와 시청자간의 관계가 강조되는 숏인 것 같습니다.

측면 숏

정면 숏에 비해 공간의 깊이가 느껴집니다. 그리고 다큐멘터리나 보도프로그램에서 인터뷰를 할 때 인터뷰 대상을 측면으로 잡으면 취재하는 기자나 PD가 화면에 나오지 않더라도 시청자로서는 '아, 저 사람이 지금 자신을 취재하러 온 사람에게 말을 하고 있구나.' 라고 알 수 있는 것 같습니다. 두 사람의 대화를 내가 엿보고 있다는 느낌을 줍니다. 만약 기자나 PD의 등이 보이고 건너편에 인터뷰 대상이 있다면(오버 더 숄더) 등을 보이고 있는 사람과 내가 함께 인터뷰 대상의 이야기를 듣고 있는 느낌입니다.

정측면 숏

감정을 자극하는 숏인 것 같습니다. 정측면 숏을 떠올리면 제 머릿속에서 가장 먼저 떠오르는 장면은 휴먼 다큐 같은 프로그램에서 과거를 회상하는, 혹은 아픈 기억을 떠올리는 주인공의 옆모습을 클로즈업한 장면입니다. 《8월의 크리스마스》에서 죽음을 앞둔 한석규가 대청마루 끝에 앉아 담배를 피는 장면(정측면이라기보다 측면에 가까웠던 것 같기도 합니다.). 혹은 산 위의 정상에서 바람을 맞으며 각오를 다지는 주몽……. 정면 숏보다 주인공에게 감정이입하기가 훨씬 쉬운 것 같습니다.

후면 숏

잘 안 쓰이는 숏 같은데 떠나는 뒷모습처럼 쓸쓸함 같은 정서를 전달할 때 자주 쓰이는 것 같습니다. 그리고 무언가를 추격할 때 쓰여서 호기심이나 긴박감을 주는 것 같기도 해요. 보도 프로그램을 보면 항상 풀 숏으로 먼저 배경 설명하고, 그 장소에 들어가는 취재자의 뒷모습을 보여 준 뒤, 건물 안의 본격적인 사건을 전달하는 듯.

부감 숏, 무빙 부감 숏

배경이나 전체적 상황, 무대의 전경 등을 보여 주는 데에 효과적인 숏인 것 같습니다. 시청 앞의 축구 응원하는 시민들의 엄청난 규모를 보여 준다거나, 어떤 도시에 대해 다룰 때, 그 도시의 구체적인 것들을 얘기하기 전에 도시의 전경을 보여 주거나, 음악 프로그램 같은데서 무대 전경과 관객의 규모를 보여 줄 때 부감 숏을 사용하는 것 같습니다. 그런데 위에서 내려다보기 때문에 움직임은 잘 전달할 수가 없어서 규모를 강조하거나, 정적인 것을 보여 줄 때, 혹은 프로그램의 전반부나 후반부에 시작이나 끝을 알리기 위해서 자주 사용되는 것 같습니다. 무빙 부감 숏은 전체에서 부분으로 들어갈 때나, 부분에서 전체로 나오는 단계에서 자주 사용되는 것 같아요. 혹은 음악 프로그램에서 음악의 흐름 등에 맞춰 역동성을 만들어 내기 위해 사용되는 것 같기도 하고요.

앵글

낮은 곳에서 잡을수록 대상의 움직임이나 웅장함이 강조되는 것 같습니다. 동상이나 기념물들을 높게 제작하는 것 중의 이유가 올려다보게 하기 위해서라고 들은 것 같아요. 반면 아래로 내려다보면 대상이 왜소해 보이고 움직임이 잘 느껴지지 않는 것 같습니다. 예전에 광고를 분석하는 어떤 책에서 여성이나 아이들을 모델로 하는 광고가 하이 앵글을 자주 사용한다는 분석을 보았습니다. 보는 사람들로 하여금 동정심이나 보호 본능을 갖게 하기 위해서.

{ 숏과 앵글 분석에 대한 글쓰기

숏과 앵글 분석 }
課題 ③ 정아란

크기를 기준으로 숏에 대해 짚어 보면

익스트림 클로즈업 – 사물의 한 부분에 대한 극단적 클로즈업으로 감정을 극대화할 때 사용하는데, 이 숏을 생각하면 우선 떠오르는 것은 지강헌 사건을 다룬 영화 〈홀리데이〉입니다. 악독한 교도소장을 연기한 최민수를 비출 때 종종 등장하는데, 금니를 박은 게 유난히 도드라져 보이는 익스트림 클로즈업에서는 저도 모르게 몸서리가 쳐지더군요.

클로즈업 – 얼굴 전체, 턱에서 머리까지의 클로즈업으로 익스트림보다는 덜하지만, 강한 인상 등을 나타날 때 씁니다. TV에서는 익스트림은 거의 쓰지 않고, 클로즈업으로 많이 표현하는 것 같아요.

클로즈 숏 – 얼굴 전체와 어깨선까지의 숏. 음악 프로그램이나 드라마에서 긴장감을 표현할 때 사용한다고 들었는데, 그 이유를 잘 모르겠습니다.

바스트 숏 – 가슴 위부터 머리까지 나오는 숏인데, 〈역사스페셜〉 인터뷰의 대표적인 숏입니다. 중간 중간 등장하는 친친한 어둠 속 역사학자들의 숏이 거의 100퍼센트 바스트 숏인데, 객관성을 더해 주고 가장 안정적이지 않나 생각됩니다. TV드라마에서도 많이 나오는 것 같아요. 어제 〈소문난 칠공주〉를 보는데도, 설칠이(이태란) 신에 많이 등장했습니다.

웨이스트 숏waist shot – 허리 위부터 나오는 숏으로 2,3명을 한꺼번에 보여 주거나 주위 상황과 함께 인물을 보여 주기 위해 사용한다고 합니다. 특파원들이 뉴스 마무리 할 때 많이 쓴다고 하는데, 방송국 YTN에 있을 때도, 전 세계 리포터들이 웨이스트 숏을 많이 썼습니다. 아메리칸 사모아나 파리에 있다는 것을 '증명' 해주는 전경과 함께요. 꼭 허리에서 잘리지는 않아도, 그쯤에 많이 맞추는 것 같아요.

니 숏knee shot – 무릎 위부터 머리까지 나오도록 찍는 숏입니다. 인물 상반신의 움직임을 강조할 때 쓰는데,

좀 기준이 어정쩡한 만큼, 구도가 난처하게 될 수도 있다고 합니다.

풀 숏 – 머리에서 발끝까지의 전신을 완전히 화면에 넣은 숏입니다.

롱 숏 – 인물을 포함해 광대한 배경을 보여 주는 숏입니다. 롱숏에 대한 설명을 보자마자, 생각나는 것이 서부영화네요. 최근에 본 재미있는 서부영화 〈수색자〉는 조카딸 데비를 유괴해 간 인디언의 무리를 5년간이나 뒤쫓는 한 전직 보안관을 다룬 영화인데, 기억에 남는 건, 바위 덩어리들이 울퉁불퉁 솟아 있는 붉은 평원 모뉴먼트 밸리를 배경으로 서 있던 이든 에드워드(존 웨인)의 모습입니다. 배경이 배경인지라, 탄탄한 체격에 어딘가 쓸쓸해 보이던, 존 웨인의 모습이 무척 멋졌습니다.

미디엄 숏 – 롱 숏과 클로즈업의 중간 사이즈로 찍은 숏이라 보면 되는데, 동영상보다는 사진에서 많이 취하는 것 같다는 생각이 들어요. 자칫하면 밋밋한 느낌을 주기 때문에 주의해야 하는 숏이라고 합니다.

모브 숏mob shot – 대규모의 군중 신이나, 전쟁, 혁명 같은 군중들의 역동적 움직임을 보여 주는 풀 숏입니다.

오버 숏 – 이 숏은 미디엄 숏의 일종이라 할 수 잇는데, 사람을 엇비슷하게 세워 놓고 촬영합니다. 카메라 앞에 있는 사람의 표정이 강조되는 숏입니다. TV드라마에서 허구한 날(!), 특히 드라마 끝마칠 때 많이 사용하는 것 같아요. 엔딩에서 갈등을 보이는 두 사람을 이 숏으로 잡아 놓고 끝마치면, 갈등이 고조된 상황이라 시청자들로 하여금 다음 회가 어떤 내용일까, 두 사람은 무슨 말을 할까 하고 궁금증을 자아내게 하는 숏이라고 생각됩니다. 〈소문난 칠공주〉에서 어느 회 끝에, 미칠이의 거짓말이 들통 난 상황에서 미칠이, 설칠이, 유일한, 이 셋을 이 숏으로 잡았던 게 기억이 납니다(그 다음 회에서는 파국이 이어졌었죠.).

오버더힙 숏over-the-hip shot – 이 숏은 종종 보셨으리라 생각되는데, 제 공책에 그려진 그림을 보여 드리고 싶네요. 한쪽 엉덩이가 근경에 걸쳐지고, 마주 본 인물의 정면이 원경에 조그맣게 걸리는 숏인데, 아까 롱 숏에서도 서부영화를 언급했습니다만, 서부영화에서 이 숏도 많이 사용됩니다. 떠올려 보세요! 그 카우보이들 나와서 매일 총질하잖아요? OK목장 같은 곳에서 대결할 때, 화면 앞에 커다랗게 총 하나를 찬 탄탄한 엉덩이와 다리가 보이는 반면, 저 쪽에서는 니 숏 정도의 상대방이 서서 상대를 노려보잖아요. 팽팽한 긴장감이 흐르는 장면입니다. 호러 무비에서도 많이 쓴다고 합니다. 영화나 드라마의 구체적인 신은 생각나지 않지만, 대강 상상해 보면 앞쪽에 흰 소복이 반 정도 차지하고, 나머지 반의 원경에 겁에 질린 우리의 주인공이 소복의 주인을 쳐다보고 있잖아요. 그런 상황에서는 무서우면서도 얼른 소복의 앞모습을 보고 싶은 충동이 마구 마구 일어나죠!

시점에 따라 나누어 보면

'객관 숏'은 출연자가 카메라를 향해 이야기하는 숏으로, 시청자에게 직접 말하는 형식입니다. 뉴스나 교양 프로그램 등에서 사회자가 카메라를 바라보는 숏이 많은 등장하는데, 가까운 예로 〈낭독의 발견〉에서

황수경이 '화양연화' 얘기를 들려주거나, 〈역사스페셜〉에서 고두심이 스튜디오에서 한참 임진왜란에 대해 설명하는 숏이 있겠네요. 책에 보니 '카메라가 마치 피사체를 가까이서 지켜보고 있는 것과 숏을 이르기도 하는데, 이는 카메라가 관찰자적인 입장에서 서서 출연자들의 세세한 움직임이나 대화 등을 담아내는 기법을 말한다. 이때 연기자는 절대 카메라 쪽으로는 시선을 주어서는 안 되며 대개 드라마나 자연 다큐 등에서 주로 사용된다. 순수한 객관 숏으로 스포츠 중계를 들 수 있다.'라는 내용도 덧붙여져 있습니다.

'주관 숏'은 카메라가 출연자의 눈이 되어 피사체를 잡은 숏으로 가장 쉽게 떠오르는 예가 주인공이 달리는 롤러코스터에서 공포에 떨면서 소리 지르는 앞에 굽이굽이 하늘만 보이는 숏입니다. 몇 달 전에 이경규랑 정형돈이랑 몇 명이서 세계의 무섭다는 놀이기구 타러 다니는 〈상상원정대〉 보셨나요? 주관적인 숏이 엄청 많이 등장합니다. 인물의 심리 상태를 잘 표현해 주는 것 같아요.

제6일 課題 總評 by 홍경수 PD

PD는 프로그램으로 말한다는 말이 있다. 좀 더 깊이 들어가자면 PD는 숏으로 말한다. 연출을 시작하기 전에 숏의 느낌을 정리한다면 화면으로 이야기하는 데 큰 도움이 될 것이다. 〈도올의 논어 이야기〉를 연출할 때 선배 PD는 뜬금없이 카메라 4대 각각의 느낌을 정리해 보라는 숙제를 내 주었다. 학생도 아닌 PD들에게 내려진 숙제를 리포트 비슷하게 냈던 기억은 생생하다. 성실한 숙제는 아니었고, 선배도 보고 난 뒤 별말이 없었다. 어쨌든 숙제를 통해서 카메라 각각의 숏이 어떤 느낌을 주는지를 되새겨 보는 좋은 경험이었다. 후배에게 숙제까지 내 주는 오지랖 넓은 선배가 감사하게만 느껴진다.

폴 메사리스의 『설득 이미지』

전에 수업에서 했던 숙제는 이 책을 읽고, 그를 바탕으로 실제 광고 사례를 분석하는 것이었어요. 그때는 광고의 '윤리성'에 초점을 맞추어 어떤 양주 광고를 분석했어요. 그래서 이번에 읽을 때는 그것과 다른 부분에 초점을 맞추려고 노력했습니다. 특히 TV 영상과 어떻게 연관 지을 수 있을까를 고민해 봤습니다.

〈모조된 현실로서의 이미지〉

도상성 : 이미지와 대상의 유사성

이미지는 미리 '프로그램된' 정서 반응을 수반한다. 즉, 이미지는 이미 형성된 일련의 반응 경향을 수반하므로, 이미지를 잘 구사하면 이러한 사람들의 선유경향적인 반응을 활용할 수 있다(항상 이미지를 만들 때 염두에 두면 좋을 듯하다.).

도상성(실세계의 시각적 단서)이 광고에서 맡고 있는 역할

1) 광고에 대한 관심 끌기, 시선 끌기

- 현실성 위반(얼마 전에 〈KBS 스페셜 – 항생제 편〉의 프롤로그와 에필로그 영상이 명동 길거리 한복판에 놓인 돼지였는데, 아주 강렬했다. 현실성 위반을 통한 시선 끌기의 좋은 예시일 듯.)
- 초현실주의와 시각적 은유
- 시각적 패러디
- 직접적인 응시
- 등 뒤에서 바라보기 : 등지고 있는 모델은 성적 호기심을 유발하거나, 내세를 벗어나 웅장한 산맥과 계곡 속으로 점점 빨려 들어가는 느낌을 준다.
- 바라봄의 거리 : 클로즈업, 미디엄 숏, 롱 숏 등 카메라와 대상 간의 거리는 실제 생활 세계에서 상호작용하는 대인간 거리에 유추해서 작동된다. 실생활에서 서로 아주 근접해 있는 상태는 관심이 고무되거나 서로 긴밀하게 개입되는 것을 연상시키는데, 이미지를 보는 수용자의 반응도 마찬가지.
- 주관적 시점 : 롱 숏은 좀 더 많은 정보를 제공한다. 주관적 시점은 누군가의 시점을 통해 그의 주관 세계에 '참여'하는 형태로 세상을 바라볼 수 있는 경험을 제공한다(빠르게 달리는 자동차의 운전자 시점을 취하고 있는 광고처럼.). 대화하는 장면에서 상대를 설득하는 장면에 시청자를 끌어들이기 위해 권유를 받는 사람이나 권유하는 사람의 시점을 '전략적으로' 사용함.

2) 특정한 감정을 불러일으키기

- 앵글의 수직적 차원 : 로 앵글은 힘과 위상!
- 우월하게 보임 : 고급 광고의 모델의 오만한 표정 무표정한 표정 → 신분 상승 욕구 자극
- 아래로 내려다보기 : 하이 앵글은 보호 본능과 굴종. (다음에 〈TV 동물 농장〉 볼 때 정말로 하이 앵글을 많이 쓰는지 봐야겠어요!)
- 동일시 : 성공한 모델 제시. 카메라를 바라보는 눈은 그 숏이 주관적이라는 것을 나타낸다. 따라서 주인공이 등장할 때는 응시를 피하게 된다. 주인공과 관객의 동일시는 전형적으로 직접적인 정면 시점보다는 측면 시점일 때 이루어진다. (휴먼 다큐멘터리에서 감정이 최고조에 이를 때, 주로 옆모습을 잡는 이유가 이것인 듯!)
- 섹시한 외모
- 환경 이미지 : 생존에 유리한 환경, 전망과 은신이 허용되는 곳 선호

3) 형식과 스타일

- 도상성에서 중요한 것은, 꼭 구체적으로 닮은 것이 아니더라도 사람들은 이미지의 형식과 스타일, 즉 추상적이고 일반적인 것을 대상과 연결시킬 수 있다는 것.(이것이 TV영상에 주는 함의는 편집 기법만으로도 서로 다른 분위기와 소구층을 만들 수 있다는 것일 듯.)
- 사내아이를 대상으로 하는 광고는 빠른 편집과 스트레이트 컷, 여자아이를 대상으로 하는 광고는 편집 속도가 느리며 페이드fade와 디졸브dissolve를 쓴다.
- MTV의 스타일 : 점프 컷, 카메라 흔들기, 스위시 팬swish pan(아주 빠른 속도의 팬), 기울어진 프레임, 비정상적인 화면 구성 등의 인습 타파적인 빠른 편집 → 청년 계층에의 소구.

〈증거로서의 이미지〉

지표성 : 지시하는 대상이나 사건과 물리적인 연관을 지닌 기호 (예: 지문, 발자국)

사진은 물리적 관계로 인해 사진에 묘사된 대상이나 사건이 실제로 보이는 대로 발생했다는 증거로 받아들여진다. (사람들은 TV가 '영상'을 보여 주기 때문에 실제라고 쉽게 믿는다!)

1) 사진 대 그림 (지표성을 포기하면서도 그림을 사용하는 이유. 다큐멘터리에서도 일러스트 같은 것을 효과적으로 사용할 수 있지 않을까?)

- 도형은 복잡한 대상을 제거해서 본질적인 형태만으로 단순화 시켜 준다는 점에서 사진보다 더 유익할 수도 있다. (지표성보다 도상성이 더 필요한 경우)

페이드 fade
한 화면이 점차 어두워지기 시작하여 완전히 암흑 상태로 변한 다음 점차 밝아지기 시작하여 완전히 선명하게 나타나는 장면 전환을 지칭한다. 암흑에서 화면으로 변하는 것을 페이드인fade in, 화면에서 암흑으로 바뀌는 것을 페이드아웃fade out이라고 칭한다.

디졸브 dissolve
원 뜻은 용해된다는 것으로 앞의 장면이 사라지고 있는 동안 새 장면이 페이드인 되는 장면 전환을 지칭한다.

- 미학적인 이유

2) 사진을 통한 증명

- 진실의 잠재적인 가치 (비교 광고)
- 정치인에 대한 지지나 반대자에 대한 비난, 후보자의 참된 인간성.
- 사회적인 발언을 위해 사진을 증거로 삼아 체계적으로 이용 (예: 시민운동을 탄압하기 위한 경찰의 무자비한 진압 장면 등)

3) 시각적 기만

- 카메라 렌즈 앞에서 일어나는 모든 사건은 연출될 수 있다. (인포머셜informercial — 실제인지 허구인지 헷갈림)
- 자르거나 붙이거나 컴퓨터 조작에 의해 변조될 수 있다.
- 편집 – 병치를 통해 이 이미지들 사이의 관계가 마치 실제 세계에서 일어난 사건을 기록한 듯한 잘못된 인상
- 모든 과정의 단계가 선택 – 대상 선정, 숏의 프레임, 사진 다듬기, 편집, 프레젠테이션
- 잘못 명명
  - 사진의 신빙성을 궁극적으로 결정하는 것은 사진이 사용되는 문맥.
  - 디지털 이미지 작업에 대한 반작용으로 사진에 대해 점점 회의적이 되어감에도 불구하고, 궁극적으로 사진 미디어에 대한 신뢰성은 지금까지 그래왔던 것처럼 앞으로도 '이미지 생산자의 윤리성'에 의해 좌우될 것.

〈암시적인 판매 문장으로서 이미지〉

구문성 (그림과 그림을 어떻게 이어 붙여 이야기를 만들어 낼 것인가?)

1) 시각적 구문의 논증

- 간접성의 가치 – 더 강한 인상을 제공할 수도 있고, 직접적으로 제시할 수 없는 메시지를 이미지의 불명확성에 '숨겨' 전달할 수도 있다.
- 쿨 미디어 – 간접적인 메시지가 명확한 논증보다 더 관여적일 수 있으며 더 설득적일 수 있다. 해상도가 낮은 자극 더 관여시킴(→ 요즘 EBS 〈지식채널 e〉가 이것을 정말 잘하고 있는 것 같다. 하지만 반면에 TV는 일상적인 매체라 사람들이 열심히 '집중'해서 보는 것을 귀찮아하기 때문에 너무 간접적으로 전달하면 오히려 잘 안 보는 것 같다. 얼마 전 〈KBS 스페셜 – 마임 편〉은 보다가 지쳐 잠들었다.).
- 에이젠슈타인과 몽타주 – 의미를 발생시키는 데 있어서의 갈등의 역할. 서로 다른 두 이미지의 병치나 몽타주는 충돌하는 두 이미지의 의미들 사이의 합을 통해 새로운 의미를 창조하도록 수용자의 마음을 자

극. 수용자의 해석에 대한 최종적인 결과를 통제할 수 있다. 수용자의 관점을 직관적으로 알아채고 이같은 직관을 수용자의 반응에 영향을 미칠 수 있는 수단으로 사용하는 능력.

- 예기치 않은 병치와 수용자의 정신적 관여

  유추나 다른 해설이 서사 외적인지, 서사체 안에 내포된 것인지. 예기치 않은 병치는 수용자의 관여도를 높이지만 어색할 수 있음.

- 단일한 이미지 내에서의 시각적 병치

  유추의 두 요소들을 분리하는 컷이나 다른 편집 장치의 부족이 유추를 상대적으로 불분명하게 만든다.

  처음 수용자가 유추를 알아차리지 못하더라도 노출될수록 연계가 더 명확하게 될 것.

2) 시각적 명제의 유형

인과, 대조, 유추, 일반화

제6일 課題 總評 by 홍경수 PD

영상이 어떻게 왜곡될 수 있는지, 영상의 힘은 어떻게 생겨날 수 있는지를 보여 주는 좋은 책이다. 직접 경험하고 만나서 이야기를 들으면 좋겠지만, 시간과 공간의 제약 때문에 불가능한 측면이 있다. 책은 간접 경험의 보고이다. 책을 통한 지식의 축적 역시 PD 지망생이 게을리 해서는 안 되는 부분이다. 이것도 해야 하고, 저것도 해야 하고, PD 되기도 쉽지 않지만, 좋은 PD 되기는 더더욱 어렵다.

제7일

메이킹이 중요한
방송의 기초

스튜디오 녹화

우선 기술적인 준비가 필요하다. 프로그램에서 보여줄 영상적, 음향적 결과물을 구현할 수 있는 기계적인 장치들과 이 장치를 움직일 수 있는 인력의 확충이 필수적이다. 그런 다음에는 스태프들과 협의를 통해 기술적으로 가능한지, 그리고 어떻게 하면 효과를 극대화할 수 있을지 협의한다. 보통 스태프 회의라는 것은 여러 차례 녹화 전부터 진행되어야 하고, 녹화 당일에는 지금까지의 논의를 최종 점검하는 단계여야 한다.

우선 부조정실을 책임지고 있는 기술 감독을 비롯해 음향 감독, 조명 감독, 영상 담당자, 세트 디자이너, 특수 효과 담당자와 협의한다.

녹화에서 필요한 특별한 장치에 대한 논의, 세트의 위치와 조명과의 조율이 중요하다. 조명과 세트 위치와의 관계는 밀접하기 때문이다. 필요한 경우에는 카메라 스태프들도 참여해서 카메라 배치와 조명, 세트와의 조율을 거치는 경우도 있다. 큐시트와 대본을 보면서 회의를 진행하고, 회의가 끝나면 세트와 조명, 마이크 등의 설치 상황을 점검한다. PD는 녹화 준비가 되는 내내 스튜디오를 지키면서, 순간순간 발생하는 질문들에 대해 답해야 하며, 무대 설치가 끝나기 전에 조정 역을 충실히 해야 한다. 준비를 하면서 녹화 때 구현하고자 하는 바를 미리 머릿속에 그리며, 녹화를 위해 몸과 마음을 조정해야 한다.

사전 리허설을 마치고 조명이나 음향을 조절하고, 카메라 리허설을 준비한다. 카메라 리허설 전에 카메라를 어디에 설치할지, 카메라 워킹을 어떤 리듬으로 할지, 어느 부분에 어떤 카메라를 커팅할지

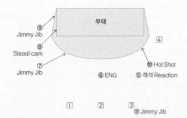

카메라 배치도 ‖ 어떤 그림을 만들 것인가? 적절한 장소에 걸맞은 카메라를 배치하는 계획이 필수적이다.

협의한다. 모든 내용을 다 결정할 수도 없고, 그렇게 생각한 대로 할 수 없는 것이 현실이지만, 많이 준비할수록 좋은 영상을 얻을 수 있다는 사실은 자명하다.

녹화 때와 똑같은 조건으로 카메라 리허설을 실시한다. 그 결과를 바탕으로 카메라 워킹을 조정한다. 물론 기록하는 것이 도움이 되지만, 문제는 녹화 때 기록한 것을 보면서 진행할 수 없는 것이 현실이다. 녹화를 진행하는 PD가 직접 시청자가 되어 '느껴야' 한다. 느끼지 못하는 '커팅'은 기계적일 뿐이다. '느낌'이 부족하면 감흥이 떨어진다. 카메라 커팅, 즉 부조정실에서 수많은 카메라의 영상을 보면서 선택하는 일은, 녹화를 보면서 느끼는 감정을 PD의 몸에 새기는 일이다. 따라서 때로는 녹화 진행 큐시트나 대본을 전혀 보지 않고도 녹화를 진행하게 된다. 대본을 보게 되면, 녹화가 보여 주는 느낌의 흐름을 놓치는 경우가 생기기 때문이다.

이 '몸에 새기는 일'은 어쩌면 PD의 몸도 녹화 장비의 하나가 되어가는 묘한 기분이 들게 한다. 따라서 녹화 전에는 몸 상태를 잘 조절해서 녹화 때 '장비'에 이상이 생기지 않도록 유지 관리하는 것도 중요하다. PD가 음주를 많이 해서 몸이 피곤하면, 제대로 느끼기가 어려울 수도 있다. 녹화를 진행하면서 무대의 AD, FD, 카메라맨, 부조정실의 기술 스태프들과 끊임없이 대화를 한다. 커뮤니케이션의 문제로 종종 문제가 발생하기도 한다. 얼굴을 보지 않는 커뮤니케이션이 오해를 불러일으킬 수 있으므로(정보량이 부족하므로), 언어에 신중을 기해야 한다.

나이 어린 스태프라고 하더라도 경어를 써야 하며, 무엇인가 뜻한 대로 되지 않을 경우에도 화를 낸다거나 비속어를 쓴다거나 하는 것은 피하는 것이 좋다. 반대로 거친 말을 써서 스태프들을 통제하는 연출자들도 없지 않다. PD가 원하는 바를 스태프들이 잘 뒷받침해 줄 때는 '고맙다', '좋다' 등 반응을 보여야 한다. 일종의 추임새 역할을 하는 이런 말들은 스태프들의 흥을 돋우고, 이것이 무대의 분위기를 살려 주고 결과적으로 출연자에게 좋은 영향을 주어 좋은 녹화로 연결된다. 녹화는 될 수 있으면 끊지 않고 일사천리로 진행하는 것이 가장 좋다. 따라서 진행자의 동선이나 악기나 장치의 이동

〈낭독의 발견 – 나윤선 편〉 ‖ 스튜디오 녹화는 많은 요소들이 갖추어져 야외 녹화보다 용이하지만, 그 나름의 제작 문법이 있다.

이 있을 경우에는 어떻게 하면 녹화를 끊지 않고 진행할지 고민해야 한다. 가능하면, 이동 없이 진행할 수 있도록 미리 세팅해 놓고 시작한다. 하지만 결정적인 것이 누락되었거나, 편집으로 시정할 수 없는 상황이 벌어진다면, 과감히 NG를 내는 것도 필요하다. NG를 낸 경우에는 최대한 빨리 상황을 정리하고 곧바로 녹화를 시작한다. NG라 하더라도 녹화 테이프를 멈추지 않고 계속 녹화한다. 좋은 영상이 NG가 일어난 경우에 생길 수도 있다. 녹화가 끝난 뒤에는 스태프들과 출연자들과의 인사를 통해 녹화를 가볍게 반추한다. 그리고 열심히 해 준 것에 대해 진심으로 감사를 표한다.

PD의 건강과 시청자의 행복의 순환

01 녹화 도중에 한 카메라맨이 PD인 나의 말을 듣지 않고, 원하는 영상을 잡지 않는다. 어떻게 해야 할까?

02 출연자는 5시에는 다음 스케줄을 위해 녹화 현장을 떠나야 하기로 약속하고 녹화 현장에 왔다. 녹화가 질척거려서 6시에야 녹화가 끝날 예정이다. 출연자는 5시가 되자 떠나야 한다고 주장한다. 어떻게 해야 하나?

03 녹화하기로 예정된 출연자가 광화문에 시위로 교통이 두절되어 갇혀 있다. 비를 많이 맞고 몸이 너무 피곤해서 녹화를 다음으로 미루자고 강력히 요구한다. 스태프들은 세트 설치 및 카메라 워킹에 대한 회의를 위해 당신을 기다리고 있다. 당신은 어떻게 할 것인가?

04 녹화 준비를 하다가 다음과 같은 상황이 발생했다. 어떻게 할 것인가?

카메라 감독 : 영상에 안 잡히니 샹들리에 위치를 바꾸어야 한다.

세트 디자이너 : 샹들리에는 1,000만 원짜리다. 옮기다 사고 나면 책임질 것이냐? 이미 일부 파손되었다.

조명 감독 : 조명도 이미 샹들리에 위치에 조정해 놓았다.

출연자 : 샹들리에 때문에 무대 옮겨 다니기가 쉽지 않다.

AD : 샹들리에가 너무 멋진데요.

05 공개 녹화를 처음으로 진행하며, 객석이 다 차지 않을까 걱정되어 표를 많이 뿌렸다. 녹화 당일 객석 수용 인원보다 50퍼센트가 많은 사람들이 몰려들었다. 객석은 불만으로 아우성이다. 어떤 식으로 관객을 진정시킬 것인가?

{ 개봉 박두
버추얼 스튜디오 } 日記 ① 정아란

KBS에 도착한 첫날 오후, 사무실에 계신 PD님들께 짧은 인사를 드리고 난 뒤 최필곤 PD님을 따라 녹화 스튜디오로 향했다. 별관으로 향하는 짧은 시간 동안 PD님이 나에게 이것저것 물어보셨지만, 아무것도 기억나지 않는다. 오랫동안 동경했던 곳, 그러나 감히 엿볼 수 있으리라 생각지도 못했던 곳에 발을 들여놓는다는 흥분 때문이었다(게다가 나는 YTN의 뉴스룸을 제외하고는 한 번도 방송사 스튜디오 구경을 온 적이 없었기에 혼자 별 상상을 다 하고 있었다.). 뭔가 엄청난 마법이 일어나고 있을 것만 같은 곳이었는데 막상 안으로 들어섰을 때 푸른 벽 외에는 아무것도 없었다. 진행자인 고두심 씨가 가끔 팔을 올려놓는 의자 하나가 있을 뿐이었다. 월드컵 때문에 잠시 다른 스튜디오를 빌려 쓰고 있는 터라, 원래 스튜디오보다는 작은 곳이라고 했다. 푸른 벽은 가상 스튜디오의 크로마키chroma-key를 위한 것으로 정말 빈틈없이 칠해져 있었다. 온 사방을 둘러싸고 있던 그 벽에서 나는 삭막하고 휑한 느낌마저 받았다.

스튜디오 플로어에서 ‖ 첫 녹화는 약간 얼어서(?) 얼렁뚱땅 보내고, 둘째 주 녹화부터 정신을 가다듬고 녹화 현장을 보았다. 〈역사스페셜〉 녹화는 매주 월요일 오후 3시쯤에 시작된다. 하지만 미리 챙겨야 할 것이 많으니, 모두 두 시간 전에 가서 스튜디오를 정리해야 한다. 나는 자료 조사원 언니들을

크로마키 chroma-key
컬러텔레비전 방송의 화면 합성 기술. 색조의 차이를 이용하여 어떤 피사체만을 뽑아내어 다른 화면에 끼워 넣는 방법으로, 배경이나 인물을 촬영한 뒤 어느 하나를 분리하여 다른 카메라에 옮겨 구성한다. 일기예보, 선거 방송, 역사스페셜 등의 프로그램에서 많이 사용된다.

따라 내려가서 청소나 심부름을 도우며 녹화 준비를 함께 했다. 가상 스튜디오라 특별히 세트를 꾸밀 것은 없지만, 조명과 음향, 카메라 확인만으로도 스튜디오는 분주하다. 조명 감독은 편경(編磬)처럼 보이는 조명들을 내렸다 올렸다 반복하며 자리를 잡는다. 검은 쇠틀에는 아주 큰 숫자가 적혀 있는데, 숫자를 부조정실에서 보고 필요에 따라 조정한다고 AD 오빠가 일러 주었다. 무대 위에 자리한 조명들은 너무 강하게 쬐는 것을 방지하기 위해 흰 종이를 둘러 두는 식으로 조절을 해 두었다. 촬영 감독은 녹화에 쓰이는 두 대의 카메라 위치와 상태를 점검한다.

PD들은 부조정실과 스튜디오를 바삐 오가면서 재연을 찍게 되면 연기자들을 미리 불러 지도를 한다든지, 진행자의 위치를 확인해 본다든지 많은 것을 확인하느라 여념이 없다. PD들과 함께 바쁜 것이 스튜디오의 FD, AD들이다. 프롬프터는 제대로 작동하는지, 소품들은 제대로 준비되었는지, 세트에는 이상이 없는지 인터컴을 통해 부조정실과 교신(?)하며 꼼꼼히 체크한다. 대부분의 준비가 끝나면 스튜디오에 딸린 대기실에서는 대본 연습에 여념이 없던 고두심 씨가 스튜디오로 나온다. 녹화에 앞서 세트에 선 진행자의 얼굴에 그늘이 지지는 않는지, 위치는 괜찮은지, 마이크는 잘 작동하는지 등을 확인하는 것도 중요한 일이다.

살 떨리는 계단을 지나 ‖ 두 번째 녹화는 다시 원래 쓰던 스튜디오로 옮겨서 진행되었다. 부조정실이 어디 있나 하고 주위를 둘러보는데 저기 구석진 높디높은 계단을 올라가는 PD님이 눈에 띄었다. 저 높은 계단이 부조정실로 통하는 길이라는 것이다. 심부름 때문에 부조정실로 승천하는 길. 계단이 내 무게를 이기지 못하고 흔들리는 것이 불안하다. 한 달이 지나고 마지막 녹화 쯤 되어서야 계단을 오르내리는 일이 두렵지 않았다. PD가 되면 이 계단에 익숙해지는 것이 급선무이겠군! PD는 주로 인터컴을 통해 플로어의 AD나 FD를 통해 지시를 내리지만, 직접 후다닥 뛰어 내려가서 지도해야 하는 상황도 자주 있다. 하긴, PD에게 계단을 재빨리 오르락내리락 하는 재주만 필요하랴. 연출을 하다 보면 위험을 무릅써야 하는 상황도 숱하게 마주할 것이다. PD 지망자 여러분, 담을 키우시길!

부조정실로 승천 || 그리고 나서 마주한 부조정실. 부조정실에는 CP와 PD, 가상 스튜디오 운용 감독 등 7,8명의 스태프들이 움직인다. 〈역사스페셜〉 녹화에서는 담당 PD들은 VCR과 스튜디오를 체크하고, CP인 우종택 PD님이 큐 사인을 주는 총괄감독을 맡아 진행했다. 부조정실의 CAM1,3, 이 2대의 카메라가 스튜디오를 잡는 숏이 각각 잡히고, CAM2에는 가상 스튜디오와 합쳐진 ON AIR 부분이 자리해 이를 보고 녹화 상황을 확인한다. 나는 가끔 부조정실 구석에 앉아 진행을 지켜보았는데, 역시 가장 궁금한 것이 가상 스튜디오였다. 지금에야 익숙해졌지만, 〈역사스페셜〉이 '스페셜'했던 이유는 가상 스튜디오 때문 아닌가. 그런데 가상 스튜디오는 녹화에서 그만큼 공이 많이 들어간다. MC부터가 아무것도 없는 공간에서 움직여야 하는 만큼 연기력이 요구된다. 그리고 화면을 잘 짜야 하기에(혹여 MC가 계획보다 너무 옆으로 움직이다 보면 팔이나 다리가 화면에 잘려 나올 수도 있는 법이다) 녹화 중간 중간에 위치를 다시 정하거나, 가상 스튜디오 화면을 짜느라고 녹화를 멈추는 경우가 종종 있다. CP님은 〈역사스페셜〉을 오래하신 베테랑답게 원고에 수정이 필요하거나, 화면에 이상이 있으면 재빠르게 쓱싹쓱싹 수정하셨다.

오후부터 저녁에 걸쳐 이뤄지는 녹화라 보통 간식 시간이 있다. 자료 조사 요원 언니와 함께 떡볶이며 치킨이며, 김밥 등을 사 와서 스태프 분들과 함께 나누어 먹는 행복한 시간이다. 스태프 분들의 프로그램에 대한 적극적인 참여를 위해서는 인간적인 존중도 중요하지만, 맛난 간식 또한 필수 불가결하지 않을까. 정작 간식을 제대로 맛보지도 못하고, 다음 편집을 위해 바삐 달려가시는 PD님들의 뒷모습을 보면서 마음이 아프기도 했다. 그렇게 3,4시간의 녹화를 마치고 나면, 이제 정리만 남는다. 물론 〈역사스페셜〉은 가상 스튜디오 덕분에 세트를 정리하는데 그렇게 손이 많이 가지 않는 편이다. 스태프들의 열기로 달궈졌던 푸른 벽의 스튜디오는 다시 차가워진다. 내일 찾아올 다른 손님(프로그램)을 기다리며 말이다.

{ 물론 녹화할 때 잘해야 하겠지만, 몰랐는데 확인해 보니 중요한 장면에 소음이 들어갔다면 어떻게 해야 하나요? 또는 프리뷰를 하다가 중요한 부분이 잘못 촬영된 것을 확인했습니다. 어떻게 해야 하나요? } **質問 ① 김태년**

홍경수 PD 答辯 ∥ 기술적으로 보정할 수 있는지 방법을 모색해 보고, 그래도 불가능하다면 소음이 들어간 채로 사용하거나, 아깝지만 편집할 수밖에 없지 않을까? 시간과 여건이 허락된다면, 재녹화하는 것도 고려할 수는 있겠다.

{ 보통 스튜디오에서 진행하는 녹화에는 방청객이 등장하는데, 방청객을 동원하는 이유가 궁금합니다. 방청객 아르바이트를 하러 간 친구들이 스튜디오에서 스태프들이 자리를 마음대로 정해 주더라, 잘생긴 아이들만 카메라가 잡는 앞으로 내보내더라 하고 불평하는 얘기를 들었거든요. 방청객을 세트의 하나로 간주하는 건지 알고 싶습니다. } **質問 ② 정아란**

홍경수 PD 答辯 ∥ 아침 프로그램이나, 심야 프로그램, 자발적 방청 참여가 어려운 프로그램에서 동원 방청객을 활용하고 있다. 방청객을 세트라기보다는 하나의 미장센으로 인식하는 것에는 틀림없다. 많은 사람들이 동원 방청객의 활용에 대해 부정적으로 생각한다. 자연스럽지 않다는 것이 이유다. 가장 좋은 것은 방청 희망자를 받는 것이다. 자발적인 방청객은 얼굴 표정부터 다르다. 다만 생방송이나 토론 등에서는 방청자 관리상의 이유로 동원 방청객을 활용하는 것 같다.

부조정실에서 PD들이 카메라 커팅을 능수능란하게 하는 모습이 무척 신기했습니다. PD들이 카메라 커팅을 어떻게 해서 익히는지, 선배들로부터 노하우를 전수받는 건지, 아니면 계속 편집을 하다 보면 느는지 정말 궁금합니다. PD님의 첫 녹화 경험에 대해서도 듣고 싶습니다.

홍경수 PD 答辯 || 여러 대의 모니터를 보면서 적절한 화면을 고르는 것이 스튜디오 카메라 커팅이다. 화면을 고른다기보다는 화면을 만들어 간다는 것이 더 정확하다. 카메라들이 PD의 마음대로 움직여서 원하는 화면 사이즈와 앵글을 잡아내도록 하는 일. 따로 교육을 받는 일도 없었고, 다만 해 보면서 익혔다는 표현이 정확하다. 차를 마시거나 술을 마실 때 비공식적으로 선배들이 자신의 경험을 전수해 주는 경우도 있다. 하지만 체계적이지는 않다. 입사해서 1년 반 뒤에 처음으로 야외 중계차 커팅을 했던 경험이 있는데, 생방송이어서 정말 정신이 하나도 없었다. 녹화 방송이라면 덜 부담되었을 텐데…… 화면이 눈에 들어오지도 않고 카메라를 움직일 여력도 없이 끝났다. 아쉬웠지만, 다음 녹화를 위한 좋은 공부가 되었음에는 틀림없다.

제7일 함께 보기 좋은 추천 자료

01 **아서 아사 버거, 이지희 역, 「보는 것이 믿는 것이다」, 미진사, 2001년** '시각 커뮤니케이션의 길잡이'라는 부제처럼 사진, 방송, 영화, 타이포그래피 등 다양한 시각 매체에 대한 통찰을 얻을 수 있는 책. '공포, 테러, 첩보원, 프랑스적인 것, 사랑, 미움, 소외 등의 이미지를 어떤 시각 현상으로 보여 줄 것인가?', '매체와 메시지 사이의 관계는 무엇이라고 생각하는가? 메시지가 그것을 전달하는 매체에 영향을 받지 않는 경우가 있는가? 있다면 예를 들고 그러한 견해를 갖게 된 이유를 설명해 보라.' '조명이 보는 사람에게 어떤 영향을 미친다고 생각하는가? 여러 종류의 쇼에서 사용된 조명의 종류에 대해 어떤 통칙을 생각해 낼 수 있는가?' 이런 질문들이 책에 가득하다. by 홍경수 PD

02 **세잔의 그림** 녹화는 현장의 인상을 담는 것이라고 생각한다. 세잔의 말을 인용해서, "흘러가는 세상의 한 순간에서 자신이 그 순간이 되지 않는다면……." by 김태년

03 **박진배, 「영화 디자인으로 보기(영화는 디자인의 자취를 전한다)」, 디자인하우스, 2001년** 언젠가 유명한 연출가 분을 만난 적이 있었다. "선생님, 지금 공부하고 싶은 분야가 있으세요?"라고 여쭤 봤더니, 대뜸 미술이라고 하셨다. 작품마다 그 콘셉트를 무대 디자이너에게 설명할 때 자신이 품고 있는 느낌만큼 설명을 하지 못하고 있다는 말씀이었다. PD에게도 들어맞는 이야기라 생각한다. 스튜디오 녹화에서 세트는 무척 중요하다. 베테랑 무대 디자이너나 조명 감독의 손에 전적으로 맡겨 두는 것도 좋다. 하지만 PD 자신이 미적 감수성과 공간적 센스를 가졌다면 훨씬 커뮤니케이션이 쉽고, 더 멋진 세트를 꾸밀 수 있으리라 생각한다. 영화의 배경에 배치된 다양한 요소들을 재미있게 풀어 나가는 이 책을 추천한다! by 정아란

제시된 과제에 대해 글을 쓰고 이를 비평함

남자 플러스 여자

기획 의도 : 성에 대해 솔직해져야 한다는 사회의 목소리가 거세다. 감추면 감출수록 성에 대한 목소리는 음지를 향하게 되어 있다. 경찰의 성매매 단속이 음성적인 성매매를 키웠듯이 성에 대한 지상파들의 입장도 선회해야 할 필요가 있다. 성에 대해 쉬쉬하는 분위기는 자칫 잘못된 성지식으로 선의의 피해자를 양산할 위험마저 있다.

따라서 지상파는 성에 대해서 건전한 담론을 생산해야 할 필요가 있다. 감추기보다는 대화의 장을 마련하는 것이 중요하다.

지상파에서는 좀처럼 보기 힘들었던 '성'이라는 주제를 인포테인먼트라는 형식을 통해 전달한다면 파급력이 엄청날 것이다. 성에 대한 재밌는 경험담과 전문가의 조언을 함께 묶는다면 재미와 지식이라는 인포테인먼트 본연의 목적을 충분히 달성할 수 있으리라 예상된다.

방송 시간 : 금요일 밤 12시~1시 (심야 60분물)

출연

1. MC 김국진 – 예전에 재치 있는 진행으로 오락 프로그램을 진행한 경력이 있다. 그 당시 혀 짧은 말투에서 귀여움이 묻어났다면 지금은 거기에 연륜을 더했다. 재치 있지만 안정된 진행을 기대할 수 있다.

2. 패널 노주현 – 자유분방한 자식들을 엄하게 다스리는 아버지의 이미지가 있다. 하지만 시트콤 출연으로 코믹한 이미지가 덧씌워졌다. 자유분방한 게스트들을 엄하게 대하지만 코믹한 상황을 기대해 볼 수 있다.

3. 패널 홍록기 – 요즘 자극적인 케이블 프로그램에 출연해서 상종가를 치고 있다. 그것 때문에 약간 가벼워 보인다는 단점이 있다. 하지만 '자유연애'하면 떠오르는 1호 연예인이니만큼 자유분방함이 솔직함으로 비춰질 수 있을 것이다.

4. 패널 청담동 호루라기 – 홍록기와 함께 자유분방함의 아이콘이다. 몇 년 전만 하더라도 각종 쇼 · 오락 프로그램에 출연하여 입담을 과시했다. 홍록기와 함께 여자에 대한 사생활이 가장 궁금한 연예인 중 한 명이다.

5. 패널 옥주현 – 핑클의 '폭탄'에서 '몸짱'으로 쾌속 승진한 연예인이다. 그만큼 그녀의 사생활이 궁금하다. 쇼프로그램 MC 경력도 있는 만큼 재밌는 이야기를 많이 들려줄 것이다.

6. 패널 임예진 – 한때 얼짱 배우였다. 하지만 지금은 약간 푼수 끼 있는 중년 연기자로 포지셔닝positioning 을 했다. 가끔은 누나 같고 가끔은 어머니 같은 이미지에 푼수 끼를 더해서 재미난 입담을 선사할 것이다.

7. 그 외 게스트 2명

구성

1. 잘못된 성지식 – 산부인과 전문의가 나와서 상황을 주고 어떻게 대처해야 하는지 객관식으로 문제를 내고 패널들이 푼다. 중간 중간 이어지는 토크.

2. 연애+SEX – 매주 연애와 섹스에 대해서 한 가지 주제를 가지고 자신의 경험에 대해 패널들이 이야기를 나눈다. '여자 친구가 생리 중일 때 어떻게 행동해야 하나?' 등과 같은 주제로 경험담을 나눈다. 미심쩍은 부분은 전문가의 조언을 구한다.

3. 현장 실습 – 성에 관한 몰래 카메라. 황당한 상황을 주고 일반인들이 어떻게 대처하는지를 보고 잘못된 지식을 바로잡아 준다.

Comment by 조정훈 PD ‖ 중요한 기획이다. 다만 기획 의도를 구체적인 프로그램이라는 결실로 만들기 위해서는 '새로운 접근법'이 필요하지 않을까? '상황 제시 후 토크' 형식을 넘어서는 참신한 접근 방법은 없을까? 혹시 기성 인포테인먼트 장르로 여겨지는 기성 프로그램의 접근법들을 염두에 둔 것은 아닌지 생각해 본다면 더욱 좋은 기획안이 될 것이다.

Comment by 홍경수 PD ‖ 흥미 있는 기획이다. 그만큼 영향력도 클 것으로 보인다. 구체적인 출연자 리스트를 보니 프로그램이 손에 잡힌다. KBS의 〈비타민〉이 연상되는 것은 임예진 씨의 등장 때문이었을까? 다른 프로그램의 그림자가 안 느껴지면 더 좋겠다.

{ 인포테인먼트 프로그램의 교착에 따른 새로운 인포테인먼트 프로그램 기획안 쓰기

인생 수업

課題 ② 이미영

기획 의도 : 기존의 인포테인먼트와 달리 '삶을 사는 법'을 알려주는 새로운 프로그램! 행복, 마음 등 일련의 감성 다큐들과 책에서도 볼 수 있듯이, 최근에는 삶에서 물질적인 것보다 정신적인 것과 삶의 질이 점차 중요해지고 있다. 이 프로그램은 그러한 트렌드에 잘 맞을 것으로 기대된다. 연예인의 인생 이야기와

일반인의 삶을 적절히 결합해 재미와 휴먼 다큐 같은 감동을 함께 추구한다.

구성 및 내용

1) 희로애락 인생 곡선 : 연예인 두 명을 스튜디오로 초청해 지금까지의 살아온 '인생 곡선'을 그리게 한다. 인생 곡선을 바탕으로 가장 정점이었던 순간, 가장 슬펐던 순간 등에 대한 이야기를 나눈다. 스튜디오의 반대쪽에는 다양한 전문가들 – 정신과 의사, 심리학자, 행복 전도사 등—을 패널로 초대해, 연예인의 삶 이야기 중간 중간에 설문조사를 비롯한 전문적인 정보를 제공하도록 한다. 예를 들어 어떤 연예인이 부모님이 돌아가셨을 때 제일 힘들었다고 이야기한다면 전문가들은 그와 연관된 통계나 설문 조사 결과를 보여 주고, 그런 힘든 순간을 어떻게 극복하는 것이 좋은지 구체적인 방법을 알려 준다.

2) 유언장 : 오늘이 세상을 사는 마지막 날이라고 생각하면 사람들은 삶에 대해서 진지해진다. 이 코너는 학교, 회사 등 다양한 현장을 찾아가 사람들에게 유언장을 쓰도록 한다. 사람들은 처음에는 당황하고, 장난스럽게 혹은 시큰둥하게 유언장을 쓰기 시작하지만, 유언장을 직접 쓰고 읽는 과정에서 점차 진지해지고, 앞으로 삶에서 지켜 나갈 원칙들을 저마다 생각하게 된다. 다양한 삶의 경험, 사연과 깨달음이 공개되고, 이는 시청자들에게 감동을 줄 것으로 기대된다.

3) 마지막 정리 코너 : 시한부 인생을 살았거나, 유명한 인물이 실제로 죽기 전에 남긴 이야기(예: 꿈을 포기하지 말라)

  Comment by 조정훈 PD ‖ 인생 곡선을 실제로 그려보면 어떨까? 흥미로운 장치가 될 것 같은데? 곡선들의 변곡점마다 어떤 일이 있었는지(하나씩 공개해 나가면서 인생살이의 묘미를 풀어 간다면, 다른 프로그램이 태어날 수도 있겠다.)를 애니메이션으로, 삽화 같은 느낌으로 짧게 구성하여 프로그램의 마지막을 꾸민다.

  Comment by 홍경수 PD ‖ **콘셉트의 명쾌함** : '사람 사는 법'이라는 콘셉트가 남는다. 기획안을 읽는 것은 지루한 일이다. 글을 그림으로 전환해야 하는 연산 작용을 해야 하기 때문이다. 프로그램 기획안 중에 남는 것은 콘셉트다. 인생을 잘 사는 법에 대해 생각해 보는 콘셉트가 시원하다.

도발적인 제목 : 프로그램 제목은 내용을 반영할 뿐만 아니라, 시청자를 끌어야 한다. '인생 수업', 책 제목으로 알려져 있다. 따라하는 것이 아닌 새로운 제목이 필요하다. SBS의 〈잘 먹고 잘 사는 법〉 같은 프로그램이 도발적이다(업계에서는 섹시하다고도 한다.). 시청자에게 가서 꽂히는 화살 같은 제목이 필요하다.

한자 찾는 한자

기획 의도 : 갈수록 우리말에 대한 관심이 높아지면서 우리말을 다루는 프로그램들은 좋은 반응을 얻었다. 그러나 우리말을 풍요롭게 하는 데 한자의 기여도 또한 적지 않다. 때문에 기업들의 인사 채용에서 한자 자격증 소유자에게 가산점을 주는가 하면, 사교육 1번지인 대치동에서도 한자 학원에는 수강생이 넘쳐난다. 나는 전 국민이 함께 부담 없이 즐기는 한자 프로그램을 만들 생각이다. 특히 사람들이 일상의 한자에 '눈'을 뜨게 하는 기회를 제공하고 싶다.

진행자 : 유재석과 이윤석(국어국문학을 전공했기에 유재석과 함께 추천)

편성 : 토요일 저녁 6시~6시 50분

구성

• 한자가 주는 가장 큰 부담은 1,800자니, 2,000자니 하는 양이다. 거부감을 없애기 위해 일주일에 한 자의 한자를 정해 풀어 나간다. 한 자씩 잡는 한자인 셈이다. 그리고 서당 스튜디오에서 학동(學童)으로 분한 연예인 패널들을 앞에 두고 그 주의 한자에 대한 성균관대학교 전광진 교수의 재미있는 강의를 듣는다. 가령 독 독(毒) 자는 싹날 철(屮)과 음란할 애(毐)가 합쳐진 것인데, 여기에 얽힌 중국 진시황 때의 이야기를 들려주는 것이다.

• 수업을 들은 학동(學童) 연예인들을 두 명씩 묶어서 두 팀으로 나눈다. 5시간의 여유를 주고, 아무런 도움 없이 거리에서 그 한자를 발견할 수 있는 모든 원천을 찾아다니게 한다. 간판도 좋고, 영화 제목도 좋고, 물건도 가능하다. 한자 '정(情)'의 경우, 비디오방에 붙은 영화 〈정인(情人)〉의 낡은 포스터를 떼 와도 좋고, 초코파이 박스를 구해 와도 좋다. 더 많은 수의 한자를 물어 온(?) 팀에게 해당 한자를 수놓은 티셔츠를 증정한다.

    Comment by 홍경수 PD ‖ 한자라는 소재가 독특하다. 모두 다 '우리말 우리말' 하면서 한글에만 몰두하는데, 한자 역시 우리말과 우리글임에는 틀림없는 것 아닌가. 한자라는 소재가 좋다. 이처럼 남들이 거들떠보지 않는 것에 눈을 돌릴 때, 새로운 프로그램이 생길 가능성은 커진다.
한자 어원과 관련된 이야기를 잘 풀어나가면 재미있으면서도 학습 효과가 클 것 같다. 어릴 때 일일학습인가 하는 학습지에 나온 한자 이야기처럼 전 국민을 재미에 빠트릴 수 있겠다.
'한자를 일상생활에서 찾는다? 왜 찾는 것일까?' 라는 의구심을 버릴 수 없다. 한자를 익히기 위함이 목적일진대, 일상생활에서 한자를 찾는다고 크게 도움이 될까? 그리고 그것이 재미있을까?

인포테인먼트 프로그램의 전성기는 2003년 가을 KBS에서 〈스폰지〉, 〈비타민〉 등의 프로그램이 생겨나면서부터다. 예능국에서 만드는 이 프로그램들은 예능 프로그램의 틀에 교양적인 소재를 결합하여 시청자의 눈길을 모았다. 지금은 김이 빠진 느낌이 있지만, 처음 이 프로그램의 등장은 시대적 요구에 부합하였다. 신문 등에서 방송의 공영성 운운하며 예능 프로그램들을 비난하는 것에서 자유로워지면서 동시에 시청자를 잡았으니 방송사로서는 효자 프로임에 틀림없다. 프로그램은 진화해야 한다. 시간이 흐르고 시대가 변하는데도 그 포맷을 고집하면 새로움을 유지하기는 어렵다. 지금 인포테인먼트 프로그램에 모인 관심은 변화된 새로움에 대한 기대에 다름 아니다.

제8일

무엇을 버릴 것인가?

{ 사전 편집하기 }

사전 편집하기

잘 알다시피 편집은 길게 녹화한 방송 분량을 방송 시간 안에 요약해서 줄이는 일이다. 〈낭독의 발견〉이 25분일 때, 1시간 녹화한 분량을 어쩌지 못해서 29분 59초를 만들어 방송한 일이 허다했다. 따라서 규정시간인 23분을 지키지 않았다고 해서 테이프 관리실 선배와 다투기도 여러 번. 심지어 편성실에서는 개인적으로 전화를 걸어와 '불이익' 운운하면서 협박(?)까지 했다. 그러면서도 시간을 어긴 것은, 요약하지 못할 만큼 길게 녹화한 것이라는 핑계와 조금이라도 더 많이 보여 주고 싶은 PD의 욕심이 결합된 탓이다. 25분의 시간이 20분으로 줄게 되자, 프로그램은 대폭 짧아졌다. 더 엄격해진 표준제작시간규정 때문에 20분을 넘기기 어려웠다. 1시간 녹화를 20분으로 요약하면서, 비로소 편집의 제1원칙인 압축에 대해 실감했다. 편집한 내용을 다시 편집하고 또다시 편집하다보니 20분도 결코 짧은 시간이 아니었다. 절대적인 시간이 필요하지만, 짧은 시간이라 해도 생각보다 많이 담을 수 있다는 사실.

녹화 방송과 생방송의 가장 큰 차이는 녹화 방송이 가공된 것이라는 점이 드러나는 반면에, 생방송은 날 것 그대로라는 것이다. 따라서 생방송에서는 녹화 방송에서 느끼기 어려운 아우라가 존재한다. 지금 일어나고 있는 상황을 실시간으로 공유한다는 사실은 몰입을 촉진시킨다. 녹화 방송이라면, 여러 번 뜯었다 붙였다는 사실을 드러내는 오락 프로그램이 아닌 이상은 자연스럽게 이어지는 느낌이 중요하다. 물론 편집의 특성상 편집되었다는 것을 드러내는 것이 허용되는 방송의 문법(드라마의 상황 변화, 각종 프로그램의 VCR꼭지)을 감안하더라도 그 안에서의 연결은 중요하다.

종합 편집하기 전에 사전 편집하는 PD

우선, 이야기가 자연스럽게 이어지도록 배열해야 한다. 녹화하다 보면 앞뒤 순서를 바꾸어야 좋은 내용이 있는가 하면, 뼈대만 남기고 연결해야 하는 부분도 생긴다. 가장 좋은 편집은 녹화 순서대로 내는 것이지만, 녹화가 뜻대로 되지 않을 경우에는 요소를 완전 분해해서 다시 재조립하는 경우도 없지 않다. 물론 그 자연스러움을 유지하기 위해서는 더 많은 노력이 필요하다. 이야기의 흐름을 깨지 않고 연결하기 위해서는 녹화 당시의 상황과 방송의 상황을 구분하고 일관성 있게 마감질을 해 주어야 한다. 녹화에서는 이런 저런 이야기를 했는데, 편집에서는 이것이 생략되는 경우에, 실제 생략된 느낌으로 연결해야 한다는 것이다(방송에서 수없이 접하는 편집의 느낌. 즉, 출연자가 두 번 같은 이야기를 했는데, 세 번 이야기했다고 말한다거나, 이야기를 편집했는데 마치 편집하지 않은 것처럼 이야기한다거나 하는 것들.). 편집을 마치고 전체적인 프리뷰를 통해서 거칠거나 거슬리는 부분을 미세조정하지 않으면 안 되는 이유가 여기에 있다.

자연스럽게 연결하기 위해서는 오디오 편집이 중요하다. 출연자의 화법, 어투, 말버릇 등을 깊이 관찰하여 그 사람을 잘 나타내 주는 방식으로 편집하면 자연스러워진다.

"음" "예" 등 말 시작하기 전에 하는 소리는 앞뒤로 연결할 때, 한번만 사용한다든지, 말소리의 높이를 조정해서 연결한다든지, 심지어 편집을 마친 다음, 입모양에 따라 오디오를 따로 넣어서 편집을 하기도 한다. (고도의 감각이 필요한 일이다. 즉, '일'이라고 이야기했는데 오디오를 떼어다가 '십'이라고 이야기한 것처럼 정교하게 오디오 작업을 할 수도 있다. 편집은 믿을 수 없는 것(?)!)

오디오 편집이 끝난 다음 비디오 인서트를 통해서 그림을 연결하는 것은 가장 대표적인 연결의 기술이다. 입모양이 맞는 그림을 찾는 것이 가장 중요하다. 그리고 이 입모양이 맞도록 인서트를 추가하여 1/30초의 차이도 분별하여 똑같이 맞는 단 하나의 '결정적인 순간'을 찾아야 한다. 순간에는 그 순간을 대체할 수 있는 결정적인 순간과 결정적인 영상이 존재한다. 이 일을 오래 하다 보면 머리가 아프다. 편집은 머리와 손과 발이 동원되는 전 신체적 노동이다. 독일 프랑크푸르트 국제 도서전 생방송 차 독일에 가서 중계차를 임차하지 않고, 카메라 4대로 촬영한 테이프를 흡사 중계차 커팅한 것처럼 편집한 것도 오랜 숙련의 덕분이었다. 물론 빠른 시간 안에 편집하느라, 섬세하지는 못했지만, 많은 사람들은 중계차를 사용했다고 믿어 의심치 않았다. 편집에서 중요한 것은 관점이다. 즉, 누구의 편에서 편집을 하느냐에 따라 편집 내용이 달라진다.

관점은 애정과 밀접한 연관을 가지고 있다. 자녀 교육 방법을 편집에 비유하자면, 권위 있는 편집, 권위적인 편집, 방임적인 편집, 무관심한 편집으로 구분할 수 있겠다.

권위 있는 편집 ‖ 출연자를 무조건적으로 사랑하며, 있는 그대로 출연자를 받아들인다. 언제나 출연자를 관찰하고 격려해 준다. 확실한 경계를 설정해 그 경계 내에서는 상당한 자유를 허용한다.

권위적인 편집 ‖ 더 냉정한 편집 형태를 보인다. 출연자에게 요구하는 것은 많지만 출연자의 진정한 욕구에 대해서는 제대로 반응하지 않는다. 너무 자주 개입해서 명령과 비난을 남발한다. 밋밋하고 딱딱한 편집이 되기 쉽다.

방임적인 편집 ‖ 출연자의 요구에 반응은 보이지만, 규율이 없고 경계도 명확히 세우지 않는다. 출연자와의 관계에서 출연자는 항상 우위에 있다. 중언부언 등 지나친 감정과잉 편집이 되기 쉽다.

무관심한 편집 ‖ 출연자에게 반응도 보이지 않고, 요구하지도 않으며 응석을 받아 주고, 명확한 경계도 세우지 않는다. 관찰하지도 않고 무모할 정도로 출연자에 대해 둔감하다. 무슨 이야기를 하는지 짐작하기 어려운 편집이 되기 쉽다.

물론 가장 좋은 것은 권위 있는 편집이 되겠다.

프로그램이나 자식이나 소중하기는 마찬가지다. 〈낭독의 발견〉과 나이가 똑같은 귀여운 윤재윤서

01　신문 기사를 하나 골라서 숙독하고 1/2, 1/4, 1/8, 1/16, 1/32로 계속 압축해 보아라. 결국은 한 문장으로 줄여 보아라.

02　〈윤도현의 러브레터〉를 자세히 보면서 어느 지점에서 편집했는지 지적하라.

03　다큐멘터리 한 편을 보고, 편집이 부자연스러운 곳은 어디이며, 잘된 곳은 어디인지 짚어 보라.

편집의 시작, 프리뷰

日記 ① 김태년

　사전 편집은 프리뷰에서 시작한다. 테이프에 담겨진 영상을 글로 옮긴 프리뷰는 테이프를 보지 않고도 그 속에 어떤 내용이 들어 있는지 떠올릴 수 있을 만큼 자세히 작성된다. 프리뷰는 대충의 시간을 계산하여 불필요한 대사와 컷을 드러내는 데도 사용되지만, 편집 시 컷의 배열을 새로 해야 할 때 그 컷의 위치를 찾는데 도움을 주기도 한다.

프리뷰를 보고 PD는 대충의 영상을 떠올리며 방송 시간에 맞게 불필요한 대사와 컷을 덜어 낸다. 인쇄된 프리뷰에 펜으로 이것저것을 그리다보면 어느새 프리뷰가 인쇄된 종이는 너덜너덜 해진다. PD는 대충 정리된 프리뷰와 녹화 테이프, 빈 테이프를 갖고 편집실로 향한다.

편집실은 PD들이 가장 많은 시간을 보내는 장소다. 녹화된 테이프를 가지고 이리도 붙여 보고 저리도 붙여 보고 어떻게 하면 자신의 의도를 잘 표현할 수 있을까 궁리하는 공간이다. 때국물이 줄줄 흐르는 편집기부터, 담배 연기에 노랗게 변해 버린 천장과 졸음을 쫓으며 계속해서 커피를 들이켰을 종이컵까지. PD들이 겪었을 고민의 흔적들은 처음 들어갔을 때 숙연한 느낌마저 들 정도였다.

그곳에 앉아서 PD들은 사전 편집을 한다. 편집을 선택과 배열의 미학이라고 했던가. 대본에 나왔던 것이라도 잘못된 것은 버리고, 대본에는 없었지만 우연히 건진 화면을 넣기도 한다. 녹화는 대부분

편집실에 만들어 놓은 수면실 ‖ 편집은 종종 밤샘 작업으로 이어진다.

대본에 나와 있는 시간 순서대로 하지만, 더 좋은 방법이 있다면 시간 순서를 바꿔서 편집하기도 한다.

선택과 배열을 통해 대강의 그림을 그린 후에는 '메이크업' 하는 과정이 남아 있다. 이 과정은 선택과 배열을 거치면서 거칠어진 이음새를 말끔하게 매만져 주는 과정이다. 시간 순서에 따라 녹화된 영상을 중간 부분을 덜어 내거나 덧붙이거나 뒤섞어 버리면 컷과 컷이 붙는 부분이 어색해지기 마련이다. 이 부분에 새로운 영상을 입히거나(컷어웨이), 음성을 매만져 주거나, 다른 영상을 삽입하여 자연스러운 흐름으로 바꿔 준다.

편집은 마술과 같다. 녹화된 영상에서는 도저히 상상도 할 수 없었던 감정의 선을 선택과 배열을 통해서 이끌어 낸다. 어떤 영상을 선택하고 버리느냐, 혹은 순서를 바꾸느냐에 따라서 전혀 새로운 영상이 탄생한다.

편집에서 가장 중요한 것은 직관이라는 생각이 든다. 컷을 나누는 미묘한 타이밍에 따라 영상의 느낌이 180도 바뀌기 때문이다. 그래서 방송국에서 편집실을 경험하고 난 후, 집에서 TV를 보며 혼자서 속으로 컷을 나누는 연습을 가끔 한다. 컷을 나누다 보면 그 프로그램에서 연출자의 컷과 맞아떨어지는 경우도 있지만 태반이 맞지 않는다. 그러면 왜 나의 컷과 연출자의 컷이 다른지 곰곰이 고민한다. 이런 연습을 하다 보면 편집에 대한 감각이 좀 생기지 않을까 생각하면서 말이다.

인턴들의 질문에 홍경수 PD가 답함

問答

{ 여균동 감독의 영화 〈죽이는 이야기〉는 영화감독 구이도가 영화를 완성하면서 영화사
의 입김, 배우들의 강요 등의 이유로 자신이 만들고자 했던 영화와 점점 멀어지는 이야
기를 담고 있습니다. 방송도 협업을 통해 만들어 나가기 때문에 마찬가지일 거라고 생
각합니다. 프로그램은 점점 완성되어 가는데 PD의 의도와 다르게 가고 있다는 것을 느
꼈습니다. 이때, PD는 어떤 결정을 내려야 할까요? } 質問 ① 김태년

홍경수 PD 答辯 ‖ 첫째, 자포자기를 하고 마음을 비우고 다음 작품을 위한 자세를 가다듬는다.
둘째, 확 뜯어 고쳐서 이러한 왜곡을 최소화한다. 모든 일에는 최선과 최악이 있다. 인간의 일은 누구
의 말처럼 최선이 아니라, 차선과 최악 사이의 선택일지도 모른다.

{ 방송국에서는 사전 편집 단계에서, 아직까지 비선형 편집보다는 선형 편집을 위주로 사
용하는 것으로 알고 있습니다. 중간 부분이 틀렸을 때, 처음부터 다시 시작해야 하는
선형 편집에 비해 자유자재로 고치고, 위치 변경이 가능한 비선형 편집이 훨씬 편할 것
같은데, 왜 선형 편집을 위주로 사용하는지, 이유를 알고 싶습니다. } 質問 ② 이미영

홍경수 PD 答辯 ‖ PD들이 NLE^Non-Linear Editing 편집기를 자유자재로 다룰 수 있는 것도 아니
고, 고가의 기계와 편집 기사가 충분한 것도 아니기 때문에 선형 편집을 한 뒤, NLE 편집을 거치는
방식으로 작업하고 있다. 앞으로 NLE 편집이 대세임에는 틀림없다.

NLE 편집을 하는 PD ‖ 이제 사전 편집도 선형에서 비선형으로 바
뀌고 있다. NLE 편집에서는 편집도 단추를 누르는 대신 마우스 클릭
으로 행해진다.

사전 편집은 뭉텅이로 과감하게 쳐내는 것뿐만 아니라, 그 뭉텅이의 배열 또한 중요하다고 생각합니다. 시간적, 혹은 공간적 순서 외에 PD들이 중요시하는 배열의 원칙이 있는지 궁금합니다.　　**質問** ③ 정아란

홍경수 PD 答辯 ‖ 논리적 흐름, 혹은 이야기의 흐름에 따라 배열하는 것도 중요하다. 또한 시각적 요소가 중요한 기준이 되기도 한다. 이야기 연결이 안 되더라도 영상적으로 연결될 때, 선택하는 경우가 있다.

중계차를 사용해서 커팅하는 것은 어떤 작업인지 알고 싶습니다.　　**質問** ④ 정아란

홍경수 PD 答辯 ‖ 중계차는 이동하는 부조정실이라고 생각하면 된다. 따라서 스튜디오에서의 커팅과 크게 다르지 않다. 야외에서 이뤄지는 편집이라 모든 것이 불안정하기 때문에 전력, 음향, 조명 등에 특별한 주의를 기울이지 않으면 원하는 영상과 음향을 얻기 곤란하다.

제8일　함께 보기 좋은 추천 자료

01 **한국편집기자회, 『신문편집』, 한국편집기자협회, 2001년**　여섯 명의 현직 기자들이 집필한 신문 편집 가이드북으로, 신문 편집의 이론과 실제를 내용으로 담고 있다. 의외로 신문 편집에서 방송 편집에 대한 함의를 얻을 수 있다. by 홍경수 PD

02 **김용수, 『영화에서의 몽타주 이론』, 열화당, 2006년**　하나의 예술 원리로서 몽타주 이론의 정립을 규명하는 책이다. 편집은 선택과 배열이다. 어떤 장면을 선택하고 어떻게 배열하느냐에 따라 의미가 달라진다. by 김태년

03 **EBS 지식채널 e팀, 『지식 e』, 북하우스, 2007년**　더 이상 설명이 필요 없는 프로그램이 책으로도 나왔다. 매일 5분간의 짧은 시간이지만, 뮤직 비디오 같은 영상과 음악이 재미있게 짜여 있다. 영상의 흐름과 배열을 고민해 보자. by 정아란

04 **마츠오카 세이고, 『지식의 편집』, 이학사, 2004년**　인간의 삶에서 일어나는 모든 행위가 다 편집이라고 말하는 책. 편집에 대한 새로운 그림을 그릴 수 있게 한다. 편집을 관계의 발견으로 보고, 커뮤니케이션으로 비유한 점이 무척 가슴에 와 닿았다. 1. 편집은 조합이다. 2. 편집은 연상이다. 3. 편집은 모험이다. ─ 라는 지은이의 편집관을 곱씹어 보자. 강력 추천! by 정아란

{ 50억 원의 예산과 5년간의 시간이 주어졌다.
당신은 **어떤 프로그램을 만들고 싶은가?**에 대한 기획안 쓰기

課題 ① 김태년

유토피아 프로젝트 – 당신이 만든 세상

기획 의도 : 요즘 들어 부쩍 사람들의 입에서 "세상 살기 힘들다."라는 말을 자주 듣게 된다. 모두가 피부로 느끼고 공감하고는 있지만 "왜 그럴까?"라고 묻는다면 선뜻 대답하기가 쉽지 않다. 돈벌이는 어렵고, 살림살이는 빡빡하고 정치인들은 싸움만 해대고 사회의식은 눈곱만큼도 없는 부자들의 꼬락서니는 눈엣가시 같다. 부모님은 걸핏하면 아프신데 만약 큰 병이라도 나면 치료할 만한 돈을 모아 놓은 것도 없고 자식들 교육시키기도 빡빡하다. 그렇다고 자기 계발과 여가를 즐길만한 여유를 찾기는 더더욱 힘들다. 정말 대한민국같이 지옥 같은 세상이 어디 있을까.

"그렇다면 그들이 꿈꾸는 유토피아는 어떤 곳일까?" 이런 물음에서 이 프로그램을 기획하게 되었다. 희망자들에 한해서 그들이 꿈꾸는 유토피아를 만들도록 해 보자.

새로운 세계를 건설하고 싶은 사람을 모집해서 섬으로 떠나자. 그리고 그들이 만들고 싶은 유토피아를 건설하는 과정을 카메라에 담는다. 그리고 물어보자. "그래서 행복하십니까?"

제작방법 : ENG

방영시간 : 60분물 20회분

구성

1. 새로운 세계를 꿈꾸는 사람들을 모집한다. 그들은 5년간 섬에 들어가서 자신들이 만들고 싶은 세상을 만들어 가야하는 사람들이다. 남녀 반반씩 약 500명 정도를 모집한다. 남녀노소 골고루 분포된다면 금상첨화.

2. 그들이 5년 동안 생활해야 할 섬으로는 경치 아름답고 물 좋고 깨끗한 청산도가 좋겠다. 그들은 그곳 마을 회관에 모여 5년 동안 어떤 세상을 만들 것인지 의논한다. 대강의 윤곽과 역할을 분담하고 정치, 경제, 문화, 교육 시스템을 만든다. 모든 것은 토론을 통해 결정된다.

3. 그들이 생활하면서 겪는 생활의 사소한 문제부터 시스템 상 결함을 토론을 통해 풀어 가는 모습까지 다

양한 활동들을 카메라에 담는다. 그러면서 그들이 대한민국에서 겪었을 아픈 기억과 부조리들을 인터뷰를 통해 녹화한다. 그들은 과연 그것들을 극복해 내고 새로운 세상을 만들 수 있을 것인가?

4. 5년이 거의 끝나갈 무렵에는 그들이 건설한 세계의 삶에 대해 그들에게 물어본다. 어땠냐고. 정말로 행복했냐고. 다시 대한민국으로 돌아가고 싶은지, 계속 여기에 남고 싶은지.

> *Comment* by 조정훈 PD ‖ 기대되는 프로그램이다. 다만, 50억과 5년을 보는 시각이 중요한 문제일까? 그렇다면 50억을 출연자에게 몽땅 지급하더라도 출연자 1인당 연간 천만 원(50억 나누기 500명, 세금 및 숙식, 의료 피복비 등 비용 포함)씩을 지급하게 되는데…… 흠, 홍경수 PD는 출연료에 만족하시나요? 기획, 리서치 기간과 프로그램 제작 준비 기간을 고려하면 더 좋겠다.

> *Comment* by 홍경수 PD ‖ 매우 흥미로운 기획이다. 이런 기획이 있다면, PD가 아니라 참가자로 신청하고 싶을 생각이 난다. 방송을 통해 사회와 인간, 행복이라는 큰 주제를 보여 줄 수 있는 기획이다. 신청자에게 어떤 보상을 할 것인지 궁금하다.

{ 50억 원의 예산과 5년간의 시간이 주어졌다.
당신은 어떤 프로그램을 만들고 싶은가?에 대한 기획안 쓰기 } 課題 ② 이미영

5년간의 기적

장르 : 스튜디오 토크쇼＋휴먼 다큐

방영시간 : 60분물로, 5년간 한 달에 한 번씩 특집 편성

기획 의도 : 우리는 저마다 '꿈'을 가지고 살아간다. 이 프로그램은 사람들이 꾸는 '꿈'을 지원하고, 그러한 꿈이 이루어지는 과정과 결과를 담고자 한다. 개인적인 꿈이 아니라 사회적으로 의미 있는 꿈을 공모하고, 그러한 꿈이 이루어지는 과정을 보여 줌으로써 꿈에 대한 관심, 지원, 지지, 그리고 실질적인 사회적 변화를 이끌어 내고자 한다. 지금까지 각종 공익사업을 방송사 주최로 해 왔다면 이 프로그램은 시청자들이 '직접'하도록 하고, 그러한 과정 속에서 꿈을 수행하는 시청자 본인이 변화하는 '과정'도 담아내는 것이 포인트.

구성 및 내용

사람들의 꿈을 공모한다. 5년간 5억 정도의 돈이 지원된다면 하고 싶은 일에 대한 자세한 기획안을 공모한다. '엄격한 심사'(심사 과정도 프로그램에 포함)를 통해 9팀 정도의 꿈을 지원 받을 단체를 선정한다(지원

액수와 지원 단체 수는 공모된 아이디어에 따라 유동적.).

꿈의 예시 : 가정 폭력과 탈 성매매 여성을 지원하는 여성 쉼터를 확충, 지원하는 사업. 노숙자나 백수 등의 창업. 농촌, 생태 공동체 구성. 국악을 공부하는 청소년들의 해외 순례, 길거리 공연 지원. 섬, 산간 오지, 농촌 등에 도서관을 지어 주는 사업. 혹은 문화 체험 사업. 새터민, 이주 노동자 등의 교육 프로그램. 공공미술 프로젝트.

선정된 팀들이 각기 꿈을 진행시키는 과정과 결과를 한 달에 한 번씩, 5년간 방송한다. 한 달에 한 번씩 프로그램을 방송함으로써, 사람들의 관심, 지원, 지지를 유도한다. 최종적으로는 단순히 프로젝트를 수행하는 사람뿐만이 아니라, 일반 시청자들도 꿈을 함께 수행하도록 하는 것이 목표다.

대부분은 휴먼 다큐 식으로 이루어지지만, 매해 '특집 속의 특집'을 마련하여, 스튜디오에서 토크쇼 형태로 진행한다. 프로젝트를 수행하고 있는 사람들, 그리고 시청자 등이 모여 프로젝트에 대해 이야기를 나누고, 관련 통계나 자료 등도 제시한다.

Comment by 조정훈 PD ‖ 소재를 좀 더 좁혀 보면 어떨까? 이 모든 분야가 5년간 50억 원으로 변화가 생길 수 있다면 정말 행복한 세상이지 않을까? 결과물보다는 과정이 중요한 프로그램이다. 거꾸로 "50억 원이 인간을 과연 변화시킬 수 있을까?"라는 역방향에서의 접근도 의미 있을 듯하다. 가령 50억 원으로 5년간 노력하면 도시의 미관은 개선될 것인가? 라는 식 말이다. 경쟁적인 요소를 도입해 보면 어떨까? 동일한 주제에 2팀씩 선정해서, 각기 어떤 비전을 설계해서 어떤 식의 창의적인 접근법으로 주제에 다가가고 있는가? 따라서 어떻게 다른 난관에 봉착하게 되고, 문제 해결은 어떻게 해 나가는가? 궁금하지 않은가?

Comment by 홍경수 PD ‖ 사회의 다양한 문제들을 해결할 수 있는 소재들이 망라되어 있다. 문제의 폭도 넓을뿐더러, 5년이라는 기간의 의미도 충분히 살아 있다. 다만, 어떻게 흥미 있게 제시할까는 더 이야기되어야겠다. 일반 시청자들의 사례도 함께 시뮬레이션해서 보여 주면 좋겠다.

{ 50억 원의 예산과 5년간의 시간이 주어졌다.
당신은 어떤 프로그램을 만들고 싶은가?에 대한 기획안 쓰기   課題 ③ 정아란

아시안 루트

기획 의도 : 50억의 예산, 5년의 시간이라니, 평소 머릿속으로 몽글몽글 굴려 왔던 것들을 펼칠 수 있을 절호의 기회다. 세상을 향한 나의 레이더는 넓게 펼쳐지다 못해 '잡스럽다'라는 얘기를 들을 때도 있다. 하지만 그 중에서도 가장 알맹이만 고르라면 가장 큰 관심사는 변경과 그 곳에 사는 사람들에 대한 관심이

다. 나는 특히 아시아의 변경에 대한 관심을 다큐로 풀어내고 싶다.

사실 아시아는 요즘 뜨는 아이템이다. 그러나 인도, 중국, 일본, 한국 정도의 대표적인 아시아가 떠오르는 사이에 점점 변경의 그림자는 짙어져만 간다. 나는 그 가장자리의 역사를 몸소 체험한 다양한 사람들과 함께 걸으며 잊혀진 이야기를 나누어 보는 로드 다큐를 꿈꾼다. 후반 편집 과정에서 필요할 때 사료들을 동원하겠지만 되도록 역사 다큐의 색깔은 배제하고, 이들의 현재 그 자체를 생생하게 담고 싶다.

3년 정도의 여행 기간과 1년여의 편집 기간을 상정하고, 다큐 여행은 북아메리카의 인디언 보호구역에서 인디언들과 함께 출발하는 것으로 시작할 생각이다. 보호구역에서 실업과 마약과 가난에 찌들어 사는 대다수의 인디언들에게 미래는 보이지 않는다. 먼 옛날 베링 해협을 건너 아메리카 대륙으로 왔다는 이들의 조상이 건너왔을 그 길을 함께 거슬러 가는 것으로 첫 걸음을 떼고 싶다. 그리고 '나'를 찾아가는 그 길의 연장선상에서 다른 변경인들을 만나면서 변경의 삶을 찬찬히 돌아볼 것이다.

구성 : 한국에서 출발할 다큐 여행의 참가자들은 노인이나 대학생들을 가리지 않고, 열정 있고 건강한 사람을 모집할 생각이다. 단, 예술은 언어의 제약을 뛰어넘는 것이기에 화가 김점선 선생님과 소리꾼 장사익 선생님, 사진작가, 요리사와 같은 분들은 꼭 한 분씩 모시고 출발하고 싶다.

여정은 인디언 보호구역– 이누이트 거주지– 베링해협– 사할린– 아무르강 – 홋카이도– 타이완– 오키나와 – 등으로 이어질 것이다. 종착역은 정하지 않고 여행하겠다. 단순히 경관만 보자는 것이 아니다. 한 곳에 세 달 정도 머무르며 봉사 활동이나 아르바이트 등으로 그 지역민들의 일상에 참여하고 싶다. 그리고 그 곳에서 자연스레 김점선 선생님의 즉석 스케치를 주문하거나 장사익 선생님과 현지인들의 미니 콘서트를 열 것이다. 한국 음식을 소개하는 조그만 파티도 열어 현지인들을 초대해 그들의 이야기를 들어 본다. 그리고 머무르는 동안 다큐 여행에 대해 홍보를 하고, 정든 마을을 떠날 때마다 참가자를 모집할 것이다. 북극과 마주하는 이누이트인, 오늘의 일본인과는 다른 아이누들, 타이완의 말레이시아 원주민 등등. 물론 가끔은 빈손으로 떠나야 할 때도 있을 것이다. 그리고 도중에 여행을 계속하기 어려운 사람들은 원하는 경우에 돌려보내면서, 식구들이 붙었다 줄었다 하는 대장정을 계속할 것이다.

실크로드나 시베리아 대장정을 다룬 방송 프로그램은 많았어도, 북미에서 시작되는 아시안 루트를 다룬 프로그램은 아직 접하지 못했다. 내가 생각하는 다큐 여행의 가장 큰 매력은, 변경인이 또 다른 변경을 만나는 데 있다. 북아메리카 인디언이 사할린의 아이누인들을 만나고, 고려인들이 류큐의 역사를 듣는 가운데서 아시아의 진정한 뿌리를 찾는 작업이 이뤄지지 않을까.

Comment by 조정훈 PD ‖ 마음을 사로잡은 프로그램일 듯하다. 그러나 이것이 마음을 사로잡는 기획안일까? 기획안을 작성하고 프로그램으로 성사시키는 과정은 지난한 설득 커뮤니케이션 과정이다. 특히 인류학적인 접근법을 채택하는 프로그램의 경우, 주제에 대한 공부가 부족하다고 느껴진다면 백패한다. 자

신이 고민하고 있는 문제와 발상의 포인트들을 머리와 가슴 밖으로 더 분명히 꺼내 보자. 그리고 상대방의 호기심을 지배하는 기획안 구성을 만들어 보자. 승리할 확률이 급상승할 것이다.

Comment by 홍경수 PD ‖ 인류학적 소수자라는 소재를 택한 것이 흥미롭다. 게다가 아시아의 뿌리를 찾는 학구적 다큐가 아니라, 기행의 틀을 택한 것도 재미있다. 일어나는 사건을 그대로 보여 주는 리얼 다큐 형식도 재미있겠다. 다만, 5년씩이나 걸리는 이유가 설명되지 않는다. 1~2년이면 충분하지 않을까? 기획 의도 부분에 지나치게 개인적인 관심사를 강조하는 것은 설득력을 떨어뜨린다. '세상을 향한 나의 레이더는 넓게 펼쳐지다 못해 '잡스럽다'라는 얘기를 들을 때도 있다. 하지만 그 중에서도 가장 알맹이만 고르라면 가장 큰 관심사는 변경과 그 곳에 사는 사람들에 대한 관심이다. 나는 특히 아시아의 변경에 대한 관심을 다큐로 풀어내고 싶다.' 방송은 내 개인적인 것이 아니다. 비록 개인적인 것이라도 공적인 타당성을 내세워야 설득력이 있지 않을까? 즉, '아시아가 세계의 중심이 되고 있다. 이제 아시아의 문화의 뿌리에 대한 관심이 고조되고 있다.'는 식으로 말이다.

제8일 課題 總評 by 홍경수 PD

지상파 방송사에 근무하는 PD들의 특징 중 하나는 예산 문제에 둔감하다는 것이다. 본인의 예산이 아니라 회사의 예산을 가지고 제작하는 입장에서 '마른 행주 쥐어짜기'를 할 필요성을 절감하기는 어렵다. 하지만 방송에서 예산은 매우 중요한 리소스다. 투입되는 예산에 따라 프로그램의 질이 결정되고, 방송사의 입장에서는 여러 프로그램의 균형 있는 예산 배분도 중요하다. 프로그램을 만드는 과정에서 예산과 소요되는 시간이라는 변수를 염두에 둔다면, 더욱 현실적인 기획안이 생겨날 수 있다. "PD들에게 어느 정도의 예산이 좋은가?"라는 질문에는 "다다익선!"이라는 대답이 가장 많을 듯.

제9일

무엇을 더할 것인가?

종합 편집하기

자막, 음향, 음악 등을 추가하여 완성하는 종합 편집은 방송 제작의 최종 단계다. 물론 다큐멘터리의 경우에는 더빙이라는 단계를 더 거친다. 최종 단계인 만큼, 더 중요하다. 우선 편집 감독과 어떤 식으로 편집할지를 협의한다. 편집의 콘셉트를 명확히 밝히고 시작하는 것이 좋다. 그렇지 않으면 편집하는 과정에 편집 감독 등 스태프들과 의견이 달라서 편집 방향이 흔들릴 수 있다. 도중에 필요한 영상 효과나 음향 효과에 대해서 협의하고 각각의 스태프들과도 미리 논의를 하여 종합 편집을 준비한다. 함께 하는 공동 작업이기 때문에 한 명의 준비 부족이 다른 스태프들을 맥 빠지게 하는 경우가 있으므로 미리 커뮤니케이션을 잘해서 철저히 준비하는 것이 필요하다. 또한 PD는 편집 콘티를 가지고 어떤 식으로 진행할지, 또한 편집 도중에 선택의 기로에 설 경우에는 어떻게 할지 확실한 생각을 정리해야 한다. 그렇지 않으면, 편집이 질척거릴 뿐더러 일관성을 잃게 되기 때문이다.

자막 ‖ 자막은 사전 편집이 끝나고 파일로 정리해서 자막 요원에게 전달한다. 종합 편집에 들어가기 전에 자막의 위치나 글자체, 크기, 색깔, 동선 등을 확인한다. 자막 하나에 프로그램의 질이 결정되므로 꼼꼼히 신중하게 확인한다. 맞춤법, 띄어쓰기는 물론 문법적으로 비문을 쓰지는 않았는지, 경어 사용, 지명 등에도 주의를 기울인다.

음악 ‖ 프로그램에 들어가는 음악은 프로그램의 방향을 결정하는 중요한 요소이므로, PD가 꼭 확

KBS 컨버팅실의 모습

인해야 한다. 혹시 연출하면서 연상되는 음악이 있다면, 그것을 준비해 달라고 부탁해도 된다. 만약에 준비해 온 음악이 마음에 걸린다면, 미안하더라도 채택해서는 안 된다. 음악은 선곡뿐만 아니라, 어느 지점에서 시작해서 언제 끝날지 들어가는 위치를 결정하는 것도 중요하다. 편집하면서 이런 요소들도 기록해야 한다.

음향 || 음향 역시 자체의 문법을 가지고 있다. 자막의 등·퇴장이나 화면 전환시의 적절한 음향 효과의 사용은 프로그램을 빛나게 한다. 하지만 과유불급이라는 말처럼 지나친 음향 효과의 사용은 프로그램을 누더기로 만들 수 있으므로 주의한다. 진부한 효과 대신에 새롭고 창의적인 음향 효과를 생각해야 한다.

종합 편집 역시 녹화와 마찬가지로 흐름이 중요하다. 될 수 있으면 끊지 않고 한 번에 진행하는 것이 일관성 획득에 도움이 된다. 종합 편집이 끝나면 영상이 튀는 것이나, 음향이 튀는 곳을 확인해서 다시 조정한다. 보통 인서트 편집이라고 하는 과정을 통해서 하나의 프로그램이 완성된다. 종합 편집이 끝나면, 프로그램을 복사하면서 프리뷰를 해서 프로그램에 하자가 없는지 확인한다. 복사를 하는 이유는 혹시 본방송 프로그램이 분실되거나 테이프가 불량해서 방송이 어려울 경우를 대비해서다. 〈낭독의 발견〉에서 자막을 넣을 때 정확한 자막은 매우 중요하다. 국민의 교과서 운운할 정도로 엄격히 맞춤법과 띄어쓰기를 점검한다. 하지만 곤란한 상황은 출연자가 낭독을 원문과 다르게 읽을 경우다. 이럴 경우는 출연자의 낭독에 맞춰서 자막을 넣는다. 왜냐하면 원문을 살리려다 보면 출연자가 잘못 읽는 것을 드러냄으로써 이상하게 보이는 것을 막기 위해서다. 원저작자에게는 너무나 미안한 일이다. 하지만 출연자를 보호하기 위해서는 불가피한 일이다(물론 너무나도 이상한 경우는 예외이지만.). 출연자의 말버릇이나 제스처 그리고 부적절해 보일 수 있는 일체의 행동은 필터링해 주어야 한다. 그러면 출연자가 빛이 난다. 그리고 그 빛은 프로그램을 윤기 나게 한다. 시청자들은 출연자가 촬영하고 편집한 연출자에게 '보호'를 받고 있는지 '공격'을 받고 있는지 한눈에 알 수 있다. 공격받는 출연자가 예쁘게 보일 리는 없다. 편집의 마지막 원칙, "출연자를 보호하고 보호하라."

제9일 인턴 과제

01 TV 방송을 보면서 자막이 어떤 식으로 들어갔는지 확인해 보라.

02 음향 효과가 잘 된 프로그램을 찾아라. 그리고 각각의 음향이 어떤 기능을 하는지 분석해 보라.

03 음악이 잘 사용된 프로그램을 찾고, 어떤 부분이 잘되었는지 이야기하라.

04 〈무한도전〉이라는 프로그램을 보고 자막이 어떤 기능을 하는지 분석해 보라.

05 〈6시 내고향〉이라는 프로그램을 보고, 편집에서 음악의 효과가 잘 살고 있는지 살펴보라.

{ 영상의 놀라운 변신,
종합 편집 } 日記 ① 이미영

종합 편집은 '인'과 '아웃'이라는 PD님들의 끊임없는 외침(?)으로 이루어진다. 프로그램의 인트로, CG, 음악 등이 PD님들의 손과 말에 따라 일사분란하게 프로그램에 넣어지고 빠진다. 음악이나 자막이 포함되지 않은 영상 Clean Picture 이 서서히 완전한 프로그램으로 변해가는 과정은 정말로 신기하다. 같은 영상인데 음악이 들어가니 느낌이 확 달라진다거나, CG 작업을 거쳐 다양한 효과들이 화면에서 구현될 때면 마치 마술을 보는 느낌이었다. 물론 이렇게 종합 편집을 신기해하는 나의 반응에 대부분의 PD님들은 "21세기에 고작 이런 것 같고 신기해한다."며 이해 못하겠다는 눈빛을 잔뜩 보내오셨지만, PD 지망생이자 평범한 시청자인 나의 눈에는 마치 알지 못했던 미지의 세계를 들여다본 것 마냥 신기하기만 했다.

종합 편집을 하면서 또 하나 깊이 깨달았던 것은 바로 맞춤법 공부의 중요성이었다. 실제로 하루는 자막 중에 어떻게 써야 맞는 것인지 헷갈리는 단어가 있어 사전까지 찾아보며 격렬한 토의를 했던 적이 있었다. 오타는 물론이거니와 맞춤법, 띄어쓰기 등등 바른 자막을 위해서는 신경을 곤두세우고 꼼꼼하게 검토해야 할 것이 참 많았다. 덕택에 인턴 생활을 마치고 나서 한국어능력검정시험을 위해 맞춤법, 표준어 규정을 공부할 때 짜증내지 않고 즐겁게 할 수 있었다.

편집,
생명을 불어넣다

日記 ② 정아란

종합 편집은 화요일 아침, 편집 감독님의 아담한 방에서 이뤄졌다. 유리문을 열고 들어가면 늘 왼쪽에는 자막을 입히는 상은 언니가 자막 생성기 앞에서 꼼꼼하게 자막을 입력하고 있다. 오른쪽에는 박종인 편집 감독님이 커다란 컴퓨터 화면 여러 개를 열어 두고 왼쪽에 앉은 PD님과 함께 한창 편집을 의논하고 계셨다. 그 뒤에 의자 하나를 마련한 내가 주로 한 일은 오·탈자를 집어내고는 "틀렸어요!" 하고 소리치는(!) 것이었다.

편집은 죽어 있는 화면에 생명을 불어넣는 작업이라 할 수 있을 정도로 영상의 느낌을 바꾼다. 특히 〈역사스페셜〉에서는 하이라이트 등 다양한 효과들이 사용되는데, 어떤 효과를 넣느냐에 따라 그 느낌이 크게 변했다. 편집 감독님과 PD님들 사이에 소소하게 의견이 엇갈리는 부분은 여러 컷을 만들어 보고, 편집실 안의 다양한 의견들을 조합해 결론이 나곤 했다. 오른쪽 편집이 끝나면, 그 위에 자막을 입힌다. 첫 화면에 뜨는 타이틀은 시청자에게 확실한 임팩트를 주어야 하기 때문에, 그 색깔이나 글씨체, 순서 등을 놓고 많은 의견과 수정이 가해졌다. 〈역사스페셜〉은 인용이나 인터뷰가 많기 때문에 내용 자막을 입히는 것도 최대한 시청자가 신속하고 편하게 파악할 수 있도록 더욱 꼼꼼하고 정확하게 이뤄진다. PD들에 따라 그 끝나는 시간이 약간 차이는 있으나, 보통 저녁 7시에서 밤 9시 정도에는 대개 편집이 끝나곤 했다. 이제 마지막 남은 것은, 목요일 오후에 있을 더빙이다!

종합 편집의 화룡점정, 더빙 ‖ 내가 지켜본 〈역사스페셜〉 제작 과정에서 더빙처럼 신나는 일도 없었다. 방송국에 처음 구경 오는 사람들 모두 더빙을 제일 재미있어 한단다. 더빙실은 신관 지하로 내려가서 이 골목 저 골목을 돌다 보면 제일 구석에 있다. 이곳에서 화룡점정의 마법인 더빙이 이뤄지는 것이다. 약 열 평정도 되는 더빙실에 들어가면 PD, AD, 더빙 감독, 음악 감독, 효과 감독이 자리하고 있다. 그리고 그 오른쪽에 조그만 유리방 하나가 더 있다. 이 유리방에서 성우가 마이크 2개를 앞에 놓고, 귀에 꽂고, 제작진들과 교신을 하는 것이다.

〈역사스페셜〉의 전체 더빙을 맡고 계신 성우분께서는 실제 나이와는 상관없이 3,40대에서 6,70대의 목소리를 자유자재로 오가는 모습을 보여, 나는 황홀하기까지 했다. 그냥 베테랑 성우가 원고를 술술 읽는 것 같지만, 시청자들이 편안하고 정확하게 들을 수 있도록 PD는 짧게 쉬는 부분 하나라도 다 꼼꼼히 신경을 써야 한다. PD들은 성우의 훌륭한 더빙에도 더 부족한 부분이 없는지를 따져 보고, 10살만 젊게 해 주세요, 이 부분은 좀 더 천천히 읽어 주세요, 하고 끊임없이 부탁했다. PD의 주문대로 나이를 마음대로 먹었다 덜었다 하는 요술이 일어나는 곳. 이처럼 더빙을 지켜보면, 성우와 PD의 호흡도 얼마나 중요한지 몸으로 느끼게 된다.

質問 ① 김태년

자막의 양이 점점 많아지고 있습니다. 특히 오락 프로그램의 경우 1초가 멀다하고 자막이 나옵니다. 혹자는 자막 의존도가 높아지는 현상에 대해서 PD들이 치열하게 고민을 하지 않기 때문에 생긴 일이라고 비판합니다. 영상이 아닌 자막을 통해 자신의 의도를 손쉽게 전달하려는 PD들의 안일한 생각이 자막 공해를 만들었다고 합니다. 이러한 비판에 대해 어떻게 생각하세요? 자막의 과다한 사용에 대한 장단점은 어떤 게 있을까요?

홍경수 PD 答辯 ‖ 자막이 또 다른 표현 수단이 된 점은 인정해야 한다. MBC 〈무한도전〉이라는 프로그램에서 자막을 뺀다면, 재미의 양태가 달라질 것이다. 자막이 영상의 다른 차원이라고 보는 것이 정확하다 하겠다. 다만, 자막의 존재가 설명되지 않는 경우는 '공해'라고 보아도 되지 않을까 싶다. 과도한 자막은 시청자의 의식에 과잉 개입하여 역효과를 내기도 하고, TV를 보는 것이 아니라 '읽게' 만들어 피곤하게 한다. 장점은 방송 메커니즘에 대한 설명으로 시청자를 개입시키거나, 정보량을 늘리는 것 등이 있겠다.

質問 ② 이미영

요즘 〈MBC 스페셜〉을 보면 외국인 인터뷰에 단순히 자막을 넣는 것이 아니라, 성우 더빙을 합니다. 인터뷰를 더빙으로 처리할 때의 장단점은 무엇일까요?

홍경수 PD 答辯 ‖ 시청자의 주의를 흩트리지 않고 모아주느냐에 대한 판단의 차이에서 자막이냐, 더빙이냐를 선택하는 듯하다. 성우를 쓰면 청각이라는 감각의 연결이라는 측면 때문에 덜 피곤한 것이 사실이다. 하지만, 인공적인 느낌을 주는 것도 사실이다. 자막은 읽어야 한다는 점 때문에 피곤하기는 하지만, 이것이 오히려 시청자를 관여시킬 수 있고, 또한 객관적이고 점잖게 느껴질 수도 있는 것 같다는 생각이다. 시청자들이 어떻게 생각하는지 과학적인 조사가 필요한 부분이다.

제9일 — 함께 보기 좋은 추천 자료

01 **마샬 맥루한, 김진홍 역, 「미디어는 맛사지다」, 커뮤니케이션북스, 2001년** 1967년에 발표된 글이라고는 도저히 믿기 어려운, 소름끼치는 미디어 예언서다. 방송도 이 책만큼만 되면 예술이라 불러 부족함이 없을 것이다. by 홍경수 PD

02 **진중권, 「진중권의 현대미학 강의」, 아트북스, 2003년** 현대 철학가들의 이론을 통해서 예술을 설명한다. 종합 편집은 오감을 사용해야 하는 종합 예술이다. 미학적으로 어떤 선택을 해야 하는지 이 책을 통해 힌트를 얻어 보자. by 김태년

03 **아카데미, 칸 등 각종 유명 영화제에서 편집상을 탄 영화들** 영화의 컷 하나하나를 자세히 관찰, 기록하고, 컷의 배열, 음악 등에 주목해 본다면 영상과 편집을 이해하는 데에 큰 도움이 되지 않을까? by 이미영

04 **오주석, 「오주석의 한국의 미 특강」, 솔, 2007년** 종합 편집은 음식에 고명을 얹는 것처럼 섬세하고 유연한 작업이다. PD에게는 미학적인 종합적인 감각이 요구된다. 옛 그림에 대한 책이기는 해도, 뚜렷한 철학이 있는 그의 미적 감각은 PD를 비롯한 예술가들 모두에게 요구되는 것 아닐까. by 정아란

문학계에는 2~30대 미혼 여성을 위한 '여자생활백서' 류의 책들이 유행이다.
2030 미혼 여성을 위한 프로그램을 기획해 보라.에 대한 기획안 쓰기

課題 ① 김태년

바로 지금! 하지 않으면 안 될 50가지

기획 의도 : 현재 대한민국에서 사는 미혼 여성들은 사방팔방으로 압박을 받고 있다. 사회에서 성공하기 위해서는 얼굴이 예뻐야 하기 때문에 성형외과로 내몰리고, TV의 연예인들을 보고 있으면 S라인 몸매가 필수인 것처럼 보인다. 〈섹스 앤 더 시티〉를 위시한 케이블에서 방영되는 각종 오락 프로그램에서는 소위 말하는 '뉴요커 스타일'이 최고라고 말하고 있고, 거기다가 능력이 뒷받침되어야 어디를 가더라도 무시당하지 않는다. 자칫 잘못하면 '골빈 여자'로 찍히기 일쑤다. 대한민국의 2030 미혼 여성들을 이렇게 힘들게 만든 책임에서 미디어는 자유로울 수 있을까?

〈바로 지금! 하지 않으면 안 될 50가지〉는 그런 의미에서 기획되었다. 고개 숙인 2030 미혼 여성들은 〈바로 지금!〉에 나오는 여성들의 건강한 모습에서 희망을 찾고 힘을 얻을 수 있을 것이다.

제작방법 : ENG

방영시간 : 1회 60분 50부작

구성

1. 인터넷을 통해 2030 미혼 여성들에게 바로 지금 어떤 일을 하고 싶은지에 대한 설문 조사를 한다.

2. 설문 조사 결과를 토대로 50가지를 추린다.

3. 그 50가지의 일을 지금 열심히 하고 있는 건강한 여성을 찾는다.

4. 그 여성이 열심히 일하는 모습, 자기 계발을 위해 노력하는 모습 등을 6mm에 담백하게 담는다.

1회분 시놉시스 : 주제는 '나만의 영화를 만들어 보자.'이다. 지금 31살의 영미 씨는 어릴 때부터 영화감독이 꿈이었다. 하지만 이런저런 사정으로 영화를 포기할 수밖에 없었다. 우리나라에서 여성이 영화감독이 되는 것도 힘들거니와 힘겨운 연출부 생활과 쥐꼬리만한 월급을 견딜 수 없었다. 집안 사정도 안 좋아서 그만한 월급으로 생활하기는 힘겨웠다. 그래서 들어간 곳이 조그마한 중소기업의 경리였다.

벤처 거품이 빠지면서 회사 사정이 썩 좋지만은 않지만 열심히 일해서 지금은 대리를 달았다. 월급도 꾸준히 올라서 이제는 조금이긴 하지만 월 20만 원정도의 여윳돈도 생긴다. 중소기업에서 열심히 일하면서도 영미 씨는 자신의 꿈을 포기할 수 없었다. 최근 매달 조금씩 모은 여윳돈으로 HD급 캠코더를 장만했다. 그리고 퇴근 후에 조금씩 써 가던 시나리오도 완성이 되었다.

이제 주말을 이용해 친구들과 함께 자신만의 영화를 찍을 예정이다. 지금 영미 씨는 자신의 영화를 완성할 생각에 고단한 회사 생활도 잊은 채 하루하루가 즐겁다.

Comment by 홍경수 PD ‖ 여성 시청자들은 드라마만 본다는 것이 방송사의 기본적인 시각인 듯하다. 2030 여성 자신의 정체성을 확인할 수 있는 좋은 기획이다. '바로 지금 하지 않으면 안 될'이라고 한 자극적인 제목이 좋다. 평범한 제목보다는 시선을 끌고 절박감을 강조하는 제목이 먹히는 세상이라는 점도 무시할 수만은 없구나. 누가 출연하면 좋을까?

{ 문학계에는 2~30대 미혼 여성을 위한 '여자생활백서'류의 책들이 유행이다.
2030 미혼 여성을 위한 프로그램을 기획해 보라.에 대한 기획안 쓰기 課題 ② 이미영

'여자친구' – 동미와 나난 이야기

프로그램 장르 : 휴먼 다큐

기획 의도 : 20, 30대 미혼 여성에 대한 거의 최초의 진지한 접근을 보였던 영화 〈싱글즈〉. 영화는 2,30대 여성의 일과 사랑에 대해 솔직하면서도 재미나게 전달했다. 하지만 영화에서 무엇보다 인상 깊었던 것은 동미와 나난의 '우정'이다. 그동안 사회적으로 '여자 친구' 이야기는 거의 존재하지 않았다고 해도 과언이 아니다. '친구'라는 제목을 들고 나온 영화는 온통 남자들의 이야기뿐이고, 심지어 노인 부부까지 친구로 등장시키는 조PD의 '친구여' 뮤직 비디오에도 여자 친구들은 등장하지 않는다. '여자의 적은 여자'라는 말처럼 언제나 한 남자를 두고 '싸우는' 존재로 상정되거나, 혹은 만나면 커피숍에서 수다 떨고, 쇼핑하는 재미밖에 모르는 존재로 그려지는 여자 친구들. 이제 그들의 '있는 그대로의 삶'에 주목한다.

구성 및 내용 : 휴먼 다큐 형식. 다양한 여자 친구들의 이야기를 조명한다. 하지만 기존의 공중파 '여성' 특집 프로그램과 달리 '일상을 사는' 여자 친구들의 삶에 주목한다. 기존의 공중파 여성특집 프로그램은 주로 군인, 경찰 등 금녀의 영역에 진출한 여성이나, 혹은 성공한 여성들의 이야기를 보여 주었다. 특히 올해 '여성의 힘, 희망 한국'이라는 슬로건을 내걸고 진행되고 있는 MBC의 캠페인은 이러한 성향을 잘 보여 준다. 하지만 '삼순이'의 성공에서도 볼 수 있듯이 20, 30대 여성이 꿈꾸는 것은 그렇게 특출 나게 '성공'한

삶이라기보다는, 평범하지만 그 안에서 나름대로 꿈을 키우며 열심히 살아가는 것이다. 평범해 보이지만 결코 평범하지 않은 '여자친구'들. 그들에 주목한다. 가끔은 싸우기도 하고, 가끔은 서로 미워하기도 하고, 그러나 다시 화해하고 서로의 꿈을 향해 달려가는 친구들의 있는 그대로의 모습에 주목한다.

출연자 : 예) 정신, 나난, 사이다 – 화가, 사진작가, 수필가로 함께 창작 활동을 하는 친구들. 그들의 동거 이야기. 대학교 졸업반. 인생의 목표를 찾기 위해, 세상을 구경하기 위해 가방 하나 짊어지고 세계 일주를 떠난 친구 이야기. 항상 남들이 말리는 연애를 하고 상처받는 친구와 그런 친구를 이해하지 못하는 친구의 이야기. 결혼 대신 여자 친구와의 동거를 선택한 30대 여성 이야기. 친구 같은 모녀 이야기. 혹은 친구처럼 지내는 사제이야기. 30년 넘게 우정을 유지해 온 50대 여자 친구 이야기.

기타 : 프로그램의 마지막은 서로에게 보내는 메시지로 정리하고, 프로그램의 내레이션은 프로그램에 등장하는 친구가 직접 말하는 방식으로 한다. 또한 프로그램 중간 중간에 일러스트나 아기자기한 자막 등을 적절히 넣는다.

Comment by 홍경수 PD ‖ **즐거움** : 삶을 들여다보는 즐거움을 줄 것 같다.

구체성 : 〈가요 무대〉를 기획했던 PD는 김동건 아나운서를 섭외할 때, 1회부터 100회까지의 주제를 만들어서 보여 주었다고 한다. 거절하는 김동건 아나운서에게 한 회만 맡아 달라고 해서 섭외를 했다 한다. 1회부터 5회 정도의 출연 예정자를 생각해 보면 어떨까? 구체적이지 않을까?

문학계에는 2~30대 미혼 여성을 위한 '여자생활백서' 류의 책들이 유행이다.
2030 미혼 여성을 위한 프로그램을 기획해 보라.에 대한 기획안 쓰기

課題 ③ 정아란

그녀, 다시 날다

기획 의도 : 한 선배 언니는 31살이지만, 결혼도 않고 열심히 달린 탓에 인정받는 회사 과장이다. 그런데 요즘 이직 혹은 통번역 대학원 입학 등의 길을 두고 고민한다 했다. 이처럼 2030 미혼 여성 중에서 배터리 족의 수가 늘고 있다. '배터리 족'이란 자발적으로 회사를 그만두고 자신을 재충전, 재개발하려는 사람들을 일컫는 말이다. 열심히 달려온 20대 후반에서 30대 중반 여성들이 더 높은 곳으로 뛰고자 사표를 내는 것이다. 갈수록 경력직을 우대하는 기업 분위기, 점점 경쟁이 치열해지는 사회 분위기 속에서 배터리 족은 더 늘어날 것이다. 하지만 무조건 사표만 내고 준비가 없다면 청년 실업 30만에 입 하나를 보태는 일이다. 회사를 박차고 나온 2030 여성들, 어떻게 하면 성공적으로 재충전할 수 있을지, 함께 고민하고 도와주는 체험 프로그램을 기획한다.

편성 : 금요일 밤 11시~11시 50분

구성 : 배터리 족을 꿈꾸는 다양한 분야의 여성들로부터 재충전 계획서를 접수한다. 헤드헌터/ 시청자와 함께 계획서를 평가, 모두 다른 분야의 10명의 배터리 족을 선정한다. 그리고 계획서를 토대로 열 명의 일 년 치 계획을 잡는다. 재테크, 건강, 외국어 공부, 자격증 등 다양한 방면에서 계획을 짜고, 이러한 꿈들의 시행착오를 보여 준다. 그와 함께 연애사, 결혼 압력 등 미혼 여성들의 고민들을 솔직하게 부각시켜 시청자들의 공감을 이끌어낸다.

진행자 : 박진희 – 박진희는 바쁜 연예인 생활에도 불구하고 행정대학원 사회복지학과에 입학하여 또 다른 삶도 열심히 준비하고 있다. 그리고 지난여름 종영한 드라마에서 세련된 외모와 털털한 성격을 잘 소화해 낸 덕분에 박진희에 대한 여성들의 호감도가 적지 않다.

Comment by 조정훈 PD ‖ 재충전이 사회상의 변화와 연관될 수 있다면 그렇게 부정적인 면만 갖고 있는 것도 아닌 것 같다. 사회의 변화가 끊임없는 재충전과 자기 계발, 자신의 분야를 과감하게 벗어나 새로운 영역에 도전할 것을 요구하는 '노마드적 자아'를 요구하고 있다면 말이다. 어쨌든 부럽다. 우리 모두 한 번씩은 꿈꿔보지 않나? 충전기 속에 쏙 몸이 빨려 들어가 원기 회복하는 그 꿈을.

Comment by 홍경수 PD ‖ 프로그램의 효용에 대해서 다시 생각하지 않을 수 없다는 생각이 든다. 〈그녀, 다시 날다〉. 열심히 사는 여성들에게 배터리 같은 전을 하자는 것이 콘셉트인데, 청년 실업이 큰 문제인 현실을 고려할 때, 배터리 족에 대한 프로그램이 얼마나 보편적인 타당성을 가질 수 있는지 의문이 든다. 좀 더 예민하게 말하자면, 약간 배부른 것 아니냐는 비난을 받을 소지도 없지 않다. 따라서 실제 프로그램에 출연한 출연자가 갖게 되는 극적인 감정은 그다지 크지 않을 것이고("야, 쉬니까 다시 일해야겠다는 생각이 든다. 열심히 살자." 정도의 다짐), 실업 상태에게 직업을 갖게 되는 감정의 크기("너무너무 감사합니다. 몸이 부서져라 뛰겠습니다."라는 감동)와는 큰 차이가 있을 듯하다. 프로그램을 통해서 실질적인 효용도 생각해야 하고, 프로그램을 통해서 얻을 수 있는 감정의 줄기나 흐름의 크기도 생각해야 할 듯하다. 제목도 좀 더 눈에 띄는 것으로 하면 어떨까? 박진희를 캐스팅하려 하는 것은 좋은 아이디어다. 프로그램이 왠지 잘 될 것 같은 예감이 강하게 든다. 이런 적절한 출연자는 몇 명 정도 예비로 가지고 있는 것이 좋을 듯하다.

지상파를 떠나는 20~30세대를 잡기 위한 방송의 노력은 치열하다. 광고 시장의 주 타깃층 역시 20~30세대이기 때문이다. 이런 광고적 요소가 아니더라도 인터넷 등 다른 디지털 미디어에 빼앗기는 수용자를 잡아 두기 위해서라도 수용자 지향적인 프로그램은 필수적이다. 많은 잡지들이 유가로 팔리고 있다. 방송 시청은 저렴하다. 돈을 내서 보는 잡지를 방송에서 구현한다면, 어떨까? 방송 프로그램이 매거진화 되는 이유를 설명할 수 있다. 하지만 문제는 방송이 잡지의 내공을 따라가지 못한다는 것이다. 한 달에 한번 나오는 콘텐츠와 매주 만들어지는 콘텐츠가 같을 수 없다. 미디어가 다른 미디어를 닮고자 하는 재매개^{remediation} 과정은 흥미롭다.

조연출이 만드는 첫번째 작품

예고 제작하기

종합 편집 때 함께 준비하는 것이 예고 프로그램이다. 조연출의 가장 큰 임무중의 하나가 예고 제작이다. 본방송을 만들기 전에 연습하는 제작이라 생각하고 열심히 만들어 보자. 이제까지 본 예고 프로그램 중 가장 기억에 남는 것은 무엇인가? 그리고 무엇이 이 예고를 기억나게 하는지 곰곰이 생각해 보라. 강렬한 무언가 즉, 하나만 기억에 남는다. 따라서 예고에서도 하나를 전달하는 데에 초점을 맞춰야 한다. 그 하나는 프로그램을 꼭 보고 싶게 만드는 무엇이고(직접 효과), 프로그램에 대한 좋은 인상일 수도 있다(간접 효과). 중요한 것은 사람들 입에 올라야 한다는 것이다. 자, 아주 간단한 예고를 만들어 보자. 당신이 식당을 차렸다. 푸근하고 따뜻한 상차림으로 사람들의 헛헛한 마음을 채워줄 음식을 팔고자 한다. TV로 홍보 CF(예고)를 만들어 보아라. 어떤 점을 콘셉트로 할지 생각해 보라.

우선, 음식의 질을 이야기할 수 있다. '청정 재료로 만든 유기농 식단' 또한 만약에 값이 저렴하다면 '착한 가격에 모신다'는 콘셉트를 잡을 수 있다. 맛으로 승부한다면 '최고의 맛 고수들이 인정한 궁극의 맛'으로, 숙련된 종업원들의 친절을 이야기하고자 한다면 '최상의 서비스로 만남의 품격을 드린다'고 홍보할 수 있을 것이다.

방송 프로그램을 예로 들어보자. 우선 방송에 출연한 호화 출연자를 언급함으로써, 시청자의 주의를 끌 수 있다. 또한 녹화 내용 중 재미있는 부분을 모은 하이라이트로 관심을 끌기도 한다. 드라마라면 극적인 장면과 호기심을 불러일으킬 내용을, 다큐멘터리라면 프로그램 내용을 풀어서 내러티브를

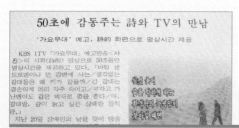

시청자의 가슴을 설레게 하는 예고, 시청자의 이성을 마비시키는 강력한 예고를 만들고 싶다.

보여 준다.

예고 프로그램은 CF와 마찬가지로 정보 전달형, 감동 전달형, 웃음 전달형, 복합형으로 분류될 수 있다. 디지털 시대에는 조화의 미학보다는 충돌의 미학, 충격의 미학이 더 두드러지기 때문에 포스트모던한 형식의 예고 프로그램이 더 시의에 적합할지도 모른다. 하지만 TV의 보수적 성격 때문에 아직까지는 전통적인 방법이 선호되는 듯하다.

예고 프로그램은 CF로 환산한다면 CF 3~4개를 방송하는 시간이기 때문에 꽤 큰 금액의 투자인 셈이기도 하다(CF는 시급에 따라 15초에 100만원에서 천만 원을 호가하기도 한다.). 많은 PD들의 증언에 의하면, 예고 프로그램을 잘 만드는 사람들은 나중에 좋은 프로그램을 만들 개연성이 높다고 한다. 물론 반대의 경우가 꼭 들어맞지는 않는다. 예고 프로그램을 하나의 짧은 프로그램으로 본다면 '작은 것에 충실한 사람이 큰일도 잘할 수 있다'는 격언을 적용할 수 있다. 예고를 잘 만든다고 좋은 PD가 되는 것은 아니지만, 좋은 AD가 되는 지름길임에는 틀림없다. 선배들의 사랑을 받는 좋은 AD는 좋은 PD가 될 확률이 높은 것 또한 사실이다. 예고 프로그램을 잘 만들어 보자. 본방송의 시청률이 예고에 달려 있다는 것도 무시할 수 없다(이 또한 정적 상관관계가 입증되지는 않았지만.). 예고가 잘 만들어지면, 우리도 기다렸다가 프로그램을 보고 싶지 않은가?

어릴 때, 〈타잔〉이라는 프로그램을 손꼽아 기다렸다. 예고는 아니지만, 곧 방송한다는 고지가 나오면 화장실에 달려가 부리나케 돌아왔다. 혹시 그 동안에 프로그램 앞부분을 놓칠까봐서다. 시청자의 가슴을 설레게 하는 예고, 시청자의 이성을 마비시키는 강력한 예고, 예고를 보고 '도대체 이 프로그램은 어떤 사람이 만드는 거야?' 라며 본방송을 보고 그것도 모자라 홈페이지에 들어와 글을 남기게 하는 예고, 그러한 예고를 만들고 싶다.

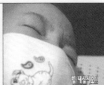

고단하고 막막한 하루…
그래도 희망의 끈을 놓지 않는 것은
바로 당신이 사는 모습 때문입니다
힘 내십시오!
당신은 우리의 거울입니다

사랑의 리퀘스트

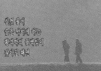

당신 두고 나 혼자만 달려온 내 자신이
야속해 울고 싶었습니다 (중략) 곁에 당신이
있다는 것만으로 힘이 된다는 것을
몰랐던 내가 미워서 울고 싶습니다 (중략)
해맑아진 얼굴로 당신 앞에 다시 서고
싶습니다. 사랑하는 당신앞에

가요무대

언젠가 나의 창문을 두드린 사람이
있었습니다
오늘밤 당신의 창문을 두드리고 싶습니다
주주클럽이 오늘밤 당신의 창문을
두드립니다

이소라의 프로포즈

이 예고는 가요무대 예고입니다
가요무대는 월요일에만 방송됩니다
하늘 천 따지~ 날일 달월(月)
월요일의 활력!
피로회복엔 역시 달나라표 가요무대
약국엔 없습니다

가요무대

설움보다 큰 설움 아픔보다 큰 아픔
형제여! 북녘형제들이 굶고 있단다
세상 원망하며 굶고 있단다 (중략)
그개는 북한 동포돕기 국제금식의 날
가벼워진 여러분을 사랑합니다
이제 북녁형제와 함께 보고싶습니다

가요무대

첫눈이 내렸습니다 그리고 20년
20년을 기다려 온 사람을 만났습니다
그는 고개를 들지 못했고
나도 하루종일 쑥스러웠습니다
그리고 잊을 수 없는 얼굴들…
눈오는 날에 있었던 일입니다

캠퍼스 최강전

다양한 방식의 예고편들

01 이제까지 본 예고 중에 가장 좋다고 생각하는 예고를 세 개를 뽑아라.(드라마, 쇼·오락, 교양) 그리고 이것이 좋은 이유는 무엇인지 서술하라.

02 인터넷을 통해서 UCC 중 잘된 예고로 볼 수 있는 샘플들을 수집하라.

03 최근에 방송된 〈KBS 스페셜〉 한 편을 고르고 본 내용을 바탕으로 예고를 제작하라.

04 6mm 카메라 한 대를 가지고 거리에 나가서, 이 시에 걸맞은 영상을 찍고 편집해 보라.

　　　아버지의 런닝구

　　　　　　　　안도현

　　　황달 걸린 것처럼 누런 런닝구

　　　대야에 양잿물 넣고 연탄불로 푹푹 삶던 런닝구

　　　빨랫줄에 널려서는 펄럭이는 소리도 나지 않던 런닝구

　　　白旗 들고 항복하는 자세로 걸려 있던 런닝구

　　　어린 막내아들이 입으면 그 끝이 무릎에 닿던 런닝구

　　　아침부터 저녁까지 지게를 많이 져서 등판부터 구멍이 숭숭 나 있던 런닝구

　　　너덜너덜 살이 해지면 쓸쓸해져서 걸레로 질컥거리던 런닝구

　　　얼굴이 거무스름하게 변해서 방바닥에 축 늘어져 눕던 런닝구

　　　마흔 일곱 살까지 입은 뒤에 다시는 입지 않는 런닝구

05 다음은 〈KBS 스페셜〉에서 2006 연말특집으로 방송한 〈선물〉이라는 프로그램의 기획안이다. 이 프로그램의 예고를 만들어 보고, 이것을 실제 방송된 예고와 비교해 보라.

방송 일시 : 2006년 12월 23일 (토) 저녁 8시, KBS 1TV
내레이터 : 정세진 아나운서
연출 : 조정훈
글, 구성 : 조정화

■ '선물'이라는 창을 통해 돌아본 2006년
올 한 해, 행복하셨습니까? 무엇이 당신을 행복하게 했습니까?
누구 덕분에 당신은 아픔을 견딜 수 있었습니까?
KBS 스페셜은 시청자들의 이야기를 들어 보았습니다.
그들이 꼽은 '최고의 선물'은 무엇일까요.
한국 사회의 다양한 층위들을 장식한 '2006 행복의 명장면'들이 펼쳐집니다.

■ 우리가 기억해야 할 2006년 우리 사회 최고의 선물들
 – 하인즈 워드라는 아이콘이 등장했던 연초,
   쉼을 바라보는 디바 인순이의 진심을 엿볼 수 있었던 라디오 생방송 현장.
 – 라이트급 한국 타이틀전에서 격돌한 두 청년 전사의 이야기,
   무엇이 그들의 꿈을 포기하지 않게 하는가.
 – 정년을 한 달 앞둔 선배를 떠나보내야 했던 부산의 조그만 소방파출소.
   그들이 이야기한 11월의 기억과 떠난 그 사람이 남긴 선물.
 – 20년 전 전북 군산의 화이트 크리스마스
   그날 밤 5남매에겐 어떤 산타가 다녀갔을까.
 – 무뚝뚝한 부산 사나이 도송록의 마음을 녹인 그녀
   지구별로 여행 온 그녀의 미소.
 – 파킨슨병과 싸우는 한 어머니
   고통 속의 그녀를 또 살게 한 하얀 제복의 청년.

06 〈생로병사의 비밀〉이라는 프로그램에서 땀이라는 소재를 가지고 프로그램을 만들었다. 예고 프로그
램에서는 다양한 땀의 모습을 보여 주는 감성적 접근을 하고자 한다. 관련 영상 취재 계획을 짜 보라
(어디서 어떤 장면을 어떤 식으로 찍을 것인지에 대한 계획.).

{ 40초의 예술,
예고 제작 } 日記 ① 김태년

PD는 솔직히 말해서 기술자는 아니다. 촬영, 편집, CG 등 전문 기술이 필요한 분야는 전문가의 도움을 받게 된다. 물론 이런 분야에 대한 기술적인 지식을 PD가 가지고 있어야 제작 과정이 원활하게 흘러간다. 실제로 기술을 부리지는 않기 때문에 기술자가 아니라는 것이다. 하지만 PD가 직접 여러 가지 버튼을 누르고 레버를 돌리며 기계와 싸움을 해야 하는 분야가 있으니, 바로 '편집'이다. PD는 컴퓨터를 수월하게 다루지 못해도 편집기에는 도사가 되어야 한다.

인턴십을 하면서 처음 접해 본 기계가 편집기였다. FD와 함께 KBS 자료실에 〈낭독의 발견〉 주요 장면을 담으러 간 적이 있다. 그곳에서 편집기 사용 방법에 대해 대강 배울 수 있었다. 편집기를 이용한 편집을 흔히 '컷 편집'이라고 하는데, 영상을 컷 단위로 붙이는 작업이라서 그렇게 부른다고 한다. 컷을 붙인 다음에 여러 가지 화면 전환 효과와 자막, 사운드 믹싱 등이 이루어진다.

편집기 사용 방법을 배우고 처음 했던 작업이 〈낭독의 발견〉 예고 제작 연습이었다. 예고 제작은 우선 짧은 영상이고, 참신한 구성이 중요하며, 본방송만큼의 정신적 부담이 없을 거라 생각했다. 하지만 그것은 나의 오해였다.

〈낭독의 발견〉 예고는 40~50초 정도의 분량으로 구성된다. 본방송 시간인 20분보다 상당히 짧기 때문에 금방 만들 것이라고 생각했다. 하지만 40~50초 분량의 짧은 영상을 구성하기 위해서는 먼저 60분이 넘는 녹화 테이프를 수십 번 돌려 봐야 한다. 그래야만 어떤 콘셉트로 예고를 구성할지가 떠오른다. 구성을 떠올리는 데도 한참이 걸렸지만 문제는 그 다음이었다.

내가 떠올린 구성을 가지고 먼저 FD와 대화를 나눴다. 나는 예고가 시청자들의 주목을 끌고 흥미로워야 한다는 생각에 재밌는 대화와 웃음소리, 제스처 등이 많이 들어간 예고 구성을 제안했다. 하지만 가장 중요한 점을 간과했다는 것을 깨닫게 되었다. 〈낭독의 발견〉을 처음 접한 시청자들에게 어떤 프로그램인지에 대한 설명이 들어가야 한다. 〈낭독의 발견〉에 대한 요약도 들어가야 한다. 그런 바탕 위에 흥미와 재미를 덧씌워야 하는 것이었다. 〈낭독의 발견〉 예고의 목표는 시청자들에게 프로그램의 성격에 대해 알리고, 어떤 사람이 출연하는 지에 대한 정보를 제공하는 데 있었다. 예고를 단순히 흥밋거리로 생각했던 내 자신이 많이 부끄러웠다.

구성을 잡으면 다음으로 영상을 짧은 시간에 압축해야 한다. 이 짧은 시간에는 프로그램의 성격도 들어 있어야 하고, 출연자에 대한 정보(연예인 출연자의 경우는 시청자들에게 영상만 보여 주어도 가능하지만, 문인이나 예술가 같은 사람의 경우 자막까지 써 가면서 이 사람에 대한 정보를 제공하는 것이 필요하다.)를 바탕으로 시청자들의 흥미를 끌 수 있는 요소를 넣어야 한다. 예고를 만들다 보면 시간을 초과하는 경우가 다반사이다. 그렇기 때문에 어떤 부분을 살리고 어떤 부분을 버려야 할지에 대한 결정을 거의 본능에 의지하는 경우도 많았다.

영상이 완성되면 자막을 작성해야 한다. 사실 이 부분에서 어떤 내용을 넣어야 하는지 감 잡기가 힘들어서 작가에게 부탁해 전에 했던 예고 자막들을 살펴보았다. 내가 감히 범접할 수 없을 만한 주옥 같은 말들이 많았다. 〈낭독의 발견〉 예고 콘셉트에 완벽히 부합하면서도 기막힌 미사여구들이 펼쳐져 있었던 것이다. 여기에 힌트를 얻어 자막 내용을 거칠게 써 나갔다.

예고는 본방송에 비해 영상 효과가 많이 들어가기 마련이다. 화면 전환 효과도 독특하고 자막의 양도 많다. 우선은 시청자의 눈을 잡아두기 위함이다. 본방송을 짧게 요약하다보니 생긴 것일 수도 있지만 스피디한 편집과 감각적인 음악의 사용은 예고에서 눈을 뗄 수 없게 만든다. 그래서 후반 컴퓨터 작업에 공을 들여야 한다. 자신이 생각한 효과를 전문가에게 확실히 설명하고 완성도 높은 영상을 얻어 내야 한다.

예고를 제작해 보고 많은 것을 배웠다. 무엇보다도 예고를 구성하기 전에 예고를 통해 어떤 사실을 시청자에게 전달해야 하는지를 먼저 확립해야 한다는 사실이 가슴에 남는다. 단순히 몸으로 부딪히는 것보다 이 예고를 통해 어떤 것을 시청자에게 전달할 것인지, 방송 내용인지, 시간 변경인지, 출연자 교체 정보인지, 특집 방송 홍보인지에 대한 확실한 목표를 정해야 한다. 그 이후 표현 방법에 대해 고민해야 한다.

모든 기본적인 콘셉트에 충실할 자신이 있다면 그 다음에 '파격'을 행할 수 있는 자유를 얻게 된다. 아직 그런 경지에 오르지 못해 신선한 예고를 만들 기회가 없어서 너무나도 안타까웠다.

問答

{ 프로그램의 성격에 따라 예고의 형태도 각양각색인데요, 드라마, 쇼, 오락, 시사, 교양, 스포츠 등 각 프로그램 PD들이 예고를 만들 때 중점을 두는 부분도 다를 것 같습니다. } **質問** ① 김태년

홍경수 PD 答辯 ‖ 드라마 : 극적인 장면을 모아서 보여 준다. 사극의 경우 스펙터클로 시작해서 스펙터클로 끝내는 경우가 많다.

쇼 : 출연자의 열창하는 모습을 모아서 보여 준다.

오락 : 재미난 순간을 모아서 보여 준다. 자막만으로 궁금증을 불러일으키는 문장을 써서 호기심을 고조시킨다. 패러디 기법을 많이 사용하기도 한다.

시사 : 시청자의 흥미와 공분을 불러일으킬 현장의 생생한 영상을 보여 준다. 시위 현장, 급습 현장, 앰뷸런스 모습 등

교양 : 비교적 차분한 모습들. 내용 하이라이트가 대부분이다.

스포츠 : 극적 장면 모음, 의외로 기발한 표현을 많이 사용한다.

{ 프로그램과 프로그램 사이에 채널이 마구 바뀌는 다매체, 다채널 시대에 예고는 어떤 식으로 사람들의 주목을 끌 수 있을까요? 요즘은 드라마 외에도 프로그램 뒷부분에 다음 회 예고를 하는 경우가 많은데, 이것도 시청자들로 하여금 예고를 보게 하기 위한 방편인가요? } **質問** ② 이미영

홍경수 PD 答辯 ‖ 예고가 더욱 강력하거나 빈번하게 보여야 할 것 같다. 노출 빈도를 높이는

것은 실질적으로 어려우니, 독특하고 강력한 예고를 만드는 데 힘써야 할 듯. 드라마가 끝나면 그대로 다음 주 예고 프로그램이 시청자를 이어받으므로 효과가 무척 크다 하겠다.

요즘 재미있는 예고편을 보고 기대에 들떴다가 막상 TV를 보고 나면 실망하는 경우가 종종 있습니다. 그럴 때면 예고편이 감각적인 영상이나 편집에만 의존해 포장에만 신경 쓴다는 생각도 듭니다. 예고편을 만들 때 무엇이 가장 중요한 고려 요소인지 궁금합니다.

質問 ③ 정아란

홍경수 PD 答辯 ‖ 상품 광고도 마찬가지라 생각하는데, 좋은 광고는 많이 물건을 파는 광고라고 한다. 시청자를 많이 끌어 모으는 것이 가장 중요한 요소라고 생각한다. 그런 과정에서 사실의 왜곡이나 허위 정보의 제공은 있어서는 안 되지만, 왜 예고가 이런 비난을 받으면서도 감각적인 영상이나 편집에 기대는지 생각해 보자.

제10일 함께 보기 좋은 추천 자료

01 이희인, 『사진, 광고에서 아이디어를 훔치다』, 디지털북스, 2006년 광고에서 새로운 아이디어를 얻고자 하는 예비 사진작가들을 위한 책으로 외국의 잘된 광고를 모아 놓았다. 어떤 점이 좋은 광고 혹은 예고를 만드는지 느껴 보자. by 홍경수 PD

02 **인터넷에 떠도는 UCC 동영상들** 오프라인 매체에 비해 온라인 매체의 호흡은 짧다. 그렇기 때문에 인터넷에 떠도는 UCC 동영상들은 30초 안에 시선을 끌기 위해 어떠한 짓도 서슴지 않는다. 프로그램 예고와 닮았다고 생각한 사람은 나뿐인가? by 김태년

03 www.tvcf.co.kr 심심할 때 이 주소로 클릭해 보자. 내가 좋아하는 광고를 하나 건져서 왜 좋은지 생각해 보자. by 정아란

04 『광고정보』 방송광고공사에서 펴내는 광고 월간지다. 광고와 트렌드에 대한 감을 잡을 수 있다. by 정아란

{ 방송 3사의 월드컵 방송 캐치프레이즈를 비교 분석하라.에 대한 글쓰기

1위와 2, 3위의 차이

課題 ① 김태년

칫솔 위로 하늘색 치약이 듬뿍 짜지는 모습. 그리고 흐르는 로고송 '페리오 치약'. 80~90년대 흔히 봐 왔던 페리오 치약의 TV 광고 장면이다. 다른 치약 광고가 성능과 효과를 강조한 데 반해 페리오 치약은 사용 행태를 보여 줬다. 시장 점유율 1위인 페리오 치약은 시장의 파이를 키움으로써 자사의 치약 판매량이 높아질 것이라 예상했다. 그래서 치약을 듬뿍 칫솔에 바르는 이미지를 광고에 사용하였다. 이는 다른 제품 광고에도 적용되어 샴푸, 로션 등의 광고에 사용되었다.

MBC는 2002년 한일 월드컵 시청률 1위를 발판 삼아 2006 독일 월드컵에도 자신감을 보였다. 안정된 김성주 캐스터와 차범근 해설 위원에 차두리 선수가 합세했다. 차두리를 통해 젊은 층도 잡아 보자는 의도였다.

MBC는 자신감을 바탕으로 캐치프레이즈도 월드컵의 파이를 키우는 쪽으로 정해 '2006 가자! 독일로'를 사용했다. 반면, KBS와 SBS는 시청자들을 자신의 채널로 끌어들이는 전략을 택했다. 'KBS와 함께하는 2006 독일 월드컵', '월드컵은 SBS' 2·3위의 치약 회사가 자사 제품의 우수성을 강조한 것과 같은 전략이다.

MBC는 마케팅 측면에서도 자사 이미지를 강조하기보다 축구의 페어플레이 정신을 강조했다. '차범근 다큐, 차차 부자와 베켄바워의 만남, 펠레와 아데바요르 인터뷰, 찰스 토고 가다' 등 축구에 대한 열기를 고조시키고 페어플레이를 강조하는 프로그램을 방송했다.

반면, KBS와 SBS는 자사 이미지와 월드컵을 연계시키기 위한 노력을 했다. KBS는 올해 계속 진행 중인 '젊은 채널'이라는 Station ID를 월드컵에 접합시켜 '월드컵생활백서' 시리즈를 방송했다. SBS는 자사의 스타들을 이용한 스팟 광고와 히딩크의 인터뷰를 통해 SBS라는 이미지를 강조했다.

2·3위권 치약 회사들이 페리오 치약 광고를 통해 커진 시장에서 거의 이득을 얻지 못한 것처럼 2006 독일 월드컵의 시청률 격차는 더욱 벌어졌다. 이후 월드컵 열기를 이어가기 위해 개최된 이벤트들도 결국 1위 MBC의 점유율만 키워 준 꼴이 되고 말았다.

각 방송사들은 독일 월드컵에서 차별화보다는 물량 공세를 택했다. '찰스 토고 가다'같은 획기적인 기획은 되려 1위 MBC에서 나왔다. 2·3위 방송사의 보다 획기적인 차별화된 콘텐츠가 필요하다. 월드컵의 파이를 키우기보다는 '페어플레이 정신' 등과 같은 긍정적인 이미지의 포지셔닝도 고려해 볼만 하다. '정정당당 월드컵', '월드컵을 내 품에', '세계인과 함께하는 월드컵' 등 밝고 감성적인 캐치프레이즈는 얼마든지 있다.

제10일 課題 總評 by 홍경수 PD

월드컵 방송이 나가고 방송사 사이에 희비가 엇갈렸다. 왜 동일한 내용이 채널이 달라짐에 따라 다른 콘텐츠가 되고 시청자의 선택에서 엇갈리는지? 해설자의 차이도 있고, 영상, 음향의 차이, 화질이나 색깔의 차이까지 논란이 되었다. 하지만 더 중요한 것은 월드컵이라는 대형 프로젝트를 종합적으로 전략적으로 접근했느냐, 그렇지 않냐 라는 차이인 듯하다. 방송 편성에도 종합적인 전략이 필요한 시대가 되었다.

課題 ② 김태년

다시 찾은 희망 – 그들은 왜 농어촌을 찾는가?

기획 의도 : 〈짐멜의 모더니티 읽기〉라는 책에서 게오르그 짐멜은 사람들이 경제적으로 표현할 수 없는 사물들의 특수한 의미를 점점 더 빠르게 지나쳐 버린다고 말했다. 삶의 핵심과 의미는 우리의 손아귀를 벗어나고, 확실한 만족은 점점 둔감하게 되며 어떠한 노력과 행위도 실제로는 아무런 보람도 가져다주지 않는다는 느낌을 사람들이 점점 강하게 느끼기 시작했다고 한다. 농어촌에 대한 무관심의 해결 방법도 여기서 찾아야 되지 않을까.

세상은 점점 더 즉물적으로 변해가고 사람들은 자본의 소용돌이 안에서 잡히지 않는 만족을 향해 옆을 볼 틈도 없이 돌진하고 또 돌진한다. 여기서 중요한 것은 주변을 둘러볼 여유조차 없다는 것이다. 주변에 수만 가지 다른 삶의 방식이 존재하는 데도 그것을 볼 틈이 없다. 다른 어떤 삶들이 존재하는지 보여 주고 싶어서 이 프로그램을 기획했다.

농어촌을 정말로 살리고 싶다면 사람들의 이런 욕구불만을 농어촌이 해결해 줄 수 있다는 관점에서 접근해야 할 것이다. 여유를 갖지 못한 사람들에게 농어촌의 따스한 모습만 힐끗 보여 주어도 어떤 해답을 찾아 떠날 수 있는 용기를 북돋을 수 있을 것이다.

도시 생활에 지친 사람들이 다시 찾는 농어촌 만들기는 도시에서 살다가 농촌에 와서야 비로소 풍요롭게 살게 된 사람들을 보여 줌으로써 가능할 것이다. 사업에 실패하고, 정리 해고를 당해 막다른 골목에 다다른 사람들이 할 수 없이 농어촌을 택해 성공한 이야기에서부터 지루한 도시 생활에 염증을 느껴 농어촌으로 탈출해 풍요로운 삶을 사는 사람들의 이야기까지 휴먼 다큐의 형식으로 카메라에 담을 것이다.

제작방법 : ENG

방영시간 : 1회 60분물

구성 : 도시에 살다가 농어촌으로 내려가 새로운 삶을 사는 사람들의 이야기를 농어촌의 풍요로운 풍경과 그들의 여유롭고 따뜻한 생활을 통해 그려 본다. 더해서 농어촌에서 생활하면서 고민할 수밖에 없는 자녀 교육 문제, 복지 혜택 문제, 의료 문제 등의 사회문제도 조심스레 제기한다.

1회분 줄거리 예 : 농촌의 아름다운 풍경과 A씨 가족이 생활하고 있는 모습을 따뜻하게 카메라에 담는다. 50대 가장인 A씨는 부인 B씨와 함께 유기농으로 채소를 키워 비싼 값에 내다 팔아 고소득을 올리고 있다. 열심히 일하고 있던 찰나 외동딸인 C양이 학교에 다녀왔다며 인사한다. 따스한 가족의 모습.

A씨 네가 사는 집은 한옥을 개조한 것으로 소박한 모습이다. 집안에 가구도 별로 없다. 도시에서 이사를 오

면서 필요 없는 것들은 다 버렸다고 한다. A씨는 알고 봤더니 IMF 때 명예퇴직을 당하고 퇴직금을 모아 차린 고기집도 망한 고개 숙인 가장이었다. 25년 직장 생활을 하고 남은 돈이라고는 달랑 3000만원이 전부였다. 그러던 찰나 농사를 지을 사람에게 대출을 해 준다는 광고를 보고 무작정 농사를 지으러 왔다. 몇 년 동안은 시행착오도 많이 겪었지만 지금은 유기농으로 재배한 채소가 비싼 값으로 팔린다고 한다.

하지만 그들에게 걱정도 있다. 바로 자녀 교육 문제. 학교가 먼 것도 문제지만, 다른 사람들 다 보내는 학원 하나 못 보내 주는 자신들의 처지가 딸한테 너무나도 미안하다. 하지만 싫은 내색 안하고 씩씩하게 학교를 다니는 딸의 모습이 대견하다. 몇 달 전에는 아내가 배가 아프다고 쓰러져 119를 불렀지만 앰뷸런스가 도착한 것은 신고하고 40분이나 지나서였다. 다행히 맹장염 수술을 무사히 받아 고비는 넘겼지만 잘못했으면 맹장이 터져 위급할 수도 있었던 상황이다. 아직도 그날을 생각만 하면 아찔하다는 A씨.

A씨는 마음이 여유롭고 맑은 공기를 마시고 사니 몸도 건강해졌다고 한다. 하지만 농촌에서 겪을 수밖에 없는 크고 작은 문제들은 A씨는 주름살을 지금도 하나씩 늘리고 있다.

Comment by 조정훈 PD ‖ 대부분의 방송사 PD들은 '짐멜'이 인용된 순간, 기획안을 보던 눈이 침침해지다가 결국 까막눈이 되고 만다. 기획안도 광고와 마찬가지다. 15초 안에 마음을 잡자, 눈동자가 쉽게 흐려지는 그들의 마음을.

Comment by 홍경수 PD ‖ 시청자들의 인식의 지평을 넓히는 일 역시 방송의 중요한 기능 중 하나라고 본다. 시의적절하고 유익한 기획이다. 게다가 일방적인 면이 아닌 다양한 면, 즉 문제점까지 함께 지적함으로써 삶의 실체를 보여 준다는 점에서 건강해 보인다. 그럼에도 불구하고 방송에서 전하고자 하는 메시지는 딱 떨어져야 한다. 문제가 발생하고 이것이 어떤 과정을 거쳐 해소되는지는 보여 주어야 한다. 'A씨는 마음이 여유롭고 맑은 공기를 마시고 사니 몸도 건강해졌다고 한다. 하지만 농촌에서 겪을 수밖에 없는 크고 작은 문제들은 A씨는 주름살을 지금도 하나씩 늘리고 있다.'로 끝나는 것은 재고해 보아야 할 듯.

{ 모 신문의 1사 1촌 운동이 큰 호응을 얻고 있다.
농어촌을 살릴 프로그램을 기획해 보라.에 대한 기획안 쓰기 }

課題 ③ 이미영

농어촌과 급식 살리기 프로젝트 '자매결연'

기획 의도 : 세계화, 산업화 속에서 한없이 추락해가는 한국 농업. 이렇게 위기에 놓인 농업에 대한 대안 중의 하나로 유기농이 제시되고 있다. 하지만 유기농은 기존의 재배 방식보다 더 많은 노력을 필요로 하기 때문에, 안정적이고 고정된 '수요자(시장)'가 마련되지 않는다면 농민들은 유기농업의 장점을 알더라

도 쉽사리 유기농을 시도할 수 없다. 따라서 이 프로그램은 우수한 유기 농가를 전국 중, 고등학교와 자매결연을 맺어 주고자 한다. 특히 최근 연이은 급식파동으로 인해 '아이들의 먹을거리'에 대한 관심이 높아진 상태에서 농어촌을 지원하는 동시에 학교 급식 수준을 높이는 데에도 큰 효과를 발휘할 것으로 생각된다.

구성 및 내용

1) 우리 아이의 농가 체험 : 급식은 단순한 먹을거리가 아니라 또 하나의 교육이다. 유기 농가와 자매결연을 맺게 될 학교의 학생들이 직접 농가를 방문해 재배 과정을 체험한다. 농사일에 서툴지만 서서히 그에 적응해 가고, 즐거워하는 과정을 전달한다. 체험 과정에서 생기는 다양한 에피소드가 재미를 줄 것으로 기대된다. 중간 중간에 농민 분들이 유기 재배 방식을 설명하고 아이들은 그것에 신기해한다. 아이들과 농민 분들이 재미나게 정겹게 어울리고, 체험이 끝난 뒤 한바탕 잔치를 벌이며 유기 농산물로 만든 음식을 맛있게 먹는다.

2) 유기농 백일장 : 유기 농산물로 만들어진 급식을 맛있게 먹고 난 아이들이 음식을 소재로 한 노래 가사나 시 짓기 경연 대회를 벌인다. 예를 들어 자신이 직접 재배한 '상추'에 대한 시를 짓고 발표한다.

Comment by 조정훈 PD ‖ 역시 '농촌'은 어려운 주제다. 프로그램 편성을 하는 측에서도 제작하는 측에서도, 또 지금 우리들처럼 새로운 프로그램을 제안하는 사람들 모두에게 말이다. 하지만 흥미롭고 또 유익하기도 한 주제라고 생각한다. 농업 문제를 '먹을거리의 건강함', 특히 자라나는 아이들의 급식이라는 주제와 연결시킨 점이 눈에 확 들어온다. 제주도에서 학교 급식을 어떻게 시행하고 있는지 〈KBS 스페셜〉에서 다룬 적이 있는데, 참고해 보자.

Comment by 홍경수 PD ‖ 타 프로그램과의 확실한 차별화 부족. 〈6시 내고향〉을 연상케 하는 프로그램, 새로워 보이지 않는 점이 가장 큰 약점. 문화일보의 기획안이 처음 시작되었을 때처럼 강렬한 참신함을 주어야 하지 않을까?

캐릭터의 부재 : 기획안이 놓치지 말아야 할 것 중의 하나는 아직 실현되지 않은 프로그램의 가상 구현의 성공이다. 보지 못한 프로그램을 글로만 읽기 때문에 머리에 그려져야 한다. 누구의 프로그램이라는 캐릭터를 부여하면, 기획안의 색깔이 흑백에서 칼라로 바뀌는 선명성을 제공한다.

재미의 요소 : 뭐 재미난 요소는 없을까를 더 고민하면 어떨까? 의미로는 부족함이 없더라도, 재미가 없다면, 프로그램의 힘이 떨어진다. 재미있는 장치를 개발해 보자. 스펀지라는 프로그램이 처음 채택될 때 "00는 00다." 라는 장치 때문에 금세 채택되었다는 말을 들었다. 장치를 개발해 보자.

섬마을 선생님

기획 의도 : 현재 농어촌 프로그램들은 지역 축제의 소개나 맛집 소개 등에 그치거나, 고향 소식을 정하는 정도에 불과해 볼거리 위주라는 느낌을 준다. 농어촌에 실질적인 도움이 되지 못하는 것이다. 농어촌의 가장 큰 문제로 꼽을 것이 교육 문제이다. 농어촌의 학부모들은 벽지에서 내 자식만은 빠져나와야 한다고 생각하고, 아이들은 어떻게든 밖으로 나가려 한다. 그리고 남아 있는 농어촌 학교에서는 대개 적은 수의 선생님들이 음악, 미술, 가정 등 다양한 분야를 혼자 도맡아 가르친다. 그러다 보니, 피상적인 가르침이 되기 쉽고, 아이들의 재능을 발견하기 어렵다. 때문에 농어촌 교육 문제에 대해 대중적으로 고민하는 자리가 필요하다는 데서 교육 프로그램을 기획했다.

구성 : 섬 유학 코너와 섬마을 선생님 코너로 이뤄진다.

1) 우리도 바다 건너 유학 간다 : 일본의 오랜 '산촌유학'에서 아이디어를 얻었다. 섬 분교와 결연을 맺은 도시 학교의 학생들을 섬마을로 유학 초대하는 것이다. 기간은 한 달 정도로 잡는다. 도시 학생들은 섬마을 학생들과 함께 교실에서 공부하는 것뿐만 아니라, 말 그대로 홈스테이 생활을 하며 다양한 현장 체험을 한다. 도시에 있었다면 수업을 마치고 곧장 학원으로 달려갔을 도시 아이들에게도, 섬마을 아이들에게도 '공부'라는 것이 얼마나 다양한 것인지를 스스로 찾게 하고 싶다. 그리고 그 생활 와중에서 도시 학생들과 섬마을 학생들이 어떤 동질감을 갖는지, 어떤 이질감을 갖고 이를 어떻게 극복하는지를 그대로 담아낸다.

2) 떴다, 섬마을 선생님 : '스타'들이 섬마을에 나타났다! 미술, 국악, 무용, 요리 등 다양한 분야의 스타 선생님들이 섬마을로 간다! 스타 선생님들이 섬마을을 방문해 아이들에게 자신들의 특별 비법을 전수한다. 첫 주는 국악가 이자람의 소리 수업, 두 번째 주는 첼리스트 장한나의 음악 수업 등으로 짤 생각이다. 스타 선생님들의 수업뿐만 아니라 이들이 섬마을 학부모들이 아이들과 함께 대접하는 별미 맛보기, 섬 산책 등을 담는다. (사실 스타 선생님 특강은 섬마을 유학을 올 도시 아이들에게도 좋은 유인 동기가 되지 않을까.)

진행자 : 김제동(〈산넘고 물건너〉에서 보여 준 따뜻하고 선량한 이미지)

편성 : 금요일 밤 12시~12시 50분

Comment by 조정훈 PD ‖ 좋은 소재라고 생각한다. 이미 지역에서는 이런 활동을 해 온 분들이 있으니, 꼭 전화 걸어서 어떻게들 지내시는지 구체적으로 알아보고 기획안을 더 충실하게 만들어 보자.

Comment by 홍경수 PD ‖ **방송프로그램의 효용** : 1회성에 그치지 않아야만, 사회구조가 바뀔 수 있다. 스타 선생님이 강의를 하는 것이 감동과 즐거움을 줄지언정 사회를 좀 더 적극적으로 바꾸기에는 역부

족이라는 생각이 든다. 물론 이 프로그램이 인기를 얻어 정책 결정자에게 영향을 미칠 수도 있다. 하지만 그런 쪽보다 프로그램을 보는 시청자들, 즉 주체를 움직이는 힘을 주는 것이 더 건강한 것 아닐까? 그리고 그래야만 방송이 끝난 뒤에도 힘을 주는 동인으로 작용할 듯하다. 기획의 소재가 독특하고 접근법도 신선하다. 다만 위의 관점들을 염두에 두고 개발시켜 보자.

제 10일 　課題 總評 by 홍경수 PD

문화일보의 1사1촌 캠페인은 큰 반향을 불러 일으켰다. 농촌에 필요한 것이 무엇인지를 깊이 인식하고 도농을 연결한 것인데, 형식적인 교류가 아니라 서로 편지를 주고받는 인간적 교류가 밑바탕에 자리하고 있어서 유대는 더욱 끈끈해 보였다. 프로그램을 기획하고 연출하는 PD 역시 자신이 만드는 프로그램이 사회적 파장을 불러일으키길 원한다. 그것이 무엇인지 '닦고 조이고 기름칠하는' 노력이 필요하다.

설득하는 커뮤니케이션의 예술

섭외하기

일본 후지TV의 〈101번째 프러포즈〉란 드라마를 처음 보았을 때의 감동은 잊지 못한다. 독특한 소재와 연기자들의 연기, 사랑과 결혼이라는 주제를 재미있게 건드린 접근법, 깊은 감동과 진한 웃음 사이의 골짜기도 깊었다.

드라마를 보면서 나는 사랑을 배우고, 어떻게 살아가야 할지를 배웠다. 그리고 팔에 소름이 끼치는 인생을 살아야겠다고 다짐했다. 드라마에서 100번째 선에서 만난 첼리스트를 향해 돌진하는 주인공의 무모함에 기가 막혔으나, 주인공에게 여러 환경이 도움을 주어서 결국은 데이트도 하고, 결혼 직전까지 가게 된다. "거리에 보면 굉장한 미인 옆에는 주로 굉장히 못생긴 남자가 팔짱을 하고 걷는다."는 평범한 진리에 힘을 얻는 주인공. '미인은 용감한 자의 것'이라는 서양 격언을 생각해 보면 섭외의 기술도 결국은 용기에 다름 아니다.

하지만 용기만으로 해결되지 않는 것이 인생이다. 확실한 것은 용기 있는 사람은 그렇지 않은 사람보다는 더 높은 확률을 가진다는 것이다. 용기에 무엇을 더해야 할까. 사람이 가진 매력이 필요하지 않을까? 사람을 끄는 매력은 인간적 향기일 수도 있고, 파워일 수도 있고, 시크한 분위기 일수도 있겠다. 누차 이야기했지만, PD에게 말과 글은 무기와도 같다. 자신이 생각하는 기획을 관철시키는 데 놓여 있는 수많은 장애 혹은 방해를 뚫고 지나거나 넘어 가려면 말과 글로 설득해야 한다(물론 체력으로 밀어붙여야 하는 경우도 없지 않다.).

출연자를 섭외할 경우도 마찬가지다. 대개 전화를 통해 이뤄지는 섭외는 보이지 않는 얼굴을 추측하며 방송 프로그램을 간판으로 이뤄진다. 하지만 보이지 않기 때문에 목소리에 담긴 진실함이나 확신은 중요하다. PD는 자신이 프로그램을 통해서 무엇을 구현할지를 명쾌하게 설명해야 한다. 그렇지 않으면, 순식간에 출연 예정자에게 거절당한다.

"좀 더 생각해 보겠습니다."

"지금은 음반 작업 중이어서요. 음반 나오면 연락드리겠습니다."

"그날 스케줄이 있어서요."

이런 답변들을 뒤로하고 다른 출연자를 찾아야 하는 것이 섭외의 현실이다. 〈가요무대〉와 〈도전 주부가요스타〉를 할 때의 섭외는 매우 쉬웠다. 큐시트를 짜고 거기에 필요한 가수들에게 전화 연락을 하면 대부분 오케이를 받았다. 섭외라기보다는 '연락' 수준에 가까웠다. 하지만 내가 새 프로그램을 만들 때는 달랐다. 더군다나 쇼 프로그램도 아니고 교양 프로그램에, 듣도 보도 못한 '낭독'을 소재로 하였기에 첫 섭외 때문에 무척 고생했다. 첫 번째 섭외가 그 이후의 섭외의 질을 결정한다는 '물의 법칙'을 잘 알고 있기 때문에 스트레스는 더더욱 심했다. 섭외가 안 되자 사용한 방법은 '후광의 법칙'이다. 〈연예가중계〉 연출하는 선배로부터 중견 연기자를 소개 받고, 주철환 선배로부터 친한 배우를 소개받았다. 하지만 두 경우 모두 불발로 끝이 났다. 섭외에 자주 사용되는 법칙은 '인연의 법칙'이다. 한국처럼 친소 관계가 큰 영향력을 발휘하는 사회에서는 발이 넓은 것이 섭외의 범위와 정적 상관관계를 보인다. 함께 일해 본 사람이 많을수록, 섭외는 쉽다. 음악 순위 프로그램을 연출했던 PD는 그 후에도 섭외를 쉽게 하는 것은 그때 맺었던 인연 때문이다.

한 분야에 미치는 영향이 큰 프로그램일수록 섭외는 '연락'의 성격을 띠게 된다. 결국 수요자의 시장을 만들 것인지, 공급자 시장을 만들 것인지는 PD가 만드는 프로그램의 힘이 좌우한다. 따라서 프로그램을 영향력 있게 만든다면, 섭외는 그만큼 쉬워진다. 이것이 '영향력의 법칙'이다. 가장 좋은 섭외는 출연자로 하여금 꼭 그 프로그램에 나오고 싶게 만드는 것이다. 프로그램이 줄 수 있는 열매가

섭외는 여러 사람의 노력으로 이뤄지기도 한다. 스포츠국의 도움으로 섭외한 김연아 선수.

탐스러워야 한다. 이럴 때, PD는 출연자가 가는 길을 미리 읽고 그 앞에 탐스런 과일을 건네는 '사탄'(?)의 심정이 되기도 한다. 하지만 그 열매가 몸에 해롭지 않다는 점에서 사탄과 PD는 다르다. 어떻게 보면 기획의 법칙은 양자가 윈윈 하는 최적의 법이기도 하다. PD는 프로그램을 잘 만들어서 좋고, 출연자는 자신의 메타 자아를 실현해서 좋은 '기획의 법칙' 이다.

노벨상 후보로 올랐던 고은 시인의 낭독은 한편의 행위 예술과도 같다. 엔터테이너를 능가하는 레토릭rhetoric과 무대 행위는 보는 사람으로 하여금 낭독에 푹 빠지게 만든다. 이를 모르는 바 아니나, 고은 시인은 수년 째 출연을 고사해 왔다. 25분 프로그램이 양에 안 차신 듯했다. 몇 번 통화하다가 기회를 노리던 중에, 프랑크푸르트 도서전 행사 연출을 맡아서 선생을 취재했다. 이때 선생께 출연을 부탁드렸다. 물론 "새해 첫 기획으로 선생님을 모시고 싶다."고. 이때의 인연으로 조정래 선생도 모실 수 있었고, 공지영 씨는 3번이나 프로그램을 하게 되었다. 오랫동안 포기하지 않고 기회가 있을 때 놓치지 않은 '끈기의 법칙'의 예다.

가장 어려운 섭외는 대체 불가능한 경우다. 〈전국노래자랑〉의 송해 선생님이 그렇고, 한때 〈가요무대〉의 김동건 아나운서가 그랬다. 한 PD가 송해 선생님을 MC 자리에서 내리고, 아나운서를 올렸다. 하지만 시청자들의 뜨거운 항의로 다시 원상 복귀하지 않으면 안 되었다. 섭외를 하다 보면, 꼭 필요한 사람의 사정이 맞지 않는 경우가 허다하다. 다른 스케줄과 겹치거나, 한국에 없거나, 아니면 경쟁 프로그램에 출연한다거나. 그때는 과감히 대안을 생각해야 한다. 1이 아니면 2, 2가 아니면 3까지도 고려해야 한다. 그렇다고 10까지 내려간다면 그것은 좀 문제 아닐까. 가장 좋은 대안은 1' 쯤이 되지 않을까? 대안이 있다면, 협상의 법칙에서 우위에 서게 된다. 운신의 폭을 넓게 하는 '대안의 법칙' 을 기억하자. 가장 듣기 싫어하는 말이 '관리' '내가 키웠어' 등의 말이다. 출연자를 어떻게 관리하며, 출연자를 내가 키울 수가 있는가? 관리는 관계라는 말로 대치되어야 하며, 키웠다는 말은 함께 컸다는 말로 바꾸어야 한다.

〈열린음악회〉조연출 때의 일이다. 기념 특집에 인순이 씨가 나왔다. 음악 리허설 도중에 VCR을 통해 〈열린음악회〉의 역사를 되돌아보는 꼭지가 있었다. 거기에 인순이씨가 아주 적은 비중으로 편집되어 있었다. FD가 편집한 소스를 보고 인순이씨는 너무나 섭섭해 하며 불만을 이야기했다. 그러자 선배 PD는 하기 싫으면 그만 두라는 식의 반응을 보였다. 인순이 씨는 화가 났고, 무대를 뛰쳐나갔다. 나는 그녀를 따라갔다. 선배는 "그냥 집에 가게 잡지 마라."고 말했다. 밖으로 나간 그녀는 눈물을 흘리며 "〈열린음악회〉가 이러면 안 된다."고 섭섭해 했다. "너무 한다."고. 나는 그녀에게 다시 무대에 설 것을 부탁했다. 내가 쇼 PD를 얼마나 더 할지 모르지만, 당신의 팬으로서 당신이 〈열린음악회〉와 등을 지는 모습을 보고 싶지 않다고 만류했다. 그녀는 눈물을 닦고 다시 무대에 서겠다고 말했다. 나는 그녀를 무대에 데리고 갔고, 그녀는 무사히 무대에 올랐다. 며칠 뒤 그녀의 매니저가 사무실을 찾아와 카드 한 장을 주고 갔다. "그날 무대에 설 수 있도록 도와주어서 고마워요. 친구로 생각하고 싶습니다." 그로부터 몇 년이 지난 후 그녀는 〈낭독의 발견〉에 출연하여 불후의 명작 인순이 편을 녹화하게 되었다. 방송 출연을 한 번 하고 끝날 수도 있지만, 인연이란 계속 이어진다는 사실을 생각하면 방송 끝나고 출연 DVD를 챙겨 주고, 감사 전화를 하고, 끊임 없는 관심을 가지는 것이 중요하다. 이성을 만나 사귀자고 할 때 우리는 프러포즈를 한다. 프로그램 출연을 제안할 때, 역시 프러포즈를 한다. 프러포즈가 한 번에 성공할 때도 있지만, 드라마처럼 100번째 아니 101번째에야 성공하는 경우도 있다. 10번 찍어 안 넘어가는 나무 없다지만, 100번 1000번이라도 찍는다면 성공하는 것이 섭외다.

방송을 통해서 나는 사랑을 배웠다. 내가 뽑은 진행자, 내가 섭외한 출연자, 함께 일하는 스태프들. 모두들 내가 사랑하고 껴안을 대상이었다. 남들이 뭐라고 한들, 거기에 흔들리지 않고 지켜 주고 보호해 주어야 한다. 그렇지 않으면 좋은 프로그램이 나오기 어렵다는 것이 PD들의 공통된 생각이다. 하찮은 사물에도 관심과 사랑을 쏟으면 다른 차원으로 고양된다고 생각한다. 출연자들도 연출자들의 관심과 사랑을 받으면 다른 차원으로 떠오른다. 그리고 이것은 결국 좋은 프로그램으로 자연스레 연결된다. 방송이 출연자와 스태프 연출자를 하나로 묶어 위로 올라가는 경험을 제공하는 것은 바로 '사랑의 법칙' 때문이다.

제11일　인턴 과제

01　함께 등산할 친구를 섭외하라.

02　자신의 숙제를 대신 해 줄 사람을 섭외해 보라.

03　당신이 직접 섭외를 받은 적은 있는가? 어떤 점이 당신이 그 섭외에 응하거나 거절하게 했는가?

04　이성 친구가 있는가? 그 사람을 섭외할 때 어떤 점이 성공 요인이었나?

{ 인간적인 접근이 중요하다 }　日記 ① 김태년

　　지상파 방송이 다른 미디어에 비해 영향력이 크다고 해서 모든 유명 인사를 섭외할 수 있다고 생각하는 것은 크나큰 착각이다. 기획 회의에서 어떤 유명 인사를 섭외하자고 결정이 났을 때, 그 사람을 〈낭독의 발견〉에 섭외할 수 있는 확률은 50퍼센트 정도라고 한다.

자신은 TV에 출연하지 않는 주의라서, 혹은 프로그램이 자신과 맞지 않아서 등 이유도 가지가지다. 하지만 유명인이 출연을 거부한다고 손을 놓고만 있을 수는 없는 일. 유명인을 꼭 출연시켜야 할 경우, PD가 할 수 있는 모든 수단을 동원한다고 한다.

선배 PD 혹은 지인을 통해서 접근해 볼 수도 있고, 유비가 제갈량을 세 번 찾아갔듯이 몇 번이고 찾아가는 정성을 보일 수도 있다. 예전에 프로그램을 통해 인연을 쌓았다면 섭외가 쉬울 수도 있다. 그래도 안 되면 '당신이 〈낭독의 발견〉에 출연해야 하는 20가지 이유' 같은 것을 작성해서 협박(?)하기도 한다고 한다. 가끔은 끝까지 출연을 고사하던 사람이 돌연 출연을 요청하는 경우도 있다고 한다. 그 사람이 입소문을 통해 〈낭독의 발견〉이 훌륭한 프로그램이라는 것을 알았거나, 혹은 우연히 〈낭독의 발견〉을 보고 감동을 받은 경우다. 이런 경우 PD는 가장 행복하다고 한다.

하지만 반대의 경우도 있다. 아무리 유명인이 프로그램에 나가게 해 달라고 해도 출연시켜 주지 못하는 경우가 있다. 그 사람이 불순한 의도를 가지고 출연을 요구하는 경우도 있고, 그 사람과 프로그램의 이미지가 맞지 않아서 출연을 거부하는 경우도 있다. 또한 프로그램의 품위에 유명세나 인격이 미치지 못하는 경우도 있을 수 있다. 자신의 라이벌이 프로그램에 출연했기 때문에 자신도 나가야 한다고 억지를 부리는 사람도 있다고 한다.

〈낭독의 발견〉에 출연한 유명인 중에 인순이 편이 가장 감동적이었다는 말을 많이 듣는다고 한다. 인순이는 〈낭독의 발견〉에 출연하여 자신의 모든 것을 보여 주었고, 공개 방송도 아닌 스튜디오에서 스태프들의 박수소리가 울려 퍼졌다. 전에 〈열린 음악회〉를 할 때 쌓은 인연이 〈낭독의 발견〉 출연으로 이어졌다. 인순이가 무대에서 최선을 다한 것이 최고의 방송으로 이어졌다는 것이다.

어느 날 사무실에 출근해 보니 PD님께서 어제 녹화가 끝난 출연자에게 전화를 하고 계셨다. 녹화 테이프를 모니터링 했더니 아주 잘 나왔다고 하시고는 이번 녹화가 느낌이 좋다고 하신다. 그러면서 프로그램 방영 일자와 시간을 알려 주시고는 이번에 나온 『낭독의 발견』 책을 보내 드리겠다고 하셨다. PD는 출연자에게 권위적일 것이라는 고정관념이 깨지는 순간이었다.

섭외에서 가장 중요한 것은 '인간미'라고 생각한다. 인순이의 경우와 같이 지금까지 자신이 얼마나 사람을 소중하게 대했는가에 따라 출연자가 방송에 임하는 자세가 달라지는 것이다. 또한 그렇게 인연을 쌓은 사람은 섭외 요청을 하면 흔쾌히 받아 주는 경우가 많다고 한다. PD는 사람을 상대하는 직업이라고 했던가. 섭외에도 예외는 없었다.

섭외의 비법?
함께 좋은 기억을 만드는 것

日記 ② 이미영

인터뷰를 할 사람이나, 프로그램을 위해 실험을 해 줄 사람을 섭외하는 과정은 생각만큼 쉽지 않다. 유명 스타를 섭외해야 하는 예능 PD는 물론이거니와, 시사 고발 프로그램 PD는 기본적으로 '인터뷰를 원치 않는 사람'을 섭외해야 한다는 슬픈 숙명을 짊어질 수밖에 없는 존재라고 할 수 있다.

내가 있던 팀에서는 식품에서 중금속 검출 실험을 해 줄 사람을 섭외해야 했다. 내가 인턴 생활을 하면서 가장 먼저 받았던 숙제 역시 실험을 해 주실 수 있을만한 교수님들의 성함과 연락처를 조사하는 것이었다. 구성안이 나오고 난 뒤, PD님께서는 정말 수많은 곳에 전화를 걸어 프로그램을 해 주십사, 혹은 해 줄만한 사람을 소개해 주십사 일일이 부탁을 드렸다.

인터뷰를 하기가 힘든 만큼, 한 번 인터뷰를 했던 사람과 좋은 관계를 유지하는 것도 중요하다. 처음 사무실에 출근했던 날, 우연히 PD님께서 이곳저곳에 전화하는 것을 듣게 됐었다. PD님은 지난 프로그램 때 인터뷰 하셨던 분들께 손수 전화를 해서 감사하다고 인사를 드리고 계셨다. 인터뷰가 프로그램에 많은 도움이 되었다는 인사와 함께, 방송 예정 날짜 등을 친절히 알려 드리고, 다음번에도 도움을 부탁드린다고 말씀하셨다. 프로그램을 같이 한 사람에게 좋은 기억을 심어 주는 것. 그것이 섭외를 위해 가장 좋은 방법이 아닐까, 라는 생각이 들었다.

{ PD는 방송 프로그램을 공익적인 성격으로 접근하지만, 출연자는 방송을 자신의 홍보를 위해 사용하려고 할 수도 있습니다. 섭외 시 인터뷰에서 출연자가 연출 의도와 상반된 것을 요구할 때 어떻게 해야 하나요? } 質問 ① 김태년

홍경수 PD 答辯 ‖ 받아들일 것인지 그렇지 않을지 선택해야 한다. 수용해 줄 수 없는지 깊이 생각해 볼 필요도 있고, 정 안된다면 강력하게 거절해야 한다.

{ 섭외가 다 되었던 출연자(혹은 제보자)가 갑자기 출연 당일에 출연을 취소하겠다고 합니다. PD는 어떤 식으로 대응해야 할까요? } 質問 ② 이미영

홍경수 PD 答辯 ‖ 대타(?)를 구해야 한다. PD들은 누구나 이런 악몽을 꾼다. 녹화 직전에 출연을 취소하겠다는 사고 말이다. 일단 대신 나올 수 있는 출연자를 구하고, 사고를 낸 출연자에게는 경위를 파악하고 나서 용서할지, 아니면 죄 값을 치르게 할지 결정해야겠지.

섭외를 어렵사리 끝마치고, 촬영까지 끝냈습니다. 그런데 마지막으로 전체적인 흐름을 위해서 혹은 CP와의 회의 끝에 그 섭외 분량을 삭제해야 하는 경우가 있습니다. 출연자에게 미안하기도 하고, 훗날 다른 제작을 대비해서라도 말을 꺼내기 힘들 텐데 이럴 때는 어떻게 대처해야 할까요?

홍경수 PD 答辯 ‖ 결정이 내려졌다면, 최대한 빨리 알리고 이해를 구해야 한다. A라는 가수를 섭외했다가 B라는 가수가 나중에 섭외되었다. 방송을 위해서는 B라는 가수가 먼저 방송되는 것이 더 좋다. A에게 있는 그대로 상황 설명을 하고 이해를 구한다. 만약 A가 상처를 받게 된다면, 완곡하게 표현할 필요도 있겠다.

제11일 함께 보기 좋은 추천 자료

01 **김영혁, 김의식, 임태병, 장민호, 『우리 카페나 할까?』, 디자인하우스, 2005년** 네 명의 친구가 같은 뜻으로 모여서, 재미있고 의미 있는 일을 해 온 기록을 담았다. 우리는 누구를 섭외해서 어떤 일을 해 볼까? by 홍경수 PD

02 **프란시스 베이컨, 최영미 역, 『화가의 잔인한 손』, 강, 1998년** 이 책은 미술비평가 미셸 아셍보와 화가 프란시스 베이컨의 인터뷰를 담고 있다. 섭외 시 PD는 출연자와 인터뷰를 하게 된다. 어떻게 출연자의 마음을 열고, 그의 마음속으로 들어갈 수 있을까? 이 책이 좋은 지침이 되지 않을까. by 김태년

03 **한학수, 『여러분! 이 뉴스를 어떻게 전해 드려야 할까요?』, 사회평론, 2006년** 시사 교양 PD를 꿈꾸는 사람이라면 누구나 한 번씩은 읽어 봐야 할 책이 아닐까? 절대 말하고 싶어 하지 않는 사람들을 얼마나 끈질기게 섭외해 나가는지 치열함을 배울 수 있다. by 이미영

04 **이나리, 『열정과 결핍』, 웅진지식하우스, 2003년** 주간동아의 이나리 기자가 만난 12명의 사람들을 인터뷰한 기록이다. 글을 읽다 보면, 사람을 다루는 섭외의 기술에 대해 많은 교훈을 얻을 수 있다. by 정아란

한국 다큐멘터리 무엇이 문제인가?에 대한 글쓰기

다큐멘터리의 새로운 소재와 표현 기법, 문제없을까?

課題 ① 김태년

표현 기법

TV 다큐가 변하고 있다. 특히 〈KBS 스페셜〉에서 방송되는 다큐멘터리들은 획기적인 방식들을 실험하고 있다. 〈백년드림팀 평가전〉은 가상의 상황을 실제 다큐멘터리처럼 촬영한 페이크 다큐Fake Docu 형식을 보인다. 〈세상의 모든 라면박스〉는 인터뷰에 더해 민요가 나오고, 판타지 기법과 뮤직 비디오 방식을 결합한다. EBS의 〈지식채널 e〉는 방송 시간이 5분을 넘지 않는 다큐멘터리. 한편의 뮤직 비디오를 연상시키는 감각적인 구성과 분명한 주제로 새로운 세대를 위한 다큐의 형식을 보여 주고 있다.

기존의 다큐멘터리의 형식을 뛰어넘는 새로운 다큐멘터리의 시대가 도래한 것처럼 느껴진다. 하지만 무엇인가 허전한 느낌이 드는 것은 나만의 생각은 아닐 것이다.

우선, 표현은 화려하되 공허한 느낌이 든다. 진지하게 주제를 생각하기보다 시청자들에게 전달하기 위한 도구에 신경을 쓴 것 같다. 기법의 발전도 중요하지만 그 중심에는 '주제'가 있어야 한다.

기존의 다큐멘터리에는 투박함이 있어도 끈질긴 기다림의 미학이 있었다. 한 순간을 촬영하기 위해 며칠을 현장에서 기다리며 인내하는 땀방울을 느낄 수 있었다. 하지만 지금의 새로운 다큐는 CG로, 음악으로, 영상으로, 손쉽게 표현하려는 시도가 느껴진다. 진심으로 대상에 접근하지 않은 다큐는 시청자들의 마음과 공명할 수 없는 법이다. 한국의 다큐멘터리가 세계로 진출하기 위해서는 어느 정도 PD의 작가주의가 필요하다. 하지만 그것이 지나쳐 '주제의 함몰'과 '다큐의 진정성'을 훼손해서는 안 될 것이다. 그것은 다큐멘터리라는 장르를 부정하는 일이다.

소재

기존 다큐멘터리는 거대한 주제를 다루어 왔다. 환경 문제, 정치 문제, 사회 문제, 교육 문제 등. 하지만 현재의 다큐멘터리는 미시사, 일상사, 문화사 등으로 관심을 돌리고 있다. 작은 것으로부터 큰 문제를 살펴보겠다는 것이다.

큰 문제들은 고개가 끄덕여지기는 하지만 진정으로 공감이 가는 일은 드물다. 하지만 작은 것들은 우리 생활과 밀접하게 관련이 있는 것이기 때문에 제목과 소재만으로도 관심을 모을 수 있는 장점이 있다. SBS의 〈웃음〉과 KBS의 〈마음〉 다큐멘터리 연작과 MBC의 〈가족〉 시리즈는 우리 생활 주변의 것들을 소재로 취해 다른 각도로 조명해 봤다. 하지만 연성화된 소재는 대중의 관심을 끌지언정 사회 변화를 예측하고 변화시키는 힘은 약할 수밖에 없다. 큰 줄기의 흐름도 소홀히 하지 말아야 한다.

현재는 미시사 관점의 다큐멘터리가 인기를 얻고 있지만, 시들해지면 언젠가는 다시 거시사의 문제가 화두가 될 것이다(차이와 반복). 하지만 그냥 반복되는 게 아니라 미시사 관점의 진화를 토대로 거시사 문제가 포개지고 총체적인 다큐멘터리의 발전을 이루어 낼 것이다(정반합).

제작

현재 다큐멘터리의 최대 화두는 VJ시스템이다. VJ들은 6mm를 사용해 기동성과 접근성을 살려 TV 다큐멘터리가 보여 주지 못했던 미세한 부분까지 잡아내는 힘을 보여 주고 있다. 특성상 6mm는 주로 인물에게 가깝게 다가가야 하는 휴먼 다큐 장르에 쓰이고 있다.

6mm가 기동성과 접근성이라는 장점을 가지고 있지만 VJ들이 6mm를 선호하는 가장 큰 이유는 피사체가 부담스러워 하지 않는다는 것이다. ENG가 큰 몸집에 조명기기와 음향기기까지 필요한 것에 반해 6mm는 작은 몸집으로 상대방에게 위압감을 주지 않는다.

하지만 6mm에도 문제가 있다. 화면의 깊이가 얕고, 화면의 질은 떨어진다. 최근 HDTV가 보급되면서 6mm의 화질 문제는 심각하게 제기되고 있다. HDTV 구매자들은 6mm 화면을 보면서 끊임없이 불만을 토로하고 있다.

하지만 잘못 찍은 ENG보다 잘 찍은 6mm가 나은 법. 6mm 기술도 계속 발전하고 있다. 얼마 안 있어 다큐멘터리는 기술적 진보에 힘입어 접근성과 화질이라는 두 마리 토끼를 모두 잡아낼 수 있을 것이다.

Comment by 정혜경 PD ‖ **표현 기법** : 다큐멘터리 제작에 있어 진지한 접근이란 무엇인가? '다큐멘터리가 꼭 진지해야 하는가?'라는 질문은 불가능한가? '가벼운 다큐멘터리'라는 용어는 존재할 수 없는가?

소재 : 프로그램 소재를 '거시사'와 '미시사'(실은 이 용어가 적절한 것인지도 의문이지만)로 나눌 수 있는가? 그리고 현재 제작되고 있는 다큐멘터리들이 미시사에 치우쳐 있다는 것은 정당한 평가인지 생각해 보자. 거시사뿐만 아니라 미시사까지 확장된 것은 소재의 이동이나 변화가 아니라 다큐멘터리의 진화라고 볼 수 있지 않을까?

제작 : 현재 프로그램 제작에는 6mm, ENG, HD 카메라가 혼용되어 사용되고 있다. 소재와 촬영 환경, 그리고 프로그램의 특성에 따라 카메라가 배치되고 있다. 프로그램을 보면서 보다 구체적으로 생각해 보자. 예를 들어 '특정 프로그램은 왜 6mm를 사용하는가? 왜 HD카메라를 사용하는가?'

새로운 다큐멘터리에 대한 고민이 필요할 때

課題 ② 이미영

　　지난 주 〈TV 비평 시청자 데스크〉는 〈KBS 스페셜〉을 집중적으로 다루었다. 그런데 〈KBS 스페셜〉을 다루는 품새가 어딘지 어색하다. 그 어떤 프로그램에도 좋은 평을 내리지 않았던 프로그램인데, 유독 〈KBS 스페셜〉에게 만큼은 관대하다. 프로그램의 문제점이라고 지적한 것은 고작 인터넷 다시보기의 화질이 너무 나쁘다는 것과, 몇몇 프로그램은 저작권 문제로 서비스가 되지 않는다는 것뿐이었다. 옴부즈맨 프로그램의 '가차 없는 윤리적 잣대'조차 벗어날 정도로 한국의 다큐멘터리는 누구에게나 '좋은' 프로그램으로, 없어서는 안 되는 '중요한' 프로그램으로 인정받는다. 그럼에도 불구하고 그만큼의 파급력도, 관심도, 재미도 없는 프로그램. 이것이 한국 다큐멘터리의 현주소다.

　　매체가 한정되어 있을 때에는, 잘 알려지지 않는 현실을 그대로 보여 주는 것만으로도 다큐멘터리는 사회 안에서 엄청난 영향력을 지닐 수 있었다. 현장을 그대로 담은 영상과 그를 설명하는 내레이션만으로도 다큐멘터리는 충분히 신선할 수 있었다. 그러나 지금은 그야말로 정보가 넘쳐나는 세상이다. 인터넷 언론은 다큐멘터리보다 훨씬 신속하고 충격적인 정보를 전달하고, 독립영화감독들은 자극적이고 새로운 메시지를 실험적인 방식으로 전달한다. 각종 시민 단체들은 공중파 다큐멘터리보다 훨씬 다양한 이슈를 담은 다큐멘터리를 만들어 내고 있고, 탐사 프로그램은 다큐멘터리보다 현실의 부조리와 비리를 날카롭게 고발하고 있다.

　　이처럼 매체가 넘쳐나고, 프로그램을 제작할 수 있는 사람이 점차 많아지는 상황에서, 공중파 다큐멘터리는 어떤 차별적 역할을 할 것인지 고민해야 한다. 중요한 것은, 아무리 시대가 변했어도 아직까지는 공중파 방송국이 가장 좋은 인력과 자본과 기술을 가지고 있다는 것이다. 따라서 좋은 자원을 충분히 활용한 양질의 다큐멘터리가 공중파 방송국의 새로운 돌파구이자 막중한 임무일 수 있다. 최근 인문 분야의 베스트셀러 1위는 BBC의 다큐멘터리를 바탕으로 만들어진 '행복'이라는 책이다. BBC는 프로그램을 위해 3달 동안 직접 마을에서 심리학적 이론을 실험하고, 그 결과를 다큐멘터리로 제작했다. 이렇게 충분한 제작 시간과 적극적인 투자로 만들어진 다큐멘터리는 내용이 탄탄하고, 울림이 클 수밖에 없다. 뿐만 아니라 잘 만들어진 다큐멘터리는 새로운 부가가치도 창출한다. '명품 다큐멘터리'를 선언한 KBS 아시아 대기획 〈차마고도〉는 이미 해외 수출 계약을 맺은 상태이고, 신문이 NIE^Newspaper In Education로 활용되는 것처럼 잘 만들어진 다큐멘터리는 학습 교재로 사용될 수도 있을 것이다.

　　새로운 다큐멘터리를 위한 다양한 실험도 계속되어야 한다. 미시사 등 새로운 소재도 끊임없이 발굴되어야 하며, 문화 다큐, 페이크 다큐 같은 새로운 형식도 좀 더 많이 실험되어야 한다. 영상에서도 파격적인 시도가 이루어져 내레이션에 지나치게 의존하는 지금의 틀에서 벗어날 수 있어야 한다. 형식적 실험이 너무 지나쳐서는 곤란하겠지만, 메시지를 좀 더 효율적으로 전달하기 위해, 그리고 시청자들에게 좀 더 친근하게 다가서기 위해 여러 가지 시도를 해 볼 필요가 있다. 또한 좀 더 근원적이고 파격적인 실험도 함께 고려되어야 한다. 5분 동안 압축적으로 메시지를 전달해 좋은 반응을 얻고 있는 〈지식채널 e〉나 5부작이라는 새로운 형식을 통해 휴먼 다큐멘터리의 새로운 전성기를 연 〈인간극장〉처럼 프로그램 '틀' 자체의 변화도 고려해 봄 직하다.

Comment by 정혜경 PD ‖ 다큐멘터리는 무엇인가? 프로그램들의 혼합과 장르 넘나들기가 일상화된 상황에서 현재 제작되는 프로그램들 중 어떤 것들이 다큐멘터리로 분류될 수 있는지 생각해 보자. 다큐멘터리의 역할에 대해서도 생각해 보자. 다큐멘터리는 어떤 역할을 담당하고 있는가? 다큐멘터리를 제작할 때 필요한 요소들은 여러 가지가 있을 수 있다. 사실성, 시의성, 참신성, 객관성, 영향력 등. 물론 모든 요소를 두루 갖추어야 할 것이지만 각각 성격이 다른 다큐멘터리들은 어떤 점에 각각 집중해야 하는가? 예를 들어 〈KBS 스페셜〉 제작에 있어 가장 중요하게 생각해야 하는 것은 무엇인가? 〈환경스페셜〉은 어떤 점에 중점을 두어야 하는가?

{
한국 다큐멘터리 무엇이 문제인가?에 대한 글쓰기
# 감성 다큐와 대형 기획으로 승부수, 그 결과는?
}

課題 ③ 정아란

수업에서 다양한 다큐멘터리를 조금씩 맛본 적이 있다. 선생님은 전 세계적으로 다큐멘터리가 유례없는 르네상스를 맞고 있다고 말씀하셨다. 대중적으로 인정받는 다큐멘터리도 늘었고, 시적 다큐, 마이클 무어식의 핫한 다큐 등 다큐의 기법들도 풍부해졌다는 것이다. 우리나라의 다큐멘터리 제작 현실은 르네상스를 맞았다고 하기에는 여전히 힘들어 보이지만 〈영매〉나 〈송환〉, 〈우리학교〉처럼 화제를 모은 다큐도 늘어나 이제 극장에서 다큐멘터리를 만나는 건 그리 어려운 일이 아니다. 카메라를 잡는 손이 다양해진 점도 특징이다.

TV 다큐멘터리도 달라졌다. 몇 년 전까지만 해도 우리나라에서 TV 다큐멘터리하면 사회, 정치적 문제를 제기하는 영상 기록물을 뜻했다. 그러나 요즘 주목받는 다큐멘터리는 MBC 휴먼 다큐 시리즈 '사랑'이나 '행복한 부부, 이혼하는 부부'처럼 일상적이고 감성적인 소재를 다룬 다큐들이다. 이러한 변화는 무겁고 딱딱하다고 생각했던 다큐의 폭을 넓히고, 시청자에게 더 가까이 다가왔다는 점에서 반갑지만, 다큐멘터리에 위기가 찾아왔다고 얘기하는 사람들도 있다. 한국 TV 다큐멘터리는 왜 위기인가.

지나친 개입은 피로감

카메라 렌즈는 완벽히 객관적일 수 없다. 객관이 최고의 선(善)도 아니다. 오히려 뚜렷한 메시지나 철학 없이 팩트라고 생각되는 것들만 모아 놓은 다큐멘터리는 무의미하다. 공중파 다큐멘터리의 문제는 그 메시지나 철학을 보여 주기 위해 너무 지나친 개입을 해 왔다는 데 문제가 있다. 그리고 그 개입의 손쉬운 방법이 내레이션이다. 단순히 사회문제를 고발하고 해석하는 시사 다큐멘터리뿐만 아니라 다큐 미니시리즈나 휴먼 다큐에서도 내레이션의 과잉이 쉽게 발견된다. 거의 1초를 쉬지 않는 내레이션은 조그만 행동 하나하나의 의미까지 해석해서 알려 준다. 휴먼 다큐에서 빡빡하게 들어찬 내레이션은 감동을 쥐어짜는 느낌마저 든다. 오죽하면 '변사 다큐멘터리'라는 말까지 나올까.

생각할 여백을 주지 않고, 이건 이러한 의미고, 저건 저런 의미라고 끊임없이 유도하는 프로그램은 시청자로 하여금 피로감을 느끼게 한다. 그리고 하나같이 내레이션이 과잉된 프로그램은 소재만 바뀌지 식상하다. 내레이션의 기름기를 빼도 맥락을 이야기하는 방법은 충분하다. EBS 〈시대의 초상〉과 같은 프로그램은 내레이션 없이 진행되지만, 뭔가 모자란다던지 내용을 이해하기 어렵다던지 하는 반응을 찾기 어렵다. 이제 TV는 무언가 말해야 한다는 강박을 걸어 낼 필요가 있다.

빠듯한 제작 시스템, 대형 기획 승부수

〈HD 역사스페셜〉에서 PD들은 두 달에 걸쳐 프로그램을 만들었다. 돌아가면서 1주에 1편을 만들지만, 한 편을 끝내자마자 PD들은 다음 프로그램 준비로 다시 바빠졌다. 비좁은 봉고차로 상징되는 PD들의 제작 모습은 빠듯해 보였다. 더 넉넉한 기간과 더 많은 인력·제작비를 동원할 수 있는 제작 환경에 대한 아쉬움이 클 수밖에 없다. BBC나 NHK 다큐멘터리를 굳이 예로 들지 않더라도 제작 기간만 3년, 12억 5천만 원의 제작비가 투입될 정도로 공을 들인 KBS 〈도자기〉의 성공은 이를 역으로 증명한다.

최근 1~2년 사이 이렇게 '웰 메이드well made'를 표방하는 대형 기획 다큐를 만들려는 시도들이 늘어났다. 단순히 내용이 탄탄한 것이 아니라, 미적 감각도 넘치는 프로그램말이다. 게다가 시장성을 가진 콘텐츠로도 유용하다. 최근의 대형 다큐멘터리에서 두드러지는 경향은 역사 다큐의 경우, 한국사에 국한하지 않고 다양한 세계사를 심도 있게 짚어보는 시도들이 많아진 것이다. MBC의 〈난징대학살〉, 〈러시아 혁명 5부작〉이 그 예다. 그리고 '마음'처럼 다큐로 풀어내는 것이 쉽지 않아 보이는 추상적인 개념들이 대형 기획의 소재가 된 것도 눈에 띄는 변화다. 그러나 엄청난 제작비나 기간을 고려해 볼 때 대형 기획으로만 늘 승부할 수는 없는 일이다. 대형 기획과 감성 다큐에 묻혀 점점 그 힘을 잃어가는 주당 1편 제작 환경을 좀 더 보강할 필요가 있다.

다양함 속의 빈곤

다큐멘터리들이 다루는 주제의 스펙트럼은 많이 늘어났다. 일상에 대해 조명하는 감성 다큐도 그렇고, 웃음이나 마음, 행복처럼 추상적 소재를 다루는 다큐도 그렇다. 그러나 오히려 소재의 빈곤을 지적하는 목소리도 높다. 물렁물렁하고 먹히는 프로그램만 만든다는 비판 말이다. 환경만 해도 중요한 사회 이슈로 뜨는 세상인데 정작 환경 프로그램은 SBS 〈물은 생명이다〉와 KBS 〈환경스페셜〉 정도가 고작이다. 환경이란 것은 다양하기 그지없는데, 그나마 이들 프로그램도 좁은 범위의 환경을 다루는 데 그치고 있다. 그러나 환경 같은 이러한 마이너 소재들에 대해서도 시청 의지를 가진 사람들이 분명히 존재하고, 이를 발굴하는 노력도 방송의 새로운 블루 오션을 키울 수 있다.

소재뿐만 아니라 다큐 촬영이나 구성에 있어 PD가 자신만의 스타일을 뚜렷이 만들어 나가려는 시도도 다양성을 꾀하는 데 중요하다고 생각한다. 드라마처럼 연출자의 색깔이 묻어나는 다큐 브랜드를 확립하는 노력을 기울여야 한다. 내용보다는 편집이나 음향 같은 포장에만 신경 쓴다고 비판하는 이도 있지만, 비슷비슷한 다큐 프로그램이 넘치는 상황에서 색깔이 뚜렷한 작품을 만드는 것도 애청자를 키우는 전략 중의 하나가 될 수 있다.

제11일 課題 總評 by 홍경수 PD

방송에서 가장 무게감 있는 장르가 다큐멘터리인 만큼 말도 많고 탈도 많은 장르다. 관심의 밀도가 다른 장르에 비해 높다는 것이다. 외국의 다큐멘터리를 보면 한국의 다큐도 외국 것 못지않다고 생각될 만큼 한국의 작품이 수준 높은 것도 많다. 하지만 다큐의 천편일률성은 한국의 제도권 교육이 갖는 폐해가 방송에까지 미치는 영향력의 결과인지도 모른다. 새로운 실험에 대해 '지나치다' '가볍다'고 일축하고, 이제까지 해온 제작 문법을 따르라는 교조주의적인 태도가 엄존한다. 최근 들어 새로운 다큐들이 등장하고 있는 것은 확실하다. 이 새로운 물결은 기존 다큐와 어떤 점이 다른지 찬찬히 비교해 보자. 한국 다큐멘터리의 문제점에 대해서는 손현철 PD가 정리한 '한국 방송 다큐멘터리의 정체성과 발전 방향'이란 글을 PD 저널 홈페이지에서 찾아볼 수 있다.

나는 이렇게 만들고 싶다

{ 기획안 쓰기 }

기획안 쓰기

우선 기획안이라는 부분과 쓴다는 부분을 나누어서 이야기하자. 기획이란 플래닝^{planning}으로 급하게 번역될 수 있는 단어다. 예전에 대기업에서 가장 중요한 부서가 바로 기조실(기획조정실)이었다. 지금도 사업을 기획하는 일이 무척 중요하다. '시작이 반'이라는 말도 기획의 중요성을 드러내는 격언이라 생각한다. 읽으라고 권하는 책 『마케팅 불변의 법칙』에서 가장 기억에 남는 한 가지는 "첫 번째를 기억한다."이다. 시작한다는 일은 어떻게 보면 역사를 만드는 일이다. 역사를 만드는 일인 만큼 기획이 쉬울 리가 만무하다. 반면 시작이 반인만큼 하겠다고 마음먹는 순간 이미 50퍼센트는 완성된 것이다.

그러므로 가장 중요한 일은 일단 펜을 들든, 마음을 먹든 **시작하는** 것이다. 자신을 개입시키기 시작하면 몸이 그 방향으로 움직인다는 것이다. 『연금술사』에서 나오는 "무언가를 간절히 원할 때, 온 우주는 자네의 소망이 실현되도록 도와준다네." 라는 구절을 새삼 떠올려 보는 것도 좋다. 그렇게 새로운 것을 만들어 보겠다는데 비슷한 것이라도 만들어지지 않을까. 일단, 간절한 마음을 갖는 것이 필요하겠다.

두 번째는 기존의 **프로그램을 돌아보자.** 모든 시험의 기본은 기출 문제를 확인하고 경향성을 찾아내는 것이다. 시험 내용이 아주 달라지지 않기 때문에 기출 문제를 분석하는 것이 매우 중요하다. 지금 아니면, 지금까지 방송된 프로그램의 흐름을 요약해 보자. 다큐멘터리는 연성화된 다큐들의 등장과 스타일이 중시된 프로그램이 많이 보인다. 오락은 복고적인 정서를 콘셉트로 인포테인먼트 강세고,

전남 신안군 증도 염전에서 연 석양을 등지고 만든 〈섬마을 음악회〉
∥ 좋은 기획은 프로그램의 절반이다.

드라마는 역사 드라마의 부활, 트렌디의 퇴조…… 얼핏 생각나는 정도가 아니라, 구체적인 사례를 조사해서 경향을 분석하고 왜 이런 일이 생기는지도 생각해 보자. 다큐의 경우 태년이가 이야기한 것처럼, 진정성이라는 부분의 중요성을 다시 한 번 환기하는 것도 좋겠다. 그렇다면 앞으로 생겨나야 할 새로운 기획은 스타일을 휘날리는 그런 프로그램과는 달리, 깊이 있는 진중한 다큐멘터리 쪽으로 흐를지도 모른다. 어려운 것을 싫어하는 대중을 위해 새로운 장치가 추가되어야 하는 것은 물론이다. 오락 프로그램의 경우, 인포테인먼트의 강세 후, 다시 순수한 오락의 즐거움으로 회귀할지 아니면, 인포테인먼트 쪽을 더 강화하는 방향으로 가야할지 판단해야 한다. 오락 프로그램에 대한 한국 사회의 편견들 때문에 인포테인먼트 프로그램은 일종의 방패 역할을 할 것이라 생각한다. 따라서 인포테인먼트는 지치고 지칠 때까지는 쉽게 버릴 수 있는 카드가 아니다. 게다가 장르 혼용으로 교양과 오락의 경계가 사라지고 있는 마당에 쉽게 교양의 영역을 건드릴 수 있다는 장점을 포기하기도 쉽지 않을 것이다. 그렇다면 진일보한 인포테인먼트 쪽도 당분간은 대세가 되겠다. 드라마는 잘 모르겠다. 다만, 지나친 역사 소재에의 경도는 불경기와도 연관 있다고 말하기도 하지만, 거부감을 줄 수도 있을 듯하다. 드라마의 가장 큰 맹점은 새로운 형식이 보이지 않는다는 것이다. 소재를 바꾸는 것이 거의 유일한 변화다. 물론 〈한뼘 드라마〉나 〈궁〉처럼 새로운 형식이나 접근법이 없는 것은 아니다. 새로운 틀을 만들지 않는다면 지상파 전체의 점유율이 점점 줄어들고 있듯이 TV의 미래는 어두울 것이다.

셋째, **트렌드를 대입해 보자**. 다른 장르의 흐름들, 뮤지컬, 만화, 요리, 패션, 자동차, 여행, 취미, 출판, 인터넷 등 다른 장르에서의 흐름을 대입해 보자. 한국에서 요리 프로그램이 안 된다는 편견을 뒤집고 SBS의 〈도전! 맛 대 맛〉은 대성공을 거두었고 타사도 많은 음식 프로그램을 만들었다. 이것은 맛에 대한 사회적 흐름 때문이다. 지금 대중문화의 흐름을 살펴볼 필요가 여기에 있다.

넷째, **깊이 사색해 보자**. 자, 생각해 보자. 장르의 흐름도, 트렌드도 대략 파악되었다. 어떻게 만들 것인가 생각해 보자. 그리고 조그만 생각이라도 난다면 이것을 기록하자. 왜냐하면 새로운 생각은 이전 생각에 빚지기 때문이다. 과학자 뉴턴이 "제가 더 멀리 보았다면, 그것은 거인들의 어깨 위에 서서 보았기 때문"이라고 이야기한 것처럼. 간절함과 깊은 사색이 결합되면, 새로운 아이디어는 샘물 솟듯이 조금씩 차오르기 마련이다. 그러면 샘물을 길어 올리면 된다. 이렇게 해도 잘 이해가 안 될 것이다. 직접 해 보지 않으면 관념적으로만 들리기 때문이다. 그러므로 기획안을 써 보자.

광고 모델로 나서는 연기자들의 경우가 그러하듯 기획안의 글쓰기에는 자신의 모든 것이 순간적으로 농축되어야 한다. 〈대장금〉의 이영애는 광고 찍을 때 자신이 가진 모든 것을 짧은 시간에 쏟아 붓는 노력을 기울인다고 한다. 그녀가 최고의 광고 모델로 성과를 올린 것도 그녀의 연기 철학에 바탕을 두고 있다. 그녀는 〈대장금〉 마지막 장면 촬영 시에도 광고와 마찬가지로 자신의 모든 것을 쏟아 부었다고 일본 매체와의 인터뷰에서 밝혔다. 기획안에 우리가 가지고 있는 모든 재능을 쏟아 부어야 한다. 좋은 기획안에는 다음과 같은 요소들이 들어 있다.

첫째, 내용에 깊이가 있어야 한다. 인터넷 시대의 글쓰기의 특징은 방대한 양이다. 긁어 오기가 가능한 시대가 되다 보니, 이것저것 긁어 많은 양을 쉽게 채울 수 있다. 하지만 이것의 맹점은 깊이가 없다는 것. 깊이 없는 양은 아무런 소용이 없다. 단어 하나하나 문장 한 줄 한 줄에 깊이가 느껴져야 한다.

둘째, 간단명료해야 한다. 사회 생활하는 사람의 필독서 『원 페이지 프로포절The One Page Proposal』에서는 정책 결정자들이 수많은 서류를 보기 때문에 한 페이지에 모든 내용을 응축시키는 '1페이지 프로포절'이 효율적이라고 말한다. 한 페이지로 어떻게 깊이 있게 이야기한다는 말인지 고민스럽지만, 한 페이지로의 요약과 보충 자료의 첨부라는 형식을 사용하는 것도 한 가지 방법이 되겠다. 물론 한 페이지에 깊이 있게 정리할 수 있다면 그것은 최고다.

셋째, 마케팅 툴을 사용하자. 마케팅 툴이라고 해야 간단하다. 이것이 시장에서 어떻게 포지셔닝하고 어떤 식으로 발전되어야 하는지를 예측하는 것이다. 즉, 기획 의도를 장황하게 쓰기보다는 간단히 쓰고, 콘셉트라는 항목으로 프로그램을 요약한다.

기획안 끝에 '기대 효과'라는 항목으로 향후 효과를 예상한다. SWOT^{Strength, Weakness, Opportunity, Threat} 분석이라는 틀을 써서 강점, 약점, 기회, 위기 요인을 분류해 본다. 이 네 가지 분석을 통해 상품, 가격, 유통, 프로모션의 유기적 결합을 모색해 본다. 그 외에도 시청률 데이터 분석이라든지, 프로그램 경향성 분석이라든지 양적인 분석의 요소를 추가해 보자. 많은 기획안들이 질적 분석의 방법(입으로만 때우는, 혹은 감에 의존하는)을 사용해 왔으므로, 좀 더 객관적인 방법이 오히려 참신한 설득력을 갖지 않을까 한다.

넷째, **강한 확신을 담자.** 사람이건 물건이건 강한 자기 확신이 있는 쪽은 매력적이다. 기획안에도 기획자의 고집이 강하게 느껴져야 한다. 우리가 물건을 살 때, 파는 사람의 확신이 있는 쪽으로 구입하게 되는 것이 인지상정이듯, 기획안을 스크린하는 사람 역시 불안하다. 왜냐하면 기획안만 보아서는 어떤 프로그램이라고 100퍼센트 그림 보듯이 볼 수 없기 때문이다. 그리고 이 프로그램이 시장에서 먹힐지에 대해서는 더더욱 모른다. 스크린하는 사람(상사일 수 있고, 경영자일 수 있고, 시청자일 수도 있는)들도 어차피 모르는 물건을 고르는 소비자 입장과 다를 것 없다. 따라서 강한 자기 확신을 담아서 호소해 보자.

다섯째, **독특한 형식.** 각종 경연 대회에서 참가 번호 1번이 갖는 의미는 두드러진다. 처음으로 심사자의 인지의 들판에 첫발자국을 내는 것인 만큼, 강한 인상을 주고, 그 이후에는 어지간해서는 첫인상을 뛰어넘지 못하는 것이 인지 구조이기 때문이다. 원서 접수가 빠를수록 좋다는 이야기이다. 아니면 아예 꼴찌를 하던가. 이런 사소한 순서의 문제를 넘어서서 형식이 독특하다면, 강한 인상을 줄 수 있겠다. 하지만 깊이나 과학적인 설득력이 부족한 형식은 '실험'으로만 끝나기 쉽다. 세상에 실험은 너무나 많다. 아마추어들이 하는 것이 다 실험이라는 이름으로 간판을 걸 수도 있기 때문이다. 방송

방송 프로그램의 안착을 위해 상품과 마찬가지로
포지셔닝을 하기도 한다.

에서 원하는 것은 '실험'이 아니라, '실험적인 성공'을 원하는 것인지도 모른다. 실험적 독특성을 추구하라.

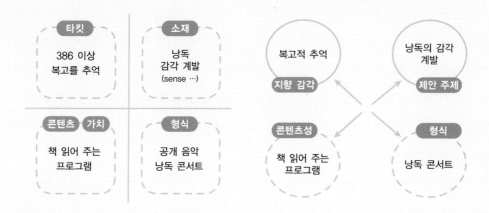

제12일 · 인턴 과제

01   자신이 좋아하는 프로그램의 기획안을 구해 보라.

02   각각의 기획안의 구성 요소가 다르다. 즉 기획 의도, 구성, 내용, 기타 등. 나는 어떤 요소를 취할 것인가?

03   다음의 방송 프로그램을 보고 역으로 기획안을 만들어 보라.
　　〈스펀지〉, 〈무한도전〉, 〈지식채널 e〉

{ 프로그램의 시작이자 '절반', 기획하기 } 日記 ① 이미영

내가 참여했던 프로그램은 〈KBS 스페셜〉의 〈식탁 안전 프로젝트 시리즈〉였다. 어느 날 PD님께 수많은 음식 중에서 어떤 식으로 구체적인 아이템을 잡냐고 여쭈어 본 적이 있었다. PD님은 책이나 신문을 보면서, 혹은 제보 전화를 통해 아이템을 선정하신다고 하셨다.

프로그램을 기획할 때 중요하다고 PD 분들께서 공통적으로 꼽았던 것은 '왜 지금 이 시점에?'라는 시의성과 '무엇을 위해 이것을 하는가?'라는 프로그램의 의의였다. 특히 프로그램을 구상할 때 세부 구상에 매달릴 것이 아니라, 프로그램의 '큰 방향성'에 주목하는 것이 중요하다고 항상 강조하셨다. 특히 한 PD님께서는 촬영, 편집 등 프로그램을 '만드는' 과정에 바쁘다 보면 처음에 왜 그 프로그램을 하려고 했는지를 잊는 경우가 많다며 후배들에게 프로그램의 주제를 한 문장으로 적어 촬영이나 편집 때 꼭 지니라는 조언을 한다는 말씀도 하셨다.

아이템을 잡고 나면 자료 조사를 하게 되고, 그를 바탕으로 구체적인 구성안을 작성한다. 구성안은 우리가 글을 쓸 때 만드는 개요 같은 것이라고 생각하면 된다. 인턴 생활 동안 내게 맡겨진 가장 큰 숙제 중에 하나가 바로 구성안 작성하기였다. 어느 날 PD님께서는 내게 세 쪽짜리 구성안 견본과 관련 논문을 던져 주시고는, 논문을 바탕으로 프로그램 구성안을 만들어 오라는 숙제를 내 주셨다. 하루

만에 완성해야 했기 때문에 새벽 3시까지 졸린 눈을 부비며 작성해야 했지만, 그만큼 하고 나서 뭔가 거대한 일을 한 것 같아 뿌듯했었다. 그 다음날 검사를 받았는데, PD님께서 그대로 프로그램 만들어도 되겠다며 잘했다고 칭찬해 주셔서 한껏 더 신나기도 했다.(물론 나중에 본격적인 구성안 회의를 하면서 내가 만든 구성안이 정말 부족했었다는 것을 깨달았지만.)

구성안을 만들어 보면서, PD님이 작성하신 구성안을 보면서, 그리고 구성안을 가지고 회의를 하면서 알게 된 '구성안을 만들 때 중요한 점'은 다음과 같은 것들이다. 논문 개요가 아니라 방송 프로그램 구성안이기 때문에 각 소주제 당 몇 분을 방송할 것인지 대강의 시간 분배까지 이루어져야 하며, 영상도 고려해야 한다. 지루하지 않기 위해 프로그램에 강, 약을 적절히 주어야 한다. 실험 내용 보고처럼 딱딱하고 어려운 주제 다음에는 약간 가볍고, 영상이 많은 내용을 배치하는 식으로 말이다. 프로그램의 '큰 방향'을 잡는 것이 중요하며, 프로그램에 의해 누군가가 영향 받게 된다는 것을 생각하며 신중하게 문제에 접근해야 한다.

시작이 반이기 때문에 구성을 마친 것은 프로그램 제작 과정의 절반을 끝낸 것과 같다며 PD님께서 농담조로 말씀하시긴 하셨지만, 실제로 프로그램에서 기획 과정은 정말 중요한 것 같다. 특히 본격적인 촬영에 앞서 프로그램의 방향을 잘 잡아 두고, 세부적인 계획을 꼼꼼하게 세워 두어야 촬영 과정에서 어떤 돌발 변수가 출연하더라도 흔들림 없이 프로그램을 이끌어 갈 수 있을 것이다.

{ 공부하는 PD } 日記 ② 정아란

프로그램에 대한 기획안은 충분한 자료를 통해 브레인스토밍하는 과정을 통해 탄생한다. 〈역사스페셜〉 팀에서 내가 가장 인상 깊게 본 사무실 풍경은 PD님 들이 책을 놓지 않는 모습이었다.

'끊임없이 공부하는 PD'. 얼마나 멋진가. 아래는 최필곤 PD님이 〈정조 독살사건〉을 준비하실 때 PD님 책상 위에 쌓여 있던 책들의 목록을 대강 써 본 것이다. 줄잡아 스무 권은 넘는 책들이다.

『정조대왕의 꿈- 개혁과 갈등의 시대』, 유봉학, 신구문화사

『조선왕 독살사건- 조선 왕 독살설을 둘러싼 수많은 의혹과 수수께끼』, 이덕일, 다산초당

『조선시대 왕들의 생로병사』, 강영덕, 태학사

『영원한 제국』, 이인화, 세계사

『유물로 읽는 우리 역사』, 이덕일, 이희근, 세종서적

『정조의 화성행차 그 8일』, 한영우, 효형출판

『조선시대 당쟁사』, 이성무, 동방미디어

『당쟁으로 보는 우리역사』, 이덕일, 석필

『영조와 정조의 나라』, 박광용, 푸른 역사

『박제가와 젊은 그들』, 박성순, 고즈윈

『조선유학과 서양과학의 만남』, 박성순, 고즈윈

『새로운 천년 불씨 18인』, 고재웅, 김창옥, 매가북스

『콤플렉스로 역사 읽기』, 신용구, 뜨인돌

『사도세자의 고백』, 이덕일, 휴머니스트

〈역사스페셜 VOD 조선 후기〉, KBS

『66세 영조, 15세 신부를 맞이하다』, 신병주, 효형출판

『조선의 왕』, 신명호, 가람기획

『문화군주 정조의 나라 만들기』, 이이화, 한길사

〈영원한 제국 DVD〉

『조선 왕실 기록문화의 꽃, 의궤』, 김문식, 신병주, 돌베개

나도 PD님이 건네주신 책 여러 권과 학교 도서관에서 찾아온 자료들, 영화 〈영원한 제국〉 DVD도 보았는데, 책 한 권 읽는데 만 하루를 다 잡아먹어 핀잔 아닌 핀잔을 들은 적이 있었다. 우리나라의

PD 제작 환경이 BBC나 NHK에 비하면 훨씬 힘든 만큼, 나처럼 세월아 네월아 하다가는 책 읽다가 제작이 끝나는 수가 있다. 〈역사스페셜〉 PD는 이렇게 많은 책과 영상물의 자료들을 오물조물 잘, 빨리 씹어서 자기 것으로 만들어야 한다. 이렇게 많은 것들 중에서 자기한테 필요한 것만 쏙쏙 잘 건져내야 하는 것이다. PD는 '학습력이 좋아야한다'는 한 베테랑 자료 조사 요원의 말을 실감하는 시간들이었다.

{ 방송국 밖에서는 '경계 허물기'가 유행인데, 아직 방송국은 드라마, 예능, 교양의 벽이 두껍습니다. 예를 들어 드라마PD가 다큐멘터리 속 재연극을 연출할 때 도움을 주거나 〈비타민〉같은 경우 교양PD와 예능PD의 협업이 시너지를 일으킬 것 같기도 한데요, PD와 PD간 서로 경계를 허물었던 예는 없을까요? **質問 ① 김태년**

홍경수 PD 答辯 ‖ 함께 작업하는 예가 없지 않았다. 역사 재연 프로그램에서 드라마 PD가 연출한 것이나, 예능 팀에서 다큐멘터리를 만들었던 적도 있다. 시청자의 반응과는 달리 제작진의 텃세 때문인지 반응은 그다지 좋지 않은 경우도 많다. PD들의 속성이기도 한데 자기의 세계에 연연하는 특성 때문인지 PD들끼리의 협업이 생각보다 어렵다. 유연한 팀제가 생긴다면 더 나아지지 않을까 생각한다.

{ 기획안을 만들 때, 아이디어는 주로 어디서 얻나요? **質問 ② 이미영**

홍경수 PD 答辯 ‖ 아이디어는 생활 속에 있다. 너무 뻔한 이야기이지만, PD들이 보고 듣고 만나고 느끼고 경험하는 모든 것에 아이디어는 잠재해 있다. 다만, 이것을 발견해 내고 발전해 내는 것이 중요하다. PD들의 취미 생활을 들여다보면 여행, 독서, 영화 보기, 사람 만나기 등인데 이것이 아이디어의 광맥인 것이다. 독특한 아이디어를 바란다면 PD가 남다른 취미를 갖는 것도 도움이 될 듯하다.

다른 장르에 비해 시사 프로그램은 획기적으로 새로운 프로그램 포맷을 만들기 어려운 것 같습니다. 방송 3사의 시사 프로그램을 보면 방송되는 아이템이 좀 다를 뿐, 거의 비슷한 포맷의 프로그램을 방송하고 있는데, 어떻게 새로운 돌파구를 찾을 수 있을까요?

홍경수 PD 答辯 || 시사 프로그램 기획이 어렵다면, 고강도의 아이디어 회의, 연구팀과의 합동 회의, 해외의 사례 연구, 타 장르의 혼성 모방 등을 통해 아이디어를 얻을 수 있지 않을까? 시사 프로그램의 가장 큰 효용이 사회 고발이라면, 이 효용을 키워드로 해서 아이디어를 발전시켜 보자.

제12일 　함께 보기 좋은 추천 자료

01 **알 리스, 박길부 역, 「마케팅 불변의 법칙」, 십일월출판사, 2000년** 마케팅에 대한 원칙들을 깨우칠 수 있는 불후의 마케팅론. 짧아서 읽기도 쉽다. by 홍경수 PD

02 **진중권, 「놀이와 예술 그리고 상상력」, 휴머니스트, 2005년** 책 자체가 톡톡 튀는 기획의 산물이다. 수록된 300여 컷의 그림을 읽고 곳곳에 감추어져 있는 크로스워드 퍼즐 같은 텍스트들을 발견하는 재미를 경험할 수 있다. 기획안은 창조적이어야 한다. 이 책을 통해 어떻게 창조적인 프로그램을 기획할 수 있을지 영감을 얻어 보자. by 김태년

03 **박원달, 「프로듀서는 기획으로 말한다」, 커뮤니케이션북스, 2006년** 실제 프로듀서들의 프로그램 기획담과 기획안 사례들이 가득하다. 기획의 기초부터 현직 프로듀서들과 기자들이 직접 쓴 기획서와 제작후기를 중심으로 한 다양한 기획의 출발점, 기획서 작성법과 그 사례를 보여 준다. by 이미영

04 **이외수, 「감성사전」, 동숭동, 2006년** 작가 이외수 마음대로 새로 정의한 국어사전으로 우리의 관념을 한 번씩 뒤집어 보는 책. 온갖 프로그램들이 넘쳐나는 세상에서 기획안은 특이해야 한다. 이외수의 멋대로 정의를 읽으면서 머리를 한번 뒤집어 보자. by 정아란

도시, 옷을 갈아입다

기획 의도 : 대한민국 도시에서의 삶은 너무나도 고단하다. 자동차가 내뿜는 매연과 지하철 역내의 쾌쾌한 냄새, 개성이라곤 찾아볼 수 없는 똑같은 모양의 빌딩들과 현기증을 불러일으키는 밤길의 네온사인들. 자연스러움을 거세당한 채 직선으로 복원된 청계천과 강변을 시멘트로 덮어서 만든 올림픽대로와 강변북로. 도시인들은 어디서 휴식을 취할 것이며 누가 위로를 해 줄 것인가.

지친 도시인들에게 한 가닥 시원한 바람이 되고자 이 프로그램을 기획하게 되었다. 매일 같이 걷던 똑같은 길의 벽에 누가 멋진 그림을 그려 놓았을 때, 인사동 한적한 골목에서 통기타 소리가 들릴 때, 빌딩의 옥상에 멋진 휴식을 선사할 한 그루의 나무와 벤치가 놓일 때 도시인들은 바쁜 일상에서 벗어나 한숨을 돌린다. 〈도시, 옷을 갈아입다〉는 삭막한 도시에 조그마한 예술적 감성을 불어넣어 줄 것이다. 잿빛 도시에는 그 도시만의 정체성을 부여하고 바쁜 도시인에게는 짜릿한 예술적 경험을 선사할 것이다. 서울이라는 삭막한 도시. 당신은 바꾸고 싶지 않은가?

제작방법 : ENG

방영시간 : 주 1회 20분물

구성 : 3~5회를 합쳐서 한 시리즈로 구성한다. 한 시리즈는 도시를 변화시킬 예술가를 선정하는 작업에서 시작해 실제 도시의 한 부분이 변화한 모습을 담는 것을 마지막으로 끝을 맺는다.

시리즈 아이템 예시

1. 쓸쓸한 도시에 신나는 음악을 – 아마추어 밴드를 섭외해 도시 곳곳에서 음악을 연주한다. 전기 콘센트가 없어도 연주 가능한 악기여야 한다. 지하철 역내, 버스 안, 재래시장과 빌딩 숲 사이에서 그들의 음악이 흘러나온다.

2. 만화는 도시를 웃게 한다 – 아마추어 만화가들을 모집해 빌딩 안 유리창에 아크릴 물감으로 만화를 그린다. 내용이 없고, 대사가 없어도 된다. 그들만의 개성이 들어간 만화가 그려진 유리창을 통해 보는 도시의

모습은 어떤 모습일까?

3. 티켓에 새 생명을 – 시각 디자이너들을 섭외해 우리가 흔히 쓰는 극장 티켓, 고속버스 티켓, 지하철 표, 현금 영수증 등에 재미난 문양을 넣는다. 단순히 쓰고 버리는 것에 머물렀던 작은 종이가 새삼 소중하게 느껴지지 않을까? 미래에 다시 꺼내 보며 추억에 잠기지는 않을까?

Comment by 홍경수 PD ‖ 훌륭한 기획이다. 지금 당장 문화 예술팀에서 프로그램으로 기획해서 방송해도 손색없겠다. 공공 미술에 대한 관심이 높다. 시대적 흐름과도 잘 맞고, 프로그램의 효용도 높다. 시청자들도 좋아할 프로그램으로 보인다. 누가 진행을 맡을지, 진행자가 없으면 내레이션을 누구를 시킬지 추가해 보자.

{
당신이 인생에서 꼭 만들고 싶은 프로그램 한 가지는 무엇인가?에 대한 기획안 쓰기
# 문화 놀이터
}
課題 ② 이미영

기획 의도 : 공중파 문화 프로그램이 고전을 면치 못하고 있다. 그동안 문화 프로그램은 주로 공연 현장을 별다른 설명이나 비평 없이 그대로 보여 주거나, 혹은 책, 공연, 음악 등 너무 많은 정보를 어렵고 딱딱하게 전달하여 시청자들의 외면을 받았다. 하지만 주 5일 근무제와 여가 시간의 확대, 그리고 삶의 질에 대한 관심으로 문화에 대한 관심이 높아져 가는 이때, 이러한 수요를 껴안을 수 있는 프로그램을 만들고자 한다. 특히 문화를 어렵거나 고상한 것이 아니라, 우리 삶에서 즐길 수 있는 쉬운 것으로 인식하는 것을 목표로 한다.

구성 및 내용

1) 내가 본 공연 : 기존의 공연 프로그램과 달리, 한 사람이 '느끼고 감상한' 공연을 보여 준다. 이를테면 영화감독이 뮤지컬 공연을 본다거나, 성악가가 대중음악 콘서트를 구경한다거나, 기존에 공연을 즐길 기회가 없었던 외딴 분교의 아이들이 방송국의 도움을 받아 공연을 보는 식으로, 특정 사람이 공연을 보고, 공연에서 가장 인상 깊었던 부분을 기록하고 설명하는 방식으로 영상을 구성한다. 공연을 중립적인 입장에서 그대로 전달할 때와는 다른 재미가 있을 것이다. 이를테면 영화감독이 뮤지컬 공연을 보면 영화와 다른 뮤지컬의 속성에 더욱 주목하게 될 것이며, 분교 아이들의 공연 감상기에는 아이들의 새로운 것에 대한 신기함이 묻어날 것이다. 촬영도 직접 관람하는 사람이 6mm로 찍게 하고, 그 외의 부분은 방송사의 카메라의 감독이 찍어 보완한다.

2) 길거리 문화 특강 : 서점의 예술 코너를 보면 이루마나 금난새의 음악책, 혹은 서양 미술사나 박물관을

재미나게 다뤄 인기를 끄는 '예술 대중서(교양서)'가 많다. 이 코너는 그러한 책처럼 딱딱하지 않고, 재미있는 문화 강의를 지향한다. 프로그램 초반에는 인지도가 있는 문화 예술가들을 중심으로 스튜디오에 초대해 다양한 분야에 대한 문화 강의를 실시한다. 어느 정도 프로그램이 자리가 잡히면 비교적 덜 대중적인 길거리 예술가 등이 '길거리'에서 모여든 사람들을 대상으로 강의하는 특집도 마련한다.

덧붙여서 : 언어 프로그램으로 '신조어로 세상 읽기', '프레임이 역사를 바꾼 사례' 같은 것 다루는 프로그램도 하고 싶고, '설문 조사나 통계 이용한 시사 프로그램'도 재밌을 것 같아요.

Comment by 홍경수 PD ∥ 주관적인 관점의 문화 향유가 좋다. 객관적이라는 미명 아래 행해지는 주관적인 관점이 기존의 미디어가 문화를 보는 시각이다. 수용자 개인적인 시각으로 문화를 보는 것이 흥미롭고 새로울 것 같다. 길거리 특강은 이미 있었던 프로그램 형식이라는 점이 난점이다. 좀 더 새로운 방법은 없을까? 같은 방법으로 기존의 프로그램을 극복하는 후발 프로그램도 많다. 하지만 새로운 것을 찾는 것이 PD의 숙명이니 다른 장치를 추가하건, 빼건, 대체하건 해서 새롭게 보이는 방법을 생각해 보자. 우선 길거리라는 이름부터 바꾸자.

{

당신이 인생에서 꼭 만들고 싶은 프로그램 한 가지는 무엇인가?에 대한 기획안 쓰기

당신들의 한국, 우리들의 한국

} 課題 ③ 정아란

기획 의도 : 이제 한국을 모르는 세계인은 없겠지만, 우리나라는 일본이나 중국보다 인기가 못하다. 과거부터 잘 알려지지 않았기 때문이다. 17세기부터 나가사키 데지마에 유럽인들이 드나들었던 일본이나 전 세계 물류의 중심지였던 중국이나 비교할 수가 없다. 그러나 한국에 각별한 기억을 묻은 외국인들도 전 세계 곳곳에 있다. 나는 울음이 나오는, 혹은 가슴이 벅찬 '당신들의 코리아'에 대한 기억을 모아 10부작으로 만들고 싶다.
그리고 한국을 알리는 홍보 비디오로도 사용될 수 있도록 한국관광공사와 계약을 맺어 진행한다. 나는 꼭 관광 인프라가 발달한 오늘의 한국만을 조명하는 것이 중요한 관광 전략이 아니라, 과거의 한국도 훌륭한 홍보 소재가 될 수 있음을 보여 주고 싶다.

구성 : 전 세계에 '한국에 대한 기억'을 응모한다. 기억이 꼭 직접적일 필요는 없다. 1세기 전, 조선과 연해주를 돌아보았던 이사벨 버드 비숍의 손녀딸이 할머니를 추억하며 쓴 엽서도 좋고, 10년 전 한국에서 개안 수술을 받았던 몽골 소녀가 어른이 되어 보낸 사연도 좋다. 기억을 담은 풍부한 영상물이나 자료가 있는지

에 유의해 10명의 감동적인 사연을 뽑는다.

진행자는 각 주인공들이 살고 있는 현지로 떠나, 그들이 간직해 온 자료들을 보고 이야기를 들으며 '당신들의 한국'을 함께 떠올려 본다. 그리고 함께 한국으로 돌아와 그 사연들이 숨어 있는 각지로 여행을 떠난다 (가능하다면 북한 측에도 협조를 구해 촬영하는 것을 고려한다). 그러나 과거 인연을 맺었던 사람들을 만나거나 당시 살았던 집터를 돌아보면서 추억을 더듬는 데만 그치지 않는다. 그곳에서 새로운 한국인과 추억을 쌓고, 새로운 한국의 모습을 느낄 수 있게 한다. 즉, '우리들의 한국'으로 재탄생시키는 것이다.

전 세계에 콘텐츠를 판매할 예정이기 때문에, 내레이션 원고도 중요하지만, 언어가 전달하는 한계를 뛰어넘을 영상미도 잘 살려서 찍는다.

진행자 : 10부작 모두 진행자를 바꿔 그 색깔을 달리 만들어 볼 생각이다.

편성 : 일요일 저녁 8시~8시 50분

Comment by 홍경수 PD ‖ 왠지 가슴 뭉클한 감동이 있을 것 같다. 좋은 소재이고, 접근 방법만 잘 잡으면 훌륭한 프로그램이 될 듯하다. 소재가 좋다. 반복되는 말이지만, 좀 더 구체적인 예, 즉 10부작이면 10부작의 주인공들을 좀 귀찮더라도 생각해서 예시해 보라. 지나친 최루성이나 감상에 젖기보다는 한 발자국 뒤떨어져서 객관적인 터치를 하는 것이 오히려 더 효과적일 것이란 생각이 든다. 〈인간극장〉 류의 프로그램은 너무 많다. 적절한 감정의 포지셔닝이 포인트일 듯하다. 마지막으로 지나치게 국수주의적이거나, 국정홍보처에서 만드는 듯한 냄새를 지우는 것이 최대 포인트.

할수록 어려운 것이 방송이라는 것을 절감하고 있다. 온 생을 다해 하고 싶은 꿈은 누구에게나 있다. 그 꿈에 근접해서 행복한 사람도 있는 반면, 꿈에 다가가지 못하고 마는 인생도 부지기수일 것이다. PD로서의 꿈을 가장 잘 드러내는 것이 자신이 인생을 걸고 만드는 단 하나의 작품일 것이다. 나는 쇼를 만들고 싶다. 누가 주인공이 될지 모르지만, 평생을 열심히 살아 온 누군가가 주인공이 되고, 그를 축하하기 위해 모인 사람들이 객석에 함께 하는. 방송이 시작되면, 주인공이 탄 차가 방송사 현관에 멈추고, 문이 열리고 레드 카펫을 밟고 주인공이 올라오면 무대에서는 음악 연주가 시작되고(진부하지만, 마이웨이 같은), 현관문이 타이타닉 마지막 장면처럼 열리면 객석 손님들이 기립하여 환영하고 주인공은 마이웨이를 부르며 무대로 향한다. 그는 무대에서 인사를 하고, 자신의 인생에 대해 독백을 하기도 하고, 낭독도 하고, 노래도 한다. 그가 보여 주는 뜨거운 이야기에 객석은 눈물바다가 되기도 하고, 웃음바다가 되기도 하고, 짙은 감정의 밑바닥을 헤집을 수 있는 아름다운 시간. 촬영하는 스태프들도 눈물을 뚝뚝 흘리며, 소리를 삼켜도 좋겠다.

녹화가 하이라이트를 향할 때, 연출자인 나는 '죽어도 좋다'고 생각하며 소름끼치는 감동을 채 느끼지도 못한 채 계속 카메라 커팅을 하고, 방송이 끝나면 무대로 내려가 그 출연자를 껴안고 뜨거운 감사를 보내는 그런 방송을 하고 싶다.

동방신기와 SMAP의 두근두근 요리쇼

기획 의도 : 한류의 열기가 예전과 같지 않은 이유는 여러 가지가 있을 수 있다. 그 중 가장 큰 이유는 거센 한류 열풍에 대한 일본인들의 거부감과 일본 스타들이 한국에서 큰 성공을 거두지 못한 것에 대한 반감을 들 수 있다.

일본에서의 한류가 몇몇 대형 스타들에 의존해 온 것이 사실이고, 후속타가 신통치 않았다는 것은 한류 기획사들의 큰 고민이었다. 배용준과 최지우의 성공은 일본 스타 시스템에서 미처 감지해 내지 못한 일본인들의 숨어 있던 취향 때문이었다. 하지만 그 후 한류 스타들은 배용준, 최지우의 전철을 밟으며 큰 반향을 일으키는 데 실패했다.

일본 스타들이 한국에 진출해서 뚜렷한 성공을 거두지 못하고 있는 것도 반감의 원인이다. 문화란 높은 곳에서 낮은 곳으로 흐르는 것이 아닌 주고받는 것이 되어야 한다. 그래서 최근 일본 콘텐츠들이 한국에서 리메이크 되는 현상은 반갑다.

한류 열기를 되살리기 위해서 우선 서로의 문화에 대한 이해가 선행되어야 하고, 스타들이 서로 교류하면서 시너지를 일으킬 수 있는 방법을 찾아야 한다.

〈동방신기와 SMAP의 두근두근 요리쇼〉에서는 서로의 문화를 이해하는 도구로서 '음식'을 택했고, 스타들이 서로 교류하며 시너지를 일으키기 위해서 한/일 최고의 스타인 동방신기와 SMAP를 캐스팅했다. 각 나라의 음식을 배우며 체험하며 서로의 문화를 이해할 수 있을 것이다. 또한 한/일 최고의 스타들이 서로 대결하며 우정을 쌓을 수 있는 장이 마련될 것이다.

제작방법 : ENG + ST

방영시간 : 60분

1회분 시놉시스 : 동방신기의 유노윤호는 일본의 요리 전문가를 찾아가 비법을 전수받고, SMAP의 초난강은 한국의 요리 전문가를 찾아가 전통 요리 비법을 전수받는다. 모진 고초를 겪고 요리법을 전수받은 두 사람은 방송국이 마련한 스튜디오에서 그들이 배운 요리를 뽐내며 실력을 겨룬다.

구성

1. 유노윤호와 초난강이 요리 비법을 전수받는 과정을 보여 준다. 커뮤니케이션의 문제, 문화의 차이 등으로 겪게 되는 문제들을 보여 주며 시청자의 공감을 얻는다. 예를 들어 초난강이 어른과의 식사에서 먼저 수저를 들고 밥을 먹는다거나 밥을 먹을 때 밥그릇을 들고 먹는 것 등을 보여 주면서 문화의 차이를 서로 인정

하는 후덕함을 보여 줄 수 있다. 그러면서 요리 고수와의 사이가 돈독해지고 서서히 비법을 전수받는 모습을 보여준다. (ENG)

2. 요리 비법을 전수받은 유노윤호와 초난강은 방송국에 와서 서로가 배운 한/일 전통 요리 실력을 뽐낸다. 그러면서 각 나라의 문화와 요리의 우수성을 자랑한다. 유노윤호는 일본 음식의 담백한 맛과 재료의 맛을 살리는 요리법을 자랑하고, 초난강은 발효 음식(김치, 된장 등)의 우수성을 자랑하는 식이다. 그러면서 요리를 완성하고 각각은 요리 전문가에서 평가를 받는다. (ST)

3. 요리하는 기간 동안 동방신기와 SMAP의 멤버들은 유노윤호와 초난강의 주변에서 입담을 과시한다. 서로 티격태격하는 면도 없지 않지만 나중에는 서로의 문화를 인정하고 우애를 나눈다. 전문가의 평가가 끝나면 다음 회에 출연할 멤버를 결정한다. (ST)

Comment by 홍경수 PD ‖ 〈SMAP*SMAP〉 같은 프로그램을 한일판으로 만든 느낌이다. 한국과 일본의 대중문화를 결합하여 시너지를 불러일으킬 수 있는 좋은 기획이다. 언어의 문제, 촬영 장소의 문제, 예산의 문제, 한일 공동 제작의 문제 등에 대해서도 생각해 보자.

한류의 열기가 예전과 같지 않다고 한다. 당신이 일본의 방송사 PD라고 생각하고 한류 프로그램을 기획하라.에 대한 기획안 쓰기

한류通

課題 ⑤ 이미영

기획 의도 : 한류의 첨병은 드라마, 음악 등 대중문화였지만 한류가 지속될수록 대중문화에 대한 관심은 한국 문화에 대한 관심으로 연결된다. 대중문화에 대한 관심을 한국 문화 전반에 대한 관심으로 연결시키는 것은 아주 중요하다. 대중문화를 넘어선 한국 문화에 대한 심층적인 관심과 접근은 국가 이미지 제고의 측면에서도, 국가 간의 상호 이해라는 측면에서도 바람직하다. 따라서 이 프로그램은 한국 대중문화를 접한 사람들이 한국 문화에 대해 궁금해 하는 것에 답을 하는 것을 통해 한국에 대한 이해를 높이고자 한다. 즉, 짧게 설명하자면 한국 문화를 소재로 한 일본판 '호기심 천국' 같은 프로그램.

구성 및 내용 : 다른 나라의 문화 텍스트를 보고 나면 다양한 궁금증이 생긴다. 실제로 미국에 배낭여행을 다니는 동안 중국인이나 일본인 친구들에게 드라마에서 비추어지는 한국 사회의 모습에 대해 상당히 많은 질문을 받곤 했었다. 따라서 이 프로그램은 외국인들이 한국 문화에 대해 갖는 질문을 받아 궁금증을 해결해 준다. 예를 들어 〈대장금〉을 본 중국인이 왜 한국 드라마에 한자가 나오는지를 궁금해 하면, 역사에서의 한-중 관계, 그리고 훈민정음의 역사와 한자와의 관계 등을 설명해 준다. 또 〈굳세어라 금순아〉를 본 외국

인이 시어머니에게 갖은 구박을 받으면서도 시댁에 사는 금순이를 보며 한국의 고부 관계는 정말 그러냐고 물어본다면 한국의 가족 문화 등에 대해 각종 자료 화면과 인터뷰를 곁들여 설명해 준다.

질문에 대답하는 방식은 일본에서 인기가 많은 젊은 스타를 리포터로 섭외하여, 그 리포터가 한국에 직접 방문해 좌충우돌하며 자료를 모으고, 관계 기관에 방문하여 한국인의 눈으로 보기에는 다소 우스꽝스러운 질문도 던지고, 길거리에서 사람들을 인터뷰하고, 한국 문화를 배우며 신기해하는 방식으로 재미나게 구성한다.

Comment by 홍경수 PD ‖ 일본판 〈호기심 천국〉이라는 명확한 콘셉트가 프로그램을 선명하게 했고, 스타 리포터가 대답을 구하는 방식이 재미있을 것 같다. 누가 진행자로 나서면 좋을지도 함께 부가하면 좋겠다.

{
한류의 열기가 예전과 같지 않다고 한다. 당신이 일본의 방송사 PD라고 생각하고
한류 프로그램을 기획하라.에 대한 기획안 쓰기

課題 ⑥ 정아란

열정한국(熱情韓國) 후지 TV 제작

기획 의도 : 더 이상 드라마 속의 한국은 약발이 먹히지 않는다. 한국 드라마는 매일 똑같은 내용이고, 한국 연예인들에 대한 관심도 시들해졌다. 한국 연예인들을 어렵게 토크쇼에 출연시켜도 반응이 영 예전 같지 않다. 이제는 TV 속의 한국이 아니라, 진짜 한국 사람, 한국 생활을 들여다보는 프로그램을 만들어야 한다. 일본인들이 한국에서 겪는 좌충우돌을 '쌩으로' 보여 주는 프로그램!

미션과 스타에 집중하는 것이 이번 프로그램의 전략이다. 우선, 사람들을 늘 짜릿하게 하는 것은 미션이다. 미션을 수행하는 과정에서의 에피소드들은 관심을 끌기 마련이다. 가깝지만 먼 나라, 말도 잘 통하지 않는 나라, 한국에서 미션을 수행한다는 것이 이 프로그램의 핵심이다. 미션들은 한국 문화나 생활과 관련된 것을 많이 포함한다. 미션을 모두, 가장 빨리 수행하는 사람 한 사람만이 한 장뿐인 도쿄로 돌아오는 비행기 티켓을 얻는다. 남은 한 명은 서울에서 부산으로 가서 배를 타고 일본에 도착하는 생고생을 해야 한다.

두 번째, 젊은 스타 출연진 커플을 대결시킨다. 최근 일본 드라마나 영화, CF에서 인상적인 연기를 보였던 커플들을 함께 섭외한다. 한국을 찾은 일본 스타들은 주로 영화 홍보와 기자 회견 정도에 그칠 뿐이었다. 그러나 그 찰떡궁합 스타들이 이제는 직접 한국의 길거리로 나서, 도쿄행 티켓을 얻기 위한 혈전을 벌인다.

내용

1) 1회 커플은 드라마 〈노다메 칸타빌레〉에서 멋진 호흡을 보여 주었던 우에노 주리와 나가야마 에이타 커

플이다. 이들은 하네다 공항 출국장 앞에 마련된 미션박스에서 다섯 장의 미션 카드를 뽑는다.

2) 각각 다섯 장의 미션 카드를 뽑아든 이들에게는 딱 5개의 물건만이 건네진다. 서울행 편도 티켓, 숙소가 그려진 지도, 서울 지도, 간단한 한국말 회화 사전, 로밍이 가능한 휴대폰. 돈은 한화로 10만원만 쓸 수 있다.

3) 이들은 김포 공항에 도착하는 즉시, 4박 5일 동안 각자가 뽑은 5개의 미션을 수행해야 한다. 각자 따로 움직이며, 가이드 등을 고용할 수는 없다. 그때그때 만나는 한국 사람들에게 도움을 요청해 미션을 수행한다.

4) 지금 예상해 보는 미션 카드로는 ① 서울 종로구 한식당에서 하루 아르바이트하고 시급을 받는다. ② 한국의 트로트 가수 장윤정을 찾아가 즉석 노래를 듣고 사인을 받는다. ③ 경복궁 앞마당을 청소한다. ④ 휴가 나온 한국의 해병대 군인과 사진을 찍는다. ⑤ 한글로 자신의 이름을 쓰는 방법을 알아내 플래카드에 쓴다. ⑥ 광화문 사거리에서 플래카드를 들고 내 이름을 한국어로 세 번 외친다. 등등이 있음.

5) 5일째 되는 날 오전 12시. 서울역 광장에서 만나 미션을 확인한다. 가령 나가야마 에이타의 승리! 에이타는 도쿄행 비행기 티켓을 쥐고 김포공항으로 떠나고, 우에노 주리는 부산역으로 출발!

Comment by 홍경수 PD ‖ 일본의 대중이 무엇을 원하는지 우선 정확히 알기는 어렵다. 하지만 한류 프로그램이라면 한국과 관련 정보에 대한 접근이 의미 있고 재미있게 이뤄지는 것이 중요하겠다. 일본의 스타가 한국에 도착하여 미션을 수행한다는 설정은 일본 시청자에게는 어쩔지 모르겠지만 한국 시청자에게는 큰 흥미를 끌 듯하다. 이것이 한일 공동 제작이라면 더 효용이 높겠다. 한류와의 연관성을 스타로 할 것인지, 아니면 한국이라는 나라로 할 것인지는 명확히 방향 설정을 해야 할 듯하다. 한일 공동 제작 등 제작 방식에 대해서도 언급하면 좋겠다.

제12일 　課題 總評 by 홍경수 PD

한류는 획기적인 역사적 사건이다. 근대 이래 한국의 대중문화가 일본의 한가운데인 안방으로 들어간 최초의 사건이다. 세계 최고의 콘텐츠 강국인 일본에 한국의 드라마가 팔리는 것이다. 물론 1990년대 중반까지만 해도 한국의 드라마는 일본 드라마를 베낀다는 혐의를 받아 왔다. 어쩌면 그 결과 일본 드라마보다 더 일본적인 드라마를 한국에서 만들고 있는지도 모른다. 한류에 대해서 학계에서도 논의가 폭넓게 진행되고 있다. 한류 현상에 대한 고찰을 바탕으로 한류에 요구되는 한국 방송사의 태도와 자세는 무엇일까 생각해 보자. 한류는 거품일까? 한류는 지속될까? 그 근거는 무엇인가?

받아쓰기에서 편집이 시작된다

프로그램 프리뷰

녹화가 끝나고 난 뒤에 남는 것은 방송 테이프와 취재 혹은 녹화할 때의 기억뿐. 기억은 아무리 잘 남아 있어도, 테이프가 없다면 소용없다. 테이프의 중요성에 대하여 한마디. 입사한 지 넉 달 만에 〈열린음악회〉 비엔나 공연 출장을 가게 되었다. 100여명이나 되는 스태프를 이끄는 조연출로서 잠도 제대로 자지 못하고 녹화 준비와 무대 감독을 맡았다. 녹화가 끝이 나고 스태프들이 뒤풀이를 하던 날 호텔방에 그대로 쓰러져 잠이 들었다. 큰 프로그램에 대한 긴장감 때문이라고 생각한다. 다음날 스태프들이 모두 돌아가고 나만 홀로 남게 되었다. 이유인즉슨, 독일 중계차를 임차했으므로 PAL 방식으로 녹화가 되어 있기 때문에 현지 중계차 회사에서 NTSC 방식으로 컨버팅^{converting} 한 뒤 테이프를 받아가야 했기 때문이다. 비엔나의 아름다운 겨울밤을 만끽하고 다음날 뮌헨 공항에서 독일 중계차 회사 담당으로부터 테이프를 넘겨받고 비행기에 타려는데 문제가 발생했다. 메인 테이프 2개, 서브 테이프 2개, ISO 테이프 2개 등 총 6개에다 이것을 NTSC 방식으로 컨버팅했으니 총 12개의 큰 테이프를 선물상자 2개로 손에 들려고 하는데 공항 탑승구에서 거절당한 것이다. 짐이 너무 크니 화물로 부치란 것이다. 잠깐 망설이다가, 몇 억의 협찬금을 받아서 녹화한 결과물이 이것뿐이라는 생각이 들자, 절대로 손에 들어야 한다고, 매우 중요한 물건이라고 수차례 이야기해서 결국은 들고 타게 되었다. 그때 든 생각은 만약 테이프를 잃어버리게 되면 어렵게 입사한 회사에서 곧 해고될지도 모른다는 불안감이었다. 비행기에 타서도 머리 위 선반에 놓을 수가 없었다. 그래서 승무원을 불러서 "당신 회사에서 협찬해서 제작한 테이프이니 보관해 달라."고 부탁했다. 승무원 전용 캐비닛에 보관하고

컨버팅 converting
바꾼다, 전환한다는 뜻을 가진 단어로 방송용 콘텐츠를 다른 플랫폼으로 전환하여 옮기는 것을 컨버팅이라고 한다. 아날로그 테이프를 디지털 테이프로 바꾸거나, 디지 베타 테이프를 VHS 테이프로 바꾸는 것 등이 한 예다.

열쇠를 잠그는 것까지 본 다음에야, 푹 자면서 귀국했다. 회사에 도착해서 하루 먼저 파리를 경유해서 출발한 스태프들, 특히 관현악단의 악기들의 상당수가 트랜스퍼 과정에서 분실되었다는 이야기를 들었다. 값비싼 악기가 분실된 것도 문제지만, 만약에 녹화한 테이프가 분실되었으면 어땠을까 하는 생각에 지금도 가슴이 철렁인다. 이처럼 녹화는 방송 테이프로 남는다. 아무리 기억이 좋아도 재현할 길이 없는 것이다.

방송사에는 틈틈이 메모가 붙는다. 잃어버린 방송 취재 원본을 찾는다는 가슴 아픈 이야기이다. 차라리 몇 백 만원하는 노트북을 잃는 것이 낫지, 대체 불가능한 방송 테이프를 분실한다는 것은 부끄럽고 안타까운 일이다. 잘 간수하고 정리하는 버릇이 필수적이다. 그렇지 않으면 언젠가는 한번쯤 테이프를 분실하지 않으리라는 보장이 없다.

방송에서는 '혹시나' 하는 경우에 무조건 대비해야 한다. 이런 경우에는 절대로 리스크를 질 필요가 없다. 서두가 길어졌지만, 녹화 테이프를 손에 쥐고 맨 먼저 해야 할 일은 녹화 테이프를 미리 보는 것(프리뷰)이다. 녹화 내용을 종이에 옮겨 적는 일이 우선이다. 이야기 내용은 물론이거니와, '흡' '에' '또' '음' 등과 같은 말버릇도 그대로 옮겨 적어야 한다. 그리고 이것이 완성되면, 이것을 놓고는 녹화 테이프를 쭉 프리뷰한다. 프리뷰 과정은 녹화 때 몸에 아로새긴 느낌을 되살리는 일이다. 아쉬운 카메라 워킹, 출연자의 표정, 진행자와의 미묘한 조화, 조명, 음향, 대본 등 다양한 요소들에 대한 느낌을 증폭시키고, 이것들의 의미를 판별하는 것이 필요하다. 비슷해 보이는 사물들이라도 실은 작은 차이를 갖고 있다. 그리고 이 조그만 차이들이 모여서 좀 더 큰 의미를 만들어 낸다. 이 의미들이 모여서 한줄기의 흐름을 형성하는 것을 느끼게 되는데, 이 흐름이 손에 잡힘으로써 편집의 방향이 결정되는 것이다.

즉, 언어적인 측면에서 어떤 내용은 살리고, 어떤 내용은 빼야할지를 결정한다. 이것은 이성의 활동

편집의 시작은 프리뷰다. 꼼꼼한 프리뷰는 좋은 편집의 필요충분조건이다.

같지만, 결코 이성의 영역만은 아니다. 살릴 내용과 빼야 할 내용의 점검 역시 감성의 차원에서도 고려되어야 한다. 방송은 시각 매체이고 이성과 감성의 교호 작용이 중요하기 때문이다. 눈으로 읽는 활자 매체와의 차이가 이것이다. 시각적 자극은 이미지로 인지되고 잘 알다시피 이미지는 모든 것을 삼키기 때문이다. 우선, 꼭 필요한 내용을 연필로 프리뷰 원고 위에 그려 보자. 그리고 이것들을 연결해 보면 지나치게 딱딱하든지, 연결이 안 되든지 할 것이다. 그렇다면 이것을 연결해 주는 부드러운 고리가 필요하다. 따라서 내용은 아니지만, 분위기를 전하는 부분이라든가, 약간의 농담이 들어갔다든가, 심지어 내용과는 무관하게 카메라 워킹이 뛰어나다든가 하는 비언어적인 부분도 추가되어야 하는 것이다. 익히 알다시피, 좋은 구성이란 딱딱한 이성과 말랑한 감성이 적절히 조화된 것으로 인식되기 때문이다. 연필로 그림을 그리다 보면, 알 수 있는 일 한 가지는 어떤 내용이든지 붙여 놓으면 어느 정도 연결이 된다는 것이다. 참 신기할 정도다. 따라서 편집에는 정답이 없고, 다만 '나의 편집'이 있을 뿐이다. 따라서 자신 있게 해야 한다. 시청자를 너무 어리둥절하게만 만들지 않으면 괜찮다. 좋은 문장은 접속사가 없이도 군더더기 없이 연결되는 것을 생각해 보면, 좋은 편집에도 연결고리나 군더더기가 굳이 필요하지 않다는 것을 알게 된다.

이렇게 완성된 편집의 설계도를 토대로 이제 편집을 해 보자. 편집을 하면서 이 설계도는 또다시 뒤집어질 것이다. 머리에 남는 기억과 실제 녹화된 사실 사이에는 간극이 존재하기 때문이다. 때로는 편견 때문에 사실이 과장되거나 축소된다는 것도 확인할 수 있고, 녹화 당시의 심리 상태 때문에 잘못 인식되는 경우도 있다.

편집기 패널에도 미리 보는 프리뷰 단추가 있다. PD는 프리뷰를 통해 일차적으로 전체적인 프로그램의 설계도를 그린다.

01 방송 대본을 구해 보자. 몇 번이고 읽어 보자. 흐름은 자연스러운가? 아니면 어색한가? 문장은 어떻게 연결되었는가?

02 다음의 프리뷰 원고를 보고 꼭 필요한 문장 5개만을 선택해서 빨간 펜으로 연결해 보자.

〈낭독의 발견 – SG워너비〉 편 Preview

4431 SG   (노래)

4837 （NG）

4913 SG   (노래)

4933 （NG）

4958 SG   (노래)

5358 MC   잘 들었습니다. 반갑습니다. 정말 SG워너비의 노래 한 곡으로 우리가 이렇게 정말 가슴 뜨거워지고 행복해질 수 있다는 거 다시 한번 실감하게 되는데요. 오늘 초대에 응해 부셔서 감사합니다. 네. 자리에 좀 앉아 주시구요.

5419 MC   오늘 낭독 무대는요 저희가 특별하게 준비해 해봤습니다. 나이, 세대를 다 뛰어넘어서 정말로 폭넓은 그리고 뜨거운 사랑을 받고 있는 만인의 연인 SG워너비. 차동하 씨, 그리고 김용준 씨, 김진호 씨 이렇게 세 분과 함께 낭독 콘서트로 준비를 해 봤습니다. 어떠셨어요? 정말 이렇게 아담하고 작은 이런 무대에서 노래하는 게 익숙하신가요?

5448 용준   예, 저희가 사실 이제 이런 무대보다는 많은 분들이 계신 공연장이나 시끄러운 분위기 속에서 노래를 많이 했었는데 오늘 이렇게 조용한 분위기 속에서 또 이렇게 첫 곡이 저희 '사랑했어요' 라는 곡인데, 굉장히 이 분위기랑 잘 묻어난 것 같아요. 그래서 너무 좋았던 것 같습니다.

5507 MC   어떠세요. 이렇게 좀 가족 같은 친숙한 분위기 좋으셨어요?

5509 진호   예, 너무 좋아요.

5511 용준   사실 굉장히 떨리구요, 네 사실 저희가 방송을 많이 하는 사람들이 아니어 가지구 오늘은 노래보다 말이 더 많잖아요. 낭독도 해야 하고 얘기도 많이 해야 하고 하는데, 사실 어떤 말을 해야 될지 사실 잘 모르겠구, 되게 긴장되는 시간이에요. 저희한테는.

5537 MC 그런데 그런 걱정을 하나도 안 하셔도 되는 게 제가 무대 뒤에서 지켜보니까 전화도 함께하시는 객석들의 눈빛이 이미 젖어 있구요. 미소를 감추지 못해서 손으로 입을 가리는 모습도 제가 지켜봤거든요. 그러니까 편하게 말씀하시면 될 거 같아요.

5554 동하 소리를 지르고 싶은데 못 지르시고 참고 계신 것 같아요.

5558 MC 아 진짜로 제가 세대를 다 뛰어넘는 사랑을 받고 계시다고 말씀드렸지만 오늘 객석을 보니까 정말 면면들이 십대 여고생에서부터 20대 30대 그리고 따님의 손을 잡고 오신 우리 어머님의 모습도 보이구요. 그래서 진짜 SG워너비가 얼마나 전폭적이고 폭넓은 사랑을 받고 있는가를 또 한번 느끼게 됩니다.

5622 용준 감사합니다.

5623 MC 너무 준비하셨다 대답하시는 것 같아요. 먼저 준비하신 사랑했어요. 요즘 3집 발표와 함께 정말로 많은 사랑을 받고 있는데, 저희가 웃으면서 얘기를 했지만 사실 내용은 떠나간 거잖아요. 사랑한 연인이. 그런데 정말 좋은 기억만 해달라 그러면 행복하다 실제 상황에서는 이러실 수 있을 거 같으세요? 어떠세요?

5647 동하 안돼요. 만약 실제 상황이라면 절대 그렇게 못할 거 같아요. 가사 내용은 뭐 날 잊고 행복하게 살아라. 저는 괜찮습니다. 하지만, 실제 상황이라면 말은 하겠지만 내 마음은 그게 아니겠죠?

5705 용준 그렇지만 정말 사랑했던 어쩔 수 없는 이별이라면은 좋은 기억이라도 남겨 주길 바랄 거 같애요. 오히려. 저같으면

5715 MC 우리 이렇게 또 침묵을 지키고 있는 김진호 씨는 또 어떠세요?

5721 진호 음 저도 그럴 거 같아요. 그… 좋은 기억을 간직하고 가 주세요 라고 말은 못하겠지만 보내줄 때 웃으면서 보내줄 거 같아요. 그런데 그렇게 길게까지 그런 마음들을 좋게는 말은 못할 거 같고 그냥 힘겹게 웃으면서 보내줄 거 같아요.

5745 MC 어. 이 SG워너비의 음악적인 감수성을 생각한다면 정말 폭이 없는 거 같아요. 굉장히 뭐 10대 20대 30대 40대 50대 그야말로 60대까지 넘어서는 모든 세대를 아우를 수 있는 느낌의 노래들 이거든요. 이렇게 애절하고 정말 완숙미가 나오는 것이 아픈 사랑을 해보지 않고서는 과연 가능했을까 싶은데 다들 정말로 풋풋한 20대 시잖아요. 어떻게 가능할 수 있을까요? 과연 비결이 있을까요?

5818 동하 노래라는 것은 공감을 많은 분들이 하실 수 있는 거 같아요. 가사 내용 자체가 많은 분들의 공감이 되는 것 같고. 노래를 들으시면 내 얘기 같잖아요. 자기 얘기 같고, 사랑하는 사람들한테는 행복한 노래가 내 얘기 같고 이별하고 아픈 사람들한테는 헤어짐의 노래가 또 가슴 아픈 내 얘기 같고 저희 노래들이 직설적인 사랑을 표현한 곡들이 많아서 들으실 때 내 얘기 같다 라고 생각을 하셔서 다들 공감을 많이 해 주시는 것 같아요. …… (하략)

{ 프리뷰는
꼼꼼함이 생명 }

日記 ① 김태년

　'프리뷰'란 녹화된 영상을 문자로 옮기는 작업을 말한다. 편집실의 수가 제한되어 있기 때문에 영상을 계속해서 돌려보기가 힘들고, 시간 순서대로 재생되는 영상의 특성상 큰 그림을 보기에도 제한이 따른다. 하지만 프리뷰는 영상을 문자로 옮긴 것이기 때문에 영상이 눈앞에 그려지듯 펼쳐지면서도 공간적/시간적 제약이 없고 필요한 부분만 찾아서 보기 용이하기 때문에 대부분의 프로그램 제작에서 이용되고 있다.

따라서 프리뷰는 영상의 모든 것을 되도록이면 자세하게 빠짐없이 기록해야 한다. 기본적으로 MC와 출연자의 대사가 정확하게 기록되어야 한다. 출연자의 웃음소리와 쓸데없는 버릇까지도 세세하게 기록하는 꼼꼼함이 필요하다. 대사뿐만 아니라 동작도 자세하게 기록되어야 한다. NG도 임팩트가 있고 감동적이거나 재미있으면 본 편집에 사용될 수 있기 때문에 빠짐없이 기록해야 함은 물론이다. 이 모든 것은 TC^Time Code 라는 것에 맞춰 기록된다. TC는 테이프 자체에 있는 '시간 신호'라고 할 수 있는데, 1초 24프레임 단위로 기록되어 있어 아주 세세한 부분까지 표시할 수 있다. TC는 나중에 프리뷰를 보면서 편집 작업을 할 때 필요한 부분을 찾거나, 컷의 길이 혹은 대화 시간을 계산하는 데 유용하게 사용된다.

TC ‖ Time Code는 편집기에서 확인할 수 있다. 프리뷰에서 TC를 잘 기록해야 편집 작업에서 유용하게 사용할 수 있다.

프리뷰가 정확할수록 편집의 수고가 줄어드는 것은 물론이다. 정확한 프리뷰를 가지고 있는 PD는 자신의 느낌과 의도를 방송에 어떻게 표현할 수 있을까 고민하는 데에 모든 노력을 집중할 수 있다. 그렇기 때문에 프리뷰가 정확할수록 좋은 편집이 나올 가능성이 높아진다.

프리뷰 작성 경험은 프로그램을 이해하는 데 도움을 주기도 했다. 대사와 동작, 화면을 TC를 통해 바라보다 보면 그냥 봤을 때 놓쳤던 부분이 프로그램에서 보이기 시작한다. PD의 연출 의도나 편집 기술, 카메라 앵글의 느낌, 출연자의 행동 및 버릇 등이 새롭게 다가온다. 40분짜리 녹화 분량을 프리뷰하는데 거의 4시간이 걸렸다. 하지만 끝내고 난 이후 뿌듯한 느낌과 함께 방송에 대한 이해가 훨씬 넓어진 느낌을 받았다. 기회가 된다면 프로그램 하나를 선정해서 대사와 장면을 글로 옮기는 연습을 해 보자. 방송을 이해하는 데 많은 도움을 얻을 수 있을 것이다.

제13일 ▐ 함께 보기 좋은 추천 자료

01 **셰익스피어, 신정옥 역, 「셰익스피어 전집」, 전예원, 1999년** 불후의 명작 햄릿을 읽으며, 장면들이 어떻게 연결되는지 확인해 보자. by 홍경수 PD

02 **드라마 대본들** 드라마 대본들을 보면 생각보다 상당히 자세하다. 각각의 장면에 대한 설명도 상당히 구체적이고 배우들의 작은 제스처와 의성어 하나하나까지도 친절하게 적혀 있다. 프리뷰란 이렇게 작성해야 하지 않을까? by 김태년

03 **사카토 켄지, 고은진 역, 「메모의 기술」, 해바라기, 2005년** 주로 비즈니스 상에서 메모를 적극 활용하는 법을 알려 주는데, 얇은 책자라 쉽게 손이 간다. 좋은 프리뷰는 인내심을 가지고 꼼꼼하게 메모하는 습관에서 나온다. by 정아란

{ 콘텐츠의 시대라고 한다. 방송사의 미래를 콘텐츠라는 키워드로 예측해 보라.에 대한 글쓰기 } 課題 ① 김태년

방송사의 미래는 콘텐츠에 달려

몇 년 전만 하더라도 방송국이 제작과 유통을 모두 갖고 있었다. 하지만 뉴미디어의 등장으로 유통의 영향력이 많이 약해졌다는 평가다. 그렇다면 방송국의 미래는 어디에서 찾을 수 있을까? 40년 이상 프로그램을 제작하면서 쌓아온 노하우는 다른 어떤 매체도 따라올 수 없다. 즉, 방송사의 미래는 콘텐츠에 달렸다고 해도 과언이 아니다.

'제품' 에서 '작품' 으로

제품은 공장에서 찍어 내는 똑같은 모양의 공산품을 말한다. 작품은 예술가가 온 정성을 쏟아 혼을 담아낸 예술품이다. 이제 방송국은 '작품' 을 만들어야 한다. 그만큼 프로그램 하나하나에 쏟는 정성이 남달라야 함을 의미한다. 방송국이라는 공장에서 찍어 내는 공산품이 아니라 각각의 프로그램에 제작자의 혼이 담겨져 있어야 함은 두말할 필요도 없다. 진심으로 프로그램을 만들지 못한다면 시청자들은 다른 미디어로 금방 눈을 돌려 버릴 것이다.

탈장르와 혼성 모방으로 경계 허물기

방송국의 프로그램은 크게 3부분으로 나뉜다. 어떤 프로그램이라도 교양, 드라마, 예능 3가지 분야의 어느 한 부분에 속할 수밖에 없다. 제작자들도 이 3가지 중 한 가지를 고려해서 프로그램을 제작했다. 그러나 미래의 새롭고 창의적인 프로그램은 경계 허물기에서 시작될 것이다. 시청자들이 방송에 요구하는 더 높고 참신한 수준의 프로그램은 탈장르와 혼성 모방을 통해서 접근할 수 있는 것이다.

'집단적' 에서 '개별적' 으로

미래의 시청자는 프로슈머prosumer가 될 것이다. 1인 미디어와 블로그를 통해서 그들이 제작과 소비를 동시에 하게 될 것이다. 이들의 미디어 소비 형태는 지극히 개인적일 수밖에 없다. 자신이 원하는 바를 적극적으

프로슈머 prosumer

생산자를 뜻하는 producer와 소비자를 뜻하는 consumer를 합친 말로 디지털 시대의 특징으로 소비자의 역할이 일방적인 역할에서 다면적인 역할로 바뀌는 현상을 대표하는 말이다.

로 표현하고 요구한다. 또한 이들 각각이 요구하는 바는 천차만별이다. 방송국은 지금까지 정보 제공에 대한 집단적인 성향을 가지고 있었다. 하지만 프로슈머화된 시청자들의 등장은 방송이 개별적으로 바뀌어야 할 신호가 될 것이다.

'전달'에서 '재창조자'로

콘서트를 중계하고, 책을 읽어 주고, 영화를 보여 주는 단순한 전달자로서의 TV의 역할은 축소될 것이다. 콘서트는 공연장에서 즐기고, 책은 직접 독서를 하고, 영화는 극장에서 보면 되기 때문이다. TV가 독서하지 않는 독자를 상대로 대신 책을 읽어 준다면 누가 책을 사 볼 것인가? TV는 단순한 전달자에서 재창조자로 바뀌어야 한다. TV가 직접 작품을 선택하는 안목을 가지고 비평가의 역할을 떠맡아야 한다. TV 자신도 일관된 소리를 낼 수 있어야 한다.

'합리적'에서 '상징적' 혹은 '감상적'으로

미래의 TV에 대해서 생각해 보자. 거실에 걸린 벽걸이 TV는 잠시 스치며 감상하는 벽에 걸린 회화 역할 이상을 하기는 힘들 것이다. 주방과 화장실에도 모니터가 달려 있고, 길 가면서도 TV를 볼 수 있는 세상이다. 쌍방향 소통을 하게 된다면 예전 같은 합리적인 시청자는 지상파에서 사라질 수도 있다. 단지 다른 매체를 접하면서 분절된 자세로 이미지를 소비하거나 삐딱하게 리모컨을 돌리며 수백 개의 채널을 주무를 것이다. 미래에는 시청자들을 합리적인 자세로 교육하는 것은 불가능할 것이다. 단지 상징적 이미지를 보여 줌으로써 그 이미지의 조합을 통해 개개의 시청자가 감상적으로 TV 시청을 할 수 있을 뿐이다. 방송국과 시청자의 권력 역전.

Comment by 정혜경 PD ∥ 방송에게 요구되는 역할은 무엇인가? 소비자인 시청자의 요구에 부응하는 것과 방송이 사회 속에서 담당해야 하는 역할은 일치하는가? 소수 시청자의 요구를 담아내는 것은 어디까지 가능한가?

{ 콘텐츠의 시대라고 한다. 방송사의 미래를 콘텐츠라는 키워드로 예측해 보라.에 대한 글쓰기

지상파 방송국의 콘텐츠 혁신이 필요할 때

課題 ② 이미영

시대를 평정하는 '국민 그룹' 아이돌은 더 이상 존재하지 않는다. 기존의 아이돌이 '최대한 많은 사람'에게 사랑받는 것을 목표로 했다면, 이제는 그들을 좋아하는 확실한 타깃 소비자를 집중 공략하는 방식을 취한다. 아이돌 그룹들은 이제 앨범만 내는 것이 아니라, 싱글을 내고, 싱글을 묶어 다시 앨범을 낸다. 그

리고 앨범 외에 화보, DVD 등 다른 것들을 묶어 '패키지'로 그들이 겨냥하는 소비자에게 '여러 번' 판매한다. 또한 아이돌은 더 이상 노래만 부르지 않는다. 각 멤버들은 활발하게 솔로 활동을 하며, 연기를 하고, 쇼 프로그램 등에 출연한다.

콘텐츠라는 키워드로 방송국의 미래를 예측하는데 뜬금없이 왜 아이돌을 얘기하는지 의문스러울 것이다. 그러나 방송사의 미래와 아이돌의 현주소는 닮아 있다. 가장 확실한 수입원이었던 앨범 시장이 무너지면서 아이돌은 살아남기 위해 새로운 전략을 취해야만 했다. 그 전략이란, 스스로를 '콘텐츠'화하여 다방면으로 진출하는 것(다양한 상품을 파는 것)과 열광하는 소비자를 집중 공략하는 것 등이었다. 가장 확실하고도 유일한 수입원이었던 광고 시장에 의존해 온 방송사가 앞으로 취해야 할 전략도 비슷할 것으로 보인다. 바로 확실한 콘텐츠로 다방면에서 수입원을 마련하는 것이다.

지상파 방송국의 전반적인 시청률 감소로 인해 지상파 방송국의 위기를 걱정하는 목소리가 높다. 전반적인 시청률이 하락한 것은 사실이지만, 지상파가 정말 위기인가는 다시 볼 필요가 있다. 다매체 환경 속에서 방송, 영상 콘텐츠 수요는 늘어났지만, 그에 걸맞은 다양한 콘텐츠 공급은 갖추지 못한 상황에서, 지상파 방송국의 콘텐츠에 대한 수요는 더욱 늘어났다. 실제로, 지상파 방송국의 드라마 채널이 생긴 2002~2003년에 케이블 가입자의 수는 급증했고, 지상파 재전송권을 얻지 못한 위성 DMB는 가입자 유치에 큰 어려움을 겪고 있다. 케이블, DMB, 인터넷, 위성방송 등 매체와 채널이 급증하고 있지만, 여전히 사람들은 지상파가 만들어 내는 콘텐츠에 열광하고 있는 것이다. 아직까지는 지상파가 다년간 축적해 온 제작 노하우에 경쟁력이 있다는 의미일 것이다.

따라서 방송사는 오랜 기간 동안 축적해 온 기술, 재원 등의 자원을 바탕으로 좀 더 좋은 콘텐츠를 만들고 그를 여러 가지 방식으로 활용할 필요가 있다. 해외 수출은 한 방법이다. 실제로 한국 드라마는 여러 나라에 수출되어 이미 상당한 수입을 거둔 바 있다. 〈달콤, 살벌한 연인〉, 〈어느 날 갑자기〉처럼 방송사가 직접 영화 제작에 참여하여 하나의 콘텐츠를 방송과 영화로 동시에 활용할 수도 있다. 포맷만 바꾸면 다양한 방식으로 변환될 수 있는 디지털 기술의 발전은 이러한 원 소스 멀티 유즈^{one source multi use}의 가능성을 더욱 열어 주고 있다.

한편 TV 시청자의 연령이 점점 높아지고, 대다수의 젊은 층은 TV보다 인터넷을 더 많이 이용하는 상황에서 '젊은'층을 겨냥한, 'TV 외의 공간에서 계속 활용될 수 있는 콘텐츠'를 만드는 것도 중요하다. 이제 프로그램을 판단함에 있어 시청률보다는 '충성도'가 더욱 중요해질 것이다. 〈소울 메이트〉는 시청률은 낮았지만, 폭넓은 마니아층 바탕으로 DVD를 제작하고 있고, 〈오버 더 레인보우〉는 드라마 외전 〈언더 더 레인보우〉와 드라마 OST가 좋은 반응을 얻고 있다. 〈섹스 앤 더 시티〉 관광 투어 프로그램이나 스튜디오 투어, 기념품 숍을 적극적으로 운영하고 있는 미국 방송사들처럼 프로그램을 바탕으로 한 관광 프로그램이나, 드라마 관련 상품 개발, 판매에 보다 적극적일 필요도 있을 것이다.

콘텐츠가 중요해지면 질수록 콘텐츠 생산자로서의 PD의 역할은 더욱 중요해질 것이라고 생각한다. 물론 예전처럼 한 번 공채의 관문을 통과하면 비교적 안정적이고 좋은 환경 속에서 프로그램을 만들 수 있었던 지상파 PD의 지위는 점차 낮아질 것이다. 그러나 방송 프로그램이 활용될 수 있는 범위가 넓어지고, 프로그램을 사고팔 수 있는 시장이 더욱 넓어짐에 따라 시장에서 '팔리는' 콘텐츠를 만들어 내는 스타 PD의 역할과 영향력은 더욱 커질 것으로 생각된다. 현재 외주 제작과 수출이 가장 활발한 드라마 분야에서 스타 PD의 영향력이 점차 높아지고 있는 것에 주목할 만하다. 또한 그동안 전파의 희소성을 근거로 유지되어 온 지상파 방송국의 공익성이라는 규범에도 심각한 도전이 제기될 것으로 보인다. 다매체 환경 속에서 오직 '잘 팔리는' 대중적인 콘텐츠만이 범람하게 될지, 아니면 기존의 제한된 채널에서는 허용되지 않았던 '소수'의 목소리나 취향이 반영된 다양한 콘텐츠가 제작될지는 방송사의 '선택'에 달려 있다.

Comment by 정혜경 PD ‖ 프로그램 수출과 관련해 한류의 퇴조 원인은 무엇인지 생각해 볼 것. 또한 수출을 활성화하기 위해 가장 중요한 것은 무엇인가? 이와 관련해서 '가장 한국적인 것이 가장 세계적인 것'이라는 말은 여전히 유효한가라는 질문에 답해 볼 것. 콘텐츠와 저작권 확보에 관해 생각해 볼 것. 외주 제작이 늘어나고 있는 상황에서 공중파 방송사의 난점은 다양한 제작 경로를 통해 생산된 콘텐츠의 저작권을 확보하는 문제이다. 저작권이 없으면 멀티 유즈를 실현할 수 없다. 공중파 방송사가 외주 제작된 프로그램의 저작권을 100퍼센트 갖는 것은 가능한가? 그리고 이것은 정당한가?

{
課題 ③ 정아란

콘텐츠의 시대라고 한다. 방송사의 미래를 콘텐츠라는 키워드로 예측해 보라.에 대한 글쓰기

콘텐츠 업그레이드가 필요해

그의 출현에 잠시 움찔하는 사이 괴물은 무서운 속도로 사람을 삼켜 버린다. 포름알데히든가 뭔가를 먹고 컸다는 괴물은 오래전에 살았다는 티라노사우루스보다도 더 끔찍하고 징그럽다. 그런데 이 괴물을 삼킨 이가 있단다. 바로 〈괴물〉의 제작사 청어람을 인수한 SK 텔레콤이다. 통신 회사가 영화 제작사를 인수해서 뭐에 쓰나 하고 의문을 품는 이들도 있을 터. 하지만 SK의 청어람 인수는 방송·통신 융합의 거대한 흐름 속에서 콘텐츠 확보 전쟁을 벌이는 우리 사회의 단면을 가장 적절하게 보여 주는 단적인 예라 할 수 있다.

미래학자 피터 드러커가 "21세기는 문화 산업에서 각국의 승패가 결정될 것이고 최후 승부처가 바로 문화 산업이다."라고 단언한 것에 굳이 부연할 필요도 없을 정도로 콘텐츠는 21세기에 '돈 되는' 물건이다. 게다가 우리나라는 요즘 한류 덕분에 수입이 짭짤하다. 한국방송영상산업진흥원이 발표한 지난해 방송 프로그

램 수출액은 1억 달러도 훌쩍 넘어 버렸다지 않은가. 그런데 하늘 높은 줄 모르고 무럭무럭 커 가는 이 콘텐츠 시장을 앞에 두고서도 방송사의 한숨 소리가 높다. 수십 년간 독점적으로 누려왔던 방송사의 지위가 흔들리는 탓이다. 하지만 이제껏 쌓아온 것이 있는데 이대로 움츠러들 방송사들은 아니다. '콘텐츠'로 짚어 보는 방송사의 미래는 어떠할까.

지난 봄 유쾌한 흥행 홈런을 날린 영화 〈달콤, 살벌한 연인〉의 공동 제작자가 MBC 프로덕션이라는 걸 아시는지? 오는 가을 찾아올, 임상수 감독의 〈오래된 정원〉은 MBC 프로덕션에서 단독 제작하는 영화다. 이는 비단 MBC만의 뉴스가 아니다. KBS와 SBS 또한 영화 제작에 뛰어들고 있다. 충무로의 제작 노하우와 여의도의 인력·인프라가 만들어 내는 시너지 효과를 노린 것이다. 영화를 껴안은 방송계의 이러한 흐름은 콘텐츠를 확보하기 위한 계산에서 비롯된 것이다. 방송사는 이제 채널 사업자보다 콘텐츠 생산자로서의 역할이 더 커지고 있다. 오늘의 콘텐츠라는 것 자체가 시장 지향성을 강하게 깔고 있는 만큼, 그만큼 방송계도 시장 지향적으로 가는 길목에 서 있음을 의미한다. 경쟁력 있는 콘텐츠가 얼마나 큰 파급 효과를 발휘하는지 〈대장금〉과 〈겨울연가〉에서 똑똑히 경험했다. SBS가 어느 정도 불이익까지 감수하게 될 가능성이 높다는 걸 알면서도 월드컵 중계권 단독 계약을 감행한 것도 다 킬러 콘텐츠를 확보하기 위한 것으로 볼 수 있다. 방송사들은 '될 만한' 기획에는 많은 돈과 노력을 아끼지 않을 것이다. 때문에 PD들이 만드는 수많은 콘텐츠들 사이에도 부익부빈익빈이 나타날 것 같다.

한류로 대변되는 이 흐름이 계속 될 것인가에 대한 회의론도 있지만, 우리 방송 콘텐츠에 대한 국내외 수요는 아직도 폭발적이다. 그런가하면 외국 문화를 담은 콘텐츠를 스스럼없이 수용하는 국내 시청자들의 층도 뚜렷해지고 있다. 일본 드라마의 마니아층은 예전부터 두터운 편이다. 내 또래의 여성들은 〈섹스 앤 더 시티〉의 이미지와 내러티브에 익숙하다. 때문에 경쟁력 있는 콘텐츠를 낚고, 퍼뜨리는 일이 중요시되면서, 방송국에 배급·홍보사로서의 면모도 더해질 것이다. MBC 프로덕션은 지난해 4월 중국 상하이에 중국 현지 법인을 만들었다. 현지 법인을 통해 콘텐츠 수출 사업을 강화하고, 현지 방송국과의 교류를 강화하기 위해서란다. 작품의 배급과 홍보가 원활히 이뤄지다 보면, 제작에 있어서도 해외 방송국과의 교류도 강화될 것으로 보인다. MBC와 후지TV가 함께 기획한 MBC 스페셜 〈베이비붐 세대〉같은 작품이 좋은 시작이다.

조직과 그 구성원을 따져볼 때 나는 PD의 위상도 조금씩, 하지만 빠르게 변할 것이라고 생각한다. 3년 전, MBC 〈다모〉를 연출했던 이재규 PD는 학교 특강에서 자신은 영화감독의 꿈도 꾸고 있다고 말한 적이 있었다. 나는 그때만 해도 '아무리 그래도 PD가 어떻게 영화감독을 해'라는 생각을 했다. 그러나 아까 방송사들이 영화 제작에 뛰어들고 있다고 기술했듯이, PD도 충분히 감독이 될 수 있다. KBS 시트콤을 소재로 제작하는 영화 〈올드미스다이어리〉의 감독 또한 시트콤 연출가인 김석윤 PD인 점은 그 좋은 예다. 이렇게 방송과 영화 간의 교류가 빈번해지면 그 반대, 즉 영화감독이 PD로 뛸 수도 있는 것이다. 때문에 (나와 같은 공채 지망생들에게는 좀 아니 될 말이지만) 방송사의 공채 개념이 더욱 희박해질 것이라 생각한다. 지금도 경력 PD를 뽑는 절차가 따로 있지만, 이제는 그 폭이 훨씬 넓어질 것이다. 양질의 콘텐츠를 위해서라면 방송국은 새내기 언론 고시 준비생보다도 현장의 뛰어난 인력을 대상으로 훨씬 탄력적으로 리쿠르팅할 가능성이 높다.

조직의 운용 측면에서 지역국·계열사와의 관계 정리도 방송사의 미래를 계산하는 데에 빼놓을 수 없는 변수다. KBS는 정연주 사장 취임 이후 25개 지역국이 18개 지역국으로 대폭 줄었다. 허울만 남은 지역국은 정리하는 것이 경영에 도움이 될 수 있고, 당기순이익이 적자에서 흑자로 돌아선 것에 그러한 시도들이 이바지한 부분도 있을 것이다. 하지만 방송사의 미래를 위해서는 살린 지역국에 대해서는 과감히 투자를 시도해야 한다는 생각이다. 지역사람들만 보고 끝나는 콘텐츠는 지양해야 한다. 며칠 전 있었던 한국방송대상에서 마산MBC의 〈얍! 활력천국〉이 특수 대상 분야에서 최우수작품상을 받았다. 시상 무대에 오른 제작진 중 한 분이 이렇게 말했던 것으로 기억한다. "〈얍! 활력천국〉이 전국에 방영되는 그날까지!" 최우수로 평가받을 정도의 작품이면 전국권 TV에서도 경쟁력이 있으리라 생각하지만, 대부분의 시청자에게는 프로그램 제목조차 생소하지 않은가. 지역국에 새로운 아이디어 공모와 제작을 북돋아 주고, 이후 생산된 양질의 콘텐츠를 서울에서도 충분히 활용하는 것도 괜찮은 콘텐츠 전략 아닌가.

나는 방송사의 미래는 콘텐츠 독점이 계속 무너지는 방향으로 갈 것이라고 생각한다. 시청자들의 입맛은 점점 분화하고 있다. 방송사들이 어떠한 자구책을 내놓아도 〈사랑이 뭐길래〉의 70퍼센트 시청률은 다시 나오지 않을 것이다. 방송 3사만 돌려 보았던 '그때 그 시절'을 기억하는 이들과 시대의 흐름 사이의 당분간 진통은 계속될 것이다. 하지만 예로부터 새 술은 새 부대에 담으라고 했다. IP TV, 하나TV, 위성 DMB 등 새 부대는 그 종류가 갖가지로 늘어만 가는데, 새 술은 어디에 있는가? 독점했던 술독만 껴안고 내놓으려 하지 않는 것보다 어서 새 술을 만들어야 할 때다. 위기가 곧 기회라고도 했다. 이제 콘텐츠를 좇는 방송사는 업데이트가 아닌 업그레이드를 꾀할 때다. 그리고 나도 그 분주한 움직임 속에서 함께 뛰고 싶다.

Comment by 정혜경 PD ‖ 한국 영화 침체기라는 평가가 나오고 있는 상황에서 방송사가 영화 사업에 뛰어드는 것의 장점과 단점은 무엇인가? 〈달콤, 살벌한 연인〉이 TV적 한계를 가진 영화라는 비판을 받은 것에 대해서는 어떻게 생각하는가? 지역 방송국 활성화가 힘든 이유는 무엇인지 생각해 볼 것. 중앙 방송 의존성은 지역국에 대한 투자가 부족하기 때문인가? 정치, 경제, 사회, 문화 모든 면에서 중앙 집중성이 강한 사회적인 환경으로 인해 지역 방송 발전 한계가 존재한다는 주장에 대해서는 어떻게 생각하는가? 다매체 다채널 시대에 공중파 방송사의 생존 전략은 무엇인가? 사업 다각화가 공중파 방송사의 업그레이드인가?

방송사가 2000년부터 부르짖기 시작한 단어가 '원 소스 멀티 유즈'다. 한가지의 콘텐츠를 다양하게 활용하여 수익을 극대화한다는 것을 의미하는 이 말이 가능하기 위해서는 '킬러 콘텐츠'라는 대박 콘텐츠의 존재가 필수적이다. 단순한 프로그램이 아니라 다양한 미디어를 통해 전달될 '내용물'을 의미하는 콘텐츠와 방송사를 살릴 '죽이는(킬러)'의 단어의 조합은 의미심장하다. 방송사의 생존 전략에는 모두 콘텐츠 기지로서의 방송사의 자리 매김이 끼어 있다. 외주 프로그램이 늘어나면서 방송사와 외주사 간에 생기는 분쟁들도 '누가 콘텐츠의 저작권을 가질 것이냐'에서 생겨나고 있다. 외주 제작사를 많이 늘려서 프로그램의 다양성을 확보하는 것이 옳은지? 아니면 콘텐츠 기지로서 지상파 방송사에게 규모의 경제를 실현하도록 하는 것이 옳은지 생각해 보자. 외주 사가 늘어나면 어떤 장점들이 생길까? 지상파는 외주의 증가에 어떤 식으로 대응해야 하나?

제 14일

방송에서 무엇을 볼 것인가?

{ 프로그램 모니터 및 방송평 }

프로그램 모니터 및 방송평

첫날 말한 것처럼 글은 사람의 됨됨이나 생각을 판단하는 중요한 근거가 된다. 방송사에서도 좋은 PD를 뽑기 위해 가장 기초적으로 확인하는 것이 이 사람이 방송 프로그램을 보는 눈이 있는지, 그리고 이것을 잘 풀어내는지이다. 왜냐하면 프로그램을 정확히 보는 사람이 프로그램을 잘 만들 수 있기 때문이라고 보기 때문이다. 따라서 방송 프로그램을 보고 글이나 말로 풀어내는 것은 매우 중요하다. 특히 입사 시험을 앞둔 사람이라면, 다른 어떤 것보다도 모니터링에 역점을 두어야 한다. 모니터링에 대해서는 『PD, WHO & HOW』에서 자세히 기술했으므로 여기에서는 모니터링에서 실수할 수 있는 점을 점검하고 간단히 넘어가겠다.

1. 대안을 제시하라.

많은 모니터들에서 부족한 것은, 대안이다. 수많은 사람들이 프로그램에 대해 이런 저런 평을 할 수 있다. '출연자가 맘에 안 든다, 구성 방식을 그렇게밖에 못하나, 편집이 부자연스럽다, 내레이터의 목소리가 거슬린다, 자막의 크기나 색깔도 이상하다, 왜 이 시기에 이런 주제를 잡았나, 출연자의 말하는 태도가 위화감을 조성한다' 등 여러 가지 지적을 한다면 끝에는 꼭 본인의 생각을 넣어서 대안을 제시하라. 출연자가 맘에 안 든다면, 그 이유를 분석해서 제시하고, 자신의 타당한 대안을 제시하라.

참고 도서 『PD WHO & HOW』

2. 좋은 점과 나쁜 점을 지적하지 말고 잘된 점과 '아쉬운' 점을 지적하라.

많은 모니터들에서 좋은 점과 나쁜 점을 명확히 갈라서 기술하는 것을 볼 수 있다. 2분법적으로 나누는 사고가 1차원적임은 말할 것도 없지만, 나쁜 점이라는 표현 대신에 '아쉬운 점'이라는 표현을 쓴다면, 훨씬 더 설득력이 느껴진다. 사소한 표현 하나가 글의 전체적인 인상을 좌우한다는 점을 명심하고 단어 하나하나를 신중하게 골라 쓴다.

3. 제작자의 입장을 고려해 보라.

PD 지망생들이 지적하는 90퍼센트 이상의 내용은 PD들과 스태프들이 여러 번 고민을 한 뒤에 선택한 결과라는 것을 명심하자. PD들이 왜 당신이 지적하는 것을 생각하지 않았을까? 예를 들면 왜 이런 출연자를 안 썼냐고 물을 때, 현실적인 여건(출연료, 회사의 방침, 촉박한 제작 일정 등)때문에 불가피하게 선택한 차선의 결과일 수 있다. 비록 제작자의 입장을 알 길은 없겠지만, 방송에 나타난 문제점들에 대해서 좀 더 깊이 파고 들어가는 노력이 필요하다. 그리고 '제작자의 입장에서는 불가피한 선택이겠지만'이라는 어구를 사용함으로써, 제작자의 입장을 고려한다는 인상을 주는 것도 좋겠다.

4. 시청자의 입장을 강하게 부각하라

PD들이 가장 어렵게 생각하는 것이, 시청자의 생각을 파악하는 것이다. 당신은 아직은 어설픈(?) PD 지망생이지만, 동시에 가장 세련된 시청자이다. PD 지망생의 입장이 아니라, 시청자의 입장에서 글을 쓰는 것이 좋겠다. 시청자의 입장에서 아쉬운 점들을 지적한다면, PD 지망생 입장에서 이야기하는 것보다 강력한 설득력을 갖게 된다.

5. 은유나 비유를 사용하라.

글은 하나의 작품이다. 직설적인 내용이건, 완곡한 내용이건 비유나 은유는 글을 울리게 한다. 이렇게도 볼 수 있고, 저렇게도 볼 수 있다는 것을 보여 주는 것이 바로 비유법이기 때문이다. 방송 프로그램 자체가 비유를 좋아하는 장르다. 방송은 일어난 사실을 다시 한 번 재조명하는 작업이기 때문이다. 모니터에도 비유가 잘 사용되면, 좋은 인상을 줄 수 있다.

6. 시작=호기심, 중간=명료성, 끝=여운

모든 글이 그렇지만, 시작은 다음 이어질 내용을 이끌어 갈 힘이 있어야 한다. 이 힘이 다른 말로 호기심이다. 호기심을 주지 않는 글머리는 맥을 빠지게 한다. 팍팍한 글이 재미있을 리 없다. 아무리 본문에 재미있는 내용이 있다하더라도. 게다가 글머리는 글 전체에 대한 인상을 좌우한다. 글의 중간에서는 자기가 하고자 하는 내용을 명료하게 정리해 주는 것이 좋다. 번호를 매기는 것도 좋고, 소제목을 다는 것도 방법이다. 글의 끝 역시 전체를 마무리하고 여운을 남기는 문장으로 맺는 게 좋다. 기억에 남는 것은 보통 맨 마지막 문장이기 때문이다.

01 잘된 모니터 글을 찾아보아라. 그리고 그 글을 소리 내어 10번 읽어 보아라. 어떤 점이 잘되었으며, 여전히 아쉬운 점은 무엇인가?

02 신문이나 인터넷 뉴스에서 프로그램 방송평을 찾아보자. 이 방송평의 특징들을 분석해 보자.

03 방송 비평 인터넷 사이트를 찾아보고, 회원으로 가입하여 글을 올리자.

04 한국 방송프로듀서 연합회 사이트를 찾아가, PD들이 쓴 방송평을 읽어 보아라.

05 드라마 〈주몽〉에 대해 모니터를 해 보라.

06 〈TV, 책을 말하다〉라는 프로그램의 잘된 점과 아쉬운 점 5가지씩을 열거하라.

07 〈웃찾사〉의 인기 요인을 분석해 보라.

08 각 방송사마다 스페셜 다큐가 넘치고 있다. 이러한 경향을 분석해 보라.

09 방송 3사의 8시 9시 뉴스를 보고 각 뉴스가 보여 주는 이미지만을 분석해 보라.

10 〈무한도전〉의 자막 사용 실태를 분석하라.

{ PD의 입장에서 모니터를 해 보자 }

日記 ① 김태년

프로그램 모니터와 방송평은 요즘 여러 미디어를 통해 손쉽게 접할 수 있다. 신문이나 잡지, 수많은 인터넷 게시판과 블로그를 통해 프로그램에 대한 생각들이 쏟아져 나온다. 최근에는 '매거진 T'나 '드라마몹'같은 TV 비평 전문 인터넷 미디어도 생겨서 보다 전문적인 평을 많이 접할 수도 있다. 우선 이런 매체들에 실린 글들을 읽으면 방송을 보는 눈이 많이 넓어질 수 있다. 하지만 PD 지망생이라면 플러스 알파를 가지고 있어야 한다.

현직 PD들도 프로그램 모니터를 자주 한다. 자신의 프로그램을 보며 잘못된 점을 반성하기도 하고 다른 프로그램을 보고 해당 PD에게 조언을 해 주기도 한다. 이 분야의 '선수'들이기 때문에 다른 미디어들이 지적하지 않아도 PD들이 먼저 아는 경우가 많다. 자신의 의도를 매체들이 왜곡해서 오해하는 경우 가장 아쉬워하는 것 또한 PD들이다.

그들이 하는 모니터는 여느 매체들이 싣는 글과는 몇 가지 면에서 다르다. 첫 번째로, PD들의 모니터에는 그 프로그램에 대한 애정이 듬뿍 담겨 있다. 이것은 PD들의 글을 보거나 혹은 말을 듣기만 해도 바로 알 수 있다. 프로그램에 대한 비판도 애정이 깃들어 있기 때문에 더욱 반성하고 생각하게 된다. 두 번째로, PD들의 모니터는 제작자의 입장이 반영되어 있다. 다른 미디어나 시청자의 글이 수용자의 입장에 서 있다면 PD들의 글은 제작자의 입장에 서 있다. 이런 태도는 제작 과정에서 겪었을 수많은 의사 결정 과정을 추적하고 각각의 과정에서 냉철한 판단을 하기도 함으로써 모니터에 반영된다.

인턴십 기간, 모니터를 하면서 배운 점은 PD의 입장에서 모니터를 하게 되었다는 점이다. 단순히 시청자의 입장에서 옳고 그름만을 판단한 것에서 벗어나 PD가 왜 이런 선택을 할 수 밖에 없었는지에 대해서 애정을 갖고 같이 고민해 보기 시작했다.

매주 〈낭독의 발견〉 모니터를 했다. 비슷한 포맷이 매주 방송되는 특성상 나중에는 어떤 것을 모니터에 쓸지 난감한 상황이 닥칠 것이라 예상했다. 하지만 프로그램 제작 과정을 옆에서 지켜보면서 많은 것을 경험하다 보니 한 주 한 주가 지날수록 점점 할 말이 많아진다는 것을 느낄 수 있었다. 방송을 보는 눈이 넓어지면서 더 많은 것이 눈에 들어오기 시작했다. 그 영상을, 소리를, 느낌을, 머리로 생각하고 가슴으로 느끼며 애정을 갖고 모니터를 하고 있는 자신을 발견하게 되었다.

PD 지망생으로서 PD의 입장에서 모니터를 해 보길 권한다. 처음이라서 혹은 시간이 없어서 어렵다면 프로그램을 보고 장점 10개와 단점 10개를 써 보는 연습을 해 보자. 물론 자신이라면 어떤 의사 결정을 내렸을지에 대한 내용도 들어가면 좋겠다.

단순히 모니터를 하는 것에서 끝나지 말고, 모니터한 내용을 해당 프로그램의 게시판에 올려 보자. 애정이 담긴 모니터는 제작진을 감동시키기도 하고 반성하게 하는 계기도 마련해 준다. 〈낭독의 발견〉에서는 매주 우수 의견을 뽑아 책을 보내 준다. 시청자들의 소중한 의견에 대한 일종의 보답이다. 인턴십을 하면서 시청자의 의견을 토씨 하나 빼놓지 않고 꼼꼼히 읽고 있는 PD의 모습을 여러 번 봤다. PD는 자신의 의도가 어떻게 전달되었는지 항상 궁금해 하기 때문이다. 그곳에서 애정이 듬뿍 담긴 모니터를 발견하게 된다면 분명 큰 힘이 될 것이다.

質問 ① 김태년

비평의 중심이 전문가에서 일반인으로 옮겨 가고 있습니다. 누구나 TV를 보고 자신의 블로그나 게시판에 의견과 감상을 올립니다. 전문적이지는 않지만 내밀한 감정들이 함께 어우러지면서 많은 시청자들이 일반인의 평을 더 신뢰하기도 한다고 합니다. 비평은 지금까지 방송의 본분을 일깨워 주고, 중심을 잡아 주는 역할을 해 왔는데, 점점 비전문화 되고 신변잡기 식으로 변한다면 그 역할을 제대로 할 수 있을까요?

홍경수 PD 答辯 ‖ 불행하게도 PD들은 전문가들의 방송평 특히 신문에 난 방송평은 믿지 않는 편이다. 오히려 시청자 게시판의 의견에 귀를 기울이는 편이다. 따라서 비전문화된 방송평의 확산이 오히려 방송문화 발전에 크게 이바지할 것으로 본다.

質問 ② 이미영

잘된 모니터란 어떤 모니터일까요? 「매거진 T」, 「드라마틱」처럼 최근 다양한 방송 비평 전문 웹진이나 잡지들이 생겨나고 있습니다. 그 이유는 무엇일까요? 또한 천편일률적인 옴부즈맨 프로그램에서 벗어나, 이런 새로운 경향의 방송 비평을 프로그램화할 수 있는 방법은 없을까요?

홍경수 PD 答辯 ‖ 방송 비평 전문 매체가 생겨나는 이유는 욕구가 있기 때문이라고 볼 수 있겠다. 디지털 시대의 특성 중의 하나가 상호 작용성이다. 프로슈머란 말처럼 이제 시청자들은 보는데서 그치지 않고 무엇인가를 산출해 내고자 한다. 단순한 소감을 넘어선 비평은 하나의 작품이다. 이런 욕구를 방송에서 반영할 때도 이미 늦은 감이 있다. 방송사의 옴부즈맨 프로그램들은 시청자의 시각을 빌려서 방송사의 시각을 드러내고 있다. 심지어 자사 프로그램 홍보에 열을 올리기도 한다. 시청자들이 제작에 참여하는 방법도, 시청자의 시각을 담는 방법도 두루 고민해 보자.

모니터링과 방송평, 같은 것 아닌가요? 차이가 무엇인가요?

質問 ③ 정아란

홍경수 PD 答辯 ‖ 다른데 같다고 보는 사람이 많다. 모니터는 장단점 비교 등 기능적인 측면이 강하고, 방송평은 방송에 대한 하나의 글쓰기라고 보면 맞을 것 같다.

제14일 함께 보기 좋은 추천 자료

01 **강준만, 『대학생 글쓰기 특강』, 인물과사상사, 2005년** 글쓰기에 큰 도움이 되는 책이다. 대학에서 직접 글쓰기 지도를 담당한 저자의 경험을 바탕으로 씌어졌다. 사례들을 통해 논술에서 빠지기 쉬운 오류들을 지적해 주고 문장 다듬기와 자기소개서 작성법 등의 실용적인 부분까지 실감나게 알려 준다. by 홍경수 PD

02 **슬라보예 지젝, 『삐딱하게 보기』, 시각과언어, 1995년** 이 책은 라캉을 통해 세계를 삐딱한 시선으로 바라본 책이다. 모든 현상을 있는 그대로만 받아들인다면 비평의 깊이는 얕아질 수밖에 없다. 약간 삐딱한 시선이 필요하지 않을까? by 김태년

03 **존 스토리, 『문화연구와 문화이론』, 현실문화연구, 1999년** 대중문화에 대한 학문적 연구 성과를 소개한 개론서로 대중문화의 정의에서 포스트모더니즘, 대중성의 정치학까지 다루고 있다. 약간은 학술적인 글이지만, 대중문화를 바라보는 다양한 눈을 키워 보자. by 이미영

04 **『씨네21』, 『필름2.0』, 『미디어오늘』, 『매거진T』 등등** 이런 매체에 실리는 모든 대중문화 평이 모니터링과 방송평의 좋은 본보기가 되지 않을까. by 정아란

{ 〈낭독의 발견 : 서도영 편〉*에 대한 방송평 쓰기

주인공의 여행에 동참하게 만드는 프로그램 } 課題 ① 김태년

* 〈낭독의 발견〉의 고정된 형식에서 벗어나 청산도에서 야외 촬영을 시도한 의미 있는 작품이다. 아름다운 풍광과 주인공의 내레이션이 어우러져 좋은 평가를 받았다.

〈낭독의 발견〉이 특별한 것은 '낭독'이라는 행위를 통해 출연자의 진솔한 모습을 담아낸다는 것이다. '낭독'과 '토크', 둘 중 하나라도 진실 되게 보이지 않는다면 〈낭독의 발견〉은 위태위태해 보인다. 특히 연예인이 출연한 경우, 조미료가 많이 들어간 요리를 먹는 것처럼 입에 발린 말을 하거나 기획사의 꼭두각시처럼 낭독을 할 때, '저래도 되나' 하는 느낌이 든다. 이럴 때면 감독의 진심이 느껴지지 않는 블록버스터 영화를 보는 것처럼 지루하다.

하지만 〈낭독의 발견 : 서도영 편〉은 연출이 들어가지 않은 자연스러움이 묻어난다. "처음 〈낭독의 발견〉에 출연해 달라는 말을 들었을 때, 낭독보다는 발견이라는 단어가 더 귀에 들어왔다." 서도영이 범바위에 오를 때 내레이션으로 흘러나온 말이다. 자신이 청산도를 찾은 이유를 멋지게 말할 수도 있었을 텐데, 굳이 이렇게 말한다. 〈서도영 편〉이 특별한 것은 그것이 스튜디오에서 벗어나서 청산도의 아름다운 풍경을 담았기 때문이 아니다. 서도영의 자연스러운 모습을 통해, 그의 여행에 동참하게끔 만들기 때문이다.

자연스럽게 서도영의 여행을 따라가면서 자신을 되돌아보게 하는 특별한 공간, 혹은 감정적으로 승화되는 순간. 〈서도영 편〉은 그런 것들을 주려는 게 아니었을까? 정성들여 꾸민 무대도 연출된 음악도 없는 여행 형식은 감정적으로 서도영에 완전히 동화되어 자신의 삶을 겹쳐 볼 수 있게 해 주는 요소가 되었다. 평소의 맥락에서 잠깐 떨어져 나와, 여유를 갖고 자연을 바라보며 자신에게 고백하는 순간. 자신에게 쓰는 일기.

평소에 그냥 지나치는 평범한 시도 작가의 삶과 겹쳐질 때 더욱 특별한 것으로 다가오기 마련이다. 보들레르의 시 「이방인」을 책 『평생 잊지 못할 한 구절』에서 읽을 때는 감정의 파고가 그렇게 높지 않다. 하지만 서도영이 빗길을 뚫고 걸어 와 정자에 앉아 꿀맛 같은 휴식을 이 시와 함께 누릴 때, 시원한 한줄기 바람 같은 기타 연주가 거기에 어우러질 때, 보들레르의 「이방인」은 누군가에게 특별한 것처럼 여겨지고 몇 번 더 읽으면서 곱씹게 된다.

보들레르의 「이방인」, 헤세의 「여행자의 노래」, 피츠제럴드의 「위대한 개츠비」는 여행이라는 행위가 가져다주는 특별한 순간을 선사한다. 여행과 낭독이 하나로 합쳐지는 신기한 경험. 이 순간에 서도영의 진심과 나의 경험이 충돌하여 진술하면서도 아련한 감정이 태어난다. 다른 회에서도 출연자들의 낭독과 경험을 통한 감정적 동조가 있었지만 유독 〈서도영 편〉에서 그런 느낌이 든 이유는 밀폐된 스튜디오 안에서 큐시트에 따라 낭독과 토크가 오고 가는 형식에서 벗어나 길을 걷고 산을 오르고 난 후 찾아오는 상쾌한 휴식의 시간이 있었기 때문이 아닐까? 그 시간에 서도영이 들려주는 시와 고백. 특히 아버지에 대해 눈물을 글썽이며 말할 때, 그의 진솔한 이야기가 나의 가슴을 요동쳤다.

단순히 책을 소개하는 데서 벗어나 자신의 추억을 떠올리고 그 추억 위에 시를 포개서 특별하게 만들어 주는 것. 이것이 바로 〈낭독의 발견〉이 시청자들에게 주는 행복일 것이다. 출연자들이 자신의 진심을 담아 낭독을 하고 거기에 몰입하면서 자신의 추억도 덩달아 특별해지는 순간.

산을 오르는 서도영의 뒷모습이 보인다. 꼭 내가 가야 하는 꼬불꼬불한 길을 보는 것 같다. 지금까지 앞만 보고 달려온 서도영(혹은 나)의 인생. 우리는 얼마나 진심으로 삶을 존경하고 또 진실하게 살았나. 〈낭독의 발견〉이 말하는 것은 궁극적으로 '삶에 대한 예의'가 아닐까.

질문 ǁ 서도영이 배를 타고 가면서 흘러나오는 노래 타이밍이 조금 어색하게 느껴졌습니다. 내레이션과 노래가 동시에 시작하는데, 내레이션이 조금 일찍 나오거나 노래가 조금 일찍 나와야 되지 않나 느꼈습니다. 비를 맞으며 도로를 걸어가는 장면이 좀 어색하게 느껴졌는데, 첫 장면이 앞모습 풀 숏, 두 번째가 뒷모습 풀 숏으로 길을 올라가는 모습을 서로 붙였는데, 같은 길이 아니어서 어색한 느낌이 들었는지, 아니면 시간이 서로 이어지는데 올라가는 장면이 비슷한 사이즈로 두 번 연속 붙여서 그랬는지 모르겠습니다.

<〈낭독의 발견 : 서도영 편〉에 대한 방송평 쓰기

드라마 같지도, 여행 프로그램 같지도 않은 독특함

課題 ② 이미영

홍상수 감독의 영화는 불편하다. 실제 삶의 현실은 사실상 뜬금없는 이야기 조각들의 나열임에도 불구하고, 인과관계 등의 '연결 고리'가 불충분한 현실을 보여 주는 영화는 웬일인지 불편하다. TV든 영화든 창작물이 '자연스러워' 보이기 위해서는 역설적이게도 고도의 '연출'을 필요로 한다. 한 듯 안 한 듯한 화장이 사실은 가장 정교한 기술을 필요로 하듯이, '자연스러운' 프로그램은 촘촘한 구조와 치밀한 계산을 필요로 한다.

〈낭독의 발견 : 서도영 편〉의 초반부는 쉽사리 나를 그의 여행에 동화시키지 못한다. 여행을 떠나기 전 서도영은 "연기자 서도영이 아닌 26살의 내가 떠난다."라고 공표하고 있지만, 그럼에도 불구하고 초반의 서도영은 프로그램을 위해 잠시 청산도에 방문하여 프로그램을 찍고 있는 천생 '연기자'로 밖에 보이지 않는다. 너무 예쁜 얼굴, 화장한 듯한 뽀얀 피부, 사람 속을 평범하게 걸어도 유독 모델처럼 눈에 띄는 체격 조건과 걸음걸이는 프로그램이 연출되었음을 자꾸 말하고 있는 듯하다. 특히 자식들을 떠나보내고 혼자 섬에서 살고 계신 아주머니와의 대화에서 서도영의 감정 없는 표정과 비스듬히 선 자세는, 구석에 놓인 허름한 신발을 촬영한 놀라운 '순발력'에도 불구하고 이입을 방해한다.

그러나 시간이 흘러감에 따라 프로그램의 자연스러움과 그에 따른 나의 몰입은 점차 달라진다. 프로그램 중반에 다다르자 가장 연출된 듯한 장면, 당산나무 아래서의 보들레르의 시 낭독 장면까지도 자연스럽게 느껴진다. 고도로 계산된 것이 분명해 보이는 앵글과 구도, 난데없이 어딘가에서 나타나 기타를 연주하는 아저씨까지도 신기할 정도로 자연스럽게 느껴진다. 시를 읽는 서도영의 표정에서 진지함이 읽히고, 연주자의 허름한 옷차림은 그저 동네 아저씨가 서도영을 위해 잠시 기타를 연주해 주고 있는 듯한 느낌이다. 프로그램 섭외가 들어와서 청산도에 방문한다고 밝히고, 동네 아저씨에게 자신이 〈봄의 왈츠〉의 주인공임을 제 입으로 말하고, 동네 아주머니께 사인을 하는 모습을 보여 주던, 끊임없이 '이 프로그램은 연출된 것이고, 프로그램의 주인공은 연예인이야!'라고 말하던 프로그램이 이토록 자연스럽게 느껴지는 것은 분명 당황스러울 정도로 신기한 일이다.

프로그램이 흘러갈수록, 여행이 길어질수록 출연자가 편안해 하고 있음이, 여행을 즐기고 있음이 느껴진다. 어색한 표정을 짓던 출연자는 낚시를 가르쳐 주는 아저씨에게 바보 같은 웃음도 지어 보이고, 아버지 얘기를 하면서 울기도 한다. 촬영하는 동안 스텝들과 출연자 간에 신뢰가 쌓이지 않았다면 불가능했을만한 장면이다. 또한 꼼꼼한 답사를 통해 범바위라는 장소를 선택하고, 그 범바위를 여행의 후반부에 배치하겠다는 사전 계획이 없었다면 이처럼 극적인 장면이 연출되지 못했을 것 같다. 여행의 흐름과 감정의 흐름이 절묘하게 맞아 떨어지고, 비온 뒤의 청명한 날씨까지 조화되어 카메라 앞에서의 눈물이 어색하지도 상투적이지도 않게 받아들여진다.

서도영의 여행에 몰입하게 하는 또 하나의 중요한 요소는 바로 현장음이다. 돌길을 밟는 소리, 풀을 밟는 소리, 곤충의 소리, 빗소리, 범바위를 오르는 서도영의 숨소리 등 카메라는 꼼꼼하게 현장의 소리를 담아내고 있다. 또한 카메라는 그림처럼 아름다운 청산도의 풍경을 비추다가도 한 켠에 놓인 낡은 신발이나 땀에 젖은 서도영의 등 등 세심한 부분까지 순발력 있게 잡아낸다.

이러한 치밀한 구성과 섬세한 촬영이 어우러져 〈낭독의 발견 : 서도영 편〉은 독특한 매력을 낸다. 〈봄의 왈츠〉 주인공이 드라마 촬영지를 찾아도 드라마 같지 않고, 아름다운 청산도의 풍경에도 여행 프로그램 같지 않다. 여행과 서도영의 이야기와 감정과 낭독이 자연스럽게 어우러지고, 프로그램을 보는 사람도 서도영의 여행과 감정에 몰입하고 공감한다.

질문 ‖ 프로그램 초반에 기차가 떠나는 장면의 색깔 톤이 예쁘던데, 그건 빛을 잘 받아서 그런 건가요? 하루 중 언제 촬영하신 것인지, 특수한 촬영 기법이나 편집 기법이 들어간 것인지, 아니면 순전히 자연광 때문인지요? 바다 위를 가는 배는 어떻게 촬영하나요? 다른 배를 타고 옆에서 따라가면서 찍는 건가요? 프로그램 보면서 '저건 어떻게 찍었을까?' 생각하다 보니, 촬영 현장에 따라갔다면 정말 재밌었을 것 같아요. 카메라 한 대로 찍은 시사 프로그램 편집하는 것만 보다가 카메라 여러 대가 촬영한 영상을 보니까 정말 색다르다고 느꼈습니다. 전에 강의하실 때, HD카메라와 6mm가 함께 갔다고 하셨던 것 같은데, 구체적으로 어떤 부분이 HD가 찍은 거고, 어떤 부분이 6mm가 찍은 건가요? 보면서 좀 다른 느낌의 영상들이 잘 어우러지고 있다는 느낌을 받긴 했는데 구체적으로 어떤 장면이 어떤 것으로 촬영된 것인지 궁금합니다. 그리고 가능하다면 편집되기 전의 원본도 한번 보고 싶네요. 어떤 원본이 편집을 통해 이런 완성본을 만들어 냈는지 매우 궁금해요.

{ 〈낭독의 발견 : 서도영 편〉에 대한 방송평 쓰기

주인공과 공간과 나의 삼위일체 } 課題 ③ 정아란

〈봄의 왈츠〉에 나오는 그 꽃미남의 얼굴과 목소리를 구경한다는 것이 그렇게 기대될 수 없었다. 기대한 대로 서도영의 목소리는 그 뽀얀 피부만큼이나 부드러웠고, 낭만적인 섬은 뚜렷이 기억에 남았다. 나는 아름다운 조명과 세트 속에서 찍는 스튜디오의 낭독보다, 바람 불고 햇살 따가운 바깥에서의 낭독이 내게 훨씬 가까이 다가오는 것 같아 더 좋아한다. 이번에도 운무가 내린 풍광이 분위기를 더했으나, 아쉬운 점이 있다면 이는 연출자의 몫은 아니지만, 날씨가 맑았다면 더 좋지 않았을까 하는 생각이다.

〈낭독의 발견 : 서도영 편〉은 다른 편과 비교했을 때 음악이 가장 돋보여서 음악과 영상이 잘 흡착되어 있다는 느낌을 주었다. 특히 배가 물길을 가르는 장면에서 등장하는 음악은 순전히 이어폰으로만 듣는 내게도 설렘을 가져다주었다. 뚝뚝 떨어지는 빗방울 속에서 서도영이 시를 읊는 동안, 기타가 어느 순간 등장했을 때도 그곳에 꼭 기타 아저씨가 오래전부터 그를 기다리고 있었다는 인상을 받았다.

음악뿐만 아니라 섬마을에서 나오는 다양한 소리도 서도영 편에서 돋보이는 점이다. "오빠!" 하면서 사인을 받으러 온 섬의 아줌마들, 청산도 토박이 멋쟁이 할아버지, 밭을 매는 할머니의 '생생한' 목소리가 프로그램에 감칠맛을 더했다. 서도영의 낭독의 발견이 아니라, 섬사람들의 이야기가 아닐까 하는 생각이 간혹 들 정도로 이들의 출연은 자연스러웠다. 다만 서도영의 발음이 좀 더 명확했으면 하는 아쉬움이 생긴다. 청산도의 영상에 눈을 빼앗기다 보니 그의 멘트를 놓치기도 했는데, 더 힘을 보태 내레이션을 했다면 전달에 도움이 되었을 것 같다.

낭독의 발견의 숏은 아주 정교하다. 강승원 씨가 기타를 치는 장면에서 화면에 놓인 정자의 기둥 중간에 서도영이 자리하면서, 글을 읽는 그의 모습은 벽에 걸린 하나의 아름다운 그림처럼 보인다. 그런가 하면 땀과 비에 살짝 젖은 그의 빨간 티셔츠나 그의 쑥스러운 웃음을 잡은 클로즈업은 우리를 인간 서도영에게로 이끈다. 하지만 서도영이 돌담길 옆 밭을 매는 할머니와 함께 이런저런 이야기를 두런두런 나누는 장면에서 서도영이 바닥에 쪼그리고 앉았다면 하는 생각이 든다. 카메라도 함께 말이다. 고되게 밭을 매는 할머니를 내려다보는 숏보다 할머니와 비슷한 눈높이에서 맞추는 숏이 더 둘 사이의 교감을 이끌어 내지 않았을까.

〈낭독의 발견 : 서도영 편〉을 보면서 내가 20분이라는 그 짧은 시간 동안 내가 서도영에게, 청산도에게 공감하고 있음을 느낄 수 있었다. 처음에는 서도영이 어깨에 두른 스카프 때문이었을까, 연예인이라는 힘이 적지 않게 들어가 있다고 느꼈지만, 점점 이러한 느낌이 사라지기 시작했다. 범바위에 오른 그가 약간은 목이 메어 사고와 아버지에 대한 이야기를 할 때 이는 최고조에 달했다. 외우고 외워서 술술 나오는 드라마 대사가 아니라, 참고 참았던 말을 하나하나 뱉어 내는 모습에서는 꼭 내 자신을 옆에 두고 그가 이야기한다는 착각에 빠졌다. 함께 호흡했다는 생각이 든다니, 나의 낭독 여행도 괜찮았던 셈이다.

〈낭독의 발견〉의 연출자가 서도영을 그 주인공으로 선택한 이유는 무엇일까. 20분을 보고 나니 스타 서도영의 인간적인 면모를 보았다는 생각보다는 아픔에 부닥친 평범한 한 인간이 그 길을 어떻게 지나왔는지를 뒤돌아보는 것 같아 반가웠다. '가슴 조이던 먼 젊음의 뒤안길에서 인제는 돌아와 거울 앞에 선 내 누이같이 생긴 꽃이여' 라는 구절이 맴도는 것도 그 때문일 것이다.

마지막으로 약간의 첨언을 하다면, 이번 편 제목을 '짧은 여행의 기록' 보다 '청산도에 두고 온 것들'이라는 이름이 더 어울리지 않았을까. "드라마를 찍은 곳. 그러나 한 번도 돌아보지 못한 곳."이라는 서도영의 말처럼 청산도에 다시 돌아온 그에게는 섬이 고난과 아픔의 상처가 더 큰 곳으로 남아 있었을 것이다. 그러나 이번 낭독 여행에서 범바위에 올라 아버지에 대한 고백을 토해 내면서 서도영은 그 곳에 상처와 허물들을 남겨 두고 앞에 놓인 첩첩이 쌓인 봉우리를 차근차근 넘어가겠다고 이야기한다. 인생에서 서도영의 청산도와 같은 순간들이 얼마나 많은가. 하지만 다시 돌아보는 그 순간에 내일로 오르는 힘을 발견한다면 얼마나 값진 여행이 될 것인가.

〈낭독의 발견〉출연자를 결정할 때 스태프들의 반대가 몇 번 있었다. 가수 송대관과 배우 서도영 편이다. 송대관 씨는 스튜디오에서 '네박자'를 낭독하다가 노래를 부름으로써 작품을 만들었고, 서도영은 2박 3일간의 혼신의 촬영으로 프로그램을 빛내 주었다. 서도영의 여행은 결국 청산도를 가고 싶은 연출자인 나의 여행이었고, 그가 말한 내레이션이나 낭독도 결국은 내가 느끼고 내가 하고 싶은 말들이다. 마찬가지로 프로그램에서 그가 보인 것은 '연기'가 아니었고, 자신의 삶을 자신의 생각을 2박 3일간 살았다. 출연자와 연출자와의 접합은 잘 이뤄졌고, 시청자들은 평온하게 둘의 결합을 바라보았다. 프로그램이 자의식을 밝히는 독특한 설정으로 인해 어떤 연출이 들어가도 어색하지 않게 만드는 효과가 있었다. 또한 기존의 다른 프로그램 예를 들면, 그곳에 가고 싶다는 기행 프로그램 같지 않게 만들어야 하고, 드라마 느낌이 안 나야 하는 자리 잡기에 대한 고민도 꼭 필요하다. 방송 후 많은 사람들이 '〈낭독의 발견〉답다'고 말해 주었을 때 가장 기뻤다. 화면에 어떤 특수 효과도 사용하지 않은 촬영 그대로의 화면이고, 배 장면을 위해 쾌속정을 임차해서 찍었다. HD카메라와 6mm 촬영 부분은 자세히 눈여겨보면 구별할 수 있을 것이다.

방송에서는
이것이 뉴스다

{ 홍보문 쓰기 }

홍보문 쓰기

홍보문은 기사의 재료가 되는 글이다. 일종의 소스다. 따라서 이 홍보문은 기사와 닮은 점과 다른 점이 있다.

우선 기자를 독자로 한다는 점에서 기사와 닮으면 좋다. 역피라미드 식으로 쓴다든지, 헤드라인을 잘 뽑고, 부제와 본문을 뽑고 잘 편집한다든지 하는 것도 중요하다. 뉴스 가치를 이해하며 그것에 맞는 기사를 작성한다. 하지만 기사가 아니라는 점을 기억할 필요가 있다. 따라서 홍보문은 명료하되, 풍부해야 한다. 기자가 다양한 정보 속에서 취사선택하도록 도울 필요가 있다. 또한 현장의 목소리가 들릴 수 있도록 현장에서 일어난 일들을 꼼꼼히 기록한다. 기자는 발로 쓴 기사를 좋아하기 때문이다.

미디어를 차별하지 않는 것도 중요하다. 모든 미디어를 동등하게 대하라. 맥루한 식으로 이야기하자면, 모든 미디어는 다른 미디어의 취재 소스이기 때문이다. 1000부 나가는 잡지에 기사가 나가면 1000명의 독자에게 알려지는 효과가 있다. 하지만 이 1000명 중에 100명의 미디어 종사자가 있을 수 있다. 홍보 전문가들에 따르면, 새로운 미디어에 접촉할 때 다른 미디어에 노출되었다는 사실을 환기시키는 것이 좋은 전략이라고 한다. 이미 검증을 받은 셈이나 마찬가지기 때문이다. 아니면, 최소한 시장과의 새로운 관계를 형성했기 때문에 자연스럽게 접합되는 것이다.

기자들과 동등한 태도를 견지하라. 홍보는 밥을 사고, 부탁하는 것으로 하는 일이 아니다. 기자에게 적절한 정보를 제공하고, 프로그램이나 이벤트를 홍보하는 양자 승리의 게임이 홍보다. 당당하게

홍보문과 이를 바탕으로 쓴 중앙일보의 기사 ‖ 좋은 홍보문이 좋은 기사의 터전이다.

윈-윈 한다는 자세로 정보를 제공하라. 기자에게는 정보 습득이 중요한 업무다. 필요한 경우, 기자를 직접 만나라. 출연자 섭외를 작가에게 맡기다가 섭외가 안 되면 PD들은 직접 출연자를 만난다. 직접 만나는 경우 섭외의 확률이 높아진다. 직접적인 대면의 커뮤니케이션의 힘이다. 적극적인 홍보가 필요한 경우, 기자에게 전화를 하거나 메일을 하거나 직접 만나는 것도 좋은 방법이다. 경우에 따라서는 홍보문을 작가에게 시키지 말고 PD가 직접 써야 한다. 현장 경영이 중요하듯이 현장 홍보도 중요하다. 사후 관리도 중요하다. 기사가 나간다면, 안부 전화로 감사의 뜻을 전하자. 또 좋은 기삿거리가 생기면 제보할 수도 있다.

모든 매체에 평등하게 대해야 한다. 사진은 무가 잡지에서 실어 준 낭독의 발견 기사. 이 기사를 시작으로 다른 매체들에서도 기사를 실었다.

01　방송 3사의 프로그램 하나씩을 고르고 홍보문을 작성해 보라.

02　방송사 홈페이지에 있는 홍보문을 찾아보고, 이것이 기사화 된 것을 모두 찾아 비교해 보라. 어떤 제목으로 어떻게 기사화 되었나, 기자들은 어떤 점에 착목하나?

03　자신을 헤드헌팅 시장에 내놓는 홍보문을 작성해 보라.

04　당신이 만들고 있는 드라마가 시청률도 고전을 면치 못할 뿐더러, 출연자도 방송사와의 계약관계 때문에 B급 연기자를 쓰고 있다. 아무도 드라마에 대해서 이야기하지 않고, 드라마 내의 비정상적인 가족 관계 때문에 홈페이지에는 적대적인 네티즌들만 출몰하고 있다. 당신의 프로그램을 붐업 시키기 위한 홍보 전략을 만들어 보아라.

05　4번의 상황에서 출연자가 촬영 중 카메라에 부딪혀 사고를 당했다. 하지만 신속히 병원으로 후송해서 피해를 최소화했다. 병원에 있는데, 기자들로부터 전화가 온다. 어떻게 할 것인가?

06　홈페이지에 방송 프로그램의 편집이 눈에 거슬린다는 글이 떴고, 많은 조회수를 기록하고 있다. 어떻게 응대할 것인지 댓글을 달아 보아라.

민언련 이달의 추천방송 수상식 ‖ 방송은 기본적으로 널리 알려져야 하는 임무를 가지고 있다. '놓을 방' '보낼 송' 이라는 글자에서 보듯 이것은 방송의 숙명이다. 잘 알려지고 또한 좋게 인정받는다는 사실은 PD들을 기쁘게 한다.

{ 방송은 기본적으로 매스 미디어mass media이지 사적인 미디어private media가 아닙니다. 하지만 홍보는 점점 개인의 니즈needs를 충족시키는 방향으로 가고 있습니다. 방송국은 어떻게 대처하고 있나요?

質問 ① 김태년

홍경수 PD 答辯 ∥ 대처가 늦다고 본다. 이제 정확한 타깃 오디언스target audience의 분석을 통한 메일링 시스템을 통한 홍보가 필요한 시점이다. 대상에 특화된 콘텐츠를 프로그램별로 분화하는 것도 방법이다.

{ 신문들이 점차 방송에 관련된 기사수를 줄이고 있는 것처럼 보입니다. 방송은 어떠한 새로운 홍보 창구를 마련해야 할까요?

質問 ② 이미영

홍경수 PD 答辯 ∥ 방송이라는 미디어에 대한 위상이 달라지고 있는 만큼 변해야 한다. 즉, 방송사의 홈페이지를 하나의 포털처럼 만드는 것이나, 인터넷 신문과 같은 매체화 추진 등 독립적인 방법을 취해야 한다. 또한 방송 프로그램에만 그치지 않고 사회를 움직이는 동인으로서의 포지셔닝도 필요하다. 즉, 이제 방송 프로그램을 밑천으로 해서 프로그램들이 직접 이벤트, 시사회, 전시회, 공연 등을 기획하고 제작하여 문화의 한 부분으로 깊숙이 자리 잡는 것이 한 가지 방법이라 하겠다. 방송은 이제 생활이 되어야 한다는 것이다.

홍보는 다른 미디어를 통해 시청자를 만나는 또 다른 커뮤니케이션이다.

얼마 전 영화계에서도 일어난 일입니다. 한 언론사의 기자가 프로그램이나 그 캐릭터에 대해 끊임없이 악의적인 보도를 합니다. 항의하거나 반박 자료를 보내도 기자가 공정한 시선으로 취재한 것이라고 주장할 때는 어떻게 대처해야 할까요? **質問 ③** 정아란

홍경수 PD 答辯 ‖ 우선 만나서 대화로 해결하는 것이 좋다. 그래도 안 될 경우에는 법으로 대처할 수밖에 없다. 방송사의 법무팀에 의뢰하여 손해배상청구절차를 밟을 수도 있고, 언론중재위원회에 제소할 수도 있겠다.

제15일 함께 보기 좋은 추천 자료

01 **안수찬, 「기자, 그 매력적인 이름을 갖다」, 인물과사상사, 2006년** 언론사 입사에서부터 기사 쓰기와 인터뷰 등 언론인이 기본적으로 알아야 할 모든 상식을 엮은 책이다. PD와 기자, 그 맞는 듯 맞지 않는 두 직업 사이의 간극을 채워 줄 수 있는 다리 역할을 하는 책. by 홍경수 PD

02 **로버트 그린, 「유혹의 기술」, 이마고, 2002년** 이 책은 인류 역사상 가장 강력한 유혹자들을 9가지 유형으로 나누어 분석하고, 이성이나 고객, 대중을 사로잡는 마법을 낱낱이 공개한다. 홍보는 시청자를 유혹하는 것이다. 역사의 위인들은 사람들을 어떻게 유혹했을까? by 김태년

03 **개봉 영화 팸플릿** 나는 영화 홍보에 관심이 많아 극장을 갈 때마다 혹은 지나갈 때마다 비치된 영화 팸플릿들을 죄다 긁어 와서 읽는다. 영화인들의 머리를 쥐어 짜내 탄생했을 팸플릿의 홍보 문구들은 재미난 것들이 많다. 영화관에서 그냥 지나치지 말고 꼭 챙겨 와서 보자. 감상한 영화라면, 나라면 어떤 영화 문구를 쓸지 한번 써 보는 것도 좋을 것이다. by 정아란

우리 대중문화에서 잘된 카피 10개를 찾고 이것이 잘 된 이유를 기술하라.에 대한 글쓰기

課題 ① 김태년

{ 여성 타깃 광고 베스트 3

광고는 소비자의 최첨단 욕구를 반영한다고 했던가. 그래서 광고를 욕구의 거울이라고 부르기도 한다. 광고 속에 비치는 현란한 이미지와 모델들의 몸짓, 광고 카피는 동시대 소비자의 피부에 깊숙이 각인된다.

오랫동안 광고의 타깃은 여성이었다. 패션, 화장품, 전자기기 등 광고를 보면 여성을 시장으로 끌어내려는 시도를 한다. 오죽했으면 남성의 속옷 광고까지 여성을 타깃으로 했겠는가. 그러므로 광고는 여성의 욕구에 굉장히 민감하게 반응해 왔다.

1. 남자는 여자하기 나름이에요 – 80년대 후반부터 90년대 초반까지 삼성전자의 CF는 '최진실'이라는 무명 배우를 톱스타로 올려놓은 일등 공신이었다. 삼성전자의 최첨단 전자 제품을 장만하고 행복해 하는 아내의 모습에 이어 그 전자 제품 때문에 일찍 귀가하는 남편의 모습을 보여 주고 난 다음 최진실은 카메라를 정면으로 보고 시청자들에게 속삭인다. "남자는 여자하기 나름이에요." 그 당시 대부분의 여성이 꿈꿨을 만한 행복한 나의 집과 안정적인 직장을 가진 남편, 화목한 가정 등의 모습이 한 편의 CF에 고스란히 녹아 있다. 마지막에 최진실이 제시해 주는 역할 모델까지.

2. 산소 같은 여자 – 90년대 초반부터 90년대 중반까지 최고의 화장품 모델은 산소 같은 여자 이영애였다. CF에서 당당하고 저돌적인 커리어 우먼의 모습을 보여 주었다. 일뿐 아니라 여가 생활도 멋지게 하면서 어떻게 사는 것이 '쿨'한 것인지를 온 몸으로 실천한다. 마몽드 화장품에서 '쿨'한 라이프스타일의 은유로 사용된 카피가 "산소 같은 여자"다. 이영애는 산소 같은 여자로서 커리어 우먼 이미지의 상징이 되었다. 모든 직장 여성들이 닮고 싶어 하는 여자로서 포지셔닝을 한 것이다.

3. 위험, 가끔 남의 사랑이 더 커 보인다 – 바야흐로 2000년대에는 또 다른 여성상이 등장한다. 현대자동차 '투싼'의 광고에는 젊고 섹시한 여성이 남성을 유혹한다. 여자와 남자 A가 데이트 하고 있는데 남자 B가 지나가고 이를 힐끗 쳐다본다. 이때 다른 어린 여자 한명이 달려와 남자 B를 껴안는다. 이때 흘러나오는 카피, "위험, 가끔 남의 사랑이 더 커 보인다." 이 CF에는 현대 여성들이 어떤 여성상을 원하는지 집약적으

로 들어 있다. 섹시함, 몸짱, 악녀, 도회적인 커리어 여성 등. 현대의 여성은 이러해야 한다는 것을 광고는 한 여자의 육체와 몸짓으로 은유적으로 표현한다.

언어학자 소쉬르는 언어의 구조를 기표와 기의로 나누고 그 둘을 대응시켰다. 정신분석학자 라캉은 기표의 표면을 따라 기의가 흘러내리는 것을 은유적으로 표현했다. 광고에서 여성의 이미지는 이미지(기표)의 함축적인 연상 작용을 따라 설득 구조(기의)를 자리바꿈한다. 현실을 이미지가 따라가거나 이미지를 따라 현실이 이동하는 것처럼 말이다.

광고는 그 시대의 여성상을 대표한다. 이제 여성의 욕망과 광고의 욕망이 엎치락뒤치락하면서 미래로 이동할 차례다. 오감을 짜릿하게 하는 '광고와 욕망이 일심동체가 된 순간'을 기대해 본다.

4. 매운맛이 사무칠 때 – CF 속 차승원은 내숭 없고 전형적인(유럽 여행 중에 고추장을 목 놓아 부르는) 보통 한국 남자다. 어딘가 헐렁하고 아이처럼 금방 들통 날 허세도 부리고 현실적 문제가 닥치면 어떻게든(편법을 써서라도) 해결할 듯한 사내. 연기로는 웃음을 주지만 배우로서 프로페셔널하다는 이미지가 '예부터 내려오는 효능을 재미있게 풀되 기본적 신뢰를 주어야 하는' 광고와 잘 맞고, '브랜드를 값싸지 않게 표현하되 엄숙하지 않고 편안하게'라는 최근 브랜드 마케팅 경향에 "매운맛이 사무칠 때"라는 카피가 맞아떨어져 강렬하게 각인된다.

5. 내 마음대로 되는 게 또 있네? – 인공성이 옅고 깨끗함의 이미지를 보존하면서도 그 요소 중 '깜찍함'은 덜어내는 과정에 있는 듯한 배우가 이나영이다. 이런 이미지는 맥심 CF에서도 확인되는 데, 크리스마스 이브에 애인을 만나러 가는 룸메이트를 시샘하는 이나영의 심리와 설탕의 양을 마음껏 조절할 수 있다는 새로운 커피믹스의 기능을 "내 마음대로 되는 게 또 있네?"라는 카피를 통해 중의적으로 훌륭하게 표현했다.

6. 그냥 친구가 진정한 친구다 – 딩동. 문득 찾아온 친구. "무슨 일 있냐?" "그냥." "그냥 친구가 진짜 친구다, OB처럼." 제품에 대한 설명도 CF의 내용도 빈약하지만 강력하게 다가온다. 사실 하이트 맥주가 천연 암반수를 중심으로 기능 위주의 설명을 통해 시장 점유율을 높여갔다면 OB의 마케팅 전략은 친근한 이미지를 심어 주는 것에 초점을 맞췄다. 그 중 '그냥 친구가 진정한 친구다'처럼 마음에 와 닿는 카피는 없었다.

7. 엘라스틴 했어요 – 전혀 특별할 것 같지 않은 카피다. 그러나 이 말을 전지현이 한다면 얘기가 달라진다. 전지현은 20대 중·후반 여성이 가장 동경하는 대상의 자리를 확고히 점유하고 있다. 그런 전지현이 "엘라스틴 했어요."라는 말을 할 때, '엘라스틴'은 전지현의 특권적 자리를 고스란히 물려받는다. 그해 '엘라스틴'은 세련되고 고급스러운 곳에 포지셔닝을 함과 동시에 업계 브랜드 1위를 차지하는 기염을 토했다.

8. 나는 소중하니까 – 아직까지 유행어로서의 파워를 잃지 않고 있는 카피다. 요즘은 예전만 못하지만 몇

년 전만 하더라도 고소영이 탐내면 무엇이든 '프리미엄'이 된다는 말이 있었다. 그런 고소영이 "나는 소중하니까."라고 하는 데 혹하지 않을 소비자가 있겠는가.

9. 부자 되세요 – 김정은의 불후의 명작 BC카드 광고는 송혜교로 바뀌었음에도 불구하고 여전히 "부자 되세요."를 기억하는 소비자가 많다. "새해 복 많이 받으세요."라는 전형적인 새해 인사 대신 좀 더 구체적인 욕구를 표현했지만 한국인 정서상 속물적으로 비칠 우려도 있었다. 하지만 IMF와 대량 실직 등이 겹치면서 가난해진 우리네 가정에 이것만한 덕담이 어디 있겠는가.

10. 니들이 게맛을 알아? – 신구의 코믹한 이미지가 절정에 달했을 때 만들어진 광고 카피다. 신구가 등장하는 익살스런 CF는 모두 반말 투 대사로 진한 인상을 새긴다. "토끼 끝이야!", "다 먹고 봐!"와 같은 신구의 호통은 광고 속 상대역을 향한 것이지만 시청자에게 직접 날라든다. 고집불통이지만 악의 없는 어른에게 야단맞는 묘한 즐거움이 거기에 있다.

우리 대중문화에서 잘된 카피 10개를 찾고 이것이 잘 된 이유를 기술하라.에 대한 글쓰기　　　課題 ② 이미영

지극히 개인적으로 뽑은 베스트 10

1. 침대는 가구가 아닙니다. 과학입니다. – 어느 초등학생이 시험문제에 정말로 침대가 과학이라고 적었다는 우스갯소리가 전해졌을 정도로 이 카피는 충격 그 자체였다. 당연히 가구인 것을 가구가 아니라고 하여 호기심을 자극하더니, 한 술 더 떠서 침대는 과학이라고 외친다. 어릴 때 기억으로는 침대는 부잣집에서나 들여놓는 가구였다. 그러나 점점 침대는 보편화되었고, 이제 특정한 이미지로 자사의 침대를 차별화해야 할 시점에 에이스 가구가 적절한 카피를 만들어 냈던 것 같다. 과학이라고 불릴 수 있을 만큼, 사람들의 신체를 고려하여 체계적으로 만든 침대! 정말 강력한 카피였다.

2. 하이마트로 가요!(선율을 넣어 따라 불러 주시길~) – 하이마트 광고는 언제나 "하이마트로 가요!"라는 카피로 끝이 난다. 전혀 특이할 것이 없는 평범한 문장이지만, 이 단순하고 짧은 문장을 광고마다 매번 반복한다면 사정은 달라진다. 게다가 여기에 노래까지 곁들여지면? 도저히 카피를 잊을 수가 없다.

3. '2% 부족할 때' 일련의 시리즈들 – '2% 부족할 때'라는 상품명은 당시로선 정말 신선했다. '끌리는 사람은 1%가 다르다'는 책 제목이나, 신문 기사에서 '그 개혁 정책은 2% 부족하다'는 식의 표현을 볼 때 마다 이 상품명이 얼마나 사람들의 뇌리에 콱! 박혔는지 뼈저리게 느끼곤 한다. 상품명만큼이나 '2% 부족할 때' 광고는 특이했다. "날 물로 보지 마!" "사랑은 언제나 목마르다" "우리 그냥 사랑하게 해 주세요" 등등. 고작해야 500원 주고 사 먹는 음료수 광고인데, 정우성 같은 톱스타가 등장하고, 도대체 제품과 어떤 관계

가 있는지는 모르겠으나, 어쨌든 특이해서 절대 잊을 수는 없는 대사들을 마구 날려 주니 언제나 기대하면서 광고를 봤던 것 같다.

4. 엘라스틴 했어요 – 흔히 엠티 가서 자주하는 아이엠그라운드 게임에서 꼭 누군가는 머리를 뒤로 넘겨가며 엘라스틴이라고 자기를 소개하곤 할 정도로 엘라스틴은 샴푸 시장에서 뭔가 특이한 존재다. 샴푸도 좋은 것으로 골라 써야 한다는 인식을 강렬하게 심어준 샴푸랄까? 이영애, 전지현 같은 톱스타가 긴 생머리를 찰랑거리며 도도하게 "엘라스틴 했어요."라고 얘기하는데, 감히(!) 그 샴푸를 따라 써 보지 않을 수가 없다.

5. 부자 되세요 – 듣기 좋으면서도, 사람들의 욕망을 정확히 꿰뚫는 좋은 카피, 아니 어쩌면 너무 적나라하고도 치밀해서 한편으로는 조금 무서운 카피. 삼성 카드의 "당신의 능력을 보여 주세요.", 혹은 현대 카드의 "열심히 일한 당신, 떠나라." 같은 카피들이 '뭐냐, 돈이 능력이냐?', '능력 보여 주다가 빚쟁이 되라고?', '떠나긴 뭘 떠나? 나보고 회사에서 잘리라는 소리냐!' 등등의 반발을 일으켰던 것과 달리 "부자 되세요."라는 카피는 지극히 속물적이지만, 그럼에도 듣기 좋은 카피였다. 온 국민의 새해 인사를 바꿔 놓을 정도로.

6. 사람과 사람, 그리고 커뮤니케이션, SK 텔레콤 – 사실 이 카피는 지극히 개인적으로(!) 최고라 꼽는 카피. 커뮤니케이션학을 공부하고 있는 사람으로서 수업시간에 들은 어떠한 정의보다도 커뮤니케이션을 짧고 함축적으로, 그러면서도 가슴에 뭔가 울컥하는 것이 있게 표현하는 카피였다. 개인적으로는 SK가 기업이미지를 정말 잘 관리하는 기업이라는 생각이 드는데, SK하면, 장학퀴즈와 함께 "OK? SK!"라는 문구가 생각날 정도로 SK의 이미지가 이전에 잘 관리되어 왔기에, 도덕책 같은 광고 내용과 카피도 별 거부감 없이 받아들여졌던 것 같다.

7. 여자라서 행복해요 – 지금도 자주 개그프로에서 패러디 되곤 하는 카피. 솔직히 말해서 이 카피가 들려올 때마다 '뭐야, 여자는 냉장고 하나면 행복하다 이거냐?'라고 잔뜩 짜증내며 귀를 틀어막곤 했지만, 사실 뭔가 특이하면서도, 고급 냉장고를 표방하고 나선 DIOS와는 참 잘 어울리는 카피긴 했다. 럭셔리한 집에서, 무려 심은하가 DIOS 때문에 행복하다고하니…… 당시 고등학생이었던 나와 내 친구들은 가장 먼저 결혼하는 친구에게는 꼭 DIOS를 선물하자는 얘기까지 했었다. 물론 아직도 들을 때마다 왠지 모르게 기분이 나쁜 건 사실이지만. --;;

8. 스포츠는 살아 있다, 아디다스 – 간결하면서도, 스포츠 정신, 스포츠의 역동성 등을 잘 표현하는 카피. 개인적으로는 경쟁사 나이키의 "Just do it!" 보다 이 광고 카피를 더 좋아했던 것 같다. 훨씬 덜 노골적이면서도 함축적인 느낌이 좋아서.

9. It's delicious! 왕뚜껑 – 사실 인상 깊은 카피라기보다는, 인상 깊은 광고에 가까울지도 모르겠지만, 카피도 패러디가 가능하다는 것을 멋지게 보여 주었기에 목록에 넣었다. 저 광고를 처음 봤을 때, 그리고 광고 마지막의 저 카피를 보았을 때 정말 뒤집어지게 웃었다.

10. 피부가 장난이 아닌데. 꽃을 든 남자 – 역시나 지금도 온갖 개그 프로에서 자주 패러디되는 카피. 여자가 아닌 두 남자가 우연히 지나치는 다른 남자의 피부를 서로 질투한다는 광고 설정은 당시로선 정말 파격적이었다. 메트로 섹슈얼의 흐름을 미리 읽은 광고였던 것인가? 아무튼 "잘생겼는데.", "와, 진짜 피부 좋다."도 아닌 "피부가 장난이 아닌데."라는 카피는 뭔가 더 자극적이면서도 서로를 질투하는 심리를 묘하게 잘 표현해 낸 카피였다.

{ 우리 대중문화에서 잘된 카피 10개를 찾고 이것이 잘 된 이유를 기술하라.에 대한 글쓰기
'인간'을 보여 주는 따뜻한 광고가 좋다
} **課題 ③** 정아란

1. 기술은 언제나 사람에게 지고 맙니다. – 광화문에는 대형 광고판들이 많다. 서울역 근처의 YTN에서 일할 때는 회사에서 집까지 오는 이십분 남짓한 퇴근길에서 대여섯 개의 광고판을 만날 수 있었다. 특히 동화면세점 빌딩 횡단보도 앞에서 신호를 기다리며 전광판 속 광고를 보는 것은 쏠쏠한 즐거움을 가져다주었다. 그 중에서도 나의 조그만 탄성을 이끌어 냈던, 어느 광고인의 말을 빌리자면 '무릎을 치는 반가움'을 주는 카피 하나가 있었다.

　　"주소록을 없애 주세요.

　　사랑하는 친구의 번호쯤은 외울 수 있도록.

　　카메라를 없애 주세요.

　　사랑하는 아이의 얼굴을 두 눈에 담도록.

　　문자 기능을 없애 주세요.

　　사랑하는 사람들이 다시 긴 연애편지를 쓰도록.

　　기술은 언제나 사람에게 지고 맙니다."

신호는 초록불로 바뀌었고, 나는 횡단보도를 건넜다. 그리고는 '기술은 언제나 사람에게 지고 만다'는 카피를 계속 되씹으며 휴대폰에 대한 나의 기억을 떠올려 보았다. 고등학교 1학년 때 휴대폰 바람이 본격적으로 불기 시작했다. '휴대폰을 가진 자들의 모종의 유대감'을 위해 어머니를 기어이 졸라 꽤 무거운 폰 하나를 장만했다. 이후 내가 휴대폰을 수차례 바꾸는 사이 휴대폰은 진화했고, 지금 카메라 휴대폰은 카메라의 본연의 기능마저도 넘볼 정도로 얼마나 화질이 우수한가.

날로 발전하는 현란한 휴대폰 기술을 강조해야 마땅한 통신 회사가, 그것도 SK Telecom이 휴대폰의 카메라와 문자 기능을 없애 달라고 하니, 이 얼마나 시선을 끄는 멘트인가(하긴 휴대폰 자체를 없애 달라는 극한

발언까지는 하지 않았지만.). 사실 휴대폰을 갖기 전에는 친구들의 이름과 주소를 알록달록한 펜으로 수첩에 가지런히 정리해 두었다. 친구 집에 전화해, 친구 부모님들께 공손히 인사를 드리는 법도 알았다. 9시를 넘겨 친구 집에 전화한다는 것은 있을 수 없는 일이었다. 친구랑 만나기로 약속을 정하면, 친구가 조금 늦어도 (어찌 연락할 도리가 없으므로) 진득이 기다릴 줄 아는 여유를 가지고 있었다.

이렇게 SK Telecom의 광고는 휴대폰 생활에 함몰되기 전의 낭만을 다시 떠올리게 함으로써 사람들에게 적지 않은 공감을 주고, 큰 여운을 남긴다. 결국 '사람이 가장 중요하다'는 훈훈한 메시지를 주는 것이다. SK Telecom의 이러한 따뜻한 고백은 요즘 광고 시장이 소비자들을 향해 선보이는 웜 마케팅warm marketing의 선두에 서 있다. 매일 쏟아지는 최첨단 기능과 매혹적인 디자인을 가진 신상품에 쉽게 반했던 사람들은 또 쉽게 잊는다. '사람'을 이야기하고, '마음'을 울리는 이야기의 여운이 작지 않음을 이제는 광고계와 기업들이 간파한 것이다. 나 또한 (그 장삿속이 훤히 들여다보이지만) SK Telecom의 광고 카피를 최고의 카피로 기억하고 있지 않은가.

이는 비단, 광고 카피만의 흐름은 아니다. 출판 업계에서 요즘 가장 잘 나간다는 스토리텔링storytelling 책들 또한 딱딱한 교양과 단순한 지식에 따뜻한 감동과 여운의 옷을 입힌 것이 아닌가. 국내에서 손꼽히는 스토리텔링 전문가인 박현찬 씨는 "복잡한 것을 싫어하는 사회적 분위기가 지속될수록 지식뿐만 아니라 감동을 이끌어 내는 스토리텔링 기법의 책이 인기를 지속할 것"이라 내다보았다. 이처럼 매일매일 복잡하게 변해 가는 이 사회에, 최첨단 기능만 늘어가는 휴대폰에 지친 사람들은 따뜻한 무언가를 원하기 시작한 것이다. 그리고 이러한 경향은 기업들에 의해서 더욱 유행처럼 번지고 있다.

광고는 물건을 더욱 잘 팔기 위한 것이다. 하지만 광고를 보는 이들의 마음을 즐겁거나 기쁘게 하고 따뜻하게 어루만져 주는 것도 광고다. 그래서 그 잇속이 보일지라도 나는 '인간'을 보여 주는 따뜻한 광고가 이 좋은 물건 좀 사라고 대놓고 소리 지르는 광고보다 반갑다.

2. 사람은 책을 만들고 책은 사람을 만든다. – 서점의 철학을 가장 간결하면서도 명확하게 드러낸 문구라고 생각한다. '사람'에 대한 존중이 담뿍 들어 있는 만큼 SK Telecom의 광고와도 닿아 있다.

3. 세상의 모든 지식, 네이버 – 요즘 대화 중에 막히는 것이 있다면 심심과 진심을 반쯤 섞어 이렇게 말하지 않는가. "네이버 지식인한테 가서 물어 봐." 포털은 이제 만능 창고다. 네이버 지식in의 유용성을 느낀 네티즌들이 다시 자발적으로 지식을 올리고 이를 나누게 되면서 갈수록 거대한 지식 창고로 발전해 나가고 있다. 포털의 세를 불리는 데 이만한 문구도 없는 것 같다. 포털에 '지식'의 개념을 연동시킨 네이버 당신, 굿이에요!

4. 사랑하라, 한 번도 상처받지 않은 것처럼 – 원래 '사랑하라, 한 번도 상처받지 않은 것처럼'은 시인 알프레드 디 수자의 시(詩) 제목이다. 류시화 시인이 출간한 번역 시집에 실리면서 꽤 알려지기 시작했다. 하

지만 드라마의 흐름과 너무 기묘하게 맞아 떨어지면서 유명세를 타게 됐다. 마지막 16부작에 이 구절이 나왔을 때의 감동과 공감을 잊을 수가 없다. 드라마 〈내 이름은 김삼순〉은 매 회마다 타이포그래피 광고처럼, 내용과 관련된 멘트를 블랙 화면에 까는 것으로 시작했는데 아주 인상적이었다.

5. KTF적인 생각이 대한민국을 움직입니다. – 한때 친구들과 앞서 나간 사람이 문을 잡아 준다던지, 휴지를 줍는다던지 하면서 'KTF적인 생각'이라고 우스갯소리를 나눌 때가 있었다. 지금은 그 느낌이 덜하지만, '도덕적인'도 아니고, '윤리적인'도 아닌, 'KTF적인' 생각을 외쳤던 KTF 광고는 내게 아주 신선하게 다가왔다. 단지 통신회사로만 인식되던 KTF에게도 '이미지'가 있음을 제대로 어필한 첫 광고가 아니었나 싶다. 'KTF적인 생각' 광고 시리즈는 매 편마다 "넥타이는 청바지와 우월하다", "나이는 숫자에 불과하다"와 같은 카피를 밑그림(영상)과 효과적으로 결합시키면서 고정관념을 시원하게 날려 버렸다(특히 교수와 학생이 뒤바뀐 듯한 광고는 상당한 충격이었다.). 약간의 감동까지 불러일으키는 이러한 참신함은 나와 같은, 통신 회사의 주요 고객층인 젊은이들에게 크게 어필했음이 분명하다.

6. 스무 살의 011, TTL – 뽀얀 피부에 얼굴은 조막만한, 어린왕자의 누이 같은 소녀가 하나 나온다. 광고 내용은 잘 알지 못하겠다. 마지막에는 늘 "스무살의 011, TTL"이라는 말로 마무리된다. 그래도 TTL광고가 우리에게 미친 파급 효과는 꽤 컸다. 신기한 분위기에 뭘 말하는지도 모르겠기에 구구절절 말이 많았다. 그 해석이 어떠했든 간에 "스무 살의 011, TTL"은 우리 머릿속에 꽤 깊이 박혔다. 나뿐만 아니라, 내 또래의 많은 아이들이 TTL은 스무 살을 꿈꾸는 '우리'만의 것이라는 생각을 했던 것 같다. 아저씨나 아줌마, 대학생 언니 오빠들은 쓸 수 없는 것이었다. 그리고 그 이미지가 어찌나 견고하게 뿌리내렸는지, 아직도 내게 TTL은 젊음으로 막 넘어가는 어린 T세대들의 것이라는 느낌이 강하게 남아 있다.

7. 통하였느냐 – 내가 기억하는 영화 카피 중에 최고가 아닌가 싶다. 단 한 마디, 그것도 불완전한 말이지만, 짜릿함까지 주는 카피라고 생각한다. '통한다'는 말을 사전에서 찾아보자. 우리말의 맥락을 알지 못하면 이해할 수 없는 문구 아닌가. 사실 홍콩에서 이 영화를 설명한 적이 있었는데, '통하다'라는 말의 묘미를 제대로 전달할 수 없어서 너무 안타까웠었다. 양반 투로 점잖음을 가장하고 있지만 말줄임표로 대신한 것, 즉 그 이면을 궁금하게 만드는 카피라고 생각한다. 영화 개봉 이후 '통하였느냐'는 이곳저곳에서 따다 쓸 정도로 인기를 누리기도 했다.

8. 정말이지⋯ 착하게 살고 싶었답니다. – 〈스캔들〉 다음으로 눈에 띄었던 카피. 〈친절한 금자씨〉 영화 자체에 대해서는 그리 떠올릴 것이 없지만, 티저 포스터의 카피 하나만은 정말 괜찮다고 생각했다. '정말이지' 이후에 이어지는 말줄임표, 그리고 '~답니다'가 주는 여운. 이는 "받은 만큼 드릴게요."와 함께 영화를 보기 전, 대략적인 내용을 알고 있었음에도 불구하고 영화에 대한 호기심을 한층 돋우는 역할을 했다.

홍보의 중요성은 날로 커지고 있다. 일반 회사에서도 홍보 출신들이 요직을 차지하게 되었고, 회사의 존망도 홍보에 좌우되는 경우가 많다. 홍보에서 가장 중요한 것은 '어떤 이미지로 소비자의 마음에 자리 잡느냐'는 것이다. 소비자의 인식의 지도에서 어떤 부분을 차지하느냐에 따라 제품과 기업의 운명이 달라진다. 이미지는 시각적 영상뿐만 아니라, 한 문장의 카피로 요약된다. 따라서 홍보에는 한 줄의 파워 카피가 필요하다. 우리 대중문화를 뒤덮고 있는 카피를 돌아본다면 포지셔닝 전투의 치열함과 역학 관계를 가늠해 볼 수 있다. 방송 프로그램의 포지셔닝을 어떻게 할 것인가? 새로 만든 인터뷰 프로그램 〈단박 인터뷰〉의 캐치프레이즈는 '인터뷰는 드라마다'이다. 타 채널이 모두 드라마를 하는 시간에 드라마와 경쟁해야 하는 각오인 동시에 드라마처럼 재미나고 극적인 인터뷰를 선보이겠다는 다짐인 셈이다.

제작자와
시청자가
나누는 공간

{ 홈페이지 관리 }

홈페이지 관리

홈페이지는 시청자와 제작자가 만나는 만남의 광장이다. 예전에 방송이 나가고 PD들이 시청자의 반응을 들을 수 있는 것은, 시청자의 전화 내지는 편지를 통해서였다. 하지만 전화나 편지가 하기 쉽지 않은 고(高)관여 행동인데다가, 홈페이지라는 생각의 저수지가 생겼기 때문에 이제 시청자의 의견을 듣기에는 홈페이지만한 곳이 없다. 게다가 제작자의 의견을 전할 수도 있으니 쌍방향 커뮤니케이션이 용이하게 된 것이다. 각 프로그램의 홈페이지의 최종 관리자는 프로듀서여야 하며, (관리자가 있다 하더라도) 끊임없이 홈페이지를 개선시키기 위해 노력해야 한다. 홈페이지의 인터페이스를 보자. 시청자들이 가장 편안하게 홈페이지의 콘텐츠에 접근할 수 있도록 설계되었는지 살펴보자. 그렇지 않다면 메뉴라든지, 구조라든지 디자인 등을 변경해야 한다. 시청자의 의견을 참조하고, 이런 설계 변경에 시청자를 참여시키는 것도 좋은 방법이다.

홈페이지는 살아 있어야 한다. 홈페이지는 일종의 집과 같아서 사람의 훈김이 사라지면, 폐가가 되고 만다. 따라서 시청자들이 꾸준히 드나들고, 제작자 혹은 관리자 역시 자주 드나들어야 홈(집?) 페이지에 윤기가 난다. 홈페이지의 생기에는 앞서 살펴본 인터페이스 설계가 작용하기도 한다. 하지만 구조적 요인을 제외하더라도, 제작진들이 기본적인 정보나 추가 정보를 올린다면, 시청자들을 끌어들이는 요소가 된다. 또한 뭔가 이벤트를 벌여야 한다. 웹을 서핑 하는 네티즌들이 궁금해 하는 것은 뭔가가 일어나는 것이다. 밋밋한 정보의 나열만으로는 네티즌을 끌 수 없다. 많은 프로그램에서 시청 소감 공모 등 이벤트를 개최하는 것은 시청자를 낚기(?) 위한 관심 끌기 전략이다. 명예의 전당을 만

홈페이지를 통해 형성된 마니아를 중심으로 초대한 〈낭독의 발견〉 3주년 특집 초대장.

들어라. 네티즌이 글을 쓰고 참여하는 것은 단순히 물질적인 보상만을 위해서가 아니라, 사이버상의 인정 욕구가 밑바닥에 있을 수 있다. 따라서 좋은 의견, 좋은 제안 등은 포상과 더불어 금주의 베스트 의견 등 인정해 줄 수 있는 장치를 만들어라. 마지막으로 응대를 하라. 방송이 나간 뒤 시청자의 의견은 두 가지로 갈린다. '좋다'와 '나쁘다'. 좋다는 의견에는 굳이 꼭 리플을 달지 않아도 된다. 하지만 나쁘다고 한 의견에 대해서는 성의껏 응대할 필요가 있다. 그러나 어떤 정도로 할 것인지는 전반적인 맥락을 보고 판단하여야 할 문제다. 때로는 묵묵부답이 더 나을 수도 있다. 대응의 정도를 정확히 판단하여 조기에 응대를 하자.

제16일 인턴 과제

01 방송 3사의 연예 정보 프로그램의 홈페이지 인터페이스를 비교 분석하라.

02 시사 고발 프로그램 홈페이지의 잘된 점, 아쉬운 점 각각 3개씩을 나열하고 대안을 제시하라.

03 프로그램 진행자에 대한 다음과 같은 글이 올랐다. 어떻게 리플을 달 수 있을까?

"저는 이 프로그램은 두어 번 봤는데, 참 시청하기가 괴롭습니다. 왜냐하면 진행자 송선미 씨가 전혀 장단음 구별을 하지 못하고 긴소리도 무조건 짧게만 소리 내는 엉터리 발음을 하고 있기 때문입니다.
방송법에서는 방송은 표준어의 보급에 이바지하라고 하고 있습니다. 또 표준 발음법에서는 장단음을 구별하여 발음하라고 분명히 규정하고 있습니다. 그렇다면 당연히 모든 방송인은 장단음을 구별하여 표준 발음으로 방송해야 방송법에 어긋나지 않을 것입니다.
그런데 세상에 〈낭독의 발견〉이라고 하여 낭독의 중요성을 최우선으로 하는 프로의 진행자가 완전히 비표준 발음으로 비표준 발음의 보급에 앞장서고 있으니, 이것이 도대체 말이나 되는 일입니까?
그렇게도 KBS에는 제대로 발음할 줄 아는 사람이 없습니까? 어젯밤만 하더라도 오히려 초대 손님인 황석영 작가가 훨씬 좋은 발음을 보여 주었습니다. 황석영 작가는 대부분 장단음을 구별하는 우리말다운 우리말을 하였습니다. 반면에 진행자인 송선미 씨는 어떻게 된 것인지 손님보다 못한 엉터리 발음으로 계속해서 짧은 소리로만 일관하여 프로의 품위를 땅에 떨어뜨리는 것이었습니다.

진공재 선생이 만들어 준 전각 도장. 녹화 때 비치해 관객들이 수첩에 찍어 가도록 하여 인기를 모았다.

KBS는 적어도 〈낭독의 발견〉이라도 제대로 장단음을 구별하여 표준 발음을 하는 진행자로 내세워야 이 프로를 만든 취지가 살 것입니다. 그래야 이 프로의 품위가 지켜질 것입니다.

이 프로가 현재처럼 간다면 〈낭독의 발견〉이 아니라 '낭독의 무덤'이 될 것 같습니다. 어찌하여 국영방송의 방송인들 수준이 이 정도까지 떨어졌는지 참으로 애통한 심정입니다. 시정을 바랍니다."

04 프로그램과 관련하여 5초간 소리가 들리지 않는 방송 사고가 났다. 이를 해명하기 위한 안내문을 적어라.

05 당신이 만들고 싶은 프로그램을 간단히 설명하고, 그 홈페이지 메뉴를 설계해 보라.

06 당신이 본 가장 인상적이고 멋진 홈페이지 이벤트는 무엇인가?

07 요즘 방송 프로그램 홈페이지의 주된 경향성은 무엇인가? 분석하라.

참고 : 03과 관련하여 실제 홈페이지에 올린 리플

김교수님 좋은 의견 감사합니다.
방송 시청하시는 것이 괴로우시다니, 죄송합니다.
송선미 씨가 처음보다는 많이 좋아졌지만,
아직 더 보완해야 할 발음이 있습니다.
저희가 더욱 연습을 많이 하도록 노력하겠습니다.
조금만 더 지켜봐 주시겠습니까?

인턴들의 질문에 홍경수 PD가 답함

問答

質問 ① 이미영

홈페이지에 올라온 프로그램에 대한 비판이 '정치적 견해차'에서 비롯되는 비판이라거나, 혹은 방송국 시스템을 잘 이해하지 못하여 나온 비판이라면 어떻게 대응해야 할까요?

홍경수 PD 答辯 ‖ 홈페이지의 게시판은 일종의 공공 장의 역할을 하기도 한다. 다양한 의견이 올라오고 갈등이 해소되는 지점이기도 하다. 즉, 다른 정치적 견해차에서 비판이 올라올 수도 있다는 것이다. 담담하게 대응하면 된다. 시스템을 이해하지 못해서 나온 비판이라면 설명하면 된다.

質問 ② 정아란

만약 홈페이지가 예상치 못한 시청자들의 불만으로 도배된다면 어떤 리액션을 해야 하나요? 지나칠 경우에는 자유게시판을 닫아 버리는 경우도 있습니다만.

홍경수 PD 答辯 ‖ 합리적인 불만인지 아닌지 구분해서 대처해야 하겠다. 합리적인 비판이라면, 공지 사항에 제작진의 자초지종을 밝히고, 정중히 사과하고 앞으로 재발 방지를 약속한다. 불합리한 비판이라면 간단한 리플을 달고 큰 반응은 자제하고 시간이 흐르기를 기다린다.

제16일 ‖ 함께 보기 좋은 추천 자료

01 강준만, 『언론플레이』, 풀빛, 1996년 언론의 속성에 대한 통찰이 담긴 책이다. by 홍경수 PD

02 알랭 드 보통, 『왜 나는 너를 사랑하는가』, 청미래, 2002년 이 책은 롤랑 바르트의 『사랑의 단상』과 더불어 '사랑'에 대해 가장 철학적으로 질문하고 있다고 생각한다. 홈페이지는 시청자들과 뒷이야기를 속삭이는 곳이다. 사랑의 기술은 그래서 필요하지 않을까. by 김태년

03 박태원, 조이담, 『구보씨와 더불어 경성을 가다』, 바람구두, 2005년 『소설가 구보 씨의 일일』이라는 소설이 다양한 사진과 새로 구성된 소설을 통해 어떻게 새로운 생명을 얻는지 주목해 보자. 천편일률적인 글로 도배된 홈페이지, 좀 더 새롭게 구성할 수 있는 방법은 없을지 고민하는 데 어느 정도 도움을 줄 듯. by 이미영

음식이 문화 코드가 되고 있다.
음식을 가지고 만드는 문화 프로그램을 기획하라.에 대한 기획안 쓰기

課題 ① 이미영

남자가 요리할 때

기획 의도 : 음식 프로그램은 크게 두 가지로 나뉠 수 있다. 첫 번째는 음식을 '만드는 과정'을 보여 주는 프로그램. 다른 하나는 '맛있는 음식'을 보여 주는 프로그램. 이 프로그램은 그 중에서 '만드는 과정'에 집중해, 평소에 요리를 잘하지 않는 '남자'들이 요리를 하면서 생기는 좌충우돌 에피소드를 보여 준다. 연예인을 비롯, 다양한 사연들을 가진 일반인을 스튜디오로 초대해 함께 음식을 만들고, 그 과정에서 생기는 각종 실수 등을 재미나게 보여 준다. 그리고 음식을 하는 과정에서 자신의 '가족'에 대해 얘기하는 토크 쇼적인 요소를 곁들인다. 점차 TV 시청자 중 중장년층이 점점 중요해지고 있는 최근의 추세에도 맞을 것으로 기대된다.

구성 및 내용

1) 프로그램 오프닝 및 요리 레시피 소개 : 진행자의 오프닝과 출연자 소개와 함께 그 날의 요리를 만드는 방법을 영상과 과장된 내레이션으로 쉽고 재미나게 전달한다. 특히 요리는 프로그램의 특성에 맞게 어렵지 않고, 최대한 일상적이고 간단한 요리들로 선정한다.

2) 격돌! 요리 대결 : 팀으로 나누어 그날의 요리를 주어진 시간 안에 만드는 것을 대결한다. 이때 레시피의 각 과정마다 지켜야 할 규칙과 시간을 정해 대결에 긴장감을 유지한다. 또한 그 과정에서 출연자들이 쩔쩔 매거나 실수하는 장면을 보여 준다. 요리를 하는 동안에는 갖가지 가족과 관련된 설문 조사 결과를 곁들여 토크를 한다. 평소에 집에서 얼마나 요리를 하는지, 요리를 직접 해 보니 어떤지, 가장 요리를 해 주고 싶은 상대는 누구인지, 평소 부부 사이는 어떤지, 가족들이 식사를 할 때 어떤 얘기를 하는지 등을 얘기한다. 요리 만들기가 끝나면 서로의 음식을 먹어 보며 평한다. 전문가에 의한 '전문 감정'이 아닌, '경쟁자'의 음식을 평하면서 서로 '재미나게', '서로 자신이 더 잘 만들었다고 우기며' 평하는 것이 포인트.

3) 음식 전달 : 가족 중 한 사람에게(주로 부인에게) 평소에 미안했던 것이나 감사한 것을 이야기하면서 음식을 전달한다. (〈해피투게더-프렌즈〉에서 마지막에 뒤풀이하는 영상을 짧게 보여 주는 방식으로)

Comment by 홍경수 PD ‖ 왠지 추석 특집 같은 느낌이 난다. 신선한 기획과 어디서 본 듯한 기획의 차이는 크지 않다. 남자가 요리하는 것은 시대적 흐름에 걸맞다. 다만, 예전에 남자의 요리 같은 프로그램들이 있었던 것을 기억한다면, 이들과는 다른 어떤 점이 추가되어야 할까 생각해 보자. 음식을 많이 먹어 보자. 좋은 것을 많이 먹어 본다면, 좋은 음식 프로그램을 만들 수 있다는 것이 내 생각이다. 자기가 잘 알고 좋아하는 분야를 잘 할 수 있는 것이 사람이다.

{ 음식이 문화 코드가 되고 있다.
음식을 가지고 만드는 문화 프로그램을 기획하라.에 대한 기획안 쓰기
課題 ② 정아란

세상을 바꾸었던 그때 그 맛들 }

기획 의도 : 드라마 〈대장금〉 덕분에 우리 음식에 대한 호응과 관심이 한창 커졌다. 나는 드라마에 등장했던 궁중 음식뿐만 아니라, 역사 속에서 만나는 인상적인 음식을 맛보면서 그 역사를 조명해 보고 싶다. 자칫 지루해지기 쉬운 역사를 음식이라는 본능적인 소재로 녹여 내면, 많은 이들의 관심을 끌 수 있으리라 생각한다. 프로그램 방영이 1년을 넘기게 되면 방영 내용을 책으로 펴내 멀티 유즈를 꾀하는 것도 흥미가 있으리라 생각한다.

구성 : 프로그램은 재연과 요리 맛보기로 나누어 볼 수 있다. 역사를 다루는 시사 프로그램에서 재연이 많이 쓰이지만, 당시 역사적 상황을 그대로 만드는 것이 아니라 〈황금어장〉처럼 연예인들을 등장시켜 재연을 맡긴다.

가령, 1회에서는 풍운아 김옥균의 집에 찾아온 손님들이 맛을 본 뒤 감탄을 마지않았다는 김옥균 표 스키야키를 주제로 삼아 보자. 스키야키가 그리워진 사람들이 하나둘 김옥균의 집에 모여든다. 그리고 옆에서 냄비가 보글보글 끓는 가운데, 한창 갑신정변을 꿈꾸었을 개화파들의 모임을 재연해 보는 것이다. 김옥균 표 스키야키에는 어떠한 재료를 쓰는지, 다들 스키야키를 어떻게 처음 맛보았는지 등등에 대해 역사적 사실을 연예인들의 입담에 맡겨 본다.

진행자 : 박미선(후배들을 잡는 카리스마에 입담이 좋으면서도 음식에 밝은 주부인 만큼 활약이 기대된다.)

고정게스트 : 닭사장 박명수＋영민한 타블로＋인심 좋은 정준하

편성 : 토요일 오후 5시～5시 50분

Comment by 홍경수 PD ‖ 재미있는 기획이다. 역사와 음식을 결합한 점이 돋보인다. 음식에서 가장

큰 호기심은 음식의 이름으로 대표되는 기원 즉 역사성이다. 왜 사람들은 이 음식을 먹기 시작했을까, 처음에는 어떤 식으로 요리했을까, 지금과는 어떤 점이 달랐을까, 어떻게 전파되었을까 등등이다. 소재가 무궁무진할 것 같다.

기획안을 보고 듣는 사람이 상상할 수 있는 극대치를 제시하라. 기획안을 보고 최대한 상상할 수 있도록 예를 많이 드는 것이 좋다. 〈가요무대〉를 만든 조의진 경원대 교수는 가요무대 진행자로 김동건 아나운서를 생각하고 1년 치 프로그램을 기획해서 찾아갔다고 한다. 처음에는 가요프로그램을 하지 않으려 해서 첫 회만 하기로 해서 계속 진행했다고 한다. 김동건 아나운서는 그때 조 교수가 가져온 기획안의 장대함에도 놀랐지만, 이것이 거의 그대로 연출되는 것을 보며 놀랐다고 한다. 김옥균의 스키야키, 감자를 가져온 조엄의 감자찜, 흑산도 사람들이 영산포에 이주해서 먹은 홍어회 등 다양한 예를 들어 주면, 기획이 현실성을 가지고 큰 설득력을 갖게 되지 않을까?

재연과 토크…… 장치를 개발하라. 재연은 재미있을 듯하다. 스튜디오에서 단지 맛보고 이야기하는 것에 더해서 어떤 게임의 장치를 만들면 어떨까? 최소한 당시의 맛과 지금의 맛을 비교한다든가, 재료를 알아맞히는 퀴즈를 첨가한다든가.

제16일 課題 總評 by 홍경수 PD

내가 음식을 좋아해서인지 음식 프로그램에 대한 숙제를 많이 내 주는구나. 음식 좋아하는 PD들이 적지 않으니, 이런 문제가 시험이나 면접에 나올 수도 있겠구나. 내가 생각하기에 PD들이 좋아하는 것은 '영화, TV, 베스트셀러, PD라는 직업, 맛있는 음식, 예쁜 연예인 등 빅 스타, 마이너적인 감수성, 비선형적인 사고'이다. 음식 프로그램은 진화하지 못하고 있다. 음식과 다른 장르와의 결합이 출현할 듯하다. 예를 들면 유명한 경제학자가 요리를 잘해서 '경제학 키친'을 연다. 하루 한 가지의 간단한 요리법을 시연하며 실물 경제학 강의를 한다. 즉, 계란 요리를 보여 주며, 계란의 경제학을 이야기하는 식이다. 물론 잘될지는 모르겠다. 우선 PD가 요리 학원을 다녀야겠지.^^

제 17일

왜 제목이
중요할까?

{ 제목 달기 }

제목 달기

가수 김C 녹화를 했다. 김C가 독특한 제목 짓기에 아주 능한 사람이라는 인상을 받았다. 김C는 어릴 때부터 친구들과 Wording(카피 만들기?)하는 것을 즐겼다고 한다. 코카콜라에는 "30년간 마신 콜라, 역시 별로야." 라는 카피가 어떻겠냐고 제안했었다고 말해 웃음을 자아냈다. 윤도현이 형이라고 안 부르고 김씨라고 불러서 짓게 되었다는 '김C'라는 이름, 개 이름 '감자'에서 비롯되었다는 '뜨거운 감자'라는 그룹명처럼 따지고 보면 이름 자체도 매우 특이하다. 제목 달기의 중요성은 더 이상 언급하지 않아도 충분하리라 본다. 특히 상품명은 매출을 결정할 만큼 중요하다. '처음처럼'이나 '참이슬', '미녀는 석류를 좋아해' 등이 이름으로 대박을 거머쥔 상품들이다. 반면 〈사랑의 리퀘스트〉는 별로 안 좋은 제목. 발음도 안 좋고, 대체 뭐하는 프로그램인지 암시해 주지를 않는다. 처음 기획되었을 때는 〈천 원의 기적〉, 〈따르르릉, 천 원입니다〉가 제목이었다. 드라마 같은 경우 유명한 영화나 노래에서 제목을 가져다 쓰는 경우가 있다. 친숙함에 무임승차하는 경우인데, 제목은 저작권 보호가 안 되어서(등록이 안 돼 있어) 법적 제재가 불가능하다. 제목의 기능은 다음과 같다.

압축 ‖ 프로그램이 무엇인가, 라는 질문에 대한 답. 전체 내용의 요약. 제목만 듣고도 프로그램 전체에 대한 짐작이 가능하게 한다.

대표 ‖ 제목이 곧 프로그램. 제목은 프로그램을 대신한다. 프로그램 전체의 이미지, 느낌, 뉘앙스 등을 제목이 전달한다.

〈단박 인터뷰–김용옥 편〉 ‖ 〈단박 인터뷰〉라는 이름을 달자 이름이 프로그램을 규정하기 시작했다. 심지어 프로그램은 직접 섭외를 하기도 한다.

설명 || 굳이 해설하지 않아도 제목만으로 프로그램이 설명될 수 있다.

연결 || 제목은 일종의 호객 행위. 본 콘텐츠로 빨려 들어가게!

미학 || 제목은 듣기 좋아야 하고, 세련되게 보여야 하고, 좋은 느낌을 주어야 한다. 가급적 아름다운 우리말을 사용하면 좋겠지만, 영어 제목이 세련되어 보인다고 하는 사람들도 있다.

기억 || 프로그램이 끝나도 제목은 남는다. 제목만 들어도 사람들은 프로그램에 대한 기억을 되살린다. 특이하고 기억에 남는 제목!

최병광의 『최카피의 워딩의 법칙』에는 실제 잘 지어진 제목들의 예가 나온다. 몇몇을 참고해서 다시 구성해 보았다.

01 밥상 차려 놨어요 : 식당이름. 시각, 후각 등의 공감각의 자극. 친근하고 따뜻한 느낌. 정.

02 기차는 7시에 떠나네 : 숫자. 산문 투의 제목. 여운이 있다.

03 적과 흑 : 색깔. 시각적 기억.

04 월인천강 : 다수. 참조) '일억조'라는 일식 식당이 있었다.

05 사노라면 : 여백, 여운.

06 오매 단풍 들겠네 : 사투리.

07 산 자여 따르라 : 명령.

08 브루클린으로 가는 마지막 비상구 : 마지막이 주는 절실함.

09 젊은 그대, 잠깨어 오라 : 호명.

10 공장이 망했습니다 : 진솔함.

11 이소라의 프로포즈 : 사람 이름. 은유. 제목에서 '프로포즈'는 이소라나 출연자가 시청자 혹은 방청객에게 하는 것일 수도 있고, 연인이 함께 오는 프로그램이라는 뜻일 수도 있다. 잘 지은 제목.

12 부자 되세요 : 무의식, 직설, 욕망.

13 봄날은 간다 : 상징. 은유.

14 연탄재 함부로 차지 마라 : 시적 언어. 시의 한 구절을 가져왔음.

15 울지 마라, 대한민국 : 구호, 의인화.

16 가슴이 따뜻한 사람과 만나고 싶다 : 맥심 커피광고. 감성 카피의 시작.

17 돌아오는 당신이 최고의 선물 : 일본 철도 신칸센 광고. 찾아보니 KTX 광고 카피는 "당신을 보내세요."였다.

18 Now or Never : 대립, 절실함. 벤츠에서 나온 오픈카 광고였는데 엘비스 프레슬리의 'It's now, or never'를 배경음악으로 했다고 함.

19 사랑해도 될까요? : 질문. 청유법 같은 부드러운 질문.

20 사랑은 움직이는 거야 : 트렌드.

21 요리장이 돼지 요리를 너무 맛있게 해서 돼지 요리를 추가합니다. : 장황한 내용. 장황 광고의 진수는 예전 파스퇴르 광고였다고.

22 e-편한세상 : 미래, 동음이의어.

23 아침형 인간 : 영역, 제시, 설정.

24 평생 잊지 못할 한 구절 : 원래 제시된 제목은 내 마음의 한 구절이었는데, 출판사에서 좀 더 센 것이 필요하다며 지은 제목이라고. 낭독 팀에서는 '너무 독하다', '천박하다'는 의견이 다수였는데 책은 현재 아주 잘 나가고 있다고 한다.

25 낭독의 발견 : 방송 프로그램 같지 않은 제목.

26 PD, who and how : PD가 누구이고, 어떻게 하면 PD가 될 수 있는지를 함축하는 제목.

27 잘 자 내 꿈꿔 : 데이트의 틀(미디어는 라이프스타일을 제시하고, 틀을 지운다. 마치 물이 들어왔다 나갈 때의 도랑처럼 무의식적인 정서의 점령.).

28 세금 폭탄 : 열린 우리당 참패의 원인. 언어의 이데올로기성. 조어력이 중요.

29 사과 상자 : 비자금. 사과 농민의 항의도 있었다고. (최근의 '된장녀'도 이러한 범주.)

30 수많은 인터넷 신조어들.

*각각의 설명은 적확하지는 않다. 더 좋은 설명으로 바꿀 수 있을 것이다.

다음에 김종필의 어록과 신조어를 조사해서 덧붙이니 참고해 보자.

1) 고사 성어 정치의 달인, 김종필 어록 (조사 : 정아란)

40여 년 가까이 한국 정치의 2인자로 활약했던 JP는 민감한 시기마다 적절한 고사 성어를 빌려 자신의 심정을 표현했습니다. JP의 발언을 찾아보는 것은 한국 현대사의 고비 고비를 엿볼 수 있어서 재미있었습니다. 한자 성어 이외에도 충청도 사투리도 좋은 재료로 쓰였습니다. 91년 YS가 내각제 각서 파동으로 당무를 거부하자 사용했던 '틀물레짓', 98년 내각제 개헌문제로 DJ와 사이가 벌어졌을 때 썼던 '몽니'라는 표현 등은 유행어가 되었다고 하네요. 정말 말은 시대를 담고 있습니다. 2003년 이후에는 JP의 휘호나 고사 성어가 오르락내리락 한 적이 없는 것만 보아도 JP의 영향력이 축소되었음을 알 수 있습니다. 아무리 기가 막힌 고사 성어를 내놓는다 할지라도 다 권력이 있을 때 말에 힘이 더해지는 격이니…… 약간 쓸쓸하기도 하네요.

- 63년 자의반타의반(自意半他意半)

63년 공화당 사전조직 사건으로 국가재건최고회의 반(反)JP파로부터 집중 공격을 받은 뒤 김포 공항에서 외유를 떠나며 남긴 말이다.

공화당 사전 조직 = 5·16쿠데타가 일어난 이듬해인 1962년 봄, 김종필 중앙정보부장은 일부 핵심 참모들과 함께 비밀 정치 조직체를 꾸렸다. 이영근 차장 책임 아래 중정 직원 강성원 씨 등이 '재건동지회'라는 이름 아래 법조·언론·교육 등 분야별 주요 인사 포섭 작업을 진행했다. 민정이양 때 쿠데타 주도 세력이 참여할 정당을 만들기 위한 '공화당 사전 조직'의 태동이었다. 조직의 결성과 교육 내용, 참여 인사 등에 대한 내용은 쿠데타 주체들에게도 비밀에 붙여졌다. 중정은 또 사전 조직의 운영자금 조달을 위해 증권 파동, 새나라자동차 사건 등 '4대 의혹 사건'을 일으켜 또 다른 파문을 낳게 된다.

- **80년 춘래불사춘(春來不似春)**

80년 '서울의 봄' 당시 하수상한 정국을 두고 아직 '엄동(嚴冬)'이라며 말한 것이다. 춘래불사춘(春來不似春)은 봄이 와도 봄 같지가 않다는 뜻으로, '소군원(昭君怨)'의 한 구절이다. 중국 당(唐) 시인 동방규가 한나라 원제 때 흉노에 조공녀로 끌려간 왕소군의 처지를 생각하며 지은 것이다. 노무현 대통령이 지난 총선 때 탄핵 반대 열풍이 잦아들 즈음, 기자들과 산행하면서 '춘래불사춘'이라고 말해 탄핵 불씨를 되살리기도 했다.

- **87년 유신본당(維新本黨)**

87년 정계복귀 후 대통령 선거에서 '유신 잔당'이라는 비판에 대해, 본당(本黨)이라고 반박했다.

- **93년 소이부답(笑而不答)**

'5·16'과 관련, 역사의 기승전결론(起承轉結論)을 제기한 뒤 물의를 빚자 한 말.

- **93년 연작안지홍곡지지재(燕雀安知鴻鵠之志哉)**

민자당 대표시절, 개혁과 사정 한파가 몰아치자 "신한국을 창조하시려는 홍곡의 큰 뜻을 비록 연작이지만 어찌 촌탁하지 못하겠습니까."라고 말했다. 여기서 홍곡(鴻鵠·큰 기러기나 백조)은 YS를 뜻하고, 자신은 연작(燕雀·제비나 참새)에 비유하여 자신을 낮추었다.

- **98년 이심전신(以心傳神)**

98년 DJ와의 관계에 대해 "이심전심(以心傳心)의 차원을 뛰어넘어 신통한 경지에 다다라야 한다."며 그 심경을 전했다.

이후는 JP의 신년 휘호 소사입니다.

- **94년 상선여수(上善如水)**

김영삼(YS) 대통령 밑에서 불안한 2인자로 있던 1994년. JP는 '상선여수(上善如水)'를 신년 휘호로 썼다. 물 흐르듯 순리에 따라야 한다는 상선여수는 JP의 좌우명이었다. 노자가 "최고의 선은 물과 같다. 물은 만물을 아주 이롭게 하면서도 다투지 않는다.(上善若水 水善利萬物而不爭: 상선약수 수선이만물이부쟁)" 라고 말한 데서 따온 것이다.

- 95년 종용유상(從容有常)

 94년 이후, 퇴진의 벼랑에 처한 JP가 이듬해 내놓은 것은 종용유상(從容有常)이었다. '무슨 일이 있어도 어긋나지 않게 산다'는 뜻이다.

- 96년 부대심청한(不對心淸閑)

 '대꾸하지 않으니 마음이 한가롭다'는 뜻.

- 97년 줄탁동기(口卒啄同機)

 JP가 기사회생해 1997년 대선을 앞두고 마지막 승부를 벼를 때는 '줄탁동기'를 써서 화제가 되었다. 벽암록(碧巖錄)이라는 책에서 나온 말인데, 그 해의 정치 현안과 맞물려 너무나 절묘하게 표현했기 때문이다. 줄(口卒)은 암탉이 알을 품어 부화할 때 병아리가 껍질을 깨고 밖으로 나오기 위해 안에서 쪼는 것을 뜻하며, 어미 닭이 밖에서 알을 깨려고 쪼는 것을 탁(啄)이라 한다. 이 두 가지 행동이 동시에 이루어져야 껍질이 깨지고 병아리가 태어나게 되는데, 이를 줄탁동시(口卒啄同時) 또는 줄탁동기(口卒啄同機)라 했다. 즉, 모든 일에는 때가 있다는 뜻이다.

- 98년 사유무애(思惟無涯)

 생각하는데 막힘이 없다는 의미.

- 99년 일상사무사(日常思無邪)

 매일 나쁜 생각을 버려야 한다는 뜻.

- 2000년 양양천양 유유고금(洋洋天壤 悠悠古今)

 우주는 한없이 드넓고 역사는 아득히 멀다.

- 2001년 일일신 우일신(日日新 又日新)

 대학 편 탕왕의 고사에서 유래한 '매일매일 새로워지고 또 새로워진다.'

- 2001년 조반역리(造反逆理)

 '바꾸는 것은 세상 이치에 거역하는 것'이라는 뜻.

 * 조반역리와 일일신 우일신, 너무 다르지 않나요?

- 2002년 이화위존(以和爲尊)

  2002년에 다가올 대통령 선거와 월드컵 경기 등 국가적 중대사를 앞두고 '화합'을 강조하는 '이화위존 (以和爲尊)'을 신년 휘호로 썼다.

2) 인터넷 신조어 (조사 : 이미영)

직찍, 여친, 쌩얼, 강추, 냉무, 업글 등은 다 아실 테니 넘어가겠습니다.

- 스샷 : 컴퓨터 화면을 그림 파일로 저장한 것.

- 완소 : 완전 소중하다.

- 캐안습 : 굉장히 안구에 습기 차고 눈물이 고이다. (비슷한 말 : 안구에 쓰나미, 안홍—안구에 홍수)

- 캐공감 : 완전 공감.

- 급질 : 긴급한 질문.

- 귀차니스트 : 귀찮다+ist.

- 네타티즘 : 네 탓+ism.

- 양끄 : '정말, 많이, 진짜'라는 뜻으로, 초등학생들이 애용하는 채팅 용어다.

- 미자 : 미성년자.

- 베프 : 베스트 프렌드.

- 갈비 : 갈수록 비호감.

- 심남 : 관심남.

- 훈남 : 미남은 아니지만 정이 가는 남자.

- 이뭐병 : 이건 뭐 병신도 아니고. (예: 이런 이뭐병 같으니라고!)

- 주장미 : 주요 장면 미리보기.

- 닥본사 : 닥치고 본방송 사수.

- 채금 : 대화가 금지되어 말을 쓸 수 없을 때 쓰는 채팅 용어 → 채팅 금지의 준말.

- 도촬 : 몰래 사진을 찍는 것 → 도둑 촬영의 줄임말.

- 지름신 : 충동구매를 일으키는 가상의 신. (예: 지름신이 강림하셨다.)

- 출첵 : 출석 체크의 줄임말.

- 오링 : '돈을 모두 잃다, 돈을 모두 쓰다'라는 의미 → 올인에서 나온 말.

- 오나전 : 원래 완전의 오타였으나 완전 대신 일부러 오나전이라고 많이 쓰게 됨.

- 샤방 : 반짝반짝 빛이 난다는 뜻의 의태어, 꽃미남이나 미소년의 등장에 많이 쓰임.

- 꾸랭 : 구라와 비슷한 말.

- 걸조 : 걸어다니는 조각상.

- ㄷㄷ : 덜덜.

다음은 취업과 관련된 신조어들. (보고 있자니 참 슬퍼지네요.)

- 낙바생 : 낙타가 바늘구멍을 통과하듯 어렵게 취업한 학생.

- 삼일절 : 31세면 취업길이 막혀 절망한다.

- 십오야 : 15세만 되면 앞이 캄캄해진다.

- 이구백 : 20대 90퍼센트가 백수.

- 십장생 : 10대도 장차 백수되는 것을 생각해야 한다.

인터넷 신조어 찾다가 우연히 발견한 신조어들

- 돌싱족 : 부부 관계를 청산하고 싱글로 복귀한 사람.

- 디너지 : 줄이다degrade와 에너지energy의 합성어다. 시너지synergy의 반대말로 쓰이는 콩글리시로, 두 가지 요소가 만나서 플러스가 아니라 오히려 마이너스가 된다는 뜻이다.

01 다큐멘터리에 스페셜이라는 이름이 너무 많이 들어간다. 스페셜이라는 단어를 다른 단어로 대체해 보라.

02 잘되었다고 생각하는 프로그램 제목 3가지를 골라라. 이유를 설명하라.

03 바꾸면 좋을 만큼 맘에 들지 않는 프로그램 제목 3가지는?

04 당신이 가장 만들고 싶은 프로그램의 이름은 무엇인가?

05 당신이 아들과 딸을 낳았다. 이름을 지어 보자.

06 다음과 같은 프로그램에 이름을 지어 보아라.

기획 의도

한 시인은 스무 살 무렵 지닌 꿈 하나가 있었다. 그것은 나라 안에 자연적으로 형성된 모든 마을들을 내 발걸음으로 찾아보고 적어도 하룻밤은 머물고 싶다는 것이었다. 어느 마을의 살구꽃은 어떻게 피는지, 어느 마을 밤하늘에 가장 먼저 떠오르는 별은 어느 별인지…… AFKN 방송에서 눈을 끈 것은 퀴즈 맞추면 돈을 주는 프로그램이나 현란한 쇼 프로그램이 아니라 역설적이게도 조그마한 SB^{Station Break:방송 프로그램 사이의 짧은 광고나 선전}들이었다. 즉, 미국의 유산이라는 주제로 펼쳐지는 수많은 SB들은 어쩌면 미국을 지탱하는 힘처럼 보인다. 화려함이나 흥청망청함 속에 숨은 조그마한 것의 가치를 알려주는 SB는 미국이라는 나라를 다시 보게 해 주는 힘을 가지고 있다. 형식은 비슷하지만 우리나라에도 많은 오지나, 한국적인 것, 가까이 있으나 가치를 잊고 사는 것들을 되살려 주는 SB는 어떨까?

{ 좌충우돌
지상파 제목 데뷔기 } 日記 ① 이미영

사전 편집을 처음으로 구경하던 날, 뭐가 어떻게 돌아가는 것인지 구경하느라 하나도 정신이 없던 나에게 그야말로 날벼락이 떨어졌다. "제목 지어 봐." PD님께서 자막을 정리하실 동안 제목을 3개만 지어 보라고 하셨다. 그때부터 머리를 열심히 쥐어짜 내 보았으나, 제목을 짓는 것은 상상 이상으로 힘들었다. 제목을 지어야 했던 프로그램은 도로가 끊길 위험에 처한 어느 마을 이야기.

나는 한참을 고민하다가 소심하게 얘기했다.

"(아주 작은 목소리로) 외딴 섬이 된 외리마을?"

PD님께서는 그 제목을 여러 번 다시 소리 내어 읽어 보셨다. 길이 끊겨서 마을 사람들이 고립되었다는 게 잘 드러나긴 하네, 라고 하셨으나 그래도 더 강한 제목을 생각해 보라고 하셨다. 그것도 정말 힘들게 생각해 낸 건데 다른 것을 생각해 내려니 눈앞이 캄캄했다.

"(더 작은 목소리로) 길을 잃은 사람들?"

"야, 그건 다큐멘터리 제목 같다."

자막 작업이 모두 끝나고, 이낙선 PD님은 내가 말한 첫 번째 제목에는 80점을, 두 번째 제목에는 70점을 주셨다.

그리하여 오랜 시간 동안 낑낑댔지만, 결국에는 작가님이 제시하신 "폐쇄 위기에 놓인 마을 앞 진입로"가 최종 타이틀이 되었다. 프로그램의 내용을 잘 암시할 수 있어야 할 뿐만 아니라, 기억에도 쉽게 남고, 프로그램의 전반적인 분위기와도 잘 어울리는 제목 짓기는 정말로 어려웠다.

그렇게 혹독한 제목 짓기 신고식을 치른 후, 2주 후에 다시 사전 편집을 구경하면서 제목을 짓게 되었다. 가입한 인터넷 업체가 사업을 철수하면서 고객에게 어떠한 고지도 없이 고객을 다른 업체에 가입시켜 버린 내용. 또 미친 듯이 괴로워하며 제목을 생각하던 나는 결국, "마음대로 고객을 넘기다니요!"라는 제목을 내놓았다. PD님께서는 고객을 넘긴다는 표현이 뭔가 꺼림칙하다고 바꿔 보라고 하셨으나, 제목 짓는다고 낑낑대는 내가 가여우셨는지, 결국 그 제목을 프로그램 제목으로 써 주셨다. 아쉽긴 했지만 어찌되었든 간에 내가 지은 제목이 처음으로 공중파에 데뷔를 하게 된 멋진 순간이었다.

TV를 보면서, 기사를 읽으면서 제목을 짓는 연습을 계속 해 보는 것이 중요할 것 같다. 방송되고 있는 프로그램의 제목을 나름의 기준으로 평가해 보고, 좋지 않은 제목이라고 판단되면 바꿔 보는 연습을 하는 것도 좋을 것 같다.

{ PD가 프로그램 제목을 정하는 것과 기자가 기사 제목을 정하는 것은 술어의 차이 외에
도 그 느낌이 상당히 다릅니다. PD가 프로그램에 제목을 다는 것은 기자가 기사 제목
을 다는 것과 어떤 면에서 다른가요? } 質問 ① 김태년

홍경수 PD 答辯 ‖ 기사 제목이 산문적이라면, 프로그램 제목은 훨씬 더 함축적인 시적인 기능
을 가지는 듯하다. 훨씬 짧고 힘이 있어야 한다는 점도 다르다.

{ 각종 기업들은 신제품을 출시하기 전에 여러 개의 제목을 놓고, 사전 조사를 통해 제품
이름을 정하기도 합니다. 신인 가수들도 데뷔 전에 인터넷을 통해 이름을 공모해서 그
룹 이름을 정하기도 하는데, 방송 프로그램 제목도 설문 조사나 공모를 통해 정한 사례
가 있나요? 없다면 시도해 볼 수 있지 않을까요? } 質問 ② 이미영

홍경수 PD 答辯 ‖ 캐치프레이즈를 공모하는 것은 보았어도 프로그램 이름을 위해 설문 조사나
공모를 하는 것을 본 적이 없다. 좋은 지적이다. 브랜드 네이밍 전문 회사도 있고, 카피라이터도 있는
만큼, 언제까지나 PD들이 아마추어적으로 제목들을 만들어야 하는지도 의문이다. 물론 지금까지는
프로그램 만드는 PD들이 핵심을 찌르는 제목을 많이도 달아 왔다.

신문의 헤드라인도, 방송 프로그램 제목도 점점 사람들의 눈길을 잡아끄는 '섹시'한 제목으로 가고 있다고 생각합니다. 해당 프로그램의 내용을 잘 드러내는 제목과 '섹시'한 제목 둘 중에서 하나를 선택해야 한다면, 어떤 것이 좋을까요? 그러한 선택이 예능이나 드라마, 시사, 교양 등에 따라서 장르별로 차이가 있나요? **質問 ③ 정아란**

홍경수 PD 答辯 Ⅱ 무엇이 좋다고 단언하기는 어렵다. PD가 결정할 일이다. 물론 장르별로 뚜렷한 차이가 있는 듯하다.

제17일 함께 보기 좋은 추천 자료

01 **최병광, 「최카피의 네이밍 법칙」, 두앤비컨텐츠, 2005년** 단 한 줄로 설득하라는 부제처럼 제목을 만드는 원칙들이 체계적으로 제시되어 있다. by 홍경수 PD

02 **페르디낭 드 소쉬르, 최승언 역, 「일반언어학 강의」, 민음사, 2006년** 언어학의 기본이 되는 유명한 책이다. 랑그와 빠롤을 구분한 것이라든가 언어를 기호 체계로 간주한 것 등 많은 기본 개념들이 녹아 있다. 제목은 언어에 대한 사유에서 출발한다고 생각한다. 그런데 이 책의 제목은 왜 이렇게 심심하지? by 김태년

03 **조지 레이코프, 유나영 역, 「코끼리는 생각하지 마」, 삼인, 2006년** 말이 사람들이 세계를 보는 프레임(생각의 틀)을 결정짓고, 이는 곧 입장과 성향을 드러내는 데 중요한 역할을 한다고 저자는 얘기한다. 프레임을 규정한다는 것, 주도한다는 것이 얼마나 중요한지 알 수 있다. 프레임을 만드는 언어의 중요성을 한껏 느껴보자! by 이미영

04 **교보문고의 「사람과 책」, 영풍문고의 「북새통」** 제목은 시대를 보여 주는 아이콘이랄 수 있다. 교보문고나 영풍문고 잡지들은 매달 화제의 도서들을 분야별로 자세히 소개하고 있다. '뜬' 책들의 제목을 매번 꼼꼼히 살펴보자. by 정아란

{ 인포테인먼트 프로그램에 대한 당신의 생각은?에 대한 글쓰기

정확한 정보를 참신한 포맷에 담아 전달하려는 끊임없는 노력이 중요

課題 ① 이미영

얼마 전까지 SBS 〈한밤의 TV연예〉는 교양 프로그램으로 분류되어 있었다. MBC 프로그램 〈로그인 싱싱뉴스〉는 시사 관련 내용을 다루는데 오락으로 분류되어 있다. 〈TV특종 놀라운 세상〉은 오락 프로그램 인데, 〈세상에 이런 일이〉는 교양이다. 물론 방송위원회의 편성 비율을 맞추기 위해 방송사가 편의대로 프로그램을 분류한 탓도 있겠지만, 따지고 보면 무엇이 오락이고, 무엇이 교양인지 뚜렷하게 정의내리고 구분하기는 힘들다. 어쩌면 오락과 교양은 이전부터 이미 잘 구별되지 않는 것이었고, 인포테인먼트가 출현하면서 본격적으로 결합하고 있는 것뿐인지도 모른다.

평소라면 절대 거들떠보지도 않을 것 같은 주제들을 인포테인먼트 프로그램은 참신한 아이디어를 통해 친근하게 전달한다. 〈개그콘서트〉에서 패러디 될 정도로 과장된 실험과 퀴즈, 별점 제도를 통해 딱딱한 지식들을 말랑말랑하게 전달하는 〈스펀지〉, 머리 아픈 법률을 코믹한 재연과 연예인들의 대화를 통해 재미나게 전달하는 〈솔로몬의 선택〉, 역사나 지방, 의료 문제를 새로운 방식으로 접근하는 〈느낌표〉처럼 의미 있는 정보들을 재미나게 전달하는 것은 뜻 깊다. 아무리 좋은 정보라도 사람들에게 전달되지 않으면 소용없는 법. 인포테인먼트 프로그램은 오락 프로그램 형식을 빌려 와 재미나게 주제를 전달한다.

물론 리얼리티 프로그램에서 승리를 위해 경쟁하는 출연자들조차도 언제나 사이좋을 정도로 '체면'이 너무나 중요한 한국 사회에서 교양은 오락 프로그램이 비난을 피하기 위해 쓴 가면일 뿐인 측면도 있다. 시청자의 비난을 피하기 위해 그럴듯한 명분을 걸어 놓고, 정작 내용은 수다로 가득 채우고 있는 것도 사실이다. 하지만 오락과 정보가 결합한 인포테인먼트는 앞으로 한국 프로그램이 나아갈 방향을 잘 보여 준다. 바로 프로그램간의 경계 허물기와 참신한 기획. 새로운 프로그램을 모색하는 과정에서 오락, 교양, 드라마라는 영역 분류는 애매할 뿐만 아니라 때로는 새로운 상상력을 제한하는 족쇄가 될 뿐이라는 것을 인포테인먼트 프로그램은 보여 주고 있다. 또한 몇 천 만원의 출연료가 없이도 성공하는 인포테인먼트 프로그램은 프로그램 성공에서 참신한 기획이 가장 중요함을 여실히 보여 주고 있다.

모르는 것은 검색창에 쳐 보면 바로 답을 알 수 있을 정도로 지금의 세상에는 온갖 정보가 넘쳐난다. 정보를 찾기가 이전보다 훨씬 편해진 것은 사실이지만, 다른 한 편으로는 그만큼 복잡한 세상 속에서 알아야 할 것도 많고, 쓸데없는 정보도 넘쳐난다. 세상을 따라잡기 위해 알아야 할 것은 많지만, 피터 드러커가 말했듯이 오블리지obloge가 넘쳐나는 세상에서 공신력을 가진 방송사가 재미까지 덧붙여 정보를 주는데 어떤 시청자가 마다할 수 있을까. 〈스펀지〉에 나온 진드기 박멸 방법을 따라했다가 오히려 화재가 났다고 시청자들이 반발했던 것에서도 알 수 있듯이 프로그램이 주는 정보에 대한 믿음이 무너지면 인포테인먼트는 지탱할 수 없다. 정확한 정보를 참신한 포맷에 담아 전달하려는 끊임없는 노력이 중요할 것이다.

{ 인포테인먼트 프로그램에 대한 당신의 생각은?에 대한 글쓰기
방송의 인포테인먼트 흐름에 대한 단상 } 課題 ② 정아란

요즘 전 세계적으로 즐거움이 화두다. "우리의 생활과 경제는 온통 '즐거움'이라는 중력에 의해 지배받고 있다." 맥킨지 & 컴퍼니의 미디어·엔터테인먼트 부문 대표 마이클 J. 울프가 '21세기 경제는 엔터테인먼트 경제'가 될 것이라며 밝힌 말이다. 방송도 '즐거움'이라는 중력과 강하게 교감하는 듯하다. 단순한 재미가 아니다. 교양과 정보에 즐거움의 옷을 입혀 내놓는 것이다. 요즘 방송에서 선보이는 인포테인먼트 프로그램들은 정말 많다. 선두 주자 KBS 〈스펀지〉와 〈비타민〉, SBS 〈우리 아이가 달라졌어요〉, 〈잘 먹고 잘 사는 법〉, MBC 〈느낌표〉만이 아니다. 일주일 동안 관심을 갖고 살펴보니 그동안 나도 모르는 사이에 KBS 〈그랑프리쇼 여러분 – 불량아빠클럽〉과 〈위기탈출 넘버원〉, MBC 〈말(言) 달리자〉 등이 새로이 등장한 인포테인먼트 프로그램들이 황금 시간대를 차지하고 앉았다.

요즘 시청자들은 단순히 깔깔대기 위해 TV를 보지 않는다. 지난해 12월, 한국방송광고공사KOBACO 의 『2005 소비자 행태조사MCR』 보고서를 살펴보자. 물론 '흥미·오락'이 TV 시청의 가장 큰 이유지만, '정보·지식·교양 습득'이 지난 2003년부터 꾸준히 높아지는 것을 알 수 있다. 이제 TV도 앞에 앉은 사람 바보 만든다는 '바보상자'의 오명에서 벗어나는 것처럼 보인다. 때문에 나는 이러한 인포테인먼트 프로그램들이 반갑다.

교육이나 경제, 교육 등 시청자들에게 그동안 별로 주목받지 못했던 주제를 다룬다는 점에서 인포테인먼트 프로그램의 역할도 크다. '우리의 위대한 문화유산을 환수하자'는 데서 시작된 MBC 〈느낌표 – 위대한 유산 – 744434〉가 가장 대표적인 예다. 오락 주제로는 거의 취급 불가처럼 보였던 역사를 주제로 삼았다는 점, 의미 있는 캠페인을 펼치고 있다는 점, 시청자들의 참여와 동의도 적지 않다는 점이 돋보인다.

하지만 인포테인먼트 프로그램이 이렇게 넘쳐 나면서 짚어 봐야 할 점도 적지 않다. 우선 오락과 교양의 두 가지 토끼를 잡으려 하던 기획 의도에서 벗어나 방향을 잃고 흥만 돋우는 경우가 적지 않다. 인포테인먼트를 표방하는 프로그램들에서는 요즘 들어 부쩍 말장난이 남발한다. 프로그램을 진행하는 MC와 패널들의 입담이 중요하지만 그 정도가 과한 느낌이다. 시청자들은 프로그램의 내용에 대해서는 긴가, 민가 하면서도 개그맨 ○○○가 무얼 얘기했는지, 가수 △△△가 어떤 장난을 쳤는지는 세세하게 기억한다. 방송 자체에 대한 주목보다는 MC들의 말장난들이 연예 기사의 주된 이야깃거리로 인기를 얻을 뿐이다.

오락 프로그램 편성 비율이 지나치게 높아지는 것도 우려된다. 우리나라 방송법은 오락 편성 비율을 50퍼센트로 상한선을 두어 제한한다. 그러나 방송위원회가 지난해 모니터링한 결과만 보아도, 오락 프로그램의 편성 비율이 거의 50퍼센트에 육박(KBS2 47.21퍼센트, MBC 41.67퍼센트, SBS 47.09퍼센트)한다. 방송사들이 주장하는 편성 비율 수치가 방송위원회의 수치들과 약간의 차이가 있지만, 그 일부는 방송사들이 오락물을 교양물로 우기는 것처럼 보인다. 교양물의 옷을 입은 척하는 오락물들이 계속 유행처럼 번지는 사이 정통적인 시사 프로그램들이 설 자리를 잃게 될까 우려된다. 이렇게 되면 결국 그만큼 시청자의 다양한 선택권이 제한되는 것이다.

"아는 자는 좋아하는 자만 못하고, 좋아하는 자는 즐기는 자만 못한다."고 했던가. 이제 우리의 삶에서 '즐거움'이라는 포장은 피할 수 없는, 강력한 대세다. 광고계의 웜 마케팅도, 출판계의 스토리텔링 책 인기도 다 '즐거움'을 중시하는 흐름 위에 놓여 있다. 한동안 인포테인먼트 프로그램은 계속 늘어날 것이다. 그러나 단순히 교양적 내용을 더했다고 해서 인포테인먼트의 이름만 남발해서는 안 되고, 그에 만족해서도 안 될 일이다. 콘텐츠로서의 인포테인먼트 프로그램에 대한 방송계의 학술적 논의도 아쉬운 시점이다.

제17일 課題 總評 by 홍경수 PD

이미 인포테인먼트 논쟁 역시 흘러가는 이야기가 된 듯하다. 요즘의 방송계 화두는 무엇일까? 예를 들자면, 노대통령의 '취재지원시스템 선진화방안'에 기초한 기자실 축소 문제나, 신문법에 대한 생각도 눈여겨볼 필요가 있겠다. 한미 FTA 체결로 인한 한국 방송의 영향도 흘려보낼 수는 없는 사안이다. 한국 영화의 침체와, 인터넷이 매체의 중심으로 부각되는 점, DMB 방송의 실패와, IPTV의 도입도 중요하다. 방송을 둘러싼 이슈들에 대해 친구들과 토론해 보자.

제18일

방송에서 설득이 필요한 이유

프레젠테이션 하기

방송 자체는 시청자에게 하는 프레젠테이션이다. 방송을 만드는 과정에서도 프레젠테이션의 역할은 중요하다.

프레젠테이션이란, 사물이나 현상에 대해 설명을 통해 보여 주는 것을 말한다 할 수 있다. 프로그램 기획안에서도 언급했듯이, 기획안 자체가 프레젠테이션으로, 이것을 정책 결정자와 스태프들에게도 설명해야 한다.

공적인 프레젠테이션에는 오디션, 면접, 공개 강의 등이 있겠고, 비공식적인 프레젠테이션은 일상적인 생활에서 일어나는 크고 작은 설명들이 해당한다.

결론적으로 말하면, 모두 다 중요하다. 하지만 비공식적인 프레젠테이션을 잘한다면, 공식적인 것 역시 크게 어렵지 않을 것이다. 프레젠테이션에서 중요한 점을 고려해 보자.

하나, 원 페이지 프로포절one page proposal에 익숙해지자.

앞에서도 말한 바 있는 패트릭 G. 라일리가 쓴 『THE ONE PAGE PROPOSAL』에는 '강력하고 간결한 한 장의 기획서'라는 부제가 붙어 있다. 한 장짜리 프로포절이 필요한 이유는 다음과 같다. 정책 결정자들은 바쁘다. 따라서 장황한 프레젠테이션을 다 보고 듣고 할 여력이 부족하다. 두 장도 길다. 한 장 안에 모든 것을 담을 수 있는 요약 프로포절을 해 보자. 기획안을 포함해서 거의 모든 프로포절이 해당된다. 추가적인 사항은 추가해서 첨부하면 된다.

둘, 어떻게 준비할 것인가?

누가 받을 것인지 특정한 사람을 염두에 두고 그 사람의 스타일과 관심사를 생각하며 글쓰기를 시작하는 게 좋은 기획서를 쓰는 방법이다. 시간에 쫓겨 준비한 기획서는, 아이디어는 훌륭하다고 해도 구체적인 사실이나 수치가 갖춰지지 않아 설득력을 잃게 될 수도 있다. 그래서 자료를 수집하고, 사실을 반드시 직접 확인하고, 반대 의견을 다루기 위한 대비를 해야 한다. 예상 질문을 만드는 것도 그래서 필요하다.

셋, 사항이 많으면, 숫자를 사용하라.

TV 토론에서 클린턴의 화법 중에 기억나는 것은 질문자들이 여러 가지를 물으면, 꼭 '첫째는, 둘째는, 셋째는……' 하는 식으로 숫자를 사용해서 정리하는 것이다. 이것은 듣는 사람을 명쾌하게 하고, 정리된 느낌을 준다.

넷, 비유를 사용하라.

적절한 비유는 설명을 살아 있게 만든다. 비유를 통해 설명력을 높여 보자.

다섯, 과장법은 절제하자.

과장이 반복된다면 듣는 사람은 경계하게 된다.

여섯, 상대방의 입장에서 설명하자.

기획안의 약점이나 핸디캡, 예상 문제와 그 대책 등에 대해서도 언급한다면, 부정적인 인식을 최소화할 수 있다.

일곱, 열정과 애정을 가지고 하라.

면접에서 가장 중요시하는 것은 이 사람이 이 직종에 적합

〈낭독의 발견〉 첫 회 무대 스케치 || 굳이 남에게 보여 주지 않는다 하더라도 자기 자신을 설득하는 도구로서 프레젠테이션은 유용하다.

한지의 여부다. 그리고 그것을 욕심내는 사람, 그것을 하고 싶어 하는 사람, 그것을 잘 알고 있는 사람이 대개 해당된다. 그것은 글과 말로도 설명되지 않은 눈빛, 안색, 태도, 자세 등을 통해 드러나게 된다.

여덟, 그것은 쇼다.

누군가에게 무엇을 보여준다는 점에서 프레젠테이션은 일종의 쇼다. 보고 듣는 사람을 재미와 감동으로 움직여라. 하나의 쇼 프로그램을 만든다는 자세로, 기승전결을 고민하고 변주와 끝난 후의 여운까지 고민하라.

아홉, 그것은 인생 자체다.

당신이 보여 줄 수 있는 것이 쇼에 그친다면, 당신의 프레젠테이션은 스킬에 지나지 않는다. 그리고 프레젠테이션이 많은 사람을 움직이기도 어렵다. 프레젠테이션은 자기 자신을 그대로 드러내는 일이기 때문이다. 진실함이 바탕이 된다면, 프레젠테이션이 더욱 빛을 발할 것은 자명하다.

제18일 인턴 과제

01 당신 인생의 가장 화려한 프레젠테이션은 무엇이었나?

02 당신의 프러포즈는?

03 강의를 해 본 적이 있는가? 없다면, 가족들을 상대로 해 보라.

04 당신의 방송사 입사를 위한 전략을 한 장으로 만들어 보라.

05 지하철에서 방한용 귀마개를 팔아야 한다. 어떻게 해야 할지 고민해 보자.

06 엘리베이터에서 사장을 만났다. 이번 기획안에 대해 짧게 대답해야 한다. 당신이 쓴 기획안으로 대답해 보라.

> 프레젠테이션을 준비하면서 가장 고민이 되는 지점은 어떤 내용을 버릴지에 대한 기로에 섰을 때입니다. 전달해야 할 것은 많은데 시간은 한정되어 있기 때문에 압축하고 요약을 하더라도 한계가 있습니다. '버림'에 대한 의사 결정은 어떻게 하면 될까요?

質問 ① 김태년

홍경수 PD 答辯 ‖ 방송의 기준도 시청자이듯이, 프레젠테이션에 있어서의 결정도 수용자를 기준으로 생각하면 되지 않을까? 즉, 들어서 지루하지 않고 유익하고 흥미를 끄는 것을 택하고 나머지는 버려라.

> 프레젠테이션에서 핵심을 짧으면서도, 강렬하게 전달하는 것은 아주 중요하지만, 막상 자신이 열심히 준비한 것을 짧게 전달하기란 쉬운 일이 아닙니다. 간결하면서도 임팩트 있는 프레젠테이션! 어떻게 준비하고, 어떻게 연습해야 할까요? 프레젠테이션에서 쏟아지는 예상치 못한 질문, 어떻게 대응하나요? 아무리 잘된 기획안이라 하더라도, 장점이 있으면 언제나 단점이 있게 마련입니다. 프레젠테이션이 끝난 뒤 프로그램의 단점에 대한 지적이 들어왔을 때, 이를 솔직히 수긍하는 것이 바람직할까요, 아니면 프로그램에 대한 강한 확신을 보여 주는 것이 좋을까요?

質問 ② 이미영

홍경수 PD 答辯 ‖ 프레젠테이션 관련 책을 보면서 연습하면 되겠고, 예상치 않은 질문에는 각자 임기응변으로 대처해야 한다. 아무도 가르쳐 주지 않는다. 단점을 지적한다면, 우선 지적을 받아들이는 것이 좋다. 그러고는 꼭 그렇지만은 않은 이유를 차분히 설명하면 되겠다. 면접 때도 마찬가지다. 심사 위원은 모든 것을 알 것 같지만, 그렇지 않다. 그래서 물어보는 것이다. 면접을 해도 알 수 없는 것이 사람이다. 따라서 자신의 주장에 확신이 있다면, 어떤 이유에서인지 그 근거를 논리적으로 이야기하면 된다. 주의할 것은 절대로 감정적으로 대해서는 안 된다는 것이다. 설사 주장이 옳다하더라도 감정적 주장은 백전백패다.

제 18일 — 함께 보기 좋은 추천 자료

01 **최환진, 유종숙, 「프레젠테이션 프로페셔널」, 커뮤니케이션북스, 2005년** 프레젠테이션의 전략과 실전 테크닉이 잘 설명되어 있다. by 홍경수 PD

02 **존 버닝햄, 「크리스마스 선물」, 시공주니어, 1997년** 이것은 그림책이다. 하지만 단순한 그림책이 아니라 3차원으로 공간을 표현한 그림책이다. 책은 2차원이라는 고정관념을 과감히 파괴했다. 프레젠테이션도 파워포인트가 전부라는 생각은 버리고 어떻게 표현할지 더욱 치열하게 고민해 보자. by 김태년

{ 매체 비평 프로그램이 **퇴조**하고 **있다. 코멘트 하라.**에 대한 글쓰기

안타까운 매체 비평 프로그램의 퇴조 }

課題 ① 김태년

여론을 독점한 방송사나 신문사는 어떤 정치권력도 넘볼 수 없는 거대한 파워를 가지게 된다. 이탈리아 총리 실비오 베를루스코니는 여론 조작의 전문가였다. 그는 대중심리의 정확한 분석을 토대로 한 탁월한 메시지 전달 능력과 방식, 세련되게 연출된 이미지와 매너 등을 앞세워 여론을 독점했다. 그는 자신을 '이탈리아의 꿈'으로 포장하는 데 성공하여 '위대한 유혹자'라는 별명까지 얻었다. 그가 전달하는 정보가 진실인지의 여부는 그의 매력에 묻혀서 검증될 기회조차 갖지 못했다.

매체 간의 적절한 견제는 그래서 필요하다. 매체가 보도한 내용이 진실인지 밝히려는 노력이 없다면 베를루스코니의 경우와 같이 각 매체들은 이미지 보도에 매진할 게 분명하다. 진실보다는 세련된 전달 방식으로 좋은 이미지를 제공함으로써 여론을 독점할 수 있는 방법은 모든 미디어들에게 유혹이 될 것임이 분명하다.

이런 견제의 역할을 충실히 해 왔던 지상파의 매체 비평 프로그램이 퇴조하고 있다. 2003년 시작한 MBC의 〈신강균의 뉴스 서비스 사실은〉(이하 〈사실은〉)은 '조·중·동'과의 뜨거운 설전으로 매주 입방아에 오르곤 했다. 저돌적인 시각으로 〈대장금〉에 버금가는 인터넷 다시보기 클릭수를 기록하기도 했던 〈사실은〉은 명품 핸드백 파문으로 폐지되는 운명을 맞게 된다. 〈사실은〉을 이어받은 MBC의 매체 비평 프로그램은 〈암니옴니〉였다. 하지만 〈사실은〉만큼의 독창적인 내용도, 획기적인 시도도 없었기 때문에 평범하다는 평가와 함께 시청자의 외면을 받고 〈뉴스 후〉로 재편되기에 이른다. 〈뉴스 후〉의 성격은 전적인 매체 비평 프로그램은 아니지만 매체 비평이라는 끈을 놓지 않고 있다는 점에서 그 명맥을 유지하고 있다고 볼 수 있다. KBS는 MBC만큼 파란만장한 사건에 휘말리지 않아서 그런지 〈미디어 포커스〉라는 매체 비평 프로그램이 150회가 넘는 기간 동안 장수하고 있다.

예전에는 시청자들이 매체 비평에 높은 관심을 보였지만, 최근에는 언론사가 서로 헐뜯는 것처럼 보인다며 매체 비평을 바라보는 눈길이 곱지만은 않은 실정이다. 하지만 언론계 내부에서는 언론이 서로의 감시를 풀기에는 시기상조라는 의견이 다수라고 한다. 그렇다면 왜 매체 비평 프로그램에 대한 관심이 예전만 못한 것일까?

먼저 시청자들의 외면을 들 수 있다. 다른 연성화된 뉴스와 오락거리가 넘치는 지금, TV를 보면서까지 머리를 싸매고 치열하게 고민할 시청자는 별로 없을 것이다. 무거운 드라마보다는 가벼운 웃음을 파는 드라마가 각광 받고, 단순히 즐겁기만 하더라도 그 가치를 인정해 주는 풍토가 진지한 매체 비평 프로그램에서 시청자의 관심이 멀어지게 된 이유가 아닐까?

시장 지배적 미디어의 여론 형성력이 약화된 것도 이유가 될 것이다. 뉴미디어의 발달로 많은 인터넷 매체들이 생기고, 그에 따라 전통적인 권위를 갖고 있는 일간지와 방송사 뉴스의 여론 형성력이 약화됐다. 초기에는 그나마 전통적인 매체가 권위를 앞세워 이슈를 생산하여 인터넷에 던져 주었지만, 지금은 인터넷이 뉴스를 생산하면 전통 매체가 그것을 다시 가공해서 사용하는 경우도 비일비재하다. 전국 일간지와 지상파 뉴스의 위상도 예전만 못하다. 그렇기 때문에 매체 비평 프로그램에 대한 관심은 자연스레 멀어질 수밖에 없다.

신문법이 제정된 것도 매체 비평 프로그램의 당위성에 혼란을 주었을 것이다. 매체 비평 프로그램이란 모름지기 왜곡된 보도를 발굴해 바로잡기 위한 압력을 행사하기 위해 존재했다. 하지만 신문법이 잘못된 보도를 법으로 판단해서 정정 보도 할 것을 명령할 수 있게 되었다. 지속적으로 이런 활동을 해 왔던 매체 비평 프로그램의 정체성 문제가 대두되기 시작한 것이다.

이런 환경의 변화 속에서 KBS의 〈미디어 포커스〉가 아직 전통적인 매체 비평의 자세를 견지하고 있다면 MBC의 〈뉴스 후〉는 좀 더 다채로운 시도를 하고 있다는 점이 눈에 띈다. 우선 〈뉴스 후〉는 매체 '비평'에 중점을 두기보다 매체 '보완'에 좀 더 신경을 쓰는 모습이다. 신문이나 지상파 뉴스의 특성상 스트레이트 전달이 주를 이루기 마련이다. '~방침이다', '대책을 강구하겠다' 라는 뉴스는 넘쳐나지만 후속 보도는 드문 것이 사실이다. 〈뉴스 후〉는 후속 보도를 통해 기존 뉴스가 보도 조직이나 시스템상 하지 못했던 부분을 보완하고 있다. 또한 〈뉴스 후〉는 〈인터뷰 그 사람〉이라는 코너를 통해 기존 매체 비평 프로그램과의 차별화를 시도하고 있다. 매체에서 이슈가 됐던 사람을 선정해 인터뷰를 하는 이 코너는 "'양심 냉장고' 장애인 부부 10년 후", "안티팬이 유난히 많은 '이천수'의 고백" 등의 기획을 통해 잔잔한 감동과 함께 화제가 되기도 했다. 사자 성어 온고지신(溫故知新)을 패러디한 〈인고지신(人故知新)〉 코너도 독특하다. 새로운 언론 권력으로 등장한 UCC를 이용해 네티즌들이 폰카, 디카로 찍은 현장 고발, 이슈 등을 점검하고 확인해 준다.

매체 비평이 언론의 윤리와 책임 의식 제고에 일정한 역할을 해 온 점은 부인하기 어렵다. 언론 개혁이 중요한 의제로 떠오르고 있는 이때, 매체 비평 프로그램의 퇴조는 그래서 더욱 안타깝게 느껴진다. 특히 뉴미디어들에게 전통적인 매체가 도전을 받고 있는 상황이기에 더욱 그렇다. 하지만 〈뉴스 후〉와 같은 차별화된 기획을 통해 흐름에 적응해 나간다면 반드시 기회는 찾아올 것이다.

Comment by 정혜경 PD Ⅱ 신문은 방송을 어떤 방식으로 견제하고 비평하고 있는지 생각해 보자. 또한 방송이 신문을 견제하고 비평하는 방식이 매체 비평 프로그램뿐인지도 생각해 보자. 매체 비평 프로그램 퇴조를 시청자들의 외면과 신문법 제정으로 설명하는 것은 부적절하다. 시청률이 낮아서 혹은 시청자들의 관심에서 멀어져서 매체 비평 프로그램이 퇴조하는가? 법적인 판단만으로 언론 권력을 충분히 견제할 수 있는가? 이 문제에 답해 보고 매체 비평 프로그램 퇴조에 대한 다른 근거들을 찾아보자.

{ 매체 비평 프로그램이 퇴조하고 있다. 코멘트 하라.에 대한 글쓰기

새로운 형태의 매체 비평 프로그램을 모색할 때 }

課題 ② 이미영

2001년, 나는 정말 한 주도 빼놓지 않고 MBC 〈미디어 비평〉을 보았다. 우리나라 최초로 시도된 매체 비평 프로그램. 당시 내가 그 프로그램으로 인해 받은 충격은 상당했다. NIE라는 말이 있을 정도로 논술의 절대적인 교재이자, 세상의 진실만을 알려 주는 창이라고 믿었던 신문이 사실은 온갖 허위와 이익 계산으로 가득 차 있다는 것은 충분히 놀라운 일이었다. 그 충격 덕택에 누가 시키지 않았는데도 열심히 그 프로그램을 매주 챙겨 보았다. 결국 이 프로그램은 대학교 1학년 나를 언론 비평 웹진을 만드는 동아리와 민언련으로까지 이끌었다. 언론의 영향력과 그에 따른 책임에 대해 고민할 기회를 던져 준 귀한 프로그램이었던 것이다. 그런데 그러한 매체 비평 프로그램이 지금 위기에 놓여 있다. MBC 〈미디어 비평〉은 〈뉴스 서비스 사실은〉과 〈암니옴니〉로 바뀌었다가, 이제는 매체 비평 프로그램의 흔적을 찾아볼 수 없는 〈뉴스 후〉로 바뀌었다. KBS에서 〈미디어 포커스〉라는 프로그램이 매체 비평 프로그램의 명목을 유지하고 있지만, 자주 편파성 논란에 시달리고 있다.

최근의 매체 비평의 위기는 '비평'이 갖는 근본적인 속성에서 비롯된 측면이 크다. 비평이란 본질적으로 특정한 가치관을 전제로 할 수밖에 없다. 물론 '사실'을 보도하지 않는 언론에 비평의 잣대를 들이대는 것이 비평이긴 하지만, 복잡한 세상에서는 사실이 무엇인지조차도 불분명하고, 때로는 입장에 따라 사실이 달라 보이기도 한다. 그렇기에 비평을 하다 보면 최대한 '객관적'으로 비평을 하려고 아무리 노력해도, 특정 시점에는 '시각'이 개입될 수밖에 없는 측면이 있다. 그렇기에 방송은 객관적이어야 한다고 굳게 믿는 한국 사회에서 매체 비평 프로그램은 애초에 태어날 때부터 위기에 놓여 있었는지도 모른다. 실제로 매체 비평 프로그램은 시작부터 끊임없이 조선일보만 비난하는 편파적인 프로그램이라는 비판에 끊임없이 시달려야 했다. 게다가 프로그램이 신문에만 엄격한 잣대를 들이댈 뿐, 정작 자사의 뉴스 보도에 대해서는 잘 언급하지 않아서 더더욱 이러한 편파성 논란을 키워 온 것도 사실이다.

또 예전만큼 종이 신문의 영향력이 막강하지 않고, 인터넷을 통해 즉각적인 의견 개진이 가능한 사회에서, 종이 신문이 더 이상 이전처럼 독점적인 위치를 이용하여 정보를 왜곡하거나, 특정 시각만 전달하기도 힘들다. 이러한 시대에 더 이상 매체 비평 프로그램은 이전에 갖던 '희소성'이나 '영향력'을 갖지 못한다. 다양한 인터넷 웹진들이 방송의 매체 비평 프로그램보다 훨씬 색깔 있고 날카로운 비평을 보여 주는 상황에서, 그리고 마음에 안 드는 기사에는 독자가 바로바로 그 기사 밑에 댓글을 달 수 있는 상황에서 사람들이 굳이 시간 맞춰 매체 비평 프로그램을 챙겨 볼 이유가 없다. 또 안티 조선 운동이 어느 정도 성과를 거두고, 인터넷에 진보적인 매체들이 무수히 생긴 상황에서, 사람들은 신문이 '객관적 사실'을 보도하지 않는다는 것을 이미 어느 정도는 인식하고 있다. 매체 비평 프로그램이 처음 방송될 때의 신선함이나 충격을 가질 수 없는 이유다.

매체 비평 프로그램이 사회에서 담당해 온 역할의 가치는 충분히 인정하지만, 새로운 변화를 모색하지 않는다면 매체 비평 프로그램의 위기는 계속될 것이다. 새로운 형태의 매체 비평을 모색해야 하는 이유다. 좀 더 심층적인 비평의 틀이 필요하고, 신문의 논조나 방송 뉴스의 논조만을 비평하기보다는 미디어 전반이나 미디어가 형성하는 문화, 또 뉴스 외의 다양한 TV 콘텐츠에 대한 '재미난', 동시에 '의미 있는' 비평으로 범위를 넓혀 보는 것도 고민해 볼 만하다.

Comment by 정혜경 PD ‖ 언론이 당파성을 갖는 것에 관해 생각해 보자. 당파성을 띠는 것은 편파적인가, 객관성을 잃어버리는 것인가? 라는 질문에 답해 보자. 사실을 보도하는 것과 관점을 갖는 것은 양립할 수 없는가? 라는 질문에 답해 보자. 인터넷 언론의 힘이 커졌다는 것은 어떤 의미인가? 정책적인 사안에 대한 여론 형성에 있어 여전히 종이 신문의 힘이 막강하다는 주장에 대한 의견은? 포털의 여론 형성 과정과 그 방식에 대한 비판이 필요하다는 주장에 대한 의견은?

제18일 課題 總評 by 홍경수 PD

언론의 자유는 숭고한 가치다. 언론은 자유로워야 하고 동시에 책임도 져야 한다. 자유롭고 책임 있는 언론이 사회를 발전시킨다. 한국에 부족한 것이 이것 아닐까 싶다. 매체 비평 프로그램은 하나의 매체로서 방송이 신문을 감시하고 견제하는 역할을 한다. 몇몇 신문은 책임지지 않는 자유를 강조하며 의견 형성을 지배해 왔다. 정부에서 언론을 견제하는 것은 아름답지 못하다. 하지만 미디어끼리의 감시와 견제는 아름답다. 두 미디어 모두 언론의 자유를 누려야 하며, 오보로 인한 책임은 서로 지면 되는 것이다. 매체 비평 프로그램이 자리를 잃어서는 안 되는 이유가 여기에 있다.

무엇이나 소중하다

기록하기

PD는 기자와 달리 글을 쓰지 않고 영상과 음향으로 만들어 방송하기 때문에 기록하기가 쉽지 않다. 물론 이제 멀티미디어 시대가 되어서 DVD, 컴퓨터 파일, 테이프 등도 소중한 기록이지만, 아직도 글로 남기는 기록의 편의성에는 따라가기 어렵다. 전주에 사는 한 할아버지가 평생 동안 써 온 일기를 본 적이 있다. 어릴 적 부모님을 여의고 세상을 살아가며 부딪치는 문제들을 상의할 사람이 없어서 본인의 기록을 보고 판단의 자료로 활용했다는 것이다. 그만큼 기록은 소중하다. 기억력은 한계가 있고, 다시 똑같은 문제에 부딪쳐도 같은 실수를 하는 것이 인간이기 때문이다.

따라서 사소한 일이라도 기록한다면, 나중에 좋은 자료로 남을 것이다. PD들에게는 해마다 한 권의 다이어리가 지급된다. 각종 스케줄과 업무 협의 내용을 기록한 이 다이어리는 모으면 소중한 방송의 역사로 활용될 수 있다.

자신이 먹는 내용만을 적어도 좋고, 자신이 만난 사람만을 기록해도 좋고, 좋은 일만을 기록해도 좋다. 자신의 삶을 기록으로 남기는 습관을 갖도록 하자. 하지만 일기를 쓰고 기록을 남긴다는 것이 쉽지는 않은 일이다. 〈낭독의 발견〉을 만들면서 홈페이지에 스태프들의 수다라는 공간을 만들어서 모든 스태프가 글을 써서 소통하도록 구상했다. 물론 PD의 수다에 백여 개의 글을 올리기도 했다.

이 글들은 나중에 책을 낼 때 소중한 글감 역할을 했고, 그 당시를 반추하는 데 좋은 자료로 활용된다. 요즘은 블로그의 시대라 기록이 재미있어지고 쉬워졌다. 기록을 통해서 자신이 하는 바를 돌이켜 보고 미래를 계획해 보라.

PD들에게는 해마다 한 권의 다이어리가 지급된다. 각종 스케줄과 업무 협의 내용을 기록한 이 다이어리는 모으면 소중한 방송의 역사로 활용될 수 있다.

일본의 한 출판사에서 『마이 북』이라는 문고판 형 일기책을 내서 큰 화제를 불러일으킨 적이 있다. 해마다 연말이 되면 이 책을 사려는 사람으로 한국의 대형 서점에는 금세 재고가 떨어진다. 어렵게 구한 이 책 때문에 2003년 한 해는 충실히 기록할 수 있었다. 또한 독서 기록을 남길 수 있는 일기형 책도 등장하는 등 다양한 도구를 사용하는 것도 도움이 되겠다.

기록의 색다른 방법 중의 하나는 스크랩이다. 신문이나 잡지 등에 실린 기사나 글 중 자신의 관심사와 부합하는 것을 오려서 모아두는 것도 좋은 기록의 방법이 되겠다.

제19일 인턴 과제

01   일주일 동안 한가지의 주제를 가지고 기록해 보라. 무엇을 기록할 것인가?

02   내가 이제까지 기록한 내용을 정리해 보라. 나의 기록은 무엇인가?

03   관심 있는 분야를 정하고, 스크랩을 시작해 보라.

04   기록할 수 있는 다른 방법은 무엇이 있을까 생각해 보자.

일본의 한 출판사에서 출판한 문고판 형 일기책 『마이 북』

{ 기록하라,
그리고 또 기록하라! } 日記 ① 이미영

인턴 생활 첫 날, 방송하면 카메라가 있는 야외 촬영을 먼저 상상하던 내가 처음으로 맞닥뜨린 것은 아주 엄청난 양의 자료들이었다. 두꺼운 폴더 여러 개가 책상 위에서 나를 맞이하고 있었다. 폴더를 조심스럽게 열어 보는 순간, 나는 또 한 번 놀랄 수밖에 없었다. 논문, 신문 기사, 홈페이지, 법령 등등을 망라하는 두꺼운 자료들 모두에는 컬러 펜으로 꼼꼼하게 그어 놓은 밑줄들이 가득했다.

60분 정도의 프로그램을 만들기 위해 수집하는 자료의 양은 엄청나다. 인터뷰 대상자도 많고, 촬영해 온 테이프를 프리뷰한 자료도 방대하다. 그래서 PD에게 기록은 중요하다. 자료를 읽으면서, 프리뷰한 자료를 보면서 중요한 곳에는 꼼꼼하게 표시를 해 두어야 한다. 인터뷰 대상자 목록, 그들의 연락처, 관련 업체 리스트들도 소홀히 해서는 안 된다. 실제로 이재정 PD님은 다양한 '기억 저장 장치'들을 갖고 계셨다. 노트북에는 자료가 폴더별로 정리되어 저장되고, 공책에는 인터뷰 대상자 목록과 구성안 등이 꼼꼼히 적히고, 주황색 작은 수첩에는 세부 일정이 기록되었다.

하루는 중국산 식품의 국내산 둔갑 문제를 다룬 프로그램을 PD님과 함께 보게 되었다. 나는 그저 내용에만 집중하고 있었는데, 옆에서 PD님께서는 계속해서 수첩에 무언가를 적고 계셨다. 알고 보니, 촬영을 대비해서 인터뷰 대상자가 될 수 있을 만한 사람들의 직함과 이름, 그리고 클로즈업 된 식품에 적힌 공장 주소와 연락처 등을 적고 계셨던 것이었다. '아, 촬영을 하려면 저런 정보들도 놓치지 말아야겠구나.' 스쳐 지나가기 쉬운 작은 정보까지 꼼꼼하게 적는 모습에 많이 놀랐던 기억이 난다.

구성안 회의를 하던 날, PD님께서 일정을 기록하시던 주황색 수첩이 갑자기 어딘가로 사라졌다. "네가 어디다가 숨겼지?" 수첩이 사라진 것을 발견하고 난 순간부터 퇴근할 때까지 PD님은 계속 수첩을 찾아내라며 나를 괴롭히셨다. 물론 장난이었겠지만, 프로그램에 대한 각종 정보가 꼼꼼히 적힌 수첩은 주변 사람을 괴롭혀서라도(?) 찾아내야 할 만큼 PD에게 중요하다. 참고로 다행스럽게도 다음 날 아침 수첩이 발견되어, 나는 평온하게 남은 인턴 생활을 할 수 있었다.

지금부터라도 작은 수첩을 마련해서 떠오르는 생각이나 각종 중요한 정보를 꼼꼼하게 적는 습관을 들인다면 언젠가 꼭 큰 도움이 될 것 같다.

방송은 수많은 기록을 남긴다. 종이로 된 서류나 대본, 사진은 파일로 정리하면 보관이 쉽다.

> 중요한 순간이나 번개같이 스쳐지나가는 생각을 놓치지 않기 위해 항상 수첩을 휴대하
> 고 다닙니다. 열심히 메모를 하고도 정리가 안 돼서 나중에 쓸모없어진 적이 많은데요,
> 메모를 하는 데 있어서 비법이 있다면 가르쳐 주세요.

質問 ① 김태년

홍경수 PD 答辯 II 골자 정리가 도움이 되겠다. 즉, 며칠이 지나도 단어만 연결해서도 주요 사상이 연결되고 떠오를 수 있을 만큼 촘촘해야 되겠다.

> 인턴을 하면서 정말 방대한 자료들과 PD님들의 꼼꼼한 기록에 많이 놀랐던 기억이 납
> 니다. 이렇게 많은 자료들과 기록은 사회적으로도 큰 의미가 있을 것 같은데(비단 프로
> 그램을 위해서 뿐만이 아니라) 이런 기록들을 한데 모아 도서관처럼 정보 시스템을 구
> 축한다거나, 아니면 제작기를 정리하여 책으로 만들어 남기는 등(지금도 일부의 PD들
> 은 하고 있지만 조금 더 적극적으로) 어떤 식으로든 자료로 남겼으면 좋겠다는 생각을
> 했습니다. 실제 방송국에서 이러한 노력들이 이루어지고 있는지, 이루어지고 있다면 어
> 떤 식으로 이루어지고 있는지, 이루어지지 않고 있다면 이유가 무엇인지 궁금합니다.

質問 ② 이미영

홍경수 PD 答辯 II 방송사에서 팀별로 큐시트나 대본집을 묶는 경우는 있지만, 더 깊이 있는 자료들의 정리는 하지 못하고 있다. 이런 노력이 이뤄지지 않는 이유 중의 하나는 기록의 가치를 절감하지 못하기 때문이 아닐까 싶다. 누군가가 기록을 남기고 이것이 프로그램이나 개인에게 유익한 결과를 가져온 사례가 생긴다면, 널리 확산될 것이라 믿는다.

시사 고발 프로그램을 보면 펜도 없고 종이도 없는 상태에서 기밀 취재를 해야 하는 경우가 있습니다. 카메라도 가져갈 수 없다면 그런 난감한 상황에 대처하는 다른 노하우가 있을까요? 質問 ③ 정아란

홍경수 PD 答辯 ‖ 감각의 기억에 의존하거나, 외부 매체를 이용하는 법이 있을 듯하다.

제19일 **함께 보기 좋은 추천 자료**

01 **이영돈, 「마음」, 예담, 2006년 : 송웅달, 「900일간의 폭풍, 사랑」, 김영사, 2007년** 방송 PD들이 프로그램을 제작하고 난 뒤 이를 정리한 모든 책들을 한 번 읽어 보자. by 홍경수 PD

02 **스펜서 존슨, 「선택」, 청림출판, 2005년** 필기의 속도는 말하기의 속도를 따라갈 수 없기 때문에 무엇을 선택하고 버릴지에 대한 결정을 신속하게 내려야 한다. 이 책은 얇은 책이지만 선택의 기로에 섰을 때 도움을 줄 수 있는 책이다. by 김태년

03 **안정효, 「안정효의 글쓰기 만보」, 모멘토, 2006년** 이 책은 일기, 독후감, 자서전, 소설 쓰기 등의 과제를 주면서, 독자가 직접 체험을 통해 글쓰기 원칙과 요령들을 습득할 수 있도록 안내한다. 이 책을 통해 자료 수집과 글쓰기의 치열함을 배워 보자. by 이미영

04 **최상희, 「신문 스크랩 기술」, 넥서스, 2006년** PD는 엄청난 정보 속에서 제대로 먹잇감들을 물어야 하는 직업이다. 대학생이라면 신문 스크랩을 통해 중요한 것만 발라내는 기술을 익히는 것도 PD가 되기 위한 좋은 훈련이 될 수 있으리라 생각한다. by 정아란

{ 〈뮤직뱅크〉 등 대중음악 프로그램들의 시청률이 하락하고 있다.
음악 프로그램을 되살릴 수 있는 개선안을 기획해 보라.에 대한 글쓰기

課題 ① 김태년

대안 가요 프로그램에 대한 백일몽

대중음악 프로그램이 점점 사라지고 있다. 남은 프로그램들도 시청률이 겨우 2~3퍼센트에 머물고 있다. 무엇이 문제일까?

지금까지의 대중음악 프로그램에서 주인공은 무대에 서는 가수였다. 관객은 주인공을 띄우기 위해 동원되거나 녹화에 방해나 주는 훼방꾼으로 폄하되어 왔다. 시청자들은 그렇게 취급되는 관객들의 모습에서 자신의 모습을 발견했다. 주인공이 되지 못하는 데서 오는 자괴감과 그들이 어떤 대접을 받고 있는지를 눈으로 확인하는데서 오는 괴로움에 다른 프로그램으로 채널을 돌렸다.

하지만 그들은 단순히 그렇게 취급되어서는 안 되는 존재들이다. 관객 없는 가수는 존재할 수 없다. 그들의 직업이 노래를 하는 것인데 그 노래를 들어 줄 사람이 없다면, 아무리 무대 위의 주인공이라 한들 공허할 수밖에 없다. 그러나 TV는 관객의 자리를 계속해서 무시해 왔다. 대중음악 프로그램이 위기를 맞은 것은 그들이 복수하는 것일 수도 있다. TV는 그들의 자리를 다시 찾아 주어야 한다.

그렇다면 어떤 프로그램을 만들어야 할까? 다음과 같은 음악 프로그램은 어떨까?

1. 관객이 주인공인 음악 프로그램

2. 무대과 객석의 구분이 모호한 음악 프로그램

3. 객석에서는 가벼운 음주와 흡연이 허용되는 음악 프로그램

4. 관객과 가수가 가볍게 대화할 수 있는 음악 프로그램

5. 선곡과 가수 선정에 있어서는 정통성을 갖춘 보수적인 느낌이 강한 음악 프로그램

이 프로그램에서는 카메라가 주인공이 되면 안 된다. 녹화를 위해서 관객들의 관람을 방해한다거나 노래가 나빴다고 재녹화를 하면 안 된다. 녹화 당시의 실수들도 공연장이라면 애교로 넘길 수 있는 문제다. 카메라는 가수와 관객의 은밀한 대화를 숨어서 몰래 훔쳐보는 역할을 해야 한다. 시청자들은 브라운관을 통해 그들의 은밀한 대화를 몰래 훔쳐본다. 관음에서 오는 희열. 그리고 그들의 대화에 참여하지 못해 아쉬움을 느낄 것이다. 이런 감정들은 다음에는 꼭 참여해 보고야 말겠다는 열정으로 이어질 것이다.

가수와 관객은 서로 공존해야 한다. 현재까지 음악 프로그램들은 너무 한쪽에만 치중했다. 그 결과 추가 한쪽으로 기울면서 반쪽짜리 프로그램이 되고 말았다. 이제 균형을 맞출 때다. 관객의 자리를 찾아주고 그들과 가수가 같이 만드는 프로그램이 필요하다. 애써 공연장을 찾은 관객을 존중해야 한다. 그러면 관객이 다시 공연장으로 몰리고, 시청자들은 부러움 반 시샘 반의 감정으로 대중음악 프로그램에 채널을 고정시킬 것이다.

Comment by 홍경수 PD ‖ 좋은 시도임에 틀림없다. 하지만 관객의 관점이 음악 프로그램을 되살릴 만큼 강렬한 동인을 가지고 있는지는 의문이다. 객석과 무대의 구분이 없다는 개념은 자칫하면 무대의 아우라를 희석시키는 경우가 수없이 많았다. 이것을 보완할 수 있는 장치는 무엇이 있을지 물어보고 싶다. 음주와 흡연에 대한 대중적인 인식을 생각해 보아야 하겠다. 영화가 아니라 TV가 갖는 누적성, 편재성 등으로 강력한 영향을 가진 것에 대한 책임이라는 측면에서.

{ 〈뮤직뱅크〉 등 대중음악 프로그램들의 시청률이 하락하고 있다. 음악 프로그램을 되살릴 수 있는 개선안을 기획해 보라.에 대한 글쓰기

課題 ② 이미영

TV 음악 매거진 뮤[Mu:]

기획 의도 : 전통적인 음반 순위 프로그램이 고전을 면치 못하고 있다. 하지만 사람들의 음악에 대한 관심 자체가 줄어든 것은 아니다. 다만 사람들이 음악을 소비하는 방식이 이전과 달라졌다고 보는 것이 더 옳을 것이다. 이전과는 다르게 음악을 듣고, 즐기는 사람들을 대상으로 하는 새로운 음악 프로그램을 지향한다.

구성 및 내용

1) 스케치북 : 요즘은 음악을 음악 자체가 아니라 무언가의 배경음악으로 소비한다. 싸이월드의 배경음악이나, 컬러링 등은 대표적인 예라고 하겠다. 또한 이효리의 '애니모션' 등의 사례에서도 볼 수 있듯이 음악과 결합된 영상은 인터넷상에서 계속 소비되고 사람들의 호응을 이끌어 낸다. 이 코너는 그러한 트렌드에 맞추어 노래를 영상과 함께 제공하는 것을 큰 틀로 한다. 즉, 신곡이나 인디 밴드의 노래, 혹은 흘러간 옛 노래 등을 시청자들의 소재 공모를 받아 영상으로 구성한다. 음반 시장의 침체로 투자가 제대로 이루어지지 않아 동반 몰락하고 있는 뮤직 비디오 시장을 대신해 음악에 새로운 영상을 입혀 방송한다. 인터넷상에서 화제가 될 수 있으리라 기대되고, 방송사로서도 단편 드라마를 시험할 수 있는 공간이 될 수 있을 것으로 기대된다.

2) 트렌드 파일 : 음반 시장이 몰락하면서 한국 대중음악에 생긴 변화는 SG워너비로 대표되는 '듣기 좋은 대중적인 음악'과 패닉, 롤러코스터, 혹은 앞의 사례와는 다른 의미의 동방신기 등 '충성도 높은 팬을 집중 공략'하는 음악으로 양분되었다는 것이다. 여기서 주목할 것은 후자. 이들은 음악적 취향이 확실하고, 음악에 대한 관심이나 지식의 정도가 높다. (물론 패닉, 롤러코스터 부류와 동방신기 부류는 조금 성격이 다르기는 하지만, 〈피파니아〉 같은 인터넷 웹진에서도 볼 수 있듯이 아이돌 10년사를 거쳐 온 지금, 아이돌 팬들도 가수의 창법이나 악기 사운드 등을 분석하며 음악을 듣는다.) 따라서 이 코너는 본격 음악 비평을 시도한다. 비평의 형식은 매주 다양하다. 노래 대 노래, 가수 대 가수, 유행하는 트렌드 분석, 표절에 대한 진지한 고찰, 프로듀서 등 음악을 만드는 사람들, 창법과 보컬의 톤, 노래 가사로 세상 읽기 등 다양한 주제로 비평을 한다.

Comment by 홍경수 PD ‖ 음악과 영상의 결합 아이디어가 참신하고 파급력도 클 것으로 보인다. 음악의 트렌드를 보여 주는 것 역시, 기존 음악 프로그램의 무정보성(음악 자체 말고는 다른 정보는 거의 없는)을 뛰어넘을 수 있는 좋은 장치로 보인다.

{ 〈뮤직뱅크〉 등 대중음악 프로그램들의 시청률이 하락하고 있다.
음악 프로그램을 되살릴 수 있는 개선안을 기획해 보라.에 대한 글쓰기   課題 ③ 정아란

악수(樂受) – 음악이 세상에 건네는 즐거움 }

프로그램 제작 : 스튜디오

프로그램 장르 : 예능 교양

편성 : 일요일 밤 11시

기획 의도 : 음악 프로그램은 대중음악 시장이 되살아나지 않는 한, 과거의 영광을 되찾기는 어려워 보인다. 과거 음악 프로그램들은 하나같이 새 앨범, 신인가수의 홍보의 장이고, 가수들은 TV 앞에 노래만 냅다 지르고는 홀연히 사라졌다. 결국 남은 것은 야광봉과 플래카드뿐이었다. 관객과 유리된 무대는 결국 힘을 잃기 마련이다. 〈윤도현의 러브레터〉가 그래도 먹히는 것이 관객과 함께 하는 느낌을 주기 때문이다.
음악 프로그램에 대해 고민하다 나는 어떠한 환경 변화에서도 바뀌지 않는 것이 세 가지 있다고 생각했다. 첫째, 음악성 못지않게 스타성에 열광하는 '빠순이'들은 끝까지 살아남는다. 그리고 많은 이들이 한때는 누군가의 '빠순이, 빠돌이'였다. 둘째, 음악은 사연이 있을 때 더욱 잘 먹힌다. 감각 중에 가장 오래 남는 것이 청각이라 했다. 음악은 추억을 환기시키고, 추억은 음악과 함께 온다는 것. 셋째, 음악 정보에 목마른 이

들이 적지 않다. 음악뿐만 아니라, '대중음악에 관한 것'을 이야기할 때도 됐다.

클래식만 진지할 수는 없다. 대중음악 팬들의 추억을 살짝 건드리면서, 음악 정보 면에서도 진지한 대화를 나누어보는 것. '이야기와 정보가 있는' 대중음악 프로그램이 바로 〈악수〉다. 그리고 나는 〈악수〉와 같은 시도가 우리 대중음악을 정리하는 기록사적인 의미에서도 필요하다고 생각한다.

내용 및 출연진

〈악수〉의 코너는 셋으로 구성된다. 진행은 윤종신이다. '생각 있는' 음악인들을 패널로 삼고, 주마다 게스트 둘을 초대한다. 스튜디오는 관객이 무대를 동그랗게 완전히 감싸는 식으로 배치한다. 관객과 무대 사이에 마이크가 자유롭게 오가도록 한다.

첫 번째 악수 – 돌려 보기 : 과거에 인기를 얻었던 대중음악을 선정해 '되감기'한다. 가령 1편에서는 한 가수가 중학교 1학년 때 폭발적인 인기를 누린 HOT의 '캔디' 동영상을 보며 패널들이 이야기를 나눈다. HOT 팬이었던 추억이나 HOT의 변한 얼굴에 대해 잡담을 하면서도 동시에 '캔디'나 'HOT'의 음악사적 위치나 음악적 특성에 대한 대중음악 평론가들의 평도 곁들인다. 지난 노래고 하니, 그 평이 더 솔직할수록 재미를 더할 것이다. 이때 무대뿐만 아니라 관객들이 이야기에 끼어드는 것도 유도한다.

두 번째 악수 – 아껴 듣기 : 시장의 호응을 받지 못하고 사라져 안타까운 노래도 있는가 하면, SG 워너비나 김종국 같은 대중적 가수들의 곡 중에서도 사람들에게 잘 알려지지 않은 훌륭한 노래가 있기도 하다. 소수 마니아들이 소중히 아껴 듣는 곡을 신청 받아 해당 가수를 초청해 그 곡을 다시 들어 본다.

세 번째 악수 – 나누어 까기 : 대중음악에 대한 논의의 시간이라 할 수 있다. 우리나라 댄스 음악의 역사 등에 대해서 이야기를 나눌 뿐만 아니라 표절 논란이나 저작권 문제처럼 민감한 문제들을 '음악인 자신들'의 입으로 이야기하는 자리다. 이때 관객들도 함께 질문하고 의견을 표시할 수 있도록 한다.

Comment by 조정훈 PD ‖ 가끔 고민한다. TV 속 음악 프로그램은 음악을 판매하는가, 스타를 판매하는가 아니면 문화를 판매하는가? 논쟁적인 주제다. 함께 고민해 보자.

Comment by 홍경수 PD ‖ 기존의 음악 프로그램들이 보여 주지 못한 점, 즉 음악이라는 소재와 이 것을 둘러싼 이야기를 함께 접합시켰다는 점이 눈에 띈다. 대중문화는 이야기라는 틀을 토대로 번성한다는 점을 생각해 보아도 좋은 기획이다. 좋은 출연자를 잘 섭외해서 만든다면 좋은 결과를 기대할 수 있겠다.

제19일

케이블 TV와 인터넷의 도전으로 지상파 음악 프로그램이 곤경에 처했다. 특히나 10대 위주의 음악 프로그램은 이제 케이블과의 도전에서 기선을 제압당한 듯하다. 반면에 30대 이상을 타깃으로 한 음악 프로그램은 선전하고 있다. 어떤 점이 이 차이를 만들었을까? 시청자의 라이프스타일과 사이클을 분석하고 이에 부응하지 않으면 더 많은 이탈이 가속화될 듯하다. 인터넷이 모든 것을 대체하고, 방송사도 인터넷 회사에 합병될지도 모른다. PD들이 미디어 환경을 거시적인 안목으로 살펴볼 필요가 여기에 있다.

누구나 소중하다

관계 맺기

프로그램을 제작하는 동안 스태프들과 출연자들과 PD는 깊이 관련된다. 하루에 두 끼 이상 식사를 같이하기도 하고, 궂은일과 좋은 일을 함께 나누는 일종의 '식구'다. PD는 스태프들과 출연자들과 일하는 데서 많은 선택과 배열이라는 작업을 하게 된다. 우선, 어떤 스태프와 출연자와 일하는 것이 매우 중요하다. 물론 방송사와 같은 큰 조직에서는 자신이 선호하는 스태프들 하고만 일할 수도 없고, 출연자 역시 마찬가지다. 하지만 훌륭한 스태프와 일할 수 있도록 노력을 기울여야 한다. 즉, 인원 배정을 담당하는 사람을 만나 충분히 어떤 능력을 가진 스태프가 필요하다고 설명하고, 담당 스태프과도 사전 조율을 한다. 그리고 관계가 맺어진다면, 그 스태프와의 관계 발전을 위해 최선의 노력을 다해야 한다. 노력 없이 좋아지는 것은 아무것도 없기 때문이다.

때로는 스태프들이 속을 썩이거나, 어떤 부분에서 능력이 부족해서 마음이 상할 수 있다. 하지만 부정적인 측면이 아니라, 긍정적인 측면을 보도록 노력해야 한다. 인간관계란 상대적이기 때문에 내가 그들에게 해 준 만큼만 받을 수 있다는 것을 명심하자. 우리도 마찬가지 아닌가? 출연자와의 관계 또한 같다. 섭외한 출연자에 대해서는 항상 좋게 보아야 한다. 진행자의 경우, 주변에서 좋다 나쁘다 의견이 많다. 하지만 진행자는 무조건 지켜야 한다. 진행자가 바뀌면, 프로그램이 흔들린다. 개편 때가 되어서 변경할지 계속 갈지 결정해야 한다. 한번 출연한 출연자는 PD와 새로운 관계를 맺기 때문에 그저 한 명의 출연자로 끝나지 않는다. 좋은 관계를 맺으면 다음에 출연할 수도 있을 뿐만 아니라, 다른 출연자에게도 좋은 평을 전할 수 있다. 한 명의 출연자, 한 명의 스태프 모두 다 소중한 식구라 생

〈낭독의 발견〉 책 출간 파티 ‖ PD에게 가장 감사한 덕은 뭐니뭐니해도 인덕이다.

각하고 잘 챙겨야 한다. 인사하기, 전화 연락하기, 식사하기, 가벼운 선물하기 등은 스태프와 출연자와 PD를 가깝게 묶어 주는 윤활유 역할을 한다. 하지만 이런 것보다 더 본질적인 것은 스태프와 출연자에게 자신의 역할을 인정해 주고 재량권을 주는 것이다.

우리는 누구나 다, 자신이 하는 일에 자부심을 갖고 싶고, 인정을 받고 싶다. 스태프와 출연자 역시 우리와 같은 사람이다. PD가 자부심을 갖게 하고, 지지해 준다면 스태프들과 출연자는 프로그램이 자신의 것이라 생각하고 열심히 뛸 것이다. 하지만 스태프와 출연자를 언제나 '자를 수' 있고, 더 나은 대안이 있다는 식의 암시를 주고, 이것을 통제의 수단으로 사용한다면, 이것은 PD의 프로그램으로 전락한다. PD 혼자 잘 할 수 없는 것이 방송이라는 결과물이다.

PD는 어쩌면 팽이 혹은 접시를 돌리는 사람일지도 모른다. 여러 개의 팽이와 접시를 돌리면서 잘 돌 수 있도록 팽이채를 치거나, 막대를 흔들어 주어야 한다. 팽이채나 접시 막대에 해당하는 것이 PD의 관여다. 마케팅 분야의 뛰어난 저자인 잭 트라우트와 알 리스는 『포지셔닝』이라는 책에서 자기가 탈 말을 찾으라며 첫 번째 말은 회사요, 두 번째 말은 상사요, 세 번째 말은 친구, 네 번째 말은 아이디어, 다섯 번째 말은 신념, 그리고 여섯 번째 말은 자기 자신이라고 말한다. 자기 자신을 포함하여 주변과 어떤 관계를 맺느냐는 다른 직종보다 PD라는 직종에 더 중요한 일이다.

다음은 아란이가 조사한 〈역사스페셜〉의 엔딩 크레디트이다. 얼마나 많은 스태프가 같이 일하고 있는지 한번 살펴보자.

● **There's something about Ending Credit!** 정아란

PD는 많은 사람들을 만난다. 각양각색의 사람들을 만난다는 점은 PD로서 행복한 점이기도 하고, 어려운 점이기도 하다. 그리고 PD가 함께 가야 하는 사람들도 숱하게 많다. 내가 하나 추천하고 싶은 점은 엔딩 크레디트를 한번 복기해 보는 것이다. 자신이 좋아하고 사랑하는 프로그램 하나를 골라 엔딩 크레디트를 하

〈낭독의 발견〉에 출연한 홍세화씨와 함께

나도 빠지지 않고 적어 보라. 지난 7월 나는 녹화도 없고 심심했던 어느 날 아침, 지난주에 방영된 〈역사스페셜: 인조반정 편〉의 엔딩 크레디트를 일일이 적어 보았다. 이를 적어 보면, 얼마나 많은 분들이 도움을 주는지, 하나라도 사소한 부분이 없다는 것을 절실히 느끼게 된다.

그 날, 조선의 역사가 바뀌었다 - 인조반정 (2006년 7월 14일자 방송)

엔딩 크레디트

프로듀서 우종택	NLE 종합 편집 박종인
더빙감독 허동훈	촬영 감독 조원길
오디오 이한승	야외 조명 김희용
지미집 유덕재	크레인 최승원
기술 감독 전창수	조명 감독 이위찬
음향 감독 도기태	음향 정강선
영상 김병우	VR 감독 김주창
VR 운용 송기중	VR 디자인 이철호
특수영상감독 정동욱	타이틀 디자인 오명석 오영민
그래픽 네오큐브	컴퓨터그래픽 윤상은
타이틀 제호 이일구	타이틀 부재 김성태
세트 디자인 고동욱	소품 이병은 윤영수
세트촬영 손병철 이승기	특수촬영 지한규 이승현
음악 김명수	효과감독 장기권
효과 이경선 이주인 노동걸	내레이션 권영오
촬영협조 부안영상테마파크 문화재청 창덕궁관리소 문화재청 덕수궁관리소	
남한산성관리사무소 규장각 한국학연구원 서울대 중앙도서관 고문서자료실	
종로구청 은평구청 송파구청 광주시청	
자료협조 화이트리시네마(청풍명월)	중국현지코디 강춘억
중국어번역 곽소라	보조출연 한강예술
의상협조 지이크 몸생이	스타일리스트 윤혜미
분장 박은숙 한국 분장	행정 김지연
자료조사 심연주 황정은	조연출 윤종건 이상훈
글·구성 정종숙	연출 양승동

맛보다 향이 더 기억되는 커피처럼 많은 PD들도 향기를 남기고 싶어 한다.

01 당신이 프로그램을 만들게 되었다. 당신을 도울 수 있는 자문 그룹을 만들어보라.

02 카메라맨이 PD의 콜에 제대로 움직이지 않는다. 카메라맨은 당신보다 나이 많은 선배다. 어떻게 이 상황을 개선시킬 것인가?

03 진행자를 캐스팅하는 데 있어서 살펴보아야 할 요소는 무엇이 있을까?

04 뛰어난 조명 감독과 일하고자 한다. 하지만 프로그램 PD들이 줄을 서 있다. 어떻게 하면 그 감독과 일할 수 있을까?

05 영상 감각이 탁월한 촬영 감독과 일하게 되었다. 하지만 이 감독은 자신의 세계가 있는 반면에, PD의 말을 잘 듣지 않고 자신의 고집대로 찍는다. 어떻게 일해야 하나?

06 추석 연휴에 당신은 해외 출장 중이다. 함께 일하는 스태프는 모두 휴가를 보냈다. 스태프들은 전화를 꺼 놓아서 연락이 일절 두절되었다. 한국에 두고 온 당신 노트북에 있는 정보를 어떻게 확인할 수 있을까?

07 당신에 대해 비판적인 선배가 있다. 어떻게 새로운 관계를 맺을 수 있을까?

08 당신이 맺은 가장 인상적인 관계는 무엇인가?

{ 또 하나의 가족, 스태프 } 日記 ① 이미영

　방송은 다른 사람들과 '함께 만들어가는 것'이다. 함께 일해야 하는 스태프만 해도, 촬영 감독, 작가, 편집 감독, 음향 감독, 성우 등 무수히 많고, 거기에 방송에 출연하는 사람까지 합치면 그 수는 엄청나다. 그만큼 제작 과정에서 가장 중요한 것이 인간관계이고, 그래서 더욱 힘든 것도 인간관계라 할 수 있다. 실제로 내가 만난 거의 모든 분들이 인간관계의 중요성과 버거움을 토로하셨다.

방송은 수많은 스태프들이 함께 만드는 것이고, 스태프마다 하는 일도, 갖고 있는 능력도 서로 다르기 때문에 각자의 능력이 최대한 발휘될 수 있는 환경이 중요하다. 실제로 한 작가분이 말씀하시길, 작가와 PD가 서로 적절한 긴장을 유지하며 각자가 할 수 있는 최대한의 역량을 발휘하는 것이 중요한데(한 PD님은 작가와 PD의 관계를 연애 관계에 비유하기도 하셨다.) 실제 현장을 촬영하는 PD는 아무래도 현장에 치중하게 되고, 작가는 내부에서 객관을 찾아 주는 역할을 함으로써 더 좋은 프로그램을 만들 수 있다고 하셨다.

물론 인간관계가 쉬운 일은 아니다. 특히 팀의 한 구성원이면서, 회사의 사원이면서, 동시에 프로그램을 최종적으로 '책임'져야 하는 PD의 위치란 만만한 것이 아니다. 한 PD님은 분명히 스태프가 잘못한 것인데도, 나중에 계속 일을 같이 해야 하는 사람이니까, 혹은 나보다 선배이니까 화를 참아

〈단박 인터뷰〉를 위해 〈낭독의 발견〉을 떠나는 녹화날

야 하는 것이 억울한 적도 있었다고 말씀하셨다. 또한 촬영을 하면서 카메라 감독과 PD의 의견이 충돌할 수도 있고, 구성안을 만드는 과정에서 작가와 PD의 의견이 서로 다를 수도 있다. 그럴 때 얼마큼 스태프의 의견을 존중하고, 얼마큼 자기 자신의 의견을 굽히지 않을 것인지를 결정하는 것은 아마 평생 PD가 숙명처럼 고민해야 할 짐이자 중요한 능력일 것이다.

또 좋은 관계를 위해서 챙겨야 할 일도 많다. 인턴을 하던 마지막 날, 사실은 PD님과 저녁 때 맥주를 같이 하기로 약속이 돼 있었다. 그러나 그 약속은 애석하게도 깨지고 말았는데, 함께 일하는 조명 감독님이 새로 회사를 차려서 PD님은 그곳에 가셔야 했기 때문이었다. 결혼식, 장례식, 개업식 등등 좋은 관계를 유지하기 위해 신경 써야 할 일도, 참석해야 할 일도 많다.

하지만 좋은 방송을 위해 같이 고생하는 만큼 서로에 대한 애정이나 애틋함도 큰 것처럼 보였다. 특히 한 작가님은 이를 "방송국 사람들과 정말 가족이 되어가는 것 같다."고 표현하셨다. 방송 일을 하다 보면 가족이나 친구들을 잘 못 챙기게 되어서 힘들 때가 많지만, 가끔 명절 때 방송국 사람들과 같이 출근하고, 같이 떡국을 끓여 먹기도 하다 보면 스태프들이 진짜 가족 같다는 느낌이 들어서 그런 것으로 위안을 받는다고 말씀하시기도 하셨다.

{ 아낌없는 인사를 당신에게 } 日記 ② 정아란

인사는 관계의 첫 통로라는 것은 누구든지 안다. PD도 인사를 잘 해야 한다. 창경궁에 촬영을 갔을 때다. 춘당지를 지나는데, 사방은 조용하고 바닥을 환경 미화원 어르신 몇 분이서 청소를 하고 계시고 있을 뿐이었다. 어르신들을 지나쳐 우리의 목적지로 발을 떼려는 찰나, PD님이 우렁차고 반

〈낭독의 발견〉 팬클럽들과 함께 한 출간 축하 파티 ‖ 관계는 출연자와만 맺는 것은 아니다.

가운 목소리로 "아이고, 수고가 많으십니다." 하고 인사를 건네셨다. 그분들도 아주 반갑게 답해주시자, 덩달아 나까지 기분이 좋아졌다. 계속 길을 걷는데, PD님이 사람이 나이가 들면 위축이 되기 쉽다며, 알지 못하는 분들이지만 언제나 먼저 반갑게 인사하는 것이 좋다, 인사를 하는 이유에는 여럿이 있겠지만, 돈 들이지 않고 상대를 기분 좋게 하는 것이 얼마나 좋냐 하고 말씀하셨다.

촬영을 하느라고 여기저기를 다니다보면 정말 셀 수 없이 수많은 사람들을 만난다. 꼭 물질적인 도움을 바라서가 아니더라도, 진정한 반가움이 담긴 인사는 처음 만난 서로의 긴장을 녹여 즐거운 촬영을 이끌어 내는 데도 큰 도움이 되리라 생각한다. PD님 말씀에 고무된 나는 영춘헌에 닿자마자 궁궐을 청소하시는 아주머니들께 인사를 드렸더니, 신나는 목소리로 답해 주셨다. 서울대 병원서 사도세자 신위의 흔적을 찾느라고 여기저기 물어볼 때도 이러한 조그만 인사가 도움이 되었다. KBS 건물 안에서도 얼마나 많은 사람들이 오고가며 인사를 주고받는가. 나도 얼른 이곳에 들어가서 많은 사람들과 인사를 주고받을 수 있었으면 좋겠다는 생각을 했다.

{ 나이 어린 여자 신입 PD가 겪는 관계 맺기의 어려움은 무엇일까요? 또 그것에 어떻게 대처해야 할까요?

> **質問** ① 이미영

홍경수 PD 答辯 ‖ 잘하는 방법은 모르겠으나, 피해야 할 것은 '공주과'로 자리 매김하는 것이다. PD와 공주는 어울리지 않는 조합이고, 아무도 공주 같은 PD를 좋아하지 않는 것 같다. 프로그램 제작에 있어서 빈틈없이 준비하는 것과 더불어 친밀한 관계를 유지하는 것, 그리고 부당한 것에 대해서는 아니라고 이야기하는 용기도 필요하다. 자신이 행동한 만큼 대접받는 것이 인간관계의 속성이다.

{ 한국방송 같은 경우는 지역국 근무를 의무로 하고 있습니다. 무연고 지역에 내려가면 물도 땅도 낯선 지역에서 신입 PD가 취재하고 섭외하는 일이 녹록치 않을 것 같습니다. 지역국 생활을 즐기려면 어떻게 해야 할까요?

> **質問** ② 정아란

홍경수 PD 答辯 ‖ 나도 지역국 근무를 안 해 보아서 뭐라 대답하기가 어렵다. 만약에 지역국 근무를 하게 된다면, 우선 그곳에 근무하는 직원들과 친하게 지내는 것이 좋을 듯하다. 그러기 위해서는 시간을 많이 보내는 것이 답이라고 생각한다. 주말이라고 서울로 올라올 것이 아니라, 지역과 밀착하게 보내는 것, 그리고 주변 지역을 여행하며 지리를 파악하는 것도 중요할 듯하다. 물론 쉽지 않을 것이 확실하다.

01   **로버트 치알디니, 이현우 역, 「설득의 심리학」, 21세기북스, 2002년** 제작은 큰 의미의 설득의 과정이다. PD는 사람을 움직이는 사람이다. 사람을 이해하는 것이 연출의 기초 아닐까? by 홍경수 PD

02   **짐 발란드, 처크 톰킨스, 케네스 블랜차드, 타드 라시나크, 조천제 역, 「칭찬은 고래도 춤추게 한다」, 21세기북스, 2003년** 누구나 인간관계에서 긍정적 관심과 칭찬 그리고 격려가 중요하다고 생각한다. 그러나 실제로 다른 사람에 대해 긍정적 관심을 가지고 지속적으로 칭찬과 격려를 하는 사람은 드물다. 사람들과의 관계에서 칭찬만한 게 또 있을까? by 김태년

03   **이남기, 「TV를 만드는 사람들」, 커뮤니케이션북스, 2006년** TV를 제작하는 다양한 사람들의 인터뷰가 담겨 있다. PD 말고 얼마나 많은 사람들이 공동으로 프로그램을 만드는지 놀라게 될 것이다. by 이미영

04   **말로 모건, 류시화 역, 「무탄트 메시지」, 정신세계사, 2003년** 친구로부터 강력한 추천을 받아 요즘 읽고 있다. 한 여의사가 호주의 원주민과 함께 사막을 여행하며 쓴 책이다. 그냥 그저 그런, 서점에 넘쳐나는 자기계발서와는 달리 삶에 여유를 가져다주는 책이다. 한 페이지를 넘길 때마다 나 자신을 바라보고, 상대를 대하는 태도가 점점 달라지는 걸 조금씩 느낀다. by 정아란

제시된 과제에 대해 글을 쓰고 이를 비평함

課題 ① 김태년

당신이 가장 좋아하는 프로그램은 무엇인가? 그리고 이 프로그램에 대항하는
(같은 시간에 다른 채널에서 방송될) 유사 프로그램을 기획해 보라.에 대한 기획안 쓰기

아빠 없는 아이들

기획 의도

이 프로그램은 시사 고발 프로그램의 경쟁 프로그램으로 기획되었다. 우리나라가 아시아에서 아이들이 아버지와 보내는 시간이 가장 적다는 조사 결과가 최근 발표됐다. 하루 2.8시간, 태국의 5.8시간의 반에도 못 미치는 수치다. 이 조사 결과를 보고 어떤 아빠들은 "하루 2.8시간이나 아이들과 보낸다고?"라고 반문하기도 했다. 아이들이 아버지와 보내는 시간이 줄어드는 이유를 알아보고, 아버지와 보내는 시간이 줄어들면 아이들에게 어떤 영향이 나타날 수 있는지에 대해서도 알아본다.

구성

1. 오프닝. 최근에 난 조사 결과를 비주얼로 보여 줌. 해당 조사를 한 기관의 발표 자료와 그래픽을 이용해서 아시아 다른 국가들의 현황을 비교 분석.

2. 아버지들과의 인터뷰. "얼마나 많은 시간을 아이와 함께 보내세요?"

3. 자체 설문조사 결과를 그래픽으로 발표. 실제로 얼마나 많은 시간을 아이들과 보내는지, 왜 아이들과 보내는 시간이 적은지(혹은 많은지), 맞벌이인지, 아이 엄마는 있는지 등 보다 심층적인 내용에 초점을 맞춤. 아이들과 보내는 시간이 적은 이유로 1위는 아이들의 양육비 및 교육비가 천정부지로 늘어나서 그만큼 더 일을 해야 한다는 것. (예상)

4. 이번에는 '이유'에 초점을 맞추어 아버지들과 인터뷰한 내용을 보여 준다.

5. 한 가정에서 아침에 아이들과 함께 오붓한 시간을 보내고 있는 아버지의 모습. 그러나 곧 출근을 하고 열심히 일하는 모습. 밤늦게 퇴근하는 모습을 연이어 보여 준다. 그러면서 어머니 인터뷰. "애 키우는 데 돈이 얼마나 드세요?" 인터뷰 후 그래픽으로 정리해서 보여 준다. 이번에는 막 퇴근한 아버지 인터뷰. "전체 수입 중에 양육비가 차지하는 비중이 얼마나 되요?" 앞에 그래픽에 덧붙여서 아버지의 인터뷰 내용을 첨가한다. 그러면서 내레이터의 정리. "아이의 양육비가 상승하면서 돈을 더 많이 벌어야 된다는 강박관념 때문에

아버지들은 더 늦게까지 일을 하게 되고 아이들과 보내는 시간은 더 줄어들고, 그 간격은 다시 돈으로 메워지고……" 라는 악순환에 대한 얘기를 한다.

6. 이번에는 아빠와 많은 시간을 보내지 못한 아이들의 행동을 살펴보자는 내레이션이 흐르고, 아이들이 버릇없이 뛰어노는 모습을 영상으로 보여 준다.

7. 이어지는 아동심리학자와의 인터뷰. 아버지 없이 자란 아이들이 보이는 행동들에 대한 얘기. 예전에는 아버지가 버릇없는 아이들을 따끔하게 야단쳤지만 지금은 아이들과 보내는 시간이 적다 보니 너그러워졌다는 얘기 등

8. 클로징. 아시아에서 아버지가 아이들과 보내는 시간이 가장 많다는 태국의 한 가정 풍경을 보여 주며 내레이션으로 마무리.

Comment by 조정훈 PD ‖ 맞대응 편성이라는 '약'을 쓸 경우는, 일반적인 제품 마케팅 전략과 비슷하다. 그 시간대에 시청자들의 마음을 모조리 빼앗아 시장을 지배하고 있는 상품이 존재할 경우다. 압도적인 다수의 소비자들의 선택을 받은 큰 시장이 형성되었을 때 다른 물건을 파느니 차라리 그 큰 시장에 들어가는 것이 이익이라고 판단될 때다. 비슷한 걸 팔 것이냐, 다른 독특한 물건을 팔아서 소수의 남은 소비자의 선택을 받느냐, 게임이론 같은 논리가 적용되는 것이다. 만일 그런 특별한 전쟁터가 아니라면, 굳이 대응할 필요가 있을까? 맞대응할 때는 그 시간대의 소비자가 어떤 형태로 포진해 있는지 상대 프로그램은 누구의 선택을 받고 있는지, 따라서 나는 어떤 시청자들을 대상으로 어떤 상차림을 제공할 것인지를 염두에 두는 것이 우선이다. 비슷한 시청자를 공유할(빼앗아 올)지, 다른 시청자들을 타깃으로 할지 먼저 판단하고 그 내용이 기획에 반영되어야 한다.

Comment by 홍경수 PD ‖ 시사 프로의 딱딱함과는 구별되는 부드러운 접근이 눈에 띈다. 다만 1회성으로 그치는 점은 지적하지 않을 수 없구나. 고정 포맷을 고민해 보아라.

{ 당신이 가장 좋아하는 프로그램은 무엇인가? 그리고 이 프로그램에 대항하는
(같은 시간에 다른 채널에서 방송될) 유사 프로그램을 기획해 보라.에 대한 기획안 쓰기 } 課題 ② 이미영

색깔 있는 물음표

기획 의도

이 프로그램은 〈지식채널 e〉에 대항하는 프로그램이다. 〈지식채널 e〉의 인기 요인은 함축적이고 기발한 내용 구성, 감각적인 영상과 음악, 강렬한 메시지라고 할 수 있을 것이다. 이 프로그램은 〈지식채널 e〉의 그러

한 인기 요인은 그대로 유지하되, 사람들로 하여금 프로그램을 본 뒤 더욱 강렬하게 기존의 생각에 '의문을 제기하도록 하는 것'을 목표로 삼는다. 매 회 구성이 바뀌는 〈지식채널 e〉와 달리, 비교적 균일한 포맷을 유지한다.

구성 및 내용 (두 가지 형식을 생각해 봤음)

시사 반전 극장 : 모두가 한 목소리를 낼 때, 다른 목소리를 내서 시청자로 하여금 다른 생각을 할 수 있는 계기를 제공한다. 예를 들어, 최근에 저출산이 위기라는 담론이 넘쳐나고 있는데, 이 프로그램은 그러한 한 목소리에 물음표를 던진다. 저출산 위기를 보도하는 뉴스가 처음에 나오고, 화면이 디졸브되어 카메라는 미래를 담는다. 저출산 위기라는 시대는 오히려 외국인, 여성, 노인들이 차별받지 않고 일하는 행복한 사회다. 프로그램은 지금처럼 저출산은 무조건 위기고, 그에 대응하는 방법은 아이를 더 낳는 것밖에 없다는 주장에 물음표를 제기하며 끝난다. // 혹은 장애 아이를 20년 동안 업어 키우며 공부를 시켜 대학에 보냈다는 어머니가 감동 사례로 소개되며 정부에서 표창까지 받는 내용의 기사가 소개된다. 뉴스가 나오고 화면이 디졸브 된 뒤 카메라는 20년 전으로 돌아간다. 20년 동안 그 누구에게도, 국가로부터도 도움을 받지 못했다. 과연 이것이 감동스토리인가, 아니면 모두가 부끄러워할 슬픈 이야기가 아닌가? 라는 물음표를 던지며 프로그램이 끝난다.

동화 뒤집어 읽기 : 익숙한 동화가 먼저 축약되어 방송된다. 이를테면 콩쥐팥쥐 이야기가 짧게 소개된다. 그 뒤 화면이 디졸브되고 물음표가 뜨고 난 뒤 새롭게 해석된 이야기를 소개한다. 이를테면 콩쥐는 부모에게 도움 받지 않고 스스로 자립한 소녀, 팥쥐는 어머니의 품을 벗어나지 못한 소녀로서 콩쥐팥쥐는 사춘기 소녀의 성장 일기라는 식의 해석. (책 『선녀는 왜 나무꾼을 떠났을까?』 참조)

Comment by 조정훈 PD ‖ 경쟁적인 환경에서 여러 가지 편성 기법이 시도될 수 있고 또 실제로도 그러하다. 그러나 우리 모두 좀 더 창의적인 마음을 갖는 건 어떨까? 〈지식채널 e〉 제작진에게는 뜨거운 격려의 박수를 더 보내고 말이다. 우리만의 오리지널리티^{Originality}가 더 중요하지 않을까?

Comment by 홍경수 PD ‖ 상식을 뒤집는 기획이 참신하다. 〈지식채널 e〉에 대항할만한 좋은 시도다. 다만 〈지식채널 e〉과 비슷해 보이는 점을 어떻게 극복할지 고민해 보자. 혹시 이 프로가 아류로 전락하고 〈지식채널 e〉의 아우라를 강조해 주는 들러리 역할에 그칠 수 있으니 유의해야 한다. 같거나 다르거나 이것을 구분 짓는 경계는 무엇일까? 지금 현존하는 대항 프로그램들을 살펴보자.

당신이 가장 좋아하는 프로그램은 무엇인가? 그리고 이 프로그램에 대항하는
(같은 시간에 다른 채널에서 방송될) 유사 프로그램을 기획해 보라.에 대한 기획안 쓰기

이 테이블 위에서 근대를 다시 이야기하자.

제목 : KBS 역사기행 〈맞불〉

프로그램 장르 : 예능＋교양

편성 : 토요일 7시～8시

기획 의도

1. '근대'가 부활했다. 100년 만에 돌아온 근대를 어떻게 요리할 것인가? : 근대는 맞수가 이끈다. 근대는 좌와 우, 전통과 모던, 여성과 남성이 맹렬하게 맞부딪히던 시대였다. 매력적인 근대의 맞수들을, 그 이야기들을 떠올려 보자.

2. 죽은 자는 말이 없다? : 천부당만부당 말씀! 죽은 자는 말이 없어도 할 말은 많을 터. 정말 교과서에서 배운 대로 정말 흥선대원군은 척화의 화신이었고, 김옥균은 경솔한 개화파였는가? 역사의 당사자들을 긴 잠에서 깨우자. 그리고 그들이 직접 마음껏 변명하고 말다툼할 기회를 주자.

제작 내용 및 출연진

• 재연(20분)＋모던 테이블(25분)＋클로징의 구성

• 모던 테이블 진행자 : 진행자는 MBC 〈100분 토론〉 진행자 손석희 교수처럼 냉철한 사회 실력만으로는 부족하다. 진지했다가도 가끔 엎치락뒤치락 하는 패널들을 위해 이를 완력으로 저지할 정도의 파워가 필요해!

• 모던 테이블 패널들은 재연 드라마에서 나온 인물들 그대로 (내공 있는 재연 배우나 가능성 있는 신인 위주 캐스팅)

• 모던 테이블 스튜디오 : 스튜디오는 최대한 간소. 테이블 양쪽에 위치한 당사자들 위로 핀pin 조명 비춰지도록. 토론 프로그램 느낌이 나도록 바스트 숏bust shot 주로 잡기

Round 1. 홍종우와 김옥균

재연   #1. 서울에서 환영 인파로 둘러싸인 홍종우의 화려한 귀국 & '대역부도옥균'이라고 휘날리는 깃발 아래 처참하게 육시된 김옥균의 시신

#2. Back to 갑신정변: 김옥균의 삼일천하

#3. 갑신정변 실패 후 일본에서 떠도는 옥균 & 서울에서 옥균을 살해키 위한 모임에 가담하는 홍종우

#4. 김옥균과 홍정우의 만남과 대세를 논할 정도로 발전한 우정

#5. 두 사람의 상하이 行 김옥균에게 총구를 겨누는 홍정우, 탕!

모던 테이블   • 진행자를 중심에 둔 채로 2007년 부활한 김옥균과 홍정우 양쪽에 앉아 입씨름

     김옥균: 이 배신자 놈, 왜 나를 쏜 거야? vs. 홍정우: 내가 김옥균, 당신을 쏜 이유는!

   • 중간 중간에 진행자가 준비한 자료 화면이나 인터뷰 등등 다양하게 동원 (관비가 된 김옥균

     의 부인과 일본 신문기자의 인터뷰 등등)

   • 토론 주제 : 1890년대 조선에서 일본의 역할은 어느 정도 용인되어야 하는가? 등등

클로징   • 진행자는 김옥균과 홍정우의 경과 알려 주고 시청자에게 질문 하나씩 던지기

     가령 김옥균은 경솔하게 삼일천하를 저질렀다? 홍종우는 수구파였기에 김옥균을 살해한

     것일까요?

다음 편에서 예상하고 있는 근대의 맞수들

1. 나혜석 & 김우영 & 최린

2. 명성황후 & 고종 & 흥선대원군

     Comment by 홍경수 PD ‖ 무슨 프로그램을 만들려고 하는지 그림이 그려진다. 그림이 그려진다는 것은 그만큼 명확한 기획안이라는 것이다. 스튜디오에서 재연을 통해 역사를 되살려 본다는 아이디어도 훌륭하고 지금껏 별로 시도되지 않은 것이어서 좋다. 다만, 모던 테이블이라는 이름이 프로그램을 설명하기에 부족하다. 그리고 굳이 영어로 제목을 쓸 이유가 있을까? 근대사의 재발견쯤 되는 내용인데…….

방송도 치열한 경쟁의 시대를 맞고 있다. 편성에서의 경쟁은 필연적이다. 새로운 아이디어가 생기고, 이 아이디어를 발전시켜 대응 프로그램으로 만드는 것은 PD로서는 자존심 상하는 일일 수도 있다. 하지만 좋은 현상에 대한 동참으로 시장의 규모를 키우는 것 역시 시청자 입장에서 나쁜 일만은 아니다. 얼마 전 〈차마고도〉 다큐를 둘러싸고 KBS와 SBS가 논쟁을 벌였다. 결국 같은 날 방송된 두 프로그램 모두 높은 시청률을 얻었다. 소비자 고발 프로그램 역시 MBC의 〈불만제로〉에 이어 KBS가 〈이영돈 PD의 소비자고발〉이라는 프로그램을 만들었다. 유사 논쟁도 있지만, 결국 소비자의 권리가 새로운 측면에서 보장되는 효과를 가져온 것이다. 점포의 집중화 효과라는 것이 있다. 유사 점포가 몰려들면 소비자가 줄어들기는커녕 오히려 파이가 늘어나는 것이다. 전략적 편성, 방송사의 생존을 위한 몸부림일 뿐만 아니라, 방송의 이슈 메이킹issue making 효과를 고조시킨다.

✳ 부록

附錄

본문의 끝 부분에 덧붙이고 싶은 기록을 모음

열혈 PD 지망생 '김태년'의 자기소개서

김태년

자기소개서를 내라는 공고를 보고 많이 망설였던 기억이 납니다. 방송국에 내는 자기소개서 같이 형식이 있는 것도 아니고 '자유롭게' 해서 내라고 했습니다. 곰곰이 생각해 보았습니다. PD의 자질을 가장 잘 드러낼 수 있는 방법은 어떤 것이 있을까. 저는 그게 '영상'을 보는 것 같은, 드라마틱한, 기승전결이 있는, 자기소개서라고 생각했습니다. 그래서 그것을 가장 손쉽게 할 수 있는 '파워포인트'라는 도구를 이용해서 담아내 보았습니다. 많이 조잡하긴 했지만, 이렇게 뽑혀서 책까지 낸 것을 보면 헛된 노력은 아니었나 봅니다. 지면 관계상 뼈대만 남기고 다른 부분은 생략했습니다. 또한 애니메이션 부분을 수정하다보니 본의 아니게 수정해야 하는 부분이 있었습니다. 양해를 구합니다.

내용 : PD란, 투명한 눈과 공정한 귀를 통해 세상을 관찰하고, 투명한 창으로 사람들에게 뜨거운 입김을 불어넣는, 그런 사람이라고 생각합니다. PD가 된다고 했을 때, 사람들은 네가 왜 PD를 하냐며, 많이 의아해 했습니다. "너는 과학고에 KAIST를 나왔으면서 왜 힘들게 PD를 하려고 하니?" 그러면 저는 이렇게 대답했습니다. "맞습니다. 제가 가려는 PD의 길이 일반적인 길은 아닙니다. '그럼에도 불구하고' PD의 길을

택했다는 것은 그만한 의지가 있다는 것입니다. 안정된 길을 버리고 '꿈'을 택했습니다. 제 가슴 속 열정이 느껴지지 않습니까?" 그러나 단지 '오기'만으로 PD가 되겠다는 것은 아닙니다. 돌이켜 생각해 보면, 제가 살아온 27년은 PD가 되기위한 '워밍업'이 아니었나 하는 생각이 듭니다. 학교와 학과는 부모님의 뜻을 따랐지만, 제 안에 흐르는 피는 속일 수 없었습니다. PD가 바로 저의 '천직'이었던 것입니다. 저는 지금 꿈을 갖고 태양을 향해 한걸음 한걸음 다가가고 있는 중입니다. 태양이 눈이 부셔 잘 보이지는 않지만, 다가갈수록 저의 가슴은 점점 벅차 오릅니다. 곧 손에 잡힐 만큼 가까워지겠죠.

{ 인턴십 특강에 참여하기 위해 지원한 자기소개서 ②

"가슴이 뛰는 일을 하고 싶어요."

– 미래 PD의 발견

이미영

"이분이 노인 여성 기사 쓰신 기자분이세요."

여성주의 웹진에서 기자 생활을 한 적 있습니다. 평소 글 쓰는 것을 좋아했던 저는 몇 주간의 기자 교육을 받고 〈'할머니'안에 갇힌 노인 여성〉이라는 제목의 기사로 첫 기자 데뷔를 했습니다. 인구 고령화가 한참 이슈화되었을 때였는데 한 달간 신문 기사를 분석하여 노인 중에서도 특히 노인 여성이 어떻게 기사에서 주변화되는지에 대해 기사를 작성했고, 독자들은 평소에 미처 생각지 못했던 것을 예리하게 짚어 낸 글이라며 반가워했습니다. 그래서 그 이후로 편집장님은 저를 다른 사람에게 소개할 때 마다 "노인 여성 기사 쓰신 기자분이세요."라고 소개하셨고, 신기하게도 그럴 때면 사람들은 예외 없이 "아, 그 기사요? 기사 정말 잘 읽었어요." 라며 악수를 청해 왔습니다.

어릴 때부터 글을 '명쾌하고 쉽게' 잘 쓴다는 칭찬을 자주 들어 왔고, 대학교에서도 언론 비평 동아리, 학회 활동 등을 하며 세미나를 하고, 글 쓰는 것을 즐겨 왔지만, 본격적으로 내가 쓴 글에 대해서 정말 큰 보람을 느꼈던 순간은 그때였습니다. 내가 쓴 글에 대해, 그리고 내가 글을 통해 보여 준 나의 생각과 시각에 '불특정 다수'의 독자들이 반응을 보내온다는 것은 그 어떤 경험에도 비견될 수 없는 매력적인 경험이었습니다. 내 글 덕분에 세상을 다른 시각으로 바라보게 되었다거나, 좀 더 고민해 보게 되었다는 반응은 가장 듣기 좋은 칭찬이었습니다.

하지만 글을 쓰면서 느꼈던 보람은 결국 TV 다큐멘터리를 만들어 보고 싶다는 꿈으로 바뀌어 갔습니다. 웹진보다 좀 더 심층적으로 사안을 다루고 싶었고, 보다 더 많은 사람과 소통하고 싶었습니다. 또한 진실이 감추어지기 쉬운 세상에서 '사실' 그 자체가 갖는 힘을 생각할 때, '영상'을 보여 줄 수 있는 다큐멘터리의 힘은 그 어떤 것보다도 매력적으로 다가왔습니다. 그것이 제가 다큐멘터리를 만드는 PD를 꿈꾸게 된 이유입니다.

"Intelligent, tireless worker, always asked intelligent questions, dedicated......"

인턴을 했던 회사에서 써 준 추천서에서 저를 묘사하고 있는 낱말들입니다. 미국 아이오와에서 교환 학생을 마치고, 뉴욕에 위치한 다큐멘터리 제작 회사에서 3달간 인턴을 했습니다. 하고 싶다는 생각에 무작정 공고를 보고 용감하게 이력서를 내긴 했지만, 아는 사람 한 명 없는 뉴욕에서 혼자 살면서, 모국어가 아닌 언어로 일을 한다는 것은 생각보다도 훨씬 어려운 일이었습니다. 하지만 저는 그곳에서 제작을 향한 무한한 열정을 가진 동료들을 만났고, 자립심과 자신감을 키우게 되었습니다. 제가 힘들게 찾아낸 이미지 자료가 나중에 완성된 다큐멘터리에서 나오는 것을 보았을 때의 희열을 잊지 못합니다. 일을 진심으로 즐기고 열심히 했던 만큼 인턴을 마치던 날 인턴들을 교육하던 담당자가 저를 부르더니 추천서를 건네주었습니다. 제가 부탁하지도 않았는데 저의 일하는 모습에 감동을 받았다며, 한국에 돌아가서 쓰라며 추천서를 써 준 것입니다.

"가슴이 뛰는 일을 하고 싶어요."

〈낭독의 발견〉에 출연하셨던 한비야 씨의 모습을 잊을 수가 없습니다. 그날 한비야 씨의 얼굴은, 목소리는, 몸짓은, 그 모든 것은 자신의 일을 정말 사랑하는 이만이 내뿜을 수 있는 에너지를 가득 내뿜고 있었습니다. 그리고 한비야 씨는 말씀하셨습니다. 가슴이 뛰는 일이 하고 싶다고. 아무리 힘들고, 좀 더 쉽게 살 수 있는 길이 보여도 가슴이 뛰는 일이 하고 싶다고. 그리고 가슴이 뛰기 때문에 열심히 할 수 있는 거라고.

저도 가슴이 뛰는 일을 하고 싶습니다. 알려지지 않은 현실을 담아내고, 익숙하던 것을 다른 시각에서 조명하는 다큐멘터리를 제작할 상상을 하면 가슴이 뜁니다. 그리고 그 프로그램을 보며 이런저런 생각을 하고 나에게 말을 걸어올 시청자들을 생각을 하면 가슴이 뜁니다. 한 편의 프로그램을 위해 나와 함께 노력할 동료들을 생각해도 가슴이 뜁니다. 가슴이 뛰는 일을 하고 싶습니다. 열심히 하겠습니다.

인턴십 특강에 참여하기 위해 지원한 자기소개서 ③

달콤, 살벌한 방송
– 홍경수 PD의 여의도 습격 사건 공모자를 소개합니다.

정아란

이것은 여러분에게만 들려드리는 비밀 이야기입니다. 20년도 더 전의 일이라, 기억하는 일이 쉽지는 않습니다만 우선 생각나는 대로 들려드리겠습니다.

"그 난초를 본 것은 따뜻한 바닷가 골짜기에서였습니다. 못 보던 난초 한 송이가 뿌리를 내려 있었습니다. '꽃같이 피어 매혹케 하라'는 뜻이었는지, 사람들은 난초 한 송이에게 '아란(婀蘭) – 아름다운 난초 한 송이'라는 이름을 붙여 주었습니다. 거 이병기 선생님의 시조도 있고, 우리가 '난초' 하면 얼마나 정(精)하고, 안존한 이미지를 떠올립니까. 아, 그런데, 오며 가는 거대한 배들을 보고 마음이 동한 이 난초는 퍽퍽한 모래 틈에 뿌리를 내리고 있는 제 자신이 갑갑해 죽을 지경이었나 봅니다. 결국 난초는 어느 날 용감히 뭍으로 떠났는데, 처음 맛 본 부산 바닷물 맛은 보통 짠 것이 아니더랍니다. 그래도 만남과 이별이 반복되는 항구 도시인만큼, 이것저것 볼거리가 많아 난초의 부산 생활은 희희낙락이었습니다.

머리가 커지면서, 이따금 부산 갈매기들이 전해 주는 외지 소식을 들은 난초는 더 큰 세상으로 나가겠다는 꿈을 키웁니다. 20년 동안 맛본 소금물에 싫증도 났을 터, 20살이 되던 해 난초는 그 피부도 다르다는 '서울물'을 구경하러 서울로 향합니다. 서울물을 먹은 지도 어느새 반 십년입니다. 물론 짧은 기간이었지만, 가끔 외국물 구경도 했답니다."

나름 여기저기 물맛을 본 제가 평생토록 맛보고 싶은 것은 '방송물'입니다. 그 물이 달콤할지, 쓰디쓸지는 잘 모릅니다. 하지만 저는 요즘 그 물을 마음껏 마시고 싶은 갈증에 시달리고 있습니다. 사실 지난해 잠깐, 그 물을 손끝에 찍어 맛보기는 했습니다. 제가 기억하는 그 물 맛은 처음에는 쓰디썼으나 지금 돌이켜 보면 달콤하기 그지없었습니다.

지난 5월, 홍콩에서의 5개월을 마무리하는 마지막 코스는 일본어 회화 시험이었습니다. 녹록치 않았던 시험을 끝내고, 이제 교환 학생 생활도 끝이라는 생각에 한국 뉴스나 체크할 겸 인터넷을 열었습니다. 학교 홈페이지에서 우연히 YTN 조연출 모집 공고를 봤고, 제 가슴은 두근거리기 시작했습니다. 그러고는 돌아오는 비행기 안에서 저는 열심히 지원서를 써 대고 있었습니다.

YTN에서 보낸 첫 달은 뒤죽박죽이었습니다. 학교 방송국에서 제작국원으로 일하기는 했지만, 꽤 오랜 시간이 지났던 탓에 방송의 많은 것이 '생경' 그 자체였습니다. 저희 팀에서는 해외 동포들의 소식을 전하는 〈글로벌 코리안〉을 제작하고 있었습니다. 저의 주 임무는 해외 리포터들이 보내오는 기사를 고치거나 다시 쓰는 일이었습니다만, 편집, VCR 보조 등 다양한 일들도 함께 주어졌습니다(물론 막내였던 만큼, 모든 심부름도 제 차지였습니다.).

녹화 방송이었지만, 하루하루가 긴장의 연속이었습니다. 조그만 실수가 대형 사고로 이어지는 상황 속에서 첫 달에는 스튜디오에 올라갈 때면 스트레스로 목이 뻣뻣해질 정도였습니다. 하지만 한 번 결정한 상황에 대해서는 즐겁게 이끌어가도록 노력하는 낙천주의가 발동한 가운데 선배들의 격려와 꾸지람 속에서 저는 예전보다 단단해질 수 있었습니다. 바쁘신 가운데에서도 후배의 글을 하나라도 더 다듬어 주시느라 애쓰셨던 기자, PD 선배님들의 도움이 컸습니다.

늦봄에서 겨울까지 보도국에서 많은 것을 배웠습니다만, 제가 오랫동안 품어온 꿈은 오랜 시간 속에서도 불퇴색의 항성처럼 빛날 우리의 역사물을 만드는 것입니다. 사실, 역사에 대한 뜨거운 열정이 방송의 길로 저를 이끌었다고 할 수 있습니다. 11살 적 여름, '아, 고구려' 전시회에서 처음으로 조우한 '고구려'와의 날카로운 첫 키스의 추억은 아직도 잊을 수가 없습니다. 그 날 이후 고고학의 세계에 매료된 저는 부모님과 여러 선생님의 도움으로 즐겁게 고고학과 미술 공부를 할 수 있었습니다. 10년도 훨씬 지난 지금도 서양사학 공부와 다양한 역사 지원 활동을 하면서, 언젠가 시인 허수경 씨처럼 모래 도시를 찾아서 떠나는 순간을 꿈꿉니다.

타국을 여행하면서도 가장 먼저 눈이 가는 것은 그 땅에서 살아 숨 쉬는 역사였습니다. 여행을 하면 할수록 그것이 상흔이든 영광이든 기억하려는 땅들과는 달리, 우리 사회는 유독 우리 역사에 인색했다는 생각을 지울 수가 없었습니다. 역사 분쟁 때문에 높아진 역사에 대한 관심도 금방 사그라지는 것 같아 안타까움을 지울 수가 없습니다. 이러한 가운데 저는 이렇게 외면당한 우리 역사를 우리 사회에게 돌려주는 데에 있어 '영상'의 힘을 믿습니다. 저명한 역사학자나 열렬한 시민운동가는 아니지만, 방송인으로서 역사물을 만드는 것이 평생 역사에 대한 사랑을 맹세한 저의 업이라고 생각합니다.

지난 1월 〈낭독의 발견〉이 100회를 맞았다는 뉴스를 뒤늦게 읽었습니다. 〈낭독의 발견〉이 이렇게 오랜 시간동안 호응을 얻고, 뿌리를 내렸다는 사실은 새삼 반가웠습니다. 요즘 TV를 켜면 온갖 재미있는 오락물이 쏟아지지만, 〈낭독의 발견〉은 정말 색다른 즐거움을 주었습니다. 〈낭독의 발견〉에는 이를 끼고 사는 이들의 온갖 진통과 애정이 담뿍 묻어납니다. 이처럼 뛰어난 프로그램을 만들어 내는 연출자는 하나의 장인(匠人)입니다. 저는 이제 그 장인들의 영상에 대한 시선 하나하나를 배우고 싶습니다.

방송국에서 장인들과 일거수일투족을 함께 하게 된다는 상상은 '정말 가슴이 뛰누나!' 그 자체입니다. 일거수일투족이란 말은 약간은 '큰 형님(빅 브라더)'의 뉘앙스를 줍니다만, 이 어린 누이는 형님(?)의 일을 적극적으로 돕고, 제 자신의 그릇을 키우고 싶은 마음으로 가득 차 있습니다.

부족한 것투성이지만, 사람들이 가장 큰 저의 매력으로 꼽는 점은 기동성입니다. 왕성한 호기심 덕에 주위의 변화를 얼른 알아채고 이에 빨리 반응했기에 소재 부족과 시간의 압박에 시달리는 방송사 생활을 나름대로 즐겁게 해낼 수 있었다고 생각합니다.

제 자신이 가장 자랑스레 내세울 수 있는 점은 성실성입니다. 이 모든 것은 '밥심'에서 나옵니다. '밥은 세상에서 가장 맛있는 에너지'라는 광고 문구에 일백프로 동감하는 저는 아침을 거르는 일이 일 년에 다섯 손가락에 꼽을 정도로 밥을 꼬박꼬박, 많이 챙겨 먹습니다. 아침을 두둑이 먹으면서 쌓은 제 체력과 성실성은 저의 가장 큰 자산입니다. 쉽사리 지치지 않기에 성실성과 끈기를 가지고 모든 일에 임할 수 있기 때문입니다. 물론 자유롭게 결정하되, 그 결정에 꼭 책임을 지도록 이끌어 주신 부모님 덕분에 결정을 '즐겁게' 이끌어 가는 법을 터득한 것도 큰 도움이 되었습니다. 이러한 성실성과 쾌활한 낙천주의 때문에 국제 엠네스티 인턴을 비롯해 다양한 일에서 재미있게 오랫동안 임할 수 있었던 것 같습니다.

제가 노래방에서 즐겨 부르는 노래인 '킬리만자로의 표범'에는 이러한 가사가 나옵니다. "내가 지금 이 세상을 살고 있는 것은 21세기가 간절히 나를 원했기 때문이야." 조용필처럼 세기가 낳은 천재는 아니지만. 힘 좋고 세상사에 무한한 애정을 가진 저도 이 시대가 간절히 원하지 않을까요. 지금 제 안은 온 정성과 의식을 다해, 마구 쏟아지는 세상의 온갖 설들을 영상으로 풀어내고 싶은 욕심으로 가득 차 있습니다. 다가오는 가을에는 이번 여름을 통해 더욱 더 영근 제 자신을 볼 수 있었으면 좋겠습니다. 감사합니다.

{ 방송사 전형 후기 ①

SBS 전형 후기 } 김태년

방송사 공채를 통과하기 위한 시험에서 중요한 것은 '상식'이 아니라 '논술'과 '기획안'이라는 이야기를 수없이 많이 들었습니다. 하지만 SBS 공채시험 1교시 상식 시험을 보고 난 이후 머릿속이 멍해지는 느낌을 받았습니다. 옆에서 시험 친 사람들은 평이했다고 이야기를 나누는데, 저는 반 이상을 찍었기 때문입니다. 상식 시험은 최근 신문 기사를 꼼꼼하게 읽었으면 쉽게 풀 수 있도록 나왔습니다. 헤드라인 급 핵심 사안뿐만 아니라, '미술 경매에서 최고가를 경신한 미술 작품' 같은 세세한 지식을 묻는 문제도 나왔습니다. 상식 시험에서 기가 꺾인 저는 논술과 작문 시험에 온전히 정신을 집중할 수만은 없었습니다.

논술 문제는 '최근 인터넷을 통하여 생산된 문화가 방송 제작 과정에도 직·간접적으로 영향을 주고 있다. 이러한 현상의 순기능과 역기능에 대해 논하시오.' 라는 한번쯤은 생각해 봤음직한 내용이 나왔습니다. 방송의 기본에 대해 물어보는 KBS와 톡톡 튀는 아이디어를 내 보라는 MBC와 달리 SBS는 정말 생산적인 문제를 낸다고 생각했습니다. 인터넷에서 생산된 콘텐츠와 담론, 문화 등이 방송에 많은 영향을 미치고 있었는데 그것에 대해 한번 생각해 보자는 것이었습니다. 시험이 끝나고 대부분의 친구들이 평이한 문제가 나왔다고 했습니다. 하지만 저는 처음 본 필기시험에 부담을 느꼈는지 너무 횡설수설 논리를 전개한 것 같아 창피했습니다.

SBS 논술과 작문은 총 80분의 시간을 주는데, 논술을 쓰고 나니 20분의 시간밖에 남지 않았습니다. 작문에 대한 대충의 가이드라인은 잡고 있었지만 20분 만에 풀 자신이 없었습니다. 작문의 주제는 'TV는 인간을 행복하게 할 수 있는가?'였습니다. 어떤 측면에서는 단순하고 한번쯤 생각해 봤음직한 문제지만 곰곰이 생각하니 그렇게 단순하지만은 않았습니다. 작문 문제도 실용적인 SBS 필기시험의 흐름을 알 수 있었습니다. 작문에서 다른 사람들과 차별화에는 성공했다는 느낌이 들지만, 심사위원들이 원하는 답인지에 대해서는 의문이 듭니다. 결정적으로 논술에 시간을 너무 많이 빼앗겨서 절대량이 부족했고 글도 매끈하지 않았습니다. 시간 배분에 대해서 많이 아쉬움이 남았습니다.

30분의 휴식 시간 후에 전공 시험이 있었습니다. PD 지원자들은 기획안 작성을 했습니다. 이번 문제는 '사실적 요소와 허구적 요소를 적절히 결합하여 새로운 프로그램의 기획안을 작성하라'는 것이었습니다. 문제를 딱 보고 '팩션'을 떠올렸습니다. SBS는 트렌드에 민감한 문제를 내는 것 같았습니다. 2006년은 팩션으로 떠들썩했기 때문에 누구라도 한번쯤은 생각해 봤음직한 문제였습니다. 하지만 팩션이 드라마에 치중된 면이 없지 않고, 팩션으로 기획안을 쓰면 '기획'보다는 '이야기'에 강점이 많은 수험생이 높은 점수를 받을 것 같다는 생각은 했습니다. 드라마 PD를 준비했을 수험생에게 유리한 문제였던 만큼 다른 분야 지원 수험생에게는 좀 난감했을 수도 있었습니다. 기획안의 구성에 대해서는 대충 들었던 터라 레이아웃을 쉽게 잡을 수는 있었는데, 세부 사항에서 좀 갈팡질팡했던 것 같습니다. 디테일한 이야기에는 자신이 없었던 탓도 있지만, 전체적으로 준비 부족이 제일 큰 문제였습니다. '기획의 참신성'과 '실현 가능성'에 대해서는 아쉬움이 많이 남는 기획안 시험이었습니다.

처음 보는 방송사 공채 시험. 시간 배분에 실패하고 떠오른 생각을 효과적으로 표현하지도 못했습니다. SBS 필기시험의 관건은 '얼마나 신문을 꼼꼼히 읽는가'와 '문제가 나왔을 때 참신한 아이디어와 풍부한 이야깃거리를 가지고 그것을 어떻게 엮어낼 것인가'인 것 같았습니다. 그리고 방송에 대해서 생산적인 생각과 대안 제시 연습을 해 보고 트렌드에도 뒤처지지 않기 위해 노력하는 것도 잊지 말아야 할 것 같습니다. 시간 배분에 대한 지혜와 긴장하지 않는 배짱도 물론 필요합니다. 이것은 평소 사회와 방송에 대한 관심, 많은 독서, 글쓰기 연습 등을 통해서 가능한 것이 아닐까 생각해 봅니다.

MBC 전형 후기   이미영

(1) 제1관문 – 필기시험

MBC 상식 문제는 익히 듣던 명성대로 '탁월(?!)'했다. 나름대로 스터디도 하며 상식 시험을 준비했지만, 문제 중에 답을 확신하며 자신 있게 풀 수 있었던 문제가 별로 없었다. 상식에 너무 많은 시간을 투자하는 것은 별로 바람직하지 않은 것 같고, 벼락치기 한다고 맞출 수 있는 문제도 아닌 것 같았다. 그래도 꼭 나오는 것들. 예를 들어 맞춤법이나, 방송법 관련 문제나, MBC 프로그램에 관련된 문제 같은 것들은 준비해 두면 도움이 될 것 같다. 평소에 영화, TV, 음악, 사진 등 다양한 분야에 관심을 갖는 것도 도움이 될 것 같다. '"강남역 6번 출구를 나섰다."로 시작되는 작문을 하시오.' 칠판에 적혀진 문제를 보고 나는 나도 모르게 푸핫 웃어 버렸다. 세상에 어쩜 시험 문제를 이렇게 기발하게 낼 수 있을까 신기해하며 내용 구상에 들어갔다. 주어진 시간이 충분했기 때문에 본격적으로 글을 쓰기 전에 충분한 구상의 시간을 가졌다. 나는 일단 강남역 6번 출구가 자주 사람들의 약속 장소가 된다는 것을 떠올리고 거기에서부터 생각의 줄기를 이어나가기 시작했다. 핸드폰이 생기면서 약속의 의미나 약속을 둘러싼 풍경이 어떻게 변했는지, 내가 교환 학생을 갔다가 돌아온 지 얼마 안 되어 휴대폰이 없는 상태에서 친구를 만나야 하는 상황을 가정하여 묘사했다. 중간에 황지우 시인의 '너를 기다리는 동안'의 일부를 살짝 인용하기도 했고, 마지막은 신데렐라에게 휴대폰이 있었다면? 이라는 다소 황당한 질문을 던지고 상상의 나래를 펴기도 했다. 글을 쓰면서도 참 재미있어했던 것 같다. 글에 너무 멋을 부리거나, 혹은 '무조건 튀어야 한다!'는 일념으로 스트레스를 받기보다는 차분하되, 자신만의 깊은 사고가 있는 글이 좋은 것 같다.

(2) 제2관문 – 1차 면접

SBS에서 얼떨결에 면접까지 갔으나, 스스로 생각하기에도 '심하게 대답을 잘하지 못했던' 경험이 있었기에 면접 전에 최대한 충실하게 준비를 하려고 노력했다. 스터디를 구하려고 했으나 학교 수업이 있어 스케줄과 맞는 스터디를 찾을 수가 없어 혼자 준비를 해 나갔다. 간간히 써 두었던 일기 등을 읽어 가며 내 인생에서 인상 깊었던 순간 등을 꼽아 보기도 하고, MBC 프로그램을 보며 나름대로 평을 정리해 보기도 했다. 자기소개서를 다시 프린트해 꼼꼼히 읽어 가며 예상 질문을 만들고 대답해 보기도 했다. 나의 장점은 뭐고, 단점은 무엇일까, 또 나는 왜 PD가 되고 싶고 어떤 프로그램을 만들고 싶은가, 내가 살면서 어떤 일을 '남들과 함께' 잘 해냈던 적은 언제인가 등등. 책상 위에 백지를 하나 꺼내 놓고 머릿속으로 예상 질문을 만들어 그에 대한 대답을 백지 위에 낙서하듯 정리해 갔다.

MBC 면접 분위기는 익히 듣던 대로 아주 좋았다. 안내해 주시는 분들도 친절했고, 면접실에 들어섰을 때 면접관님들이 먼저 인사를 건네 주셔서 마음이 편안해졌다. 워낙 반갑게 인사를 먼저 건네 주셔서, 앞으로 뵙게 될 선배님들을 조금 일찍 만난 것이라는 생각으로 편하게 면접에 임할 수 있었다. 질문은 실무적인 것보다 인성에 더 맞추어져 있었고, 자기소개서에 기반 한 질문을 많이 하셨다. 따라서 자기소개서를 잘 써 두면 그만큼 면접에서 받을 질문을 더 잘 예상할 수 있고, 그만큼 더 준비할 수 있다. 나의 경우, 자기소개서 취미에 재즈댄스를 적어 두었는데 특이한 취미였던지 면접 첫 질문으로 재즈댄스에 대한 질문을 받았다. 충분히 예상했던 질문이었기에 편안하게 답할 수 있었다. 대부분의 질문은 자기소개서에 대한 것이었지만 가끔 '우리나라 사람 중에 행복한 사람이 많은 것 같아요, 불행한 사람이 많은 것 같아요?' 같은 뜬금없는 질문도 있었다. 준비가 되지 않은 질문이라고 당황하기보다는 평소의 가치관에 맞게 솔직하고 진지하게 대답하려고 노력했다.

(3) 제3관문 – 합숙

사실 전형 과정 중에 합숙이 가장 재미났다. 1박 2일 동안 8개 정도의 과제를 했다. 정신없이 과제에 대한 답을 종이에 적고, 그것을 바탕으로 면접관들 앞에서 발표하는 것의 연속이었다. 빡빡한 일정이었지만, 나에게 PD의 자질이 있는지 없는지 알아보는 귀중한 시간이라고 생각하고, 최대한 즐기면서 하려고 노력했다. 마침 MBC 합숙 과제들은 마치 '이 사람들이 스터디에서 뭘 안 해 봤을까'를 궁리하고 낸 문제인 것처럼 '희한한' 것들이 많아 즐기면서 임할 수 있었다. 제작 계획서 작성, 모니터링, MBC 프로그램에 대한 토론, 상황 대처, 스토리텔링, 만화를 컷 별로 오려 붙여 새로운 이야기 만들기 등 다양한 과제를 수행했다.

모두가 알고 있는데도 쉽사리 실천이 안 되는 것이겠지만 합숙 때 너무 긴장하기보다는 즐기면서 열심히 임하면 좋은 결과가 있는 것 같다. 사실 함께 생활하는 사람들이 모두 '경쟁자'이고 주어지는 과제의 수도 엄청나기 때문에, 한 번 긴장하고 스트레스를 받기 시작하면 걷잡을 수 없는 게 합숙인 것 같다. 내가 저 사람들을 이겨야 한다는 생각보다는 내가 나를 시험해 본다는 생각으로 임하다 보면 정말 놀랍게도 과제가 즐거워진다. 특히 과제를 처음 받았을 때 막막하다가, 어느 순간 아이디어가 딱 떠올랐을 때의 그 짜릿함은 아직까지도 생생할 정도로 즐거운 경험이었다.

합숙에서는, 특히 시사 교양 PD 합숙에서는 뛰어난 실무적 자질이나, 전문적인 지식보다는 사람의 기본적인 '태도'나 '가치관' 같은 것들을 더 보고자 하는 것 같았다. 면접관 분들 앞에서 과제를 발표할 때 면접관이 많은 반박과 공격을 해 오시는데 그럴 때 너무 당황하기보다는 자신의 생각을 차분하게 전달하는 것이 중요할 것 같다. 그리고 평소에 프로그램을 열심히 보고, 프로그램에 대한 나름의 '판단'을 갖으려 노력하는 것이 중요할 것 같다. MBC 시사 교양 프로그램에 대해 토론하는 시간이 있었는데, 솔직히 면접관이 아닌 일개 수험생인 나의 눈에도 사람들이 말하는 것을 듣고 있으면 누가 프로그램을 열심히 보고 고민해 왔는지가 다 보일 정도였다.

(4) 제4관문 – 최종 면접

1차 면접이 한 명씩 들어가서 보는 면접이었던데 반해, 최종 면접은 세 명씩 들어가서 같이 보는 형식이었다. 면접관으로는 사장, 부사장, 제작본부장, 시사 교양국장, 이렇게 네 분이 들어오셨다.

최종 면접인 만큼 질문의 종류는 다양했다. 자기소개서에 근거한 것뿐만 아니라 그야말로 '모든 것을 총망라한' 질문이 이어졌다. 짧은 자기소개. 최근에 PD수첩 아이템 중에 기억에 남는 것. 최근 신문이나 방송 등으로 접한 사건 중에 가장 안타까웠던 것. 자신이 집요하다고 생각하는지, 있다면 어떤 점에서 집요하다고 생각하는지. 성형수술에 대해 어떻게 생각하는지 등 다양한 질문이 쏟아졌다. 면접이 끝나고 나서 '아, 이건 이렇게 말했으면 더 좋았을 걸'하고 아쉬웠던 것은 많았지만, 생각만큼 떨지 않고 편안하게 충분히 애기하고 나온 것 같아서, 아쉬운 것은 있어도 잘못 대답했다고 후회되는 것은 없어서 나오면서 느낌이 좋았었다.

'운칠기삼(運七技三)'이라고 했던가? 긴 전형 과정과 합격 수기를 적었지만 내가 그만큼 남들보다 뛰어난 능력을 가졌다고 생각지는 않는다. 다만 전형 과정에서 긴장하기보다는 긍정적인 마음가짐으로 즐겁게 하려고 노력했고, 그랬기에 운이 좋게도 좋은 결과가 있었다고 생각한다. 너무 언론 고시에 매몰되기보다는 다양한 것을 경험하고, 다양한 사람들과 소통하며, 나름의 가치관과 신념과 관심사를 쌓아 가는 삶을 살면 좋을 것 같다. 그런 것이 알게 모르게 전형 과정에서 많은 도움이 되는 것 같다. 당장 눈앞의 합격을 위해 공부하고 전형 과정 하나하나에 너무 신경 쓰기보다는, 나중에 멋진 프로그램을 만드는 PD가 되는 것을 목표로 삼고, 차근차근 내공을 쌓는다는 마음가짐으로 임하면 좋은 결과가 있을 것이다.

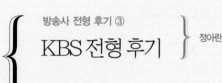

방송사 전형 후기 ③

KBS 전형 후기

정아란

(1) 서류 전형

KBS의 서류 전형도 다른 방송사와 마찬가지로 자기소개서 제출이 제일 중요합니다. 한국어능력 점수와 영어 성적이 당락을 좌우했다는 풍문이 돌기도 했습니다. 자기소개서는 1. KBS에 도전하며 2. 나의 인생관 3. 내 인생의 전환점 4. 나만의 개성과 특징 5. 교내·외 활동 경험과 직장 경력 6. 나의 인간관계 7. 나의 도덕성과 윤리의식 8. 못 다한 나의 이야기 이렇게 8개 항목으로 구성되어 있습니다. 길이가 길지는 않지만, 항목이 꽤 많은 편이죠? 저는 경험담 위주로 간결하게 쓰되, 비전을 묻는 항목에서 역사물을 만드는 PD가 되고 싶다는 제 꿈을 최대한 구체적으로 부각시켰습니다.

(2) 필기시험

필기시험은 어느 늦가을 날, 한적한 고등학교에서 치러졌습니다. KBS는 논문이라 알려진 글을 여러 편 써야 했는데, 황당한 성격의 문제들은 아니었습니다. 논문은 1. 방송은 산업이라는 견해에 대한 자신의 생각. 2. (피에로 만초니의 작품 〈예술가의 똥 no.20〉를 제시하고) 이것은 한낱 쓰레기인가 아니면 예술인가 3. 내 짧은 인생의 반성문 – 이렇게 셋을 적는 것이었습니다. 함께 출제된 상식 문제는 네 개의 단어를 약술하는 것이었습니다. 저는 상식은 주로 KBS 프로그램에서 보거나 들은 것들도 함께 버무려 답했습니다. 약 3주가 지난 후 결과가 발표되는데, 필기에서는 야속할 정도로 상당수가 걸러집니다. 언론 고시 카페가 가장 술렁대는 순간이기도 합니다. 저도 제 수험 번호가 인터넷에 뜨던 그날 저녁, 흥분을 가라앉히지 못하고 혼자 방안에서 막춤(!)을 추던 그 순간을 잊을 수가 없네요.

(3) 실무 면접

방송 프로그램에 대한 의견이나 개인에 대해 물어보는 다른 방송사의 실무 면접과는 달리, KBS 실무 면접은 철저하게 기획안 평가였습니다. 면접 전날에는 괜히 옷을 뭘 입고 가야 하는지 불안이 슬며시 올라옵니다만, 대부분 검정색 혹은 회색의 깔끔한 정장을 입고 있었습니다. 로비에 모인 수험생들은 네 개조로 나뉘어서 한조씩 차출되어 올라갔습니다. 기획안 주제는 조마다 달랐는데, 공익적인 소재(공교육 붕괴, 지하철, 장애인 등등)를 반죽해 보라는 질문이 많았습니다. 기획안 작성 시간은 45분 정도로 충분했지만, 작성이 끝나고 나면 아이디어를 3분 안에 발표해야 합니다(은근히 빠듯합니다!). 질문 답변 시간까지 합하면 개인당 약 7분 정도 배정되었습니다. 세 분의 PD님이 앉아서 발표를 들으신 후 기획안에 대해 각자 두 세 개 정도의 질문을 하셨습니다. 다들 차근차근 들어 주시는 분위기였고, 마지막에 약간의 격려(?)를 해 주셔서 발갛게 달아오른 얼굴로 KBS를 나왔던 기억이 납니다.

(4) 합숙

11월 23일과 24일, 이렇게 1박 2일 동안 KBS 연수원에서 합숙 평가가 있었습니다. 사실 저는 가장 버거운 수업들이 비엔나소시지처럼 들어 있는 목요일에 합숙 평가가 있음에 무척 감사했답니다. 23일 아침. 그곳 지리도 익숙하지 않고, 출근 시간대라 마음이 초조해 새벽부터 설친 탓에 수원으로 가는 긴 전철에서 못 다한 잠을 청했습니다.

스터디 오빠와 함께 수원역에서 만나 택시를 타고 도착한 연수원. 약간의 교통 체증이 있기는 했지만, 택시
비는 3000원 안에서 해결할 수 있었습니다. 허허벌판(?)을 끼고 있는 적갈색 건물에 들어가니, 사람들이 삼
삼오오 모여 있었습니다. 손바닥보다 큰 이름표와 키를 받아 들고, 우선 숙소로 향했습니다. 지원자들은 2
명~3명씩 짝을 이뤄 온돌방이나 침대 방에 묵었습니다. 방 짝꿍은 실무 면접을 앞두고 하루 스터디에서 만
났던 언니였는데, 이렇게 숙소에서 만나게 되니 더욱 반가웠답니다. 짐을 모두 풀어 두고, 필기도구만을 챙
겨서 이름표를 목에 건 채로 대강당으로 냅다 달렸습니다(평가가 진행되는 동안에는 휴대폰을 지참할 수
없고 인터넷도 쓸 수 없는데, 오히려 세상과 단절된 느낌이 왠지 좋았어요.).

합숙 평가에는 PD와 아나운서, 카메라 기자 이렇게 세 그룹의 지원자들이 참여했습니다. 대강당의 오른쪽
에는 카메라 기자, 중간에는 전국권 PD와 라디오 PD, 왼쪽에는 지역권 PD와 아나운서가 각각 앉았습니
다. 다들 자리에 앉은 뒤 지원자들을 인솔할 인사부 직원 분들의 인사와 진행 절차에 대한 설명이 있었습니
다. 그리고 대강당에는 전국권 PD와 지역권 PD 지원자들만 남아, 각각 A조와 B조로 나누어져 일정을 진
행했습니다. 첫날 과제는 사전과제 / 실무 면접 / 토론 이었습니다.

* 이번 전형의 '사전 과제'는 〈생방송 시사 투나잇〉 프로그램을 시청한 뒤 1. 〈시사 투나잇〉 프로그램을 비
평하거나 2. 〈시사 투나잇〉 방영 소재 중 한 아이템을 소재로 하여 장르 구분 없이 프로그램을 제안해 보는
것, 둘 중 하나였습니다. 무한 반복되는 TV를 앞에 두고 사전과제를 1장의 시험지에 작성했습니다. 그리고
오후 늦게 2명의 PD님들 앞에서 이를 발표하고 질문을 받았습니다. 면접이 끝난 뒤 질문을 '몇 개' 받았느
냐를 두고 은근히 사람들이 서로서로 궁금해 했던 기억이 납니다.

* 사전 과제를 작성하는 틈틈이 실무 면접과 '토론'이 나누어 진행됩니다. 제가 속했던 조는 아침에 설명을
듣자마자 토론방으로 먼저 안내되었습니다. 솔직히 문을 열고 들어갔을 때 우리를 기다리시는 2명의 PD님
을 보면서 가슴이 쾅쾅쾅 뛰었습니다. 토론 주제는 세 가지였고, 한 주제 당 30분가량 토론이 진행되었습니
다. 그날 PD 지원자들이 받은 주제는 PD 저널리즘, 부동산, 교원 평가제, 스크린 쿼터, 출자총액제한 제
도, 자이툰 부대 철수 등이었습니다. 사회 이슈 전반을 생각하시면 될 것 같습니다. 1시간 30분 동안 서로

공손한 가운데 약간 공격적인 분위기에서 토론이 진행되었습니다.

* 노릇노릇하게 구워진 생선이 포함된 점심을 맛있게 먹고, 오후에는 저희 조는 '실무 면접'을 보았습니다. 조그만 방에는 세 명의 PD님이 앉아 계셨는데, 무한정 압박하거나 무시무시한 분위기는 아니었습니다. 오히려 이야기를 잘 들어 주시는 분위기였습니다. 질문 내용은 지원자들의 프로그램에 대한 관심 분야나 그 깊이를 묻거나 영상 구성에 대한 질문도 살짝 나왔습니다. 실무 면접을 위해서는 꼭 문서로 만들지 않더라도, 다양한 사회문제와 그를 다루는 프로그램 기획안에 대해 평소에 자주 생각해 봐야 할 것 같습니다.

저녁은 밖에서 삼겹살을 먹었습니다. 전국권 PD 지원자들이 가장 늦게 합류했지만, 그래도 배부르게 먹었습니다. 기름이 자글자글 흐르던 삼겹살과 깔끔한 맛의 온국수! 인사팀 분들께 정말 감사의 말씀을 전하고 싶네요. ^^ PD님들도 함께 식사를 하셨지만, 다른 테이블이라 제대로 얘기는 나누어 보지 못했어요. 숙소로 돌아와 드라마 〈황진이〉를 보다 잠에 빠져 들었습니다. 꽤 피곤했던 것 같습니다. 다음날 아침, 정신없이 아침을 먹은 후 드라마 세트를 견학했습니다. 약간 찬바람을 맞으며 걷는데 바람 따라 마구 뒹구는 낙엽을 보면서 '아란, 너는 좋으냐. 낙엽 밟는 소리가!' 하는 시구가 절로 떠올랐습니다. 전형은 제쳐두고 라도 그렇게 기분이 좋을 수 없었습니다. 정말 다양한 색깔을 가진 멋진 사람들이 많구나, 이런 사람들과 만나서 겨뤄 보는 것도 복이다 하는 생각이 들었어요.

* 10시부터는 '적성검사와 인성검사'를 했습니다.

적성검사는 인지력, 언어추리, 판단력, 창의력 등의 사고 능력을 측정하는 문제였는데, 저는 문제 푸는 방식 이해하기도 바빴답니다. 사람들이 SSAT와 비슷하다고 말하던데, 미리 SSAT 문제라도 한번 풀어 보고 올 것을 하고 정말 후회했습니다(참조하세요!). 적성검사는 시간 안에 다 못 푼 것도 영 찜찜했지만, 인성검사는 솔직하게 맘에 와 닿는 대로 체크하고 일찍 나왔습니다.

인성검사까지 마친 사람들은 각자 짐정리를 하고 점심을 먹었습니다. 그리고 연수원을 뒤로 한 채 대조영이 큼지막하게 그려진 버스에 나누어 올라타고 수원역으로 함께 왔습니다. 그리고 이 역 저 역에서 다들 작별을 고했습니다. 며칠 뒤 발표가 났고, 제 이름은 없었습니다. 최종까지 갔더라면 하는 아쉬움에 마음이 좀 아팠습니다만, 그래도 그 행복했던 기억을 밑천 삼아 더 열심히 준비해 보려 합니다. 제 자신에게도 당부하고 싶은 (합숙을 통해 얻은) 뼈아픈 교훈은 평소 아이디어를 부지런히 메모해 두는 습관을 기르고, 무엇에든 자신만의 독창적인 메시지를 가져야 한다는 점입니다. 그리고 자신이 지망하는 분야가 예능이든, 시사 교양이든, 드라마든지 간에 세상 전반에 주의를 놓지 말아야 할 것 같아요. 포털 사이트의 화제 검색어 하나에도 말입니다. 어쨌든 이것으로 저의 1박2일 합숙기는 끝을 맺겠습니다.

{ 인턴 후기 ①
평생 잊지 못할 그해 여름 } 김태년

KBS에서 인턴십을 했던 기간 동안 밖에는 비가 많이 내렸습니다. 2006년 7월의 장마는 너무나도 길었던 탓입니다. 우중충한 날씨 탓에 축 처진 어깨에 구부정한 모습으로 출근하기 일쑤였습니다. 버스에 내려 여의도공원을 가로지르다보면 나무사이로 살며시 KBS 로고가 보이기 시작합니다. 축축한 공기와 한강의 안개가 합쳐져서 그 모습은 더욱 신비하게 보였습니다. '내년에는 꼭…'

찌뿌드드한 표정의 까까머리 청년을 처음 반겨 준 KBS 신관 홀의 조명에서부터 〈낭독의 발견〉 녹화 스튜디오까지. 출입증을 교환해 주며 환하게 웃으시던 누나들부터 프로그램을 위해 땀 흘리셨던 여러 '열혈' 스태프분들까지. 저는 그해 여름에 겪었던 경험 모든 것을 평생 잊지 못할 것입니다.

사실 공과대를 나와 PD를 준비한다는 게 쉽지만은 않은 일입니다. 4년 동안 전혀 다른 환경에서 전혀 다른 공부와 생활을 했기 때문입니다. 문제를 풀어 나가는 방식이나 의제 설정 방법, 타기팅과 포지셔닝에 대한 입장, 토론과 인간관계 형성 등이 제가 배워 온 것들과는 많은 부분 차이가 있었습니다.

언론 고시 준비를 시작한 게 2006년부터였습니다. 처음 해 보는 논술과 작문 기획안, 모니터링 등이 어색하게 다가왔습니다. 평생 글이라고는 대학교에서 쓴 보고서 정도가 전부라 처음에는 좌절도 많이 했습니다. 역시 첫해 지상파 3사의 시험에서 모두 낙방했습니다. 방송국은 저의 미숙한 글쓰기 능력과 언어 사용 능력에 관대하지 않았습니다.

하지만 경험이 전무한 저에게 인턴십을 허락한 곳이 있었습니다. 거기다가 '공동 저자'로 책까지 낼 수 있다고 합니다. 저는 글도 잘 못 쓰고 언론 고시 준비 기간도 짧다고 했습니다. 괜찮다고 했습니다. 그렇다면 무엇을 보고 저를 뽑은 것이냐고 여쭸습니다. 우스개로 '책 많이 팔아줄 것 같아서'라는 대답이 돌아왔습니다.

인턴십을 하면서도 끝내 진지한 대답은 들을 수 없었습니다. 하지만 내가 이 일을 정말 좋아하고 즐기고 있다는 사실을 깨달았습니다. 대본을 보고 회의를 하고 큐시트를 짜고 프로그램을 제작하고 편집하고 모니터를 하면서 정말 방송을 사랑하고 있다는 것을 느낄 수 있었습니다. 직접 느끼라고 홍경수 PD님은 이렇게 대답을 미루신 것 같습니다.

언론 고시 커뮤니티에 올려놓으신 모집 공고를 보고 지원한 것이 2006년 5월이었으니까, 홍경수 PD님, 미영, 아란을 만난 지도 1년이 넘었습니다. 처음에는 책을 낸다는 사실에 너무나도 기뻤지만, 지금은 이 분들과 책을 만들며 같이 보낸 1년이라는 시간이 더 뿌듯하게 느껴집니다.

그리고 저와 같은 공부를 하며 시험을 준비하고 있는 '동지' 여러분에게 제 경험이 도움이 됐으면 하는 바람입니다.

{ 인턴 후기 ② 막막했던 꿈이 현실로 } 이미영

인턴 후기를 보내 달라는 독촉 전화와 문자를 몇 번이나 받았다. 책을 내기로 했던 시기가 이미 한참을 지나 버린 상태. 후기를 빨리 써야겠다고 맘을 먹지만 쉽지가 않다. 신참 조연출 생활이라는 것이 방송국 밖에서 상상했던 것보다도 훨씬 바쁘기 때문이기도 하지만, 마음 한켠에 책을 내는 것을 최대한 미루고 싶은 생각도 있었기 때문이기도 했다. PD라는 직업이 자신이 만든 결과물을 끊임없이 남들에게 내보여야 하는 직업임에도 불구하고, 여전히 남들 앞에 무언가를 내놓는 것이 마냥 쑥스럽기만 하다. 특히나 다큐멘터리의 현주소에 대해, 2006년 방송 트렌드 등에 대해 '많은 것을 아는 양' 적어 놓은 글들이 민망하기만 하다. 지금도 답을 모르겠는 질문들에 뭔가를 아는 양 답을 적어놓은 것들이. 그래도 나사가 하나 풀린 채 주어진 일들과 일정에 따라가기에도 바빠 무언가를 생각할 틈이 없는 지금, 예전에 써 놓은 글들을 보니 내가 이런 생각으로 PD가 되고 싶어 했구나, 내가 이런 프로그램을 하고 싶어 했구나, 떠올리게 되어 좋다. 부족한 글들이 지금도 열심히 'PD를 꿈꾸고 있는 사람들'에게 도움이 되고, 용기를 준다면야 '내가 조금 민망하다해도' 뿌듯할 것 같다.

요즘은 매일매일 기분이 오르락내리락, 거의 몇 초 간격으로 기분이 바뀌다시피 한다. 무언가를 해내고 난 뒤에 미친 듯이 뿌듯하다가, 능력 부족에 또 다시 좌절하고, 잔뜩 긴장했다가, 피곤해서 아무것도 하기 싫을 만큼 게을러졌다가…… 그래도 어쨌든 분명한 건, PD라는 직업이 매 순간 무언가를 배우고, 매 순간 새로운 것을 하고, 매 순간 더 나은 나를 실험할 수 있는 직업이라는 것. 그래서 힘들지만 그만큼 즐거운 직업이라는 것. '방송국 일이 즐거운 일이구나.' '밥을 먹으면서도 일 얘기를 즐겁게 할 수 있는 거의 유일한 직장이구나.' 라는 것을 체험하게 해 준 인턴 생활에 감사할 뿐. PD가 되어야겠다고 마음을 먹었으나, PD가 되기 위해 무엇을 해야 할지는 몰라 막막해하고 있던 차에 나에게 날아든 인턴 기회에 정말이지 감사한다. 면접을 본 뒤, 합격 메일을 받았을 때 집에서 방방 뛰며 좋아했던 기억이 아직도 생생하다. 일을 배웠다기보다는 일을 '구경'했다고 표현하는 것이 더 정확할 법한 인턴 생활이었지만, 내 꿈에 대해 더욱 진지하게 생각해 볼 수 있는 기회였기에 정말 많은 도움이 되었다.

인턴 기회를 주신, 이런 저런 과제와 평을 통해, 그리고 말씀을 통해 많은 도움을 주신 홍경수 PD님! 감사합니다. 요즘 제 주위에서 〈단박 인터뷰〉 진짜 괜찮은 프로그램이라고 엄청나게 얘기되고 있어요.

본의 아니게 '제 정체를 숨겨야 했던' 이재정 PD님. 매일 구박하시는 듯하면서도 은근슬쩍 잘해 주셔서 감사 했어요. 〈추적 60분〉에 나오실 때마다 왠지 모를 반가움에 열심히 보고 있어요.

배정은 스페셜팀에 받아 놓고도 더 많은 시간을 보내며 폐를 끼쳤던, 지금은 뿔뿔이 흩어져 다른 프로그램을 하고 있을 〈시청자 칼럼〉팀. 박혜령, 이낙선, 윤성도, 김자영 PD님, 제가 '과하게' 자주 찾아가 괴롭혀 드렸는데도 언제나 반갑게 맞아 주셔서 감사했습니다.

그리고 인턴 생활을 통해 만난 태년 오빠와 아란. 정말 좋은 사람들을 만난 것 같아 기뻐요. 후반 작업에 하나도 도움을 주지 못해서 미안합니다. 곧 방송국에서 보길 바라요.

그리고 지금도 PD를 꿈꾸며 더운 여름날에도 바쁘게 지내고 있을 나의 친구들을 비롯한 많은 분들 모두 다 파이팅!

인턴 후기 ③

{ 여의도에서 펼친 진초록 꿈 } 정아란

여의도에서 지낸 시간들을 그림으로 그리라면, 나는 진초록색 크레파스를 고르고 싶다.

진초록 꿈

공고가 올라온 것은 5월이었다. 면접을 보러 오라고 연락이 왔다. 시험과 겹쳐 저녁 늦게야 출판사에 도착했다. 〈낭독의 발견〉은 종종 보았지만, 홍경수 PD님의 얼굴은 처음이다. 반짝일 정도로 매끈한 피부가 인상적이었다. PD님은 조근조근한 목소리로 질문을 던지셨고, 나는 손으로 크게 그림까지 그려 가며 대답했다. 저 종이를 정말 좋아해요, 집에 있으면 살찌기 때문에 돌아다니는 것이 버릇이 됐어요, 역사 다큐를 만들고 싶습니다, 〈주몽〉을 좋아하는 이유요? …… 우리는 많은 얘기를 했다.

당시 나는 스터디도 구하지 못하고 뭘 어떻게 시작해야 할지 몰라서 늘 둥둥 떠 있는 느낌이었다. 게다가 면접 전 치르고 온 통계학 시험에 좌절해 있던 터였다. 그런데 낯선 이들에게 이렇게 방송에 대한 내 꿈을 들려주는 일이 재미있었고, 소소한 얘기들도 진지하게 들어 주는 사람들이 반가웠다(무슨 얘기든지 경청하는 것이 모든 PD들의 특징인 것은 뒤늦게야 알았다.). 면접을 끝낼 즈음에는 내 꿈은 싱싱하고, 나 또한 멋진 사람이라는 확신(?)마저 생길 정도였다. 집으로 향하는 길. 도로는 막 시작한 월드컵 경기 때문에 텅 비어 있었다. 뭔가 부풀어 오르는 마음을 참지 못한 나는 급기야 창문을 내리고서 적막한 도로 위로 "나는 아직 젊다!"고 소리를 내질렀다. 그날 싸이 일기장에는 월드컵 뉴스 헤드라인에서 훔쳐 낸 제목이 달렸다. "우리는

6월에는 신화를 쓰고 싶다."

그리고 이틀 뒤, 진초록 꿈을 펼쳐 보라는 연락을 받았다.

진초록 옥상, 그리고 진초록 공원

여의도에서 지낸 1달 동안은 정말 비가 그치는 날이 없었다. 사무실은 바쁘지만, 적막하고 심심할 때도 있다. 그러다 최필곤 PD님이 담배를 태우러 옥상에 가실 때 따라 나서곤 했다. 옥상이라 해 봐야 본관의 각 층마다 연결된, 하늘을 향해 무작정 열린 공간이다. 바닥에는 진초록 페인트가 두껍게 칠해져 있는. 플라스틱 처마를 타고 뚝뚝 떨어지는 빗물을 앞에 두고 PD님은 많은 얘기를 해 주셨다. 역사 프로그램의 여성 시청률이 낮은 현실. 남자 PD가 보는, 여자 PD로 산다는 것. 프로그램에 대한 욕심. 지나간 프로그램에 대한 아쉬움. 고등학교와 대학 시절 이야기. PD님이 주섬주섬 꺼내시는 얘기들을 듣다 보면, 희미해졌던 내 꿈을 바짝 조일 수 있었다.

시간이 지날수록 점점 PD님의 달력은 빼곡해졌고, 우리는 종종 밤늦게까지 대본 작업을 했다. 가끔 졸다가 타박을 들을 때도 있었지만, 묘사를 하는 것이 어려울 정도로 재미있는 작업이었다. 고치고, 고치고, 또 고치는 일. 지하철 때문에 신데렐라가 돼야 할 때면 운전면허가 없는 내 자신이 이처럼 답답할 때도 없었다. 지하철역으로 가는 길에는 여의도 공원을 지나야 했다. 사람들이 사라진 공원에는 어둠 속에서 진녹색 나무들만 서성대고 있었다. 나무들을 따라 공원을 서성이는 오 분여 동안 나는 어떤 프로그램을 만들지에 대해 멋대로 반죽하는 시간을 가지곤 했다.

그리고 한 달은 금방 끝났다.

그리고 1년

KBS 불합격을 끝으로 다시 꿈을 1년 더 삭혀야 한다는 것을 알아차렸을 때는 아무렇지도 않았다. 그러나 문득문득 진초록의 지난여름을 생각나게 하는 것들과 부딪힐 때마다 마음이 아려 온다. 지난겨울 친구들과 함께 〈올드미스다이어리〉를 보러 갔다가 그 진초록 옥상을 다시 보았다. 미자가 'Les Paroles'를 부르다 벌렁 옥상 위에 드러눕는 장면에서는 노처녀 미자의 신세 때문이었는지, 아니면 옥상에 대한 그리움 때문인지 괜히 눈물이 나왔다.

지난여름을 다시 생각한다. PD 인턴이라는 것이 뭔지도 제대로 몰랐고 그저 책을 쓴다는 게 정말 좋아서 무턱대고 손을 들었다. 그리고 10여년을 동경했던 제작 현장에 조그만 정성을 보태는 기회까지 얻었다. 틈 나는 대로 홍경수 PD님으로부터 많은 것을 배우고 이야기를 나누고, 글을 쓰는 지난 1년여의 시간들도 정말 귀중한 경험이었다. 1년이 지난 지금, 방송에 대해 확실히 알게 된 것은 없다. 오히려 두려움이 더욱 커졌다. 그러나 우리는 그동안 많이 자랐고, 방송에 대한 내 애정 또한 더 뜨겁고 견고해졌다. 뜨거웠던 여름 날, 그리고 이어진 1년여 간의 원고 작업. 시간의 징표를 이렇게 남길 수 있다는 사실에 마음이 다시금 차오른다.

PS. 우선 평생 잊지 못할 여름밤을 선물해 주신 홍경수 PD님께 정말 감사하다는 인사를 전하고 싶습니다. 마봉춘에서 활약하고 있는 미영에게 다시 한 번 축하를, 재도전의 여정을 함께 시작하는 태년 오빠에게 파이팅을 외쳐 봅니다. 그리고 〈역사기행〉의 훈남(!) 최필곤 PD님, 지난여름 한 달 동안 보살펴 주신 점 정말 고맙습니다. PD님을 졸졸 따라다니는 시간 동안 제 꿈은 더욱 뚜렷해졌습니다. 어깨 너머로 많은 것을 배우게 해 주신 〈역사스페셜〉 PD님들과 스태프 분들께도 고맙다는 말씀을 드리고 싶습니다.

마지막으로 이 책을 펼칠 독자 여러분들을 위해 제가 좋아하는 작가 한강 선생님의 소설 「아기 부처」의 끝 구절로 후기를 끝맺고자 합니다. "겨울에는 '함께' 견뎠고, 봄에는 '더욱' 기쁘다." 우리 모두 봄날을 위해 파이팅입니다!